FRANÇOISE DOLTO

DU MÊME AUTEUR

Freud écrivant la psychanalyse, Aubier, 2007
Le Désir sans foi ni loi. Lecture de Lacan, Aubier, 2000

JEAN-FRANÇOIS DE SAUVERZAC

FRANÇOISE DOLTO

Itinéraire d'une psychanalyste

Édition 2008 augmentée d'une postface

Champs biographie

ISBN : 978-2-0812-1798-0

A mon frère, Vincent.

Je remercie Louis Audibert,
Marion Martin,
Odile de Sauverzac.

Introduction

Psychanalyste de génie de l'avis de ses pairs, Françoise Dolto n'a pas fait œuvre écrite, en dépit du nombre de ses ouvrages.

Jacques Lacan, théoricien génial de la psychanalyse, a toujours voulu faire œuvre écrite. En témoignent son insistance sur le style, sa volonté d'*écrire* la psychanalyse, comme si l'écriture de ses concepts lui avait manqué. Lacan a voulu faire école. « Former des psychanalystes, c'est ce à quoi vise mon enseignement », n'a-t-il cessé de répéter dans les premières années de son séminaire.

Françoise Dolto n'a pas fait école, même si ceux qui, à tel ou tel titre, ont travaillé avec elle sont innombrables. S'étant peu occupée de théorie et d'enseignement *ex cathedra*, elle ne se souciait pas de produire des disciples.

Souvent appariés ou opposés, dans l'idéalisation ou la haine des projections collectives, Dolto et Lacan sont dans l'imaginaire de beaucoup d'analystes en France les deux figures ultimes d'un transfert qui relie ou divise ceux-ci. Je poursuivrai donc quelque peu le parallèle.

Lacan, persuadé que l'inconscient est indissociable de la lettre et la théorie de l'inconscient de son style, de sa forme d'énonciation, érige l'écriture en impératif, donne Mallarmé comme modèle aux analystes et espère, *in fine*, comme James Joyce, avoir donné aux universitaires assez de fil à retordre pour qu'on parle de lui pendant quatre cents ans encore. Il tutoie Freud, parle d'égal à égal avec Platon et espère, avec ses algorithmes, les figures et déplacements de ses quatre discours, pouvoir passer longtemps pour l'Aristote de la psychanalyse.

Dolto n'a pas cette ambition, mais elle est la seule à tutoyer Lacan – qui, on le sait, n'aura pas trouvé beaucoup d'interlocuteurs à sa mesure.

Multipliant les publications vers la fin de sa vie, Dolto pensait qu'on ne la lirait plus guère après sa mort. Affirmant que tous les moyens sont bons pour faire passer quelque chose de la découverte de l'inconscient, elle misait sur le pouvoir de sa présence et de sa parole pour gagner encore quelques oreilles, plus ardente à mobiliser tout un chacun sur le rapport qu'il peut avoir avec son inconscient qu'à assurer la survie d'une œuvre qu'elle n'a jamais considérée avec la moindre fatuité narcissique. Son œuvre ne s'accomplissait pas dans l'écriture, mais dans la pratique de la psychanalyse.

Le transfert suscité par Lacan et Dolto différait aussi par ce mode d'habilitation qu'offre une école. Chacun, dans l'Ecole freudienne de Paris, pouvait s'imaginer devoir son existence à ladite institution, soutenue par la personne et la parole du maître. Car sa parole valait nomination, faisant lien entre ceux qui se bousculaient pour en être tous à la fois les destinataires particuliers. Ne dit-on pas encore aujourd'hui que les interprétations attendues sur le divan de Lacan venaient le plus souvent en public, à son séminaire, où il avait le génie inspiré de s'adresser à chacun, en même temps qu'à tous ?

Ce Lacan-là dit à qui veut l'entendre qu'il rêve d'un langage sans parole : l'écriture.

Dolto, au contraire, est toujours ramenée à la parole. Il n'y a pas pour elle d'autre relation de vérité. Elle y prend son élan. Lacan aussi, mais pour égaler le dire absolu des présocratiques. Tandis que Dolto explique sans jamais chercher à mener pour elle-même une construction systématique, abstraite – comme si elle craignait de quitter le sol de la clinique, la matérialité du signifiant, en prenant trop de distance par rapport à ce qu'elle a entendu et écouté. Elle revient toujours à la trame du cas, seul susceptible d'exemplifier, selon elle, la question d'un diagnostic – lequel du reste ne l'intéresse guère – et de poser le problème théorique dont elle laisse volontiers à d'autres le soin de débattre.

Mais Dolto et Lacan se retrouvent peut-être plus proches dans cette question de l'écrit et de la parole que ne le laissent supposer les pseudo-évidences de leur héritage respectif. Ils semblent, l'un et l'autre, n'avoir eu de réelle confiance qu'en la parole elle-même. Selon des modalités, certes, très différentes. Mais enfin ! Lacan ne publie les *Ecrits*, en 1966, que pour riposter – c'est du moins ce que prétendait son éditeur d'alors – à la parution de l'ouvrage de Paul Ricœur, *De l'interprétation*. Et les *Ecrits* sont un recueil d'articles. Quant à son séminaire, encore largement inédit, il le laissait dans son armoire. Qu'est-ce qui témoigne mieux du fait que Lacan ne pensait qu'en parlant à un auditoire, choisi ou non, un Autre qu'il se donnait ainsi et dont la présence lui était indispensable ? De ce point de vue, l'écart entre Dolto et Lacan se réduit beaucoup.

Lacan parle à chacun de son rapport avec son propre inconscient, en passant par l'universel de la théorie et par la pointe de formules énigmatiques qui trouvent directement leur écho dans l'inconscient ; tandis que Dolto y donne accès en exposant des cas. C'est par le déchiffrement du symptôme d'un autre que sa parole opère sur l'inconscient de l'auditeur ou du lecteur. Ce ne sont ni la confidentialité de la parole ni l'intonation assourdie de la voix de l'analyste qui spécifient le discours de Lacan ou de Dolto, mais, chez l'un et l'autre, le fait de ne pouvoir s'adresser qu'au sujet, de ne pouvoir parler qu'à *l'autre, là*.

Dolto, pourtant, ne dédaignera pas les médias, on le sait. C'est l'origine de sa très grande mais, après tout, tardive popularité. Certains lui reprocheront d'autant plus vivement de s'être laissé séduire par les sirènes des ondes radiophoniques que, sur l'autre versant, Lacan œuvrait pour rendre au discours psychanalytique l'éminence qui lui revenait. Mais il luttait contre l'abâtardissement de la pensée freudienne ravalée, dans les années 50, au rang d'une *ego psychology* adaptative, à l'intérieur même d'une société analytique coupée du grand public, et non contre le pervertissement de tous les discours que produisent, de nos jours, l'uniformisation et le nivellement par les médias.

Il n'empêche que Lacan lance avec hauteur le mot de « poubellication » pour désigner le sort inévitable fait par le public à une œuvre de pensée comme la sienne. Mais certains de ses zélateurs entendent aussitôt que c'est l'essence de la publication qui se trouve ainsi définie.

Pourtant, en quelques rares occasions [1], il se prête au jeu médiatique, comme acceptant de s'archiver lui-même par avance, pour la mémoire du siècle et ses dossiers. Ce qu'il donnait alors de sa présence, avec les intonations extraordinaires de sa voix, ne pouvait que surenchérir sur l'énigme – et les résistances aussi – qui l'avait dès longtemps précédé et fait attendre dans l'esprit du public. Public pour le moins ahuri devant l'usage subversif que Lacan faisait d'instruments dits de communication, puisqu'il ne semblait parler qu'à ceux qui l'entendaient déjà. Son mépris affiché pour la communication et le grand public servit sa popularité.

Face à quoi, Dolto peut faire figure de naïve amenée à galvauder une psychanalyse qui commençait déjà à l'être trop. Comme si, porteuse de l'idéologie simplette de l'amélioration de la communication, elle pouvait espérer faire œuvre utile en répandant la bonne parole analytique dans les lointaines campagnes de la France déshéritée. Car c'est son discours officiel : permettre à des gens que leur milieu social, l'éloignement géographique, leur niveau culturel auraient tenu pour toujours éloignés d'une demande d'analyse – ou même du recours à un « psy » – d'en découvrir l'existence grâce à un transfert radiophonique, bref mais efficace, sur sa personne. Rationalisations, peuvent objecter certains, qui dissimuleraient mal ce qui revient en propre non à l'époque, mais à la structure psychique de Dolto, préférant en appeler directement au public plutôt que de transmettre son enseignement dans les cercles autorisés. Et puis n'est-ce pas la récupération à laquelle on peut s'attendre de la part d'une catholique aujourd'hui ? La bonne parole... n'est-ce pas ? A moins qu'il ne s'agisse de sa solitude dans le monde analytique ? N'a-t-elle pas dit qu'elle avait rejoint l'Ecole freudienne de Lacan, parce qu'elle se sentait un peu seule ? Mais on peut trouver aussi bien l'origine de cette

1. J. Lacan, *Télévision*, Paris, Le Seuil, 1974 et « Radiophonie » *in Scilicet*, n° 2-3, Le Seuil, 1970.

déviation, par rapport à la norme du comportement qu'on attend des analystes, dans son histoire personnelle : à huit ans, elle construit un poste à galène, car elle a été subjuguée par une conférence d'Edouard Branly à laquelle son père l'avait emmenée. Tous ces arguments sont plausibles, et nullement incompatibles.

Les médias, dont ils ont su jouer eux-mêmes, ont fait de Lacan et Dolto deux monstres sacrés dans le rôle, finalement rassurant, d'un couple parental de la psychanalyse en France, et ce en raison même de leur trop visible disparité, pour ne pas dire de leur antagonisme.

C'est comme si on pouvait tout à loisir jouer de ce qui les oppose et de ce qui les réunit au plus proche. On peut tirer, au hasard, d'un grenier trop riche pour en faire un inventaire exhaustif, ceci :

Lacan aime à laisser entendre à l'auditoire de son séminaire qu'on peut déduire aussi rigoureusement que possible un athéisme conséquent [2] de certaines propositions de la théorie psychanalytique de l'inconscient : « Il n'y a pas d'Autre de l'Autre, voilà le grand secret de la psychanalyse », dit-il. Il n'y a pas de garantie à la véracité du langage, pas de Dieu cartésien gardant dans son placard les vérités éternelles. Ramenée aux dimensions de la situation analytique, cela signifie, tout analysant peut s'en convaincre, qu'il n'y a pas d'Autre que l'Autre auquel il s'adresse, du divan, par le truchement de son analyste. Il n'y a pas, derrière son analyste, un analyste de l'analyste qui fonderait l'autorité du premier et sa crédibilité.

Dolto, sans aucun parti pris de doctrine, maintient, pour son propre compte uniquement, une foi catholique dont elle dit qu'elle a grandi en elle avec son expérience analytique.

Voilà donc une belle opposition, suffisamment irréductible en tout cas pour donner argument aux détracteurs de Dolto, quand cela servait leur cause. N'est-ce pas une preuve, par les effets, de la débilité d'une analyste que de

2. « Dieu est inconscient », c'est la vraie formule de l'athéisme, dit-il, dans *Le Séminaire*, livre XI, *Les quatre concepts fondamentaux de la psychanalyse*, Paris, Le Seuil, 1973, p. 58. Ou encore : les seuls vrais athées sont les théologiens. Dans un autre séminaire, il se met en devoir de prouver que chacun à son insu croit en Dieu, comme au père Noël, d'ailleurs, etc.

croire en Dieu ? Comme une sorte d'échec de la psychanalyse à lui extirper la plus symptomatique des croyances instituées, celle de la religion.

Ce faisant, on se trouve compléter l'image de Lacan par son image inversée.

Et rien ne permet de penser que ceux qui, volontairement ou non, ont contribué à radicaliser l'opposition de Dolto et de Lacan ont fait mieux que de cimenter leur couple pour rassurer l'imaginaire collectif.

Lacan est le théoricien qui aura marqué non seulement une bonne quarantaine d'années d'histoire de la psychanalyse en France et dans le monde, mais aussi la philosophie française à partir des années 60, pour ne parler que de cette zone d'influence. Or, il n'a pour ainsi dire jamais fait mention dans tout son séminaire édité et inédit de cas cliniques [3] tirés de sa pratique : tout au plus, ici et là, quelques vignettes bientôt mises au tiroir. D'où probablement le désintérêt des analystes pour la clinique, à une époque où ils attendaient tout de sa théorie.

Dolto est une clinicienne extraordinaire. Elle intrigue et fascine Lacan lui-même qui ne se plaint pas de la voir rallier l'Ecole freudienne, institution à laquelle elle va donner justement tout le poids et la caution de son immense expérience. Dolto n'est pas à l'aise dans l'élaboration conceptuelle. Toutefois elle a consacré quinze ans, avec le concours de plus d'un analyste, à rédiger le seul de ses livres qui soit, selon elle, appelé à durer : *L'Image inconsciente du corps* [4]. En raison de son titre, l'ouvrage a certainement souffert du discrédit où la doctrine de Lacan avait fait tomber l'imaginaire, à l'époque. En effet l'imaginaire était devenu synonyme de leurre, prestige illusoire du moi tout juste bon à piéger le désir et le sujet. Mais le terme d'image renvoie chez Dolto et chez Lacan à deux ordres de faits, d'expérience et de concepts différents, voire hétérogènes. Ainsi, le livre de Dolto porte sur

3. Il n'en a publié qu'un seul, celui d'Aimée, dans sa thèse de psychiatrie, antérieure à sa pratique d'analyste. J. Lacan, *De la psychose paranoïaque dans ses rapports avec la personnalité* (1932), rééditée au éd. du Seuil, Paris, 1975.

4. Paris, Le Seuil, 1984. Il ne devait pas s'intituler pour elle autrement que « l'image du corps », expression qu'elle emploie le plus couramment. Mais le titre existait déjà, c'est celui de l'ouvrage ancien de Paul Schilder, auquel, d'ailleurs, celui de Dolto ne se réfère pas.

bien autre chose que l'image spéculaire et le stade du miroir – auquel elle n'attache d'ailleurs qu'une valeur relative.

Alors que, passant pour plus déterministe que Spinoza, il va jusqu'à bannir le mot de liberté, alors qu'il tient la dragée haute aux philosophes et aux universitaires avec les nœuds borroméens et quelques casse-tête topologiques, Lacan a la plus grande considération pour les remarques cliniques et les observations, sans pareilles en ce domaine, de sa consœur. Chez elle, il trouve l'idée qu'il faut trois générations pour faire un psychotique. Et la formule qu'il donne de la métaphore paternelle n'a pas pour seul antécédent un modèle linguistique, mais probablement une observation toute simple de Dolto.

Tout semble les séparer sur la technique et l'éthique. Dolto fait volontiers flèche de tout bois et n'hésite pas à recourir à son savoir médical s'il lui est nécessaire dans telle intervention ou interprétation, ne se sentant liée par aucun formalisme. Aussi bien, on lui reproche de trop faire fond sur notre origine biologique.

A l'inverse, elle critique implicitement la conception que Lacan se fait de la psychose, qu'elle trouve inopérante (voir le débat sur la forclusion du Nom-du-Père) et entachée d'un pessimisme psychiatrique.

On trouvera toujours chez l'un ce qui manque à l'autre. Dolto disait, en riant d'ailleurs : pour Lacan le sujet est un vide, pour moi le sujet est plein, dynamique.

Chacun est un faire-valoir de l'autre, cela dit pour ceux qui, refusant en réalité la spécificité de la psychanalyse, se réjouiraient de les voir renvoyés dos à dos. Or, en dépit de leurs nombreuses divergences, ils ont une même conception de l'analyse.

Lacan a fait miroiter aux générations d'après guerre et aux postsoixante-huitards qu'il avait la réponse à la question : qu'est-ce qu'un père ? Il y avait de quoi captiver tous ceux qui, nés juste avant, pendant ou après cette guerre, ne pouvaient éviter de se demander – leur militantisme s'essoufflant à tenter d'y apporter réponse – ce que valaient leurs pères pendant l'Occupation. En ce sens, l'athéisme que Lacan croit pouvoir déduire de la psychanalyse, et de

Totem et Tabou (le père, c'est le père mort), est une forme d'espoir.

Au rebours, la foi de Dolto est d'abord une question d'économie libidinale personnelle. Elle se livre moins à une analyse sauvage de l'Evangile qu'elle ne cherche du côté de Jésus – « maître du désir », dit-elle – les repères d'une éthique de la psychanalyse que celle-ci ne parvient jamais à fonder d'elle-même. *In extremis,* c'est-à-dire *post mortem,* Dolto fut récupérée par les catholiques qui la trouvaient naguère si peu orthodoxe... Bonne affaire de la compter parmi les leurs. *Gaudeamus,* se disent les bien-pensants dont les feuilles de chou trempées dans l'eau bénite lui tiendront lieu de lauriers pour son ascension, sa quasi-béatification. C'est un fait qui a de quoi laisser rêveur. Les psychanalystes ne lui ont pas tressé de couronnes, ce n'est pas leur usage. Mais de là à ce que personne ne s'insurge de voir ainsi Dolto rangée parmi les *ex-voto,* pieusement enterrée par les médias comme « l'ange-gardien » des CMPP, la « grand-mère de la psychanalyse »! On ne comptait plus ses « miracles », et des magazines la présentaient comme une « fée ». Sans doute a-t-elle contribué parfois elle-même à cette légende. Mais enfin! il fallait ne l'avoir jamais vue ni entendue pour oser répandre de pareilles sottises sur une psychanalyste qui, plus que tout autre, a toujours maintenu la distance entre l'enfant et elle, se gardant de la compassion bêtifiante et de la complicité maternelle. A tel point qu'un de ses interlocuteurs la croyait extraordinairement dépourvue d'affects. En un sens, c'était vrai : elle était trop attentive à suivre le trajet du signifiant et à respecter l'exigence du travail analytique pour risquer d'en compromettre le cours en cédant à on ne sait quel attendrissement.

Lacan pense la psychanalyse, débarrassant par exemple la métapsychologie freudienne du point de vue quantitatif qui la rendait bien lourde. Il lui a donné, sous forme de néologismes parfois, de véritables concepts (le *parlêtre,* etc.). Dolto avait besoin de néologismes pour son usage personnel. Ni l'objet « mamaïsé », ni la dimension « symboligène » de la castration ne s'imposent comme formulations indispensables. C'est son idiome à elle.

Au contraire de Lacan, elle fait revenir massivement

dans la psychanalyse le corps dans ce qu'il a de plus archaïque – images d'avant celle du miroir; d'où ses suppositions hésitant entre biologie et métaphysique sur la préexistence du sujet dès la vie fœtale. Mais c'est avec la plus grande acuité analytique qu'elle considère le placenta comme objet partiel et premier double.

Dolto a infléchi le cours de la psychanalyse d'enfants à tel point qu'elle passe pour l'avoir inventée en France. Elle a fait faire des pas de géant à la psychothérapie des psychoses. Et l'on sait ce que lui doivent, dans ce domaine, Maud Mannoni, Gisela Pankow, Denis Vasse et bien d'autres.

Le public connaît mieux son apport considérable à l'éthique, qui fait de l'enfant un sujet à part entière, encore qu'on ne sache pas jusqu'où les parents et les éducateurs, par exemple, sont tentés de la suivre, même lorsqu'ils opinent du bonnet à ses recommandations.

Son œuvre, marquée par son oralité même, doit trop à sa présence et à ce que son écoute et son expérience avaient de profondément singulier et d'inimitable pour en être dissociée.

N'étant ni historien ni biographe, je parlerai un peu de la Françoise Dolto que j'ai eu la chance de connaître, et de celle que je continue de découvrir à la lecture.

Pour que le lecteur sache d'où je parle, je dois préciser ceci : Françoise Dolto a eu la faiblesse de croire et la générosité d'écrire [5] que j'étais celui qui connaissait le plus son œuvre et mieux qu'elle-même l'originalité de ce qu'elle apportait. Elle se trompait, mais l'important n'est pas là. Le lecteur, psychanalyste ou non, le comprendra facilement, je suis moins embarrassé du transfert que j'ai fait sur sa personne que je ne lui suis obligé de l'amitié qu'elle m'a accordée. Je ne fus évidemment pas le seul, il s'en faut, dans cette situation privilégiée. Cependant, je me sais tout désigné pour ne pas écrire sur Dolto. D'avoir tenu la plume pour elle m'écarte du nombre de tous ceux qui pourraient s'en vouloir aujourd'hui les porte-parole. Voilà pour l'incestueux.

5. A M. Michel Chodkiewicz, alors P.-D.G. des éditions du Seuil.

Du reste, ont paru des introductions très complètes à son œuvre, et il ne manquera sûrement pas de biographes de talent pour lui faire une statue.

La démarche analytique me semble pousser à défaire les images plutôt qu'à en fabriquer de nouvelles après coup. C'est pourquoi je ne ferai ici, pour l'essentiel, que ce que je sais faire, bien ou mal : poser les questions qu'a fait renaître la lecture de Dolto.

Il existe un hiatus irréductible entre ce qui se passe dans la pratique psychanalytique et ce que l'analyste en dit d'un point de vue théorique. Ce fait est porté avec Dolto à la puissance d'une contradiction maximale. On sait, on sent qu'elle dit vrai; ce qu'elle dit nous parle; et l'on a parfois quelque peine à suivre non pas la logique de l'inconscient, mais l'élaboration théorique qu'elle en donne. Par malheur, hors de la situation analytique, on veut comprendre. Retrouver quelques pistes de la démarche très singulière qui fut celle de Dolto inventant, redécouvrant la psychanalyse dans son champ à elle serait déjà beaucoup.

Quant à ce que je dirai ici ou là de ce qu'elle m'a expliqué ou raconté personnellement, il n'y a rien, me semble-t-il, qui ne s'en trouve corroboré par ses écrits.

Enfin, pour mieux éclairer le lecteur sur mon aveuglement, j'ajoute ceci. J'ai été pendant une quinzaine d'années, dans une grande maison d'édition parisienne, délibérément, mais aussi bien dans l'errance personnelle, le chien de garde d'une orthodoxie lacanienne, parfois dogmatique. Lacan est heureusement souvent ailleurs que sous les jaquettes de livres qui se parent de son nom comme d'un label. Ecouter Dolto, dans une situation de travail particulière, a été pour moi une bouffée d'oxygène qui n'a évidemment que ravivé une même passion pour l'analyse mais, alors, sur un autre versant que celui du concept. Cela ne m'empêche pas de trop lacaniser Dolto peut-être, ni d'avoir pour l'œuvre de Lacan dont je me nourris toujours, comme des milliers d'autres, la plus grande admiration, parce qu'il reste, pour les gens de ma génération, le plus grand freudien que nous ayons pu écouter et lire. Voilà pour l'œdipien.

I

Constellation familiale [1]

Du côté Demmler. La lignée maternelle. La « culpabilisation institutionnelle ». Sauvetages héroïques. La langue allemande et la fonction du grand-père imaginaire. Un mariage arrangé. Les yeux bleus et l'incestueux. Du côté Marette. Le « déjeuner sur l'herbe » et le caractère obsessionnel.

« Je ne crois pas qu'en fait, la famille,
ce soit déterminant *. »

Françoise Marette naît le 6 novembre 1908, dans l'appartement familial, rue Gustave-Zédé à Paris, une petite rue du XVIe arrondissement qui donne dans la rue du Ranelagh, à proximité du lycée Molière. (Quatre-vingts ans plus tard, elle dira avoir la chance de mourir dans son lit, ayant eu celle de voir le jour dans la chambre de sa mère.)

Née après Jacqueline, Pierre et Jean, Françoise est le quatrième enfant.

Trois frères viendront ensuite : Philippe, André et

* Françoise Dolto, *Enfances*, p. 120.

1. J'ai suivi principalement les deux récits autobiographiques de Dolto : *Enfances*, Paris, Le Seuil, 1986, coll. « Points », 1988 (cité dans cette dernière édition), et *Autoportrait d'une psychanalyste (1934-1988)*, Paris, Le Seuil, 1989. Par ailleurs, Dolto « Ma vie et la psychanalyse » in Antoine Hess, *Les analystes parlent*, Paris, Belfond, 1985 ; les deux articles de Bernard This : « Françoise Dolto » in revue *Le Coq-Héron*, n° 109, « La vierge des brumes. Croisière dans l'histoire de la psychanalyse », 1988, p. 3-15 ; et « L'autobiographie de Françoise Dolto » in *Le Coq-Héron*, n° 118 « Autobiographie et psychanalyse », 1990, p. 15-29, ainsi que les numéros 111-112 de la même revue, intitulés « Françoise Dolto vue et lue par ses collègues et amis », 1989. Enfin, F. Dolto, *Correspondance (1913-1938)*, Paris, Hatier, 1991. En de rares endroits, je mentionne des communications orales de F. Dolto, des associations qui lui venaient spontanément, car je ne l'ai jamais interrogée sur sa vie personnelle. Si je m'en tiens en ce qui concerne sa biographie à ce qu'elle en a dit, c'est en accord avec sa définition de la psychanalyse : on ne s'y occupe pas des faits, mais de la manière dont ils sont ressentis et interprétés par le sujet.

Jacques. Selon la tradition voulue par le grand-père maternel, elle sera nourrie au sein, pendant un an, comme les autres – mais moins que le dernier, Jacques, dont elle se souvenait qu'il avait été allaité durant dix-huit mois [2]. Elle laissait pointer un peu d'envie à l'égard de ce frère puîné, seul à avoir bénéficié de cette faveur maternelle. C'est l'une des très rares occasions où l'on trouve une trace de jalousie chez Françoise Dolto, qui en était remarquablement dépourvue.

La mère de Françoise, Suzanne Marette (1879-1962), fille aînée de Arthur Demmler et de Henriette Marguerite Secretan, était née un 4 octobre, le jour de la Saint-François-d'Assise – ce qui n'est pas indifférent, puisque c'est le patron qu'elle choisit pour sa deuxième fille (et non Sainte-Françoise, fêtée le 9 mars).

De sa mère, Françoise dit : « elle croyait qu'elle était bête et méchante ; [...]. Parce qu'elle était passionnée et agressive [3] » – manière élégante d'éviter de souscrire à ce jugement. Toutefois, elle tente de dédouaner sa mère de cette méchanceté, en reconnaissant : « Elle nous agressait parce qu'elle s'agressait elle-même tout le temps [4]. »

Trop occupée des aînés, Suzanne Marette aurait laissé sa seconde fille en paix jusqu'au moment tragique de la mort de Jacqueline, quand Françoise atteint douze ans. Mais la *Correspondance* montre que la « culpabilisation institutionnelle [5] » a toujours peu ou prou existé. Sans doute Françoise a-t-elle trouvé moyen de se narcissiser en évitant les conflits, à partir d'un certain âge du moins, en trouvant toujours de quoi s'occuper. Très tôt, elle se réfugie dans le « faire », comme elle dira plus tard, obéissant à une contrainte surmoïque héritée de sa mère à l'époque de l'érotisme anal. Pourtant, à cinq ans, elle se défend encore avec une belle énergie, une innocente impertinence, comme pour dire à sa mère : « Tu veux que je

2. F. Dolto, *Autoportrait d'une psychanalyste, op. cit.*, p. 79. F. Dolto, comme Melanie Klein par exemple, pense que la relation au sein maternel donne à l'enfant une confiance toute différente de celle du nourrisson allaité au biberon.

3. *Ibid.*, p. 18.

4. *Ibid.*

5. L'expression est de F. Dolto, dans *Enfances, op. cit.*

sois coupable, eh bien, regarde comme je le suis, mais sans que je sache pourquoi il faut l'être. » Dès cette époque, la confession épistolaire tourne au rituel. Françoise à sa mère : « J'ai été méchante tout le matin et après pas. [6] » Nous sommes en 1914, elle a cinq ans passés. Ou bien la même année : « Nous avons été cueillir des fleurs et j'ai fait *number two* dans ma culotte. » Au hasard encore : « J'ai été méchante avec nurse et j'ai été privée de dessert... [7] »

Suzanne Marette attachait la plus grande importance « au physique ». Elle se trouvait trop petite. Elle admirait et idéalisait sa fille aînée, Jacqueline, parce qu'elle avait les yeux bleus et les cheveux bonds, comme son propre père, Arthur Demmler, qu'elle adorait. Si Jacqueline occupait la place de l'enfant incestueux attendu du père, Françoise, parce qu'elle ressemble à sa mère, petite, plutôt boulotte et qu'elle a de surcroît les yeux marron, est celle des deux sœurs qui, selon la mère, aurait dû mourir. Voilà l'inexpiable qui fixe une part de son destin.

Suzanne Demmler apparaît sous un double jour dans le portrait qu'en fait sa fille. Soumise à son père, elle a pourtant assez de liberté à une époque où les femmes de la bourgeoisie aisée ne travaillent pas – bien avant la guerre de 14 –, pour lui tenir lieu de secrétaire, jusqu'à l'accompagner parfois dans ses déplacements.

Elle n'aimait pas les femmes, elle était même franchement misogyne, dit encore Dolto. Elle ne concevait pas qu'il pût y avoir d'autre destin pour une femme que de se marier et fonder une famille : travailler, c'était déchoir. Préjugé largement répandu à l'époque.

Suzanne Marette a sans doute souffert de ne pas avoir une vie amoureuse à la mesure de son tempérament. Elle confiera à Françoise que, lorsqu'elle était encore jeune mariée, son époux, une fois l'acte sexuel accompli, aimait à retrouver aussitôt ses passe-temps favoris de polytechnicien : calculer mentalement, et très sérieusement,

6. F. Dolto. *Correspondance (1913-1938), op. cit.*, p. 22.
7. *Ibid.* On pourrait allonger l'énumération : « J'ai été sage ce matin, hier j'ai menti » (*ibid.*, p. 25); et encore : « J'ai mangé salement et j'ai pleuré beaucoup » (*ibid.*).

quelle pouvait être la courbe décrite par un ustensile accroché à la queue d'un chat et le timbre produit lorsqu'il percuterait le sol [8]. Mère d'une famille nombreuse, Suzanne Marette semble avoir toujours rêvé d'une vie sentimentale et sexuelle autrement passionnée. Les succès masculins de sa fille Jacqueline lui firent peut-être espérer en profiter par procuration, grâce à ce qu'aurait été pour celle-ci un mariage d'amour. Plus tard, elle voudra obliger Françoise à se marier, comme elle-même y fut contrainte par son père auquel il n'était pas question de désobéir. Rien en effet ne permet d'affirmer que Suzanne Demmler aurait épousé Henry Marette s'il ne lui avait pas été imposé par son propre père. C'était un « mariage arrangé » : « Elle avait épousé mon père, dans l'amour de son père à elle [9] », non cependant sans se trouver liée par d'autres signifiants : Henry Marette, son époux, est polytechnicien comme Arthur Demmler, son père. Il s'appelle *Henry Eugène*, alors que la mère de Suzanne Demmler se prénomme *Henriette* Marguerite. Son grand-père maternel se nomme *Eugène* Secretan. A quoi s'ajoute la coïncidence suivante : Suzanne Demmler, toute jeune encore, flirtait avec un Philipp Marett, sans *e*, d'origine britannique et protestante [10]. On peut se demander jusqu'où, d'ailleurs, le signifiant « m'arrête » – qu'il est difficile de ne pas entendre dans le patronyme – ne représentait pas pour Suzanne Demmler l'inhibition à la fois souhaitée et détestée par elle. Car Françoise dit qu'elle était une femme « obsessionnelle », hyperactive, parfois submergée par son excédent de vitalité et son trop-plein d'énergie : « la névrose de ma mère avait besoin d'être limitée sous peine de se trouver débordée par ses pulsions anales et phalliques [...] que personne ne refrénait... [11] ».

Suzanne Demmler a épousé un homme qu'elle respectait en tant que père de ses enfants, mais à l'égard de qui elle faisait parfois preuve d'une autorité devant laquelle il préférait reculer. Des anecdotes en témoignent : Suzanne obligeant Henry à corriger, presque séance tenante, le

8. Cf. *Autoportrait...*, *op. cit.*, p. 240.
9. *Ibid.*, p. 230.
10. *Ibid.*, p. 218.
11. *Ibid.*, p. 246.

zozotement dont il ne s'était jamais aperçu, ou encore décidant d'écraser son lorgnon pour le déshabituer définitivement du port d'un instrument qu'elle jugeait disgracieux.

Femme de caractère, elle régente et administre toute une maisonnée. Dans une quantité de petits potins entremêlés à des questions domestiques, Suzanne Marette apparaît souvent, à travers ses lettres à Françoise, comme une mère énergique qui veut bien se laisser attendrir de temps à autre par sa « bonne fille », surnommée « Vava ». Préoccupée par la réussite de ses fils (chacun d'eux fera carrière) et tout d'abord les aînés, elle a toujours à raconter des histoires de chiffons, à s'inquiéter pour la santé ou les études de l'un d'entre eux.

Le ton de ses lettres laisse imaginer une femme de devoir, toujours affairée, directe et rude, comme il s'en trouve dans les familles nombreuses où même les domestiques ne suffisent pas pour contenir l'agitation des enfants. Son mari est souvent absent, pendant l'enfance de Françoise : il est mobilisé en 1914.

Les deux principaux récits autobiographiques de Dolto sont irremplaçables, car ils font état d'une situation dont l'intensité dramatique ne serait pas lisible dans la seule *Correspondance.*

Après la mort de sa fille aînée, Suzanne Marette trouvera paradoxalement une confidente privilégiée et un exutoire à sa souffrance, à son délire ravageur, dans la seule fille qui lui reste – et qui le lui rappelle, d'ailleurs.

Françoise a bien des traits communs avec sa mère. Elle n'en dit mot, excepté sur leur ressemblance physique qui va jouer comme repoussoir : la mère rejetant celle qui lui ressemble, la fille cultivant, certainement sans le savoir, sa différence par rapport à la sœur disparue; comme par une prudence inconsciente, pour se garder elle-même d'une collusion identificatoire qui pouvait sembler dangereuse.

Françoise reconnaît que sa mère s'intéressait à la médecine. Pourtant celle-ci va tout mettre en œuvre pour l'empêcher de faire ses études : « C'était très ambivalent » disait Françoise, qui hérite de sa mère des traits de caractère : son dynamisme, son étonnante vitalité, son oralité aussi ; une incapacité à rester inactive, un franc-parler quelquefois brutal, une grande opiniâtreté. Elle lui doit également l'amour et la pratique de la musique, un des rares éléments d'entente familiale à se pérenniser chez les Marette. La tradition en remonte au grand-père de Suzanne, Auguste Demmler.

Auguste Demmler (1807-1865) aurait émigré en France pour se réfugier dans la patrie des droits de l'homme et fuir le risque d'hégémonie prussienne qui menaçait l'Allemagne du Sud dont il était originaire. Précepteur à Tübingen, à la cour du grand-duché de Wurtemberg – une sorte de décor d'opérette dans l'esprit de Dolto –, il vivait dans une atmosphère musicale « poussiéreuse mais quotidienne ». Il sauta sur l'occasion que lui offrait Napoléon III, de passage dans la région, pour devenir professeur d'allemand en France, au Prytanée militaire. Allemand et protestant, il épousa, pour devenir français et catholique, Caroline Elise Duvernoy [12], originaire de Montbéliard. Vers 1856, il s'établit donc en France. Son fils, Arthur, qui a douze ans à l'époque, ne parle pas encore le français. C'est cet Arthur (1844-1912), le père adoré de Suzanne Demmler, qui deviendra le patron et le beau-père d'Henry Marette.

Un trait narcissique d'Auguste Demmler, l'arrière-grand-père maternel de Françoise, s'est inscrit dans sa descendance immédiate. En effet, six de ses douze enfants portent un prénom commençant par la lettre A, comme lui. Ce sont : Amélie, Auguste, Alexandre, Angèle, Arthur, Anastase.

Les enfants Demmler s'appelaient, dans l'ordre de leur naissance : Mathilde, Amélie, Auguste, Alexandre, Angèle, Charles, Arthur, Anastase, Henriette, Elisa, Sophie, Henri.

Comment ne pas être frappé de la prévalence du A initial dans six des prénoms, alors que cette même lettre se

12. Nom qui assone avec celui, à la même génération, de l'arrière-grand-mère maternelle de Françoise : Cécile Overnay (O'Vernay, quand on souligne son origine irlandaise), épouse de l'arrière-grand-père, Eugène Secretan.

retrouve en plus dans trois autres : Mathilde, Charles et Elisa [13].

Le premier des fils Demmler se prénomme Auguste comme son père.

Un autre prénom, non moins impérial, lui succède : Alexandre.

Il faudrait s'arrêter à celui d'Angèle pour l'importance qu'aura le signifiant *ange* dans la vie de Dolto.

Le dernier des fils, venu après une sœur morte prématurément, porte cette emblématique lettre *a* de façon cumulée, puisqu'elle figure trois fois dans son prénom : Anastase (qui signifie en grec « résurrection »).

Enfin, né en 1854, Henri Demmler a sans doute été ainsi prénommé à cause d'une de ses sœurs, Henriette, morte à deux ans en 1848 [14]. Ce prénom est récurrent dans les deux familles puisque Suzanne Demmler épouse un Henry Marette, lui-même fils d'un Henri Marette. Voilà un prénom, un signifiant qui sature la constellation familiale.

Arthur Demmler, devenu français, va en 1870 faire la guerre contre les Allemands, contre sa patrie d'origine. Il doit avoir alors vingt-six ans. Il est fait prisonnier à Ems. Or en captivité, il aurait été guéri de la fièvre typhoïde par l'une de ses sœurs qui, déguisée en paysanne et parlant parfaitement l'allemand, sa langue maternelle, aurait réussi à s'introduire dans la prison en trompant les gardiens.

Une sœur risque sa vie pour sauver un frère manifestement chéri. Françoise n'a pas pu ne pas établir le parallèle entre cette histoire et la demande désespérée de sa mère qui la supplia, à la veille de sa première communion, de prier pour obtenir la guérison du cancer qui était en train de tuer Jacqueline. Françoise éprouvera une immense culpabilité de ne pas y être parvenue. Une guérison par la parole n'a pas eu lieu, alors qu'une autre avait

13. Elisa est référée à sa mère Caroline-Elise, tout comme Charles, par le Carolus qui leur sert de moyen terme.

14. Deux autres filles, Mathilde et Sophie auront à peine vécu : Mathilde, l'aînée : 1833-1834, et Sophie l'avant-dernière : 1853-1857.

été rendue possible par la connaissance de la langue maternelle.

Le grand-père Arthur Demmler représente probablement pour Françoise un lien fantasmatique avec l'allemand : c'était sa langue maternelle, il la parlait à son arrivée en France, à douze ans. Or, Françoise est élevée dans les sonorités de cette langue par une gouvernante, Elisabeth Weilandt, amie de la famille. Préceptrice des derniers enfants Marette, elle apprendra très tôt à lire à Françoise. On l'appelle « Mademoiselle », plus tard « Mémé ». Elle est luxembourgeoise d'origine. Naturellement, elle parle l'allemand. A Deauville, en vacances, il n'est pas rare qu'elle récite aux enfants Marette des poèmes en allemand, et c'est elle encore qui va initier Jacques à cette langue ; Jacques qui porte le prénom de sa sœur morte et qui, à l'instigation de Françoise, va faire ses premiers séjours linguistiques en Allemagne vers l'âge de dix ans [15].

On ne sait quel mobile inconscient pousse Françoise à inciter ses parents, quelque dix ans après la mort de Jacqueline, à envoyer Jacques en Allemagne pour qu'il y poursuive l'apprentissage de la langue. Mais, elle y insiste, c'est elle qui en a fait la suggestion [16]. Peut-être attend-elle un bienfait de cette langue ancestrale sur son frère, alors que le pouvoir de la parole avait échoué pour Jacqueline. Comme si, de n'avoir pu opérer le miracle attendu pour Jacqueline, Françoise faisait valoir qu'elle avait usé à bon escient de la parole pour Jacques.

Jacques Marette, devenu résistant en 1940, utilisera sa connaissance de la langue allemande au profit de l'Intelligence Service [17]. A nouveau, un frère soustrait héroïquement à l'ennemi allemand quelque chose, et grâce à une mystification rendue possible par la langue. C'est comme si dans l'esprit de Dolto avait perduré, à côté d'une « mauvaise » Allemagne – celle des guerres, associée au désir mortifère de sa propre mère à son égard –, un lien salva-

15. *Autoportrait...*, *op. cit.*, p. 88.
16. *Ibid.*
17. *Ibid.*, p. 156-157. Elle dit notamment : « ... en retournant un revers de sa veste, il montrait qu'il était anglais, en retournant l'autre, il montrait qu'il était allemand selon le cas. Il était soi-disant dans la police allemande et ramassait des dossiers utiles aux nazis. En fait il était de l'autre côté, dans la police anglaise... » (*ibid.*, p. 155-156).

teur à l'élément maternel et à l'allemand : cette langue ancestrale, celle du père de la mère.

Or, Dolto entreprendra une cure psychanalytique avec Laforgue, Alsacien d'origine, dont l'accent est, comme celui du « Cousin Pons », à couper au couteau. Et il se prénomme *René*; il est donc une sorte d'*Anastase*, qui n'a pas été choisi au hasard sans doute, d'autant que la mère de Françoise attendait dans son délire la résurrection de sa fille Jacqueline.

Ainsi, c'est dans les sonorités germaniques qui lui sont familières depuis l'enfance que Dolto va faire son analyse. La musique d'une langue entendue mais non comprise a accompagné son éveil à la lecture et à l'écriture et symbolisé son amour pour sa mère. Quelque chose non de la langue maternelle, mais d'une langue dont la mère est elle-même issue, devient la tonalité protectrice, rassurante, de la cure analytique par laquelle Dolto va s'affranchir de la culpabilité infernale dans laquelle précisément sa mère lui aura fait vivre toute son adolescence et sa jeunesse. Comme si – par-delà ce qu'elle aura eu à subir de sa mère – la musique de cette langue l'avait par ailleurs réconciliée avec un maternel mythique, une mère archaïque [18].

« Le langage est un enfant incestueux », dit Dolto [19], pour signifier qu'il est la rencontre du désir des parents et de l'enfant : ce que l'enfant saisit de leur désir inaugure la communication entre eux et le fait accéder au langage. Inversement, des fantasmes incestueux que véhiculent les différences de langues, de religions ou de cultures des parents vient parfois à un enfant la possibilité de trouver une voie de sublimation à son désir.

18. F. Dolto a développé l'idée que le signifiant *grand-mère*, ou *grand-père*, représente dans l'imaginaire de l'enfant, outre une personne réelle, « une modalité d'amour archaïque [...] à l'égard d'un parent », cf. F. Dolto, *Dialogues québécois*, Paris, Le Seuil, 1987, p. 74. Elle précise qu'il faut distinguer entre la grand-mère réelle et la grand-mère imaginaire, cette dernière « représentant l'ancêtre en lui de sa relation à sa mère » (*ibid.*). C'est, par exemple, la manière dont l'enfant se représente l'amour qu'il avait pour sa mère quand il était à l'âge fœtal.

19. Cf. par exemple, *Séminaire de psychanalyse d'enfants*, t. 1, Paris, Le Seuil, 1982, p. 97.

Henry Marette (1874-1947), le père de Françoise, est né un 4 août. Il est orphelin de père très tôt : à cinq ans et demi. Son père, Henri Marette (1838-1880), était architecte [20]. Dolto évoque ce grand-père paternel, mort jeune, courageusement, dans un accident de chemin de fer qui s'était produit sur la petite ceinture, enjambée par la passerelle de Passy, en rappelant qu'elle-même la traversait plusieurs fois par jour, à quatre ans, en compagnie de Mademoiselle. Henri Marette est mort à quarante-deux ans, après avoir arraché cinq femmes d'un wagon en flammes et tenté d'en sauver une sixième [21]. Françoise Dolto avait gardé les coupures de journaux de l'époque – que son père avait dû lui-même conserver auparavant –, dans lesquelles on parlait de l'héroïsme d'Henri Marette. Il avait sauvé « cinq mères » de famille avant de mourir asphyxié. (Signifiant qui a de quoi la toucher puisque, lorsqu'elle évoque l'événement, elle est en état d'insuffisance respiratoire, et depuis longtemps déjà.) Dolto, elle, sauvera beaucoup d'enfants. Et sa *Correspondance* témoigne de l'admiration qu'elle portait jeune fille à Jeanne d'Arc, héroïne s'il en est, qui périt asphyxiée dans les flammes.

Outre l'héroïsme, Dolto mentionne un trait de son grand-père paternel : il adorait sa femme, Marie-Charlotte Landry, laquelle n'avait pas eu l'heur de combler les espérances de sa belle-famille, parce que, bien qu'exquise et intelligente, elle n'était pas « née », comme on disait dans la bourgeoisie installée de l'époque [22]. Le mot est d'autant plus savoureux en la circonstance que le handicap social qu'on lui imputait était d'être fille d'un médecin, pas d'un « vrai » mais d'un accoucheur et, qui plus est, marié à une sage-femme.

Outre la fréquence des Henry, la répétition de certains

20. Architecte de la cour d'Espagne, il avait largement contribué à l'aménagement de l'avenue Kléber à Paris. Il participe au grand essor de l'entreprise de Haussmann. Partageant un bureau d'études avec son frère Charles, il construit notamment la place des Etats-Unis, toute proche de l'avenue Kléber, dans le XVIe arrondissement; cf. *Autoportrait...*, *op. cit.*, p. 230.

21. L'accident de chemin de fer avait eu lieu à proximité de la gare de Levallois, le 3 février 1880, *ibid.*, p. 230 et note p. 272.

22. *Ibid.* p. 213.

phonèmes et leur croisement est frappante dans les noms et prénoms des grands-parents paternels de Françoise. *Henri Marette* épouse *Marie*-Charlotte *Landry*. *Ri. Mar. En*. Et, de nouveau, on retrouve avec cet Henri Marette une duplication narcissique en son fils qu'il nomme comme lui Henry, lequel ne doit peut-être qu'à une différence de lettre imperceptible à l'oreille de pouvoir être distingué de son père. De quoi renforcer chez un enfant l'attention scrupuleuse aux petites différences.

Françoise Dolto ne dit pas comment son père, pensionnaire au lycée Michelet à Paris de cinq à vingt et un ans, est parvenu à être l'ingénieur qu'il est devenu par la suite. De lui, on sait seulement que c'est en plein âge œdipien qu'il est frappé par la mort de son père. Le dernier souvenir qu'il en gardait est assez typique de ce genre d'humiliation subie dans l'enfance, qui pousse ultérieurement un obsessionnel à faire et à refaire inlassablement ses preuves, et à tenter de montrer imaginairement à son père que « le con, c'est lui » – je reprends là les termes de Dolto.

En effet, le jeune Henry Marette conservait une blessure d'amour-propre du souvenir suivant. Lors d'un déjeuner à la campagne, son père lui demande d'aller mettre le vin dans l'eau (pour le tenir au frais). Et l'enfant, exécutant littéralement l'ordre entendu, va vider les bouteilles dans la rivière. Lorsque son père lui demande ensuite de les rapporter, il s'aperçoit de sa bévue ; il est ridiculisé, et publiquement. C'est lui qui, pour le coup, était « le con [23] ». Et, par un reste de crainte œdipienne, comme le souligne Dolto, ce n'était jamais le même jour que Henry Marette évoquait ce souvenir de son père et qu'il disait d'un architecte dont il venait d'entendre parler : « Si c'est un architecte, c'est un crétin. » Tabou du rapprochement entre l'injure et le nom du père. Tous des crétins, sauf le père, cependant inclus dans ce « tous ».

Ce souvenir peu glorieux pour son prestige, Henry Marette l'associait, quand il le racontait, au *Déjeuner sur*

23. *Ibid.*, p. 231-232.

l'herbe de Manet [24], ami de la famille. Il s'agit d'autre chose que d'une référence conventionnelle, la femme nue au milieu du célèbre tableau étant de nature à supporter un fantasme œdipien, d'autant qu'elle est assise entre deux hommes, le regard tourné en invite vers celui du spectateur. Dans l'œuvre de Manet, à l'arrière-plan, une jeune femme relevant sa jupe, penchée en avant, les jambes dans l'eau, cherchant de la main quelque chose au bord de l'étang, occupe la place du petit Henry dans le souvenir. Deux hommes au lieu d'un enfant et de son père; la femme au centre de la scène, accrochant autant la lumière que le regard, comme objet de désir : tout ressemble à l'habillage après coup d'un souvenir en fantasme. Il est probable, à en juger par son contenu, que l'association au tableau de Manet vient effectivement d'Henry Marette, et non de sa fille Françoise. Car le tableau remet imaginairement Henry Marette à même hauteur que son père, dans une position de rivalité tranquillement ignorée.

Polytechnicien, Henry Marette finira par prendre la succession de son beau-père à la direction de l'usine dans laquelle il a commencé à travailler comme ingénieur. Pendant la guerre de 14, il est notamment capitaine de l'arsenal de Tarbes (il a fait l'Ecole d'artillerie de Vincennes). Il voulait préparer l'Ecole navale, mais sa myopie l'obligea à choisir Polytechnique. Françoise Dolto interprétait cette myopie comme l'effet d'une prudence œdipienne chez son père, lui ayant évité de se rapprocher d'un désir incestueux pour sa mère, Navale représentant ce désir.

Henry Marette, ingénieur méthodique et scrupuleux, faisait deux tournées d'inspection au lieu d'une, dans l'usine d'Arthur Demmler, son futur beau-père. Il dut le séduire définitivement lorsqu'en une occasion imprévue, ce dernier ayant fait tomber sur sa jambe l'armoire de sa chambre d'hôtel à Montbard, Marette s'occupe de lui, pose des attelles à sa jambe, l'accompagne à Paris par le train, le reconduit chez lui puis le remplace à l'usine pen-

24. *Ibid.*

dant le temps de son immobilisation [25]. Le jeune ingénieur s'est donc rendu si indispensable que lorsque la fille de son patron a des velléités d'épouser un artiste, un musicien (car on aime beaucoup la musique chez les Demmler), son père lui dit non. « Tu épouseras Henry Marette... [26] ». Elle obtempère.

Françoise Dolto souligne plaisamment que sa mère, protestante, voulait épouser un protestant blond aux yeux bleus comme son père. Elle qui attache tant d'importance au physique, qui est de petite taille, épouse par obligation un homme qui mesure plus d'un mètre quatre-vingt, « catholique, brun aux yeux marron [27] ».

De son père Dolto dit qu'il était « obsessionnel pour les comptes ». Mais tout prouve qu'il l'était tout bonnement : lorsqu'il achetait un journal, il ouvrait un calepin pour y noter : journal = tant. A la question : à quoi bon inscrire une dépense si minime ? il répondait que c'était pour savoir où allait l'argent, « sinon, c'est le coulage ». En bon obsessionnel, il avait un système qui, bien sûr, se déverrouillait de temps à autre. Car, à petites économies, cadeaux munificents. Il faisait périodiquement des présents aussi « grandioses » qu'inutiles et contraires à la saine logique de l'épargne : ainsi, des mallettes de voyage avec flacons à cabochon qu'il aimait offrir à sa femme et à sa fille, obligées de les accumuler sans pouvoir les utiliser.

Il cède devant la brusquerie de son épouse. En certaines circonstances, il tourne casaque, préfère la paix domestique au conflit, ce qui n'autorise pas à lui épingler plus qu'à un autre l'épithète de père défaillant. Sauf en ce qui concerne la fureur de sa femme contre Françoise. Il finit par « démissionner ». Il est clair que Suzanne Marette obtint de la résignation de son mari le départ de sa fille (qui a alors vingt-huit ans) de leur maison, en 1936. Père faible au sens où, dans le règne domestique, il ne veut plus, après la disparition de Jacqueline, avoir à combattre l'humeur de sa femme dont la névrose empire ; il est, par ailleurs, homme d'autorité, intimidant ses fils, les terrori-

25. *Ibid.*, p. 73.
26. *Ibid.*, p. 74.
27. *Ibid.*, p. 73-74.

sant par son silence; par ses colères aussi. Elles faisaient certainement de l'effet et du bruit, puisqu'il interrompait régulièrement ses parties d'échecs avec l'un de ses garçons, le traitant d'imbécile avant de casser, en général, la table à jeu d'un coup de poing. Françoise Dolto décrira son mari, Boris, comme un homme capable de colères qui l'impressionnaient elle-même – trait qu'elle croit pouvoir attribuer au caractère russe en général –, sans s'aviser que son père s'emportait aussi.

Henry Marette est certainement un fort brave homme, adonné, on l'a vu, en toutes occasions, à ses passe-temps favoris de matheux. Il aime les charades – à tiroirs éventuellement –, les réussites; il lui faut sa partie d'échecs tous les jours. « Dans la vie quotidienne, il avait deux aspects bien tranchés : le sérieux et le rigolo [28]. » Il est tout sauf manuel, ce que sa fille Françoise s'empressera d'être pour lui. C'est un homme d'ordre. Il donne les instructions pratiques, Françoise les exécute. Au point que, lorsqu'il achètera sa première automobile, c'est elle qui la conduira, parce qu'il est lui-même trop nerveux pour le faire.

Le portrait que Dolto dessine de son père dans ses récits autobiographiques est marqué, de toute évidence, par les restes de cette compassion que peut avoir un adulte qui, ayant souffert comme ses parents, les considère sur un plan d'égalité. Il n'empêche que les traces de sa préférence œdipienne pour son père ne disparaissent jamais complètement, pas même dans ce texte ultime qu'est l'*Autoportrait.*

Si elle s'est mise à construire vers huit ans un poste à galène et s'est abonnée au *Sans-Fil*, ce n'est nullement par intérêt pour la transmission de pensée, mais parce que son père l'avait emmenée écouter une conférence de Branly sur les ondes Marconi au Trocadéro. Tout ce qui lui venait de son père était pour elle auréolé du prestige de « scientifique » – le désir, c'est le désir de l'Autre –, et elle porte à son crédit de n'avoir mis aucune entrave à

28. *Ibid.*, p. 239-240.

une curiosité intellectuelle qu'au contraire il encourageait.

Toutes les semaines, Henry Marette rapporte chez lui des livres d'histoire, dont il est amateur, et des ouvrages scientifiques, bien sûr. Il entretient ainsi le goût de Françoise pour la découverte et l'invention. Inversement, ce qui retient l'attention du père prend *ipso facto* pour elle valeur et dignité dans le champ de la connaissance. Ainsi, c'est parce qu'il découvre la psychanalyse au hasard de ses lectures, comme une science nouvelle – une nouvelle région du savoir médical pour lui –, qu'il en parle un jour à sa fille et lui demande son avis. Il apparaît même dépourvu des préjugés habituels à l'égard de la psychanalyse (ce qui est rare à l'époque), au point qu'il lui conseillera d'entreprendre une cure analytique. Peut-être ne faut-il pas seulement y voir un effet de l'intelligence, de l'ouverture d'esprit ou de la culture incontestables d'Henry Marette. Car, alors, du temps a passé depuis le jour où il a demandé à Françoise, en lui donnant à lire un ouvrage sur la psychanalyse : « Tiens, ça a l'air intéressant; tu me diras ce que tu en penses. » Lorsqu'il l'incite à commencer une analyse chez Laforgue, il a sans doute pris la mesure de sa propre impuissance face au drame familial qui se joue chaque fois que Françoise vient en visite à la fin de la semaine. Depuis la mort de Jacqueline, elle pâtit de la névrose de sa mère. Et, à ne pouvoir maintenir équitablement la distance entre les deux femmes, le père trouve sans doute préférable de passer la main.

Quelques éléments importants se lisent en filigrane dans les récits autobiographiques de Dolto et dans sa *Correspondance* : si éprouvante qu'ait été pour elle la culpabilisation permanente que sa mère essayait de lui infliger, Françoise avait une forte personnalité, une façon directe et abrupte de s'exprimer; ses rapports avec sa mère n'ont pas dû s'en trouver facilités. Son père lui reproche un jour [29] un « orgueil insensé », qui la rend « brutale et dure » et la pousse à traiter ses parents avec une « désinvolture coupable ». Ce ton cassant à l'égard de sa fille, qui est une jeune femme (elle a bientôt trente ans), vient

29. Lettre du 3 juin 1938, *in* F. Dolto, *Correspondance*, *op. cit.*, p. 559.

ponctuer tout autre chose qu'un incident familial mineur en apparence : Françoise a fermé un peu vivement la porte du salon pour parler seule à son père et, du même coup, exclure sa mère. Il lui précise : « Je n'ai pas vu ton geste brusque de fermer la porte devant ta maman qui nous suivait. Ce que tu avais à me dire n'était vraiment pas un secret, de sorte qu'une discourtoisie ne s'imposait pas [30]. » Cette manière sévère de remettre sa fille à sa place – qui ne semble témoigner que d'un désir de ne plus être dérangé dans sa vieillesse – est sans doute la riposte à une autre situation, bien lisible au-delà d'un geste d'impatience. C'est évidemment que Françoise, seule fille de la famille depuis l'âge de douze ans, n'a jamais renoncé à ses sentiments œdipiens envers son père, bien qu'il ne se soit pas toujours montré vaillant à la défendre. Elle reste pourtant dans l'appartement familial jusqu'en 1936, c'est-à-dire jusqu'à vingt-huit ans; par nécessité, par manque d'autonomie financière. Mais on ne peut pas ne pas se souvenir ici des admonestations qu'elle adresse beaucoup plus tard aux parents lorsque, une fois devenue psychanalyste, elle déclare que si une fille ou un garçon, adolescent, crée trop de trouble dans la maison, c'est au père de lui faire comprendre qu'il est temps d'aller vivre au-dehors; quand le scénario œdipien de l'enfant prend des allures de psychodrame organisé dans la famille : ainsi, la venue de Françoise, qui ne renonçait pas à être la fille aimée du père, déclenchant des orages maternels.

La *Correspondance*, depuis les toutes premières lettres jusqu'à la très longue mise au point de 1938 qu'elle adresse à son père – mise à l'épreuve aussi de ce qu'elle peut oser lui dire, risquant de perdre son affection –, atteste son amour pour lui, son admiration, sa reconnaissance, à proportion sans doute de la nécessité qu'il y a pour elle à le réhabiliter, selon le mode hystérique : sauver le père.

Mais, sachant sa dette envers lui, elle lui est reconnaissante de son soutien matériel qui lui permet de faire des études et, surtout, d'entreprendre une psychanalyse, à tous égards libératrice. Comme attendant le jour d'en être

30. *Ibid.*, p. 558.

quitte, elle n'oublie jamais de l'en remercier dans ses lettres.

Elle garde, jusqu'à un certain degré en tout cas, la certitude d'être aimée de lui, d'avoir sa confiance, et ce, quand la tempête maternelle contre elle est au plus fort. En quelques rares mais décisives occasions, il intervient pour défendre l'intérêt de sa fille. L'affection en sous-main, la complicité clandestine du père, malgré sa faiblesse, ont donc certainement joué aussi un rôle de soutien narcissique pour Françoise Marette, même une fois commencé le déclin du père idéalisé.

II

TRAUMATISMES. ETUDES INTERDITES. FIANCÉ OBLIGÉ

La scène primitive de la rue Vineuse. L'origine d'un monstre. Les « yeux ronds ». Parfum de femme. Où vont les morts ? Le manque dans le savoir et l'universel de la castration. La passerelle de Passy. L'Oiseau bleu. *Un « deuil paraœdipien ». L'œil écoute. Médecin d'éducation ? La mort de la sœur. Maeterlinck. Un Œdipe sans haine ? L'ange : moi idéal et métaphore. L'identification phallique. Un symptôme : la boule. Rostand père et fils. Fiancée sous l'égide de Médée et Typhon.*

Dans l'enfance tranquille et même privilégiée de Françoise étant donné l'aisance bourgeoise de sa famille, un certain nombre d'incidents vont prendre force traumatique. Et d'abord, la scène primitive de la rue Vineuse, à huit mois, semble-t-il, si les recoupements que l'on peut faire sont fiables.

En une occasion mémorable, Suzanne Marette a sauvé la vie de sa fille Françoise. Dans son analyse avec Laforgue, beaucoup plus tard, celle-ci verra se lever partiellement l'amnésie infantile sur un traumatisme primordial. Elle fait alors « des rêves autour de souvenirs qui étaient associés à *rue Vineuse*, comme si c'étaient des orgies à la *Quo Vadis ?* avec un rideau de cheveux roux odorants qui cachait des nappes où il y avait des verres de champagne [1]. »

Interrogeant sa mère, sur le conseil de son analyste, au sujet de cette rue [2], elle apprend que jusqu'à huit mois la nurse irlandaise qu'elle adorait l'y emmenait dans son landau. Cette jeune fille, toxicomane, fréquentait là en cachette, un bordel de luxe, empruntant le cas échéant les

1. *Enfances, op. cit.*, p. 62.
2. Située dans le quartier du Ranelagh.

vêtements de sa patronne, Suzanne Marette. On l'avait fait suivre. Le pot aux roses découvert, on l'avait renvoyée dans ses foyers. Là-dessus, Françoise fait une double broncho-pneumonie, dont elle n'est sauvée que par un élan de sa mère qui la garde toute la nuit contre son sein. Personne n'a fait alors le rapprochement entre le départ de la nurse et la maladie de l'enfant.

Cet événement, reconstruit grâce au récit de sa mère, nulle part Dolto ne dit en avoir retrouvé effectivement le souvenir ; l'amnésie infantile n'a pas été, à proprement parler, levée. Resteront, dans un kaléidoscope d'impressions – images, odeurs, couleurs, morceaux de rêves et mots anglais –, des bribes d'une scène pour toujours énigmatique.

Elle y revient une dernière fois dans son *Autoportrait*, à propos d'un autre fait : enfant, elle égarait les pièces de monnaie qu'elle recevait en cadeau. Or, le dernier niveau d'interprétation qu'elle donne de ce trait, c'est qu'il s'agissait peut-être d'un « qui perd gagne » : elle avait surmonté la perte de cette nurse.

D'autre part, l'évocation de sa mère la serrant contre elle et lui sauvant la vie est l'un des rares témoignages de l'amour de celle-ci. Ce geste maternel lui a redonné assurance et cohésion, lui a permis de surmonter la perte et la séparation, en réamorçant sa relation au sein, relation symbolique, imaginaire, mais aussi réelle, puisque sa mère la nourrissait encore à cette époque.

La jeune nurse parlait anglais à la petite Françoise qui pense que ce fut sa première langue, et que c'est en anglais que ses parents devaient lui parler pour la faire sourire. Cette jeune fille était cocaïnomane, addiction qui n'est pas sans rapport avec l'appareil respiratoire. Il n'est donc pas étonnant que l'enfant ait réagi à son absence par un symptôme, une broncho-pneumonie, qui intéresse l'appareil pulmonaire : respiration, étouffement, asphyxie.

Les associations concernant la maison de passe de la rue Vineuse – « un rideau de cheveux roux odorants » – sont une trace de l'intérêt de Dolto pour les perceptions olfactives. Elle a affirmé par expérience clinique – ce qui sera vérifié ultérieurement par expérimentation psychologique sur des groupes – que les enfants sont sensibles aux odeurs de manière très précoce : les petites filles réagissent très tôt à l'odeur du père ou d'un homme entrant dans la pièce où elles se trouvent, au point qu'elles se détournent parfois du sein maternel, alors que, dans la même situation, le petit enfant de sexe masculin s'enfouirait davantage contre sa mère pour fuir l'intrus.

Pour évoquer l'atmosphère érotique de la rue Vineuse, Dolto parle donc d' « orgies à la *Quo Vadis ?* ». Dans le best-seller de Henryk Sienkiewicz, qui décrit quelques scènes de débauches romaines sur fond de martyrs chrétiens, on trouve justement un Vinicius qui s'adonne à toutes les licences néroniennes, avant de se convertir. Vinicius dont le prénom contient quelque chose du *vice*, aussi bien que l'initiale de la rue *Vineuse*. Hasard, peut-être. Mais ce *Quo Vadis ?* (Où vas-tu ?) est d'autant plus insistant dans le récit de Dolto qu'il se rapproche de son surnom, « Vava », et de la question qui la tourmentait à quatre ans et demi : où on va ? (après la mort).

La nurse irlandaise qui l'emmenait ainsi dans ses escapades l'avait une fois complètement « peinte en bleu », habillée des pieds à la tête en bleu, alors que l'enfant âgée de quatre mois avait la coqueluche. Sans doute était-elle rouge lors des quintes de toux. Et l'Irlandaise était rousse. Françoise Dolto pense que celle-ci l'aurait appelée « mon ange bleu », en s'extasiant devant la famille.

Bernard This, à qui elle racontait ces souvenirs en 1980 [3], les associait à *L'Ange bleu* et à Marlène Dietrich [4]. Il s'agit là de rapprochements induits on ne sait comment chez Bernard This, car *L'Ange bleu* a été tourné par Josef von Sternberg en 1930. Or nous sommes, au moment de cet épisode, dans les premiers mois de l'année 1909. Le fantasme de l'ange bleu séducteur ne peut donc être imputé à l'Irlandaise [5]. Il est très probable que cette

3. Cf. Bernard This, « Françoise Dolto » et « La vierge des brumes. Croisière dans l'histoire de la psychanalyse », p. 3-15, articles cités. Sans que l'on comprenne pourquoi, c'est le nom de Flaubert qui vient à B. This aussitôt après *Quo Vadis ?* D'autant qu'on ne trouve pas d'allusion de Dolto à *Salammbô*.

4. *Ibid.*, p. 5.

5. Dans ses rêves concernant la rue Vineuse apparaissait l'image d'un homme portant un « uniforme à brandebourgs », le liftier de l'hôtel, en réalité.

« scène primitive plus traumatique qu'imaginaire » – comme le dit Dolto [6] – fut une énigme déterminante, extrêmement précoce pour cette enfant qui n'avait que ses yeux et ses oreilles – pas encore le langage – pour tenter de comprendre ce à quoi elle assistait ; confrontée seulement à des sensations – couleurs, images, odeurs – qui ne pouvaient alors être rapportées qu'à l'amour qu'elle éprouvait pour cette jeune nurse.

On le sait depuis Freud, et plus encore peut-être depuis Lacan, la sexualité est, en chacun de nous, effraction traumatique. Le fantasme, à lui seul, est une intrusion. Pour s'en tenir à la version que Dolto en donnera plus tard elle-même, le traumatisme, c'est la rencontre de la réalité et du fantasme. Or, ici, la rencontre fut prématurée. Et l'on peut comprendre que Dolto en ait gardé pour la vie « les yeux ronds » ; ronds d'étonnement muet, ronds comme ceux des chouettes – qu'elle va représenter longtemps dans ses dessins et ses poteries en céramique ; des yeux ouverts *la nuit* (autre indication d'une scène primitive).

Dolto dit de la scène primitive effectivement observée par un enfant qu'elle est « magnifique » pour un garçon et pour une fille mais, de plus, « terrifiante » pour celle-ci [7]. Elle ajoute : « un être qui parle ne peut admettre être né d'un acte dont ni le père ni la mère ne peuvent lui parler comme d'un acte beau et humain [8] ». Le même fantasme originaire peut être élaboré très différemment par l'enfant : avant l'Œdipe, aux époques les plus archaïques, dans l'imagerie d'un rut spectaculaire, par exemple [9]. Mais la scène primitive, fantasme originaire et structurant, est en fait irreprésentable pour tout un chacun, bien que constitutif de son désir et de sa psyché.

L'étonnement est resté chez Dolto une dominante incontestable. Les bribes, les impressions arrachées au réel par sa mémoire renvoient à l'image d'une jouissance

B. This veut trouver dans ce liftier qui faisait fonctionner l'ascenseur la confirmation d'un ange bleu : la montée au ciel (*ibid*). Dolto, elle, ne se prononce pas.

6. *Ibid.*

7. F. Dolto, *Séminaire de psychanalyse d'enfants*, t. 2, Paris, Le Seuil, 1985, p. 136.

8. *Ibid.*, p. 137.

9. *Ibid.*, p. 136.

– elle parle d'« orgies ». Elle a été prise plus certainement dans la jouissance que dans l'horreur ou l'angoisse, ne serait-ce que par le lien extrêmement fort qui la liait alors à cette nourrice.

Elle est – elle le dit elle-même en maints endroits – « une visuelle ». Elle se représente les scènes, les jeux de façon visuelle, animée. C'est ce qui la pousse, enfant, à apprendre à lire : elle veut connaître les histoires qui accompagnent les images des premiers livres qu'elle voit. Et, de fait, le regard est une des données tout à fait particulières de son approche clinique. Psychanalyste, Dolto ne s'interdit nullement de prendre en compte ce qu'elle voit et observe dans le comportement des enfants. Il y a à cela bien sûr des raisons spécifiques : celles de la consultation médicale, à l'hôpital, et d'un cadre psychothérapique qui n'est pas superposable à celui de l'analyse d'adulte, sur le divan, le seul médium étant alors la parole à l'exclusion de toute autre relation perceptive, notamment la vue. Mais c'est en même temps un trait propre à Dolto.

En ce qui concerne les perceptions auditives, rien n'est ici remémoré, sauf le fait que la nurse parlait anglais : une langue archaïque, refoulée, une langue oubliée pour Dolto, comme chez l'une de ses célèbres patientes qui, avant de mourir, se souviendra dans un rêve de paroles en langue hindoue prononcées par sa nourrice, mots sans signification pour elle [10]. Mais l'oreille capte déjà tout dans ces moments de la jouissance de l'autre. Tous les sens qui permettent l'accès à l'objet sont mobilisés, lors de cette scène à la fois réelle et mythique ; ils sont en éveil, à l'affût. A la pointe de son être. L'objet, lui, est perdu pour

10. Dolto a parlé publiquement plusieurs fois de ce cas dont on trouve une version écrite dans son *Séminaire de psychanalyse d'enfants*, 2, *ibid.*, chapitre XI, « De la forclusion », p. 174-179. La patiente dont elle révéla le nom, Muriel Cahen, était psychanalyste et avait travaillé avec Dolto. Elle était atteinte de la maladie de Hodgkin. Dans un rêve de jouissance indicible lui étaient revenues des paroles en une langue hindoue dont elle ne comprenait pas le sens. Un étudiant les traduisit : c'étaient des mots d'amour que les nourrices hindoues disaient aux enfants : « Ma petite chérie dont les yeux sont plus beaux que les étoiles » *ibid.* (p. 176). Ses paroles s'étaient gravées dans la mémoire de la patiente alors que toute enfant, encore portée dans les bras de sa nourrice, elle allait la quitter pour retourner avec ses parents en Angleterre. Elles avaient donc un rôle de réconfort avant une séparation douloureuse ; et une fonction analogue dans le rêve, puisque Muriel Cahen sentait venir les premières atteintes de la paralysie, qui évoquaient la dépendance à l'égard de sa nourrice.

toujours : la personne de la nourrice, impossible à recomposer, à « envisager » – pour reprendre le sens que Denis Vasse donne à ce terme –, appartient à l'immémorable, et son nom ne sera pas retrouvé dans la famille Marette.

Dolto confie à Bernard This[11], en évoquant cette scène : « voilà comment je suis devenue psychanalyste ». Mais dans ses textes autobiographiques, elle répète qu'elle ne le serait jamais devenue sans la mort de sa sœur Jacqueline.

Encore un mot sur le pouvoir dynamique de ce traumatisme. Françoise Dolto va devenir psychanalyste d'enfants, avec ce don si particulier d'entendre chez eux ce qui est le plus archaïque dans leur lien érotique, d'amour ou de haine, à l'Autre primordial – la mère –, alors qu'elle-même semble vivre, pendant toute son adolescence et sa jeunesse, hors de toute préoccupation sexuelle. Au point que « fiancée » ne sera qu'un mot de passe pour elle, un abonnement pour aller au concert, rien qui implique ne serait-ce que la possibilité du flirt. Ajournement de la jouissance sexuelle qui témoigne de la puissance du refoulement. Elle n'aura pas d'amants avant ses études de médecine ; elle se mariera tardivement.

Or, elle fait montre très tôt de grandes capacités de sublimation, multiplie les acquisitions intellectuelles et manuelles, s'adonne à des activités en tout genre qui témoignent que les pulsions sexuelles ont libéré une énergie considérable. A quoi s'ajoute ce fait, sans doute à rapporter à cette scène primitive et à la valeur toute particulière que prend le spectacle, le tableau pour l'hystérie : la force des pulsions passives.

Elle parle elle-même de l'importance de ces pulsions chez l'analyste, chez l'analyste-femme, et chez elle tout particulièrement : cette capacité à accueillir tout le dire de l'autre (de son angoisse à sa jouissance). On le sait, les pulsions passives au sens propre n'existent pas. Il n'y a rien de passif dans l'inconscient, mais des pulsions à but passif (la pulsion freudienne étant, par définition, poussée, mouvement, effort pour se satisfaire d'un objet dont

11. *In Le Coq-Héron*, n° 109, *op. cit.*, *ibid.*

elle ne se satisfait d'ailleurs jamais). Suractivation des pulsions passives : n'est-ce pas à quoi est obligé, sans souffrance exprimée peut-être, mais dans ce reste d'interrogation qui prend la forme d'un questionnement infini, inépuisable sur la sexualité, l'enfant amené à assister à des scènes érotiques, amoureuses, magiques comme le sont pour un sourd les gestes des adultes qui dansent, par exemple ? Dolto y faisait référence dans son *Séminaire.*

Un dernier point à propos de la scène primitive. Suzanne Marette traitait parfois sa fille de monstre, notamment dans son enfance [12]. Michèle Montrelay relève que Françoise ne comprenait pas pourquoi, surtout lorsque sa mère ajoutait : « tu n'y peux rien, c'est en toi ». Et Montrelay donne certainement l'interprétation la plus convaincante de ce « monstrueux » en Dolto, quand elle écrit à propos de la mère de Françoise : « Comment ce corps de petite fille, cette chair de sa chair bien-aimée, arrachée par elle à la mort, une nuit durant, peut-elle contenir cette force étrangère, terrible, violente, l'envelopper, la retenir dans son secret [13] ? » A cette question, elle répond par l'hypothèse suivante, la plus apte à faire sentir la sorte de braise ardente et froide qui constitua le cœur même de Françoise, très précocement séparée de sa mère et devenue radicalement autre pour celle-ci. L'enfant n'aurait pris que l'amour, laissant la mère dépossédée : « J'imagine [...] que le corps de la petite Françoise, ayant reçu de sa mère le plus de vie qui l'a sauvée de la mort, l'ait gardé et qu'il se soit refermé sur lui comme un écrin soyeux et [...] se soit, par là même, séparé de celui de sa mère à jamais [14]. »

Monstre dans le regard de sa mère, car celle-ci ne s'y reconnaît pas : elle ne peut plus voir en sa fille la part d'amour qu'elle a mise en elle, comme cet objet petit *a*, dont parle Lacan, qu'on loge dans l'autre. C'est ce que veut faire entendre Montrelay. La mère lui a dit : « tu n'y peux rien, c'est en toi », inconsciemment, en connaissance de cause, car c'est elle qui a transféré « ça » en elle,

12. F. Dolto, *Autoportrait...*, *op. cit.*, p. 97.
13. Michèle Montrelay, « Le tambour et l'arc », *in Quelques pas sur le chemin de Françoise Dolto*, ouvrage collectif, Paris, Le Seuil, 1988, p. 243.
14. *Ibid.*

cette force, ce dynamisme, cette énergie ou cet amour désespéré. Ce que Montrelay métaphorise de sa propre lecture en parlant d'un « écrin soyeux » pourrait s'entendre aussi bien comme un geste prométhéen de la petite Françoise, dérobant ce feu pour elle-même et pour tous ceux à qui elle le donnera avec une immense générosité. Car sa résolution, sa force, sa fermeté – sa vocation, dit Montrelay –, si elles trouvent là leur origine, ne sont pas seulement contenues comme un trésor dans le repli d'un autisme primordial. C'est la source de son amour des autres et de la vie, et peut-être la véritable particularité de son narcissisme qui ne se soutenait pas d'un objet, mais d'une force reçue, d'un don.

Le deuxième événement traumatique a lieu à quatre ans et demi. La petite Françoise est travaillée à l'époque par une question : où va-t-on ? où vont-ils après la mort ? Sa mère, alors enceinte d'un garçon qui naîtra en mars 1913, vient de perdre l'année précédente son père tant aimé. Un jour, sur la passerelle de Passy où elle aime attendre le passage de trains pour être enveloppée par les nuages de fumée, Françoise pose la question qui lui brûle les lèvres à la gouvernante. Mademoiselle avoue son impuissance à répondre à la jeune Vava – surnom qui pouvait l'inciter à poser la question *où l'on va ?* Mademoiselle est troublée par sa propre incapacité à répondre. Peut-être a-t-elle dit : « On enterre les gens », mais Françoise n'en est pas sûre.

Il y a un manque dans l'Autre, voilà ce que Françoise découvre, en plein âge œdipien. Les adultes ne savent pas tout. Pire, ils n'en savent pas plus que les enfants sur l'essentiel : la vie, la mort, donc le sens de la vie.

S'il y a une limite au savoir des adultes, c'est que l'Autre est barré : ce qui signifie non seulement qu'il y a une limite intrinsèque au savoir, mais qu'il y a un au-delà du savoir à la porte duquel il est inutile d'aller frapper, parce qu'on ne saurait en attendre de réponse. Nul ne peut répondre de cet inconnu. C'est ce dont rend compte la formule de Lacan : « *il n'y a pas d'Autre de l'Autre* » – « le grand secret de la psychanalyse ». Pas de garantie au langage ni au savoir qui en dépend; nulle caution extérieure au langage nous assurant que le vrai est vrai. La vérité n'est certifiée par aucun Dieu. Elle n'est conditionnée que par le langage, seul porteur de vérité et de mensonge, du vrai et du faux.

Ce grand Autre barré de la doctrine lacanienne, la petite Françoise Marette se cogne à sa barrière bien longtemps avant que la théorie n'en soit énoncée dans une formule. Elle rencontre à cet âge précoce, et abruptement, la question dont beaucoup d'adultes n'osent explorer les bords, parfois vertigineux, que dans une cure psychanalytique. Et il est très probable que cette question – qu'elle appelle « métaphysique » – va lui donner une fois la stupeur passée un élan, une audace, en même temps que cet aplomb narcissique qui lui était bien particulier, si dénué de présomption et de fatuité, reconnaissable à la façon de s'adresser à l'autre, de plain-pied, à égalité. Disposition si naturellement ancrée chez Dolto qu'on ne peut l'attribuer qu'à une époque précoce de la formation de sa personnalité. Cette rencontre avec l'universel de la castration semble bien en être le moment décisif et initiateur. La confiance de Dolto en l'Autre, et *ipso facto* en elle-même, trouve paradoxalement là, chez elle, son origine. Elle ne met pas en doute la parole. Mais elle affronte d'abord la tempête, un ébranlement « schizoïde », mot assez fort pour avoir laissé penser à certains que Dolto pouvait se considérer comme psychotique. Ce qu'elle-même dément catégoriquement, ainsi que cela est rapporté dans la note 95 de l'*Autoportrait* [15], rappelant que la psychose est « déstructurante » et, à ce titre, ne lui paraît être son cas.

L'impossibilité où se trouve Mademoiselle de répondre à la question laisse Françoise « prostrée ». Pendant trois jours, elle regarde la fenêtre.

L'essentiel n'est pas la question mais le fait qu'il n'y ait pas de réponse. Françoise se le tient pour dit. C'est pour elle le moment de conclure, de prendre acte de la limite

15. *Autoportrait...*, *op. cit.*, p. 271-272.

pour soi puisqu'il est manifeste qu'elle vaut pour tous. Elle ne répète pas la question, comme les enfants agités par cette curiosité, qui relance interminablement les « pourquoi ? et pourquoi ? » à tout propos, alors que ce qu'ils veulent savoir c'est « d'où viennent les enfants ? »

La petite Françoise est intriguée par le sort des invisibles : ceux qui sont morts, ceux qui vont naître. Bernard This pense que c'est « au fond, la théorie de la *réincarnation* qui s'énonce : dans le nuage, l'âme, invisible, celle du mort qui va se réincarner dans un autre corps, pour devenir un nouveau-né [16] ». Il est vrai que l'on trouve ultérieurement chez Dolto cette idée, mixte d'inspiration chrétienne et bouddhiste, que l'être ne commence pas avec le corps, mais qu'il lui préexiste. (Idée qui va d'ailleurs donner lieu chez certains de ses émules à des élucubrations fumeuses.) Mais Dolto n'accrédite nulle part [17] cette hypothèse. Elle en reste à l'énigme posée. Ne concluant pas par exemple que le grand-père mort, Arthur Demmler, allait se réincarner en son frère, Jacques. Ce fantasme n'a pas pris consistance à ce moment. Il y a bien d'autres strates d'époques différentes à prendre en compte : ainsi, le rôle que joueront plus tard l'ange gardien et ses auxiliaires dans la vie psychique de Françoise.

Ses spéculations d'enfant sur les « invisibles » trouveront une sorte de confirmation dans les vues religieuses de René Laforgue, son psychanalyste. Dès 1925, celui-ci demande, dans une lettre à Freud : « Dans quelle mesure la science peut-elle assumer le rôle de la religion ? », et suggère que la réponse passe par « une analyse de Jeanne d'Arc [18] ». Laforgue développera par la suite des vues diamétralement opposées à celles de Freud sur la religion, puisqu'il y voit non pas une illusion, mais une nécessité pour l'équilibre social. Il hésitera lui-même entre le christianisme et les formes de spiritualité orientales. Indéniable-

16. B. This : « Pas encore », in « Françoise Dolto vue et lue par ses collègues et amis », article cité, p. 7.
17. C'est-à-dire ni dans *Enfances,* ni dans *Autoportrait d'une psychanalyste,* ni dans ses entretiens publiés avec B. This, *in Le Coq-Héron* n° 109, *op. cit.*
18. R. Laforgue, lettre à Freud du 25 juillet 1925, « Correspondance R. Laforgue, S. Freud », présentée par A. Bourguignon, in « Mémoires », *Nouvelle Revue de Psychanalyse,* n° 15, Paris, Gallimard, 1977, p. 269.

ment, son évolution ressemble à celle de Dolto plus tard [19]. Il suffit pour s'en convaincre de regarder dans l'édition de l'*Autoportrait d'une psychanalyste* la photographie-souvenir de René Laforgue [20], au-dessous de laquelle on lit, entre autres, cette pensée de saint Augustin : « Les morts sont des invisibles, ils ne sont pas des absents. »

On a donc tout lieu d'estimer qu'en rapportant ses interrogations à quatre ans et demi sur les morts, les enfants « pas encore » nés, les invisibles, Dolto fait un récit inconsciemment réélaboré, à partir de ce qui s'est joué ultérieurement dans son analyse.

Stupéfaite de voir Mademoiselle aussi ignorante qu'elle, la petite Françoise réagit en échafaudant une série de constructions logiques pour explorer, comme à tâtons, l'espace du représentable et du pensable, qui se referme et se rétrécit d'un coup. Son imaginaire s'emballe comme un moteur. Il faut trouver une réponse, une ouverture, ou une butée. C'est ce qui lui fait dire qu'elle a traversé un « petit moment obsessionnel [21] ». Si Mademoiselle ne sait pas, qui sait ? Y en a-t-il au moins un, dans toute la série des humains, à savoir ? Le premier, Adam ? Mais non, bien sûr, il n'est nullement extérieur à la série. Il n'en est pas un qui ne soit assujetti à cette ignorance.

Telle est la ressource singulière d'une rationalisation qui fournit une première solution, en renversant les données de l'angoisse pour faire équivaloir vie et mort : « Heureusement qu'ils ont fait le péché, parce que, alors, qu'est-ce qu'on ferait sur terre, on serait tous tassés si personne n'était mort [22]. » La peur de mourir est devenue une peur de ne pas naître – ce sont les associations de Dolto [23] : il y avait « quelque chose autour du sens à éclairer de l'être ou l'être-pas ».

Devant cette angoisse d'une accumulation sans issue, d'une surpopulation impossible à arrêter, comment ne pas penser à ce qui se retrouvera ensuite si souvent dans la

19. Du reste, jeune fille, elle trouve un moment en Jeanne d'Arc un modèle identificatoire comme en témoigne la *Correspondance, op. cit.*

20. *Autoportrait..., op. cit.*, p. 144.

21. *Enfances, op. cit.*, p. 15.

22. *Ibid.*

23. *Ibid.*, p. 14.

technique de Dolto avec les enfants, lorsque, devant leurs dessins par exemple, ils font état de ces fantasmes oraux, cannibaliques dans lesquels un personnage ou un animal mange, avale, dévore. D'où la question de Dolto : « Et alors, il mange et il ne peut pas faire caca ? » Il y a dans ce passage d'*Enfances* un fantasme oral de cet ordre qu'on peut lire, dans le registre kleinien en particulier, comme l'angoisse que la mère ne dévore, n'incorpore les pénis paternels, les pénis-enfants et ne les conserve en elle.

Dans ses cogitations de petite fille, la mort devient paradoxalement pour Françoise le lieu du savoir absolu, et la vie celui de l'ignorance. Puisque ce qui lui paraît « drôle » alors, c'est que les gens vivent – acceptent de vivre – sans savoir où ils vont.

La question (où va-t-on ?) a fait irruption lors du périple quotidien, au cours duquel Françoise et sa nurse traversent la passerelle. C'est toujours avec plaisir que la petite fille attend le moment où un train laissera échapper un panache de fumée dans lequel elle aime se laisser aller à la rêverie. « La fumée, c'est surtout le fait que le monde disparaissait et qu'on se croyait dans le ciel [...]. Alors, à ce moment-là, je me disais, toujours en descendant la passerelle puisque, après l'avoir montée, on la descend de l'autre côté de la voie du chemin de fer : " Il faudra tout de même qu'elle [Mademoiselle] me dise ce qu'il y a après la mort [24] ". » Le passage est évidemment un symbole reconnaissable de la mort, de la transition vers un autre monde, et la passerelle celui du membre viril, « lien entre les deux parents », « jonction entre la vie et la non-vie ». Je cite là les deux pages de l'article de Ferenczi, « Le symbolisme du pont (1921) [25], dans lequel il écrit également : « le membre paternel n'est-il pas ce qui fait passer à la vie ce qui n'était pas encore né [26] ? » On est au plus près de ce qui agite alors l'esprit de la petite Françoise. A quoi s'ajoute la fumée du train. Fumée dont on sait par les dessins d'enfants combien elle est liée dans la représentation

24. *Ibid.*, p. 11-12.
25. Sandor Ferenczi, « Le symbolisme du pont », *Psychanalyse*, III, trad. J. Dupont et M. Viliker, Paris, Payot, 1974, p. 112-116.
26. *Ibid.*, p. 115.

inconsciente à l'érotisme urétral et phallique : les pistolets qui tirent, les canons, les cheminées de bateaux, etc.

Cette passerelle prend toute sa valeur symbolique dans l'*Autoportrait*, car la fréquence de certains termes sur plusieurs pages s'y révèle frappante : « Il y avait la *passerelle* qui *passait* par-dessus la voie de chemin de fer de la petite ceinture où des trains à vapeur *passaient* sans arrêt (...) Presque tous les jours, au moins une fois sur les quatre *passages* sur la *passerelle*, nous étions pris dans la fumée [27]... » L'extraordinaire densité, en quelques lignes, de *passerelle, passage, Passy, passant*, atteste de l'incidence de la question du passage (vers l'autre monde ?).

La proximité géographique des lieux fait alors surgir dans le récit de Dolto le souvenir du grand-père aux yeux bleus, Arthur : « Pour moi, il était comme les grands-parents de *L'Oiseau bleu* [28]. » Le voilà le bleu, c'est celui de Maeterlinck et non de la vamp Marlène.

Dans la géographie mentale de Françoise Dolto, une même cartographie surperpose deux événements, deux morts, la seconde venant jeter son ombre sur la première : celle de sa sœur Jacqueline sur celle du grand-père, par l'intermédiaire du signifiant passerelle, puisqu'elle évoque le trajet qui menait chez Arthur Demmler et celui qui aboutissait au cours privé fréquenté par Jacqueline.

La question sexuelle semble complètement refoulée dans ce souvenir. (A l'exception d'Adam et Eve auxquels renvoie l'évocation du péché.) Et la passerelle enfumée n'est pas seulement une représentation de la fugacité du temps, éventuellement mystique et jouissive (qu'on pense à l'*Io* du Corrège, enlacée, enlevée dans le plaisir par un Jupiter déguisé en nuage). Elle est l'image d'un bonheur, mêlé d'une pointe d'inquiétude, tel celui éprouvé par l'enfant dans les bras de l'adulte qui joue à le faire tomber, ou celui de l'enfant qui se demande ce qu'il advient du pénis dans le coït : « On se croyait dans le ciel, *c'est ça qui était merveilleux, de ne plus rien voir, et tout d'un coup ça revenait, et d'entendre sous soi ce grand bruit qui passe et*

27. *Autoportrait..., op. cit.*, p. 69 et p. 70. Les mots soulignés le sont par moi.
28. *Ibid.*, p. 69.

qui fait peur sans faire peur, mais un peu[29]. » Ça disparaît, ça revient, c'est merveilleux, ça fait peur ; mais pas trop. Ce pourrait bien être une évocation de ce que l'enfant croit percevoir du pénis paternel pendant le coït. Qu'on se rappelle ce que Dolto dit que la scène primitive, avant l'acquisition du langage : c'est superbe et terrifiant pour la fille. Quant à l'interrogation sur l'apparition-disparition du pénis (merveilleux = inexplicable), c'est un des éléments constitutifs de ladite scène primitive comme le montre l'analyse de l'« homme aux loups » de Freud, mais dans ses avatars psychotiques[30].

Sidérée par l'ignorance de l'adulte, Françoise est donc restée « prostrée » devant la *fenêtre*. Elle décompose le mot en *feu-naître, fait-naître,* puis *fœtus-naître*[31]. (La fenêtre est souvent symbole de naissance, dans les rêves, voire dans les suicides.) Dans les textes cités, il n'est pas question d'autres associations proches, possibles, voire probables : « veut naître », comme peut le prononcer un enfant. Feu est aussi l'épithète solennelle qui convient au grand-père mort depuis quelque temps. Et puis il y a tout simplement le feu – invisible –, sans lequel il n'y aurait pas la fumée des locomotives qui vous emporte et vous dissimule dans le ciel. Feu de l'érotisme urétral aussi, qui brûle les enfants, tous ces « pisseurs au lit » dont Dolto s'occupera pendant toutes ses années de consultation psychanalytique à l'hôpital.

Et elle reste « accroupie » devant cette ouverture pour le regard, cette fenêtre, ce cadre si important pour elle qui est une visuelle, et qui a gardé des traces mnésiques visuelles de la scène primitive.

La solution trouvée par Françoise à la question de la mort frappe d'abord par son originalité : « Heureusement qu'ils ont fait le péché... », Adam et Eve, bien sûr. Mais c'est aussi le *ils* de : « Tiens, qu'est-ce qu'ils ont fait là,

29. *Enfances, op. cit.,* p. 10. Souligné par moi.
30. Il y a bien sûr de nombreuses occurrences d'un tel fantasme dans la clinique analytique et dans celle de Dolto. Je cite seulement pour mémoire ce passage du *Cas Dominique*, Paris, Le Seuil, 1971, coll. « Points », 1974 (cité dans cette dernière édition), où elle s'interroge sur l'effet d'une scène primitive observée à deux ans et demi, par son patient, Dominique, à l'âge oral. Elle évoque la « disparition (hallucinée en lui-même) du pénis paternel », p. 165.
31. *Enfances,* p. 14.

qu'est-ce qu'ils ont changé ici ? », type d'exclamation dont Dolto dira, beaucoup plus tard, qu'elle exprime notre incrédulité devant le réel, au sens lacanien : quand, par exemple, le paysage familier est modifié du jour au lendemain par des travaux, qu'un immeuble inattendu a surgi ou n'importe quoi du même ordre, créant un sentiment d'inquiétante étrangeté. Ce changement dans la « réalité », on est spontanément enclin à l'imputer à cet autre indistinct, anonyme, impersonnel et qui fait masse avec son pluriel : ce *ils* fait barrage, il est impossible à déplacer. On peut l'entendre ainsi dans ce : « Heureusement qu'ils ont fait le péché... »

La réponse que se forge ainsi la petite Françoise est une construction qui intervertit les données apparentes de la réalité, car, pendant un temps, elle a « la frousse » de ne pas mourir. Elle fait un sort à une autre énigme : pourquoi est-on coupable ? La faute chrétienne vient au secours de sa rationalisation d'enfant. Et l'angoisse d'être oubliée (de ne pas mourir, dans le code de son fantasme d'alors) fait sans doute écho à la première séparation d'avec la bonne irlandaise : ne jamais retrouver l'objet perdu.

Ce moment appelé « schizoïde » par Dolto a eu, en fait, les caractères et les effets humanisants de ce qu'on appelle castration symbolique : elle reconnaît, enfant, « qu'il y a une limite au savoir [32] ».

Quant au terme de « schizoïde », elle l'emploie une autre fois pour caractériser le style de vie qui fut le sien pendant sa jeunesse, morcelée, comme pour beaucoup d'adolescentes, en diverses activités quotidiennes : repasser, lessiver, s'occuper du petit frère, retrouver le soir le plaisir de la TSF [33]. Il ne s'agit pas de dissociation pathologique mais d'une expérience commune à tous les enfants : comment se repérer dans l'espace et le temps, comment retrouver la continuité d'un itinéraire, comment, à l'école, articuler la littérature à l'histoire [34] ? « La chronologie avec les repères de vie des humains ? Les

32. *Ibid.*, p. 14.
33. *Ibid.*, p. 82.
34. Cf. *Ibid.*, p. 40-43.

enfants y sont confrontés comme à une sorte de morcellement. Du moins, moi, je le ressentais comme ça, je cherchais à faire le lien mais je n'y arrivais pas [35]. » Et aussitôt après : « En fait, cette notion de suite, du continu qui relie ce qui semble disparate et discontinu, de l'avant et de l'après, c'est une chose qui m'a toujours marquée [36]. » D'où son effort constant pour rétablir la continuité des propos des autres par l'imagination, une imagination qui a toujours égard aux données de l'expérience (et de l'observation visuelle) et à la logique de la langue, à ses ambiguïtés, à son équivoque foncière.

Troisième grand traumatisme de son enfance, la mort au front, en 1916, de l'oncle Pierre Demmler, son parrain, auquel Françoise a été « fiancée » par le discours familial.

Né le 27 mars 1886, blessé le 6 juillet 1916 au Sphinx de la Tête-des-Faux, il meurt le 10 juillet 1916, dans un hôpital des Vosges. Il était le cadet de Suzanne Marette et son seul frère. Celle-ci a, du reste, prénommé son deuxième enfant et premier fils, Pierre, lequel sera général – ce qu'espérait être Pierre Demmler, mort capitaine des chasseurs alpins. D'autre part, le sixième enfant de la famille Marette, André, né en 1915, sera surnommé tantôt « le Goth », tantôt « Pierrot ».

A six ans, très frappée par la guerre, Françoise écrit à son père : « Sais-tu que l'oncle Pierre est blessé ? J'ai vu l'enterrement d'un blessé ici [37]. »

Elle a écrit quelques lettres touchantes à cet oncle. Il lui répond très affectueusement. Ils ont une complicité contre « les Boches », et il y a entre eux une petite histoire de Nègres – les tirailleurs sénégalais –, qui permet à l'oncle Pierre de faire valoir, mais sans excès de séduction, son droit à l'emporter dans l'admiration de sa nièce. Cependant, il est vrai qu'il lui écrit, par exemple (2 sep-

35. *Ibid.*, p. 40.
36. *Ibid.*
37. Lettre du 8 septembre 1914 *in* F. Dolto, *Correspondance*, *op. cit.*, p. 29. (Pierre Demmler a été blessé une première fois avant de retourner au front.)

tembre 1915) : « Je compte toujours que nous nous marierons après la guerre, d'où je compte revenir général [38]... » A quoi Françoise répond, à bientôt sept ans (le 7 septembre 1915) : « Je voudrais bien me marier avec toi l'année prochene, mais je ne peut pas parce que je suis encors trop petite, mais hier en me promenant j'ais souffler sur une chandelle de Monsieur le curé et tout les machins sont partit d'un seul coup, alors petètre toudêmeme que je pourer me marier avec toi canmême mais je ne sais pas si cette chandelle a mentis ». Les erreurs grammaticales, laissons l'orthographe, sont en elles-mêmes révélatrices de sa perplexité sur la possibilité de l'événement : d'un « je ne peut » – en troisième personne –, « les machins sont partit » – singulier à l'actif –, elle passe à un « je pourer », bien indécis dans l'infinitif. D'ailleurs, la lettre se termine sur cette promesse infinitive, encore à accomplir : « je suis ta fienser ».

Le fond, à lui seul, dit assez quel effort psychique il a fallu à l'enfant pour ne pas mettre en doute la parole des adultes, et tenter de trouver une issue à une question qui va contre le bon sens : « je suis encore trop petite ». Elle est parfaitement réaliste et fuit le rapprochement incestueux et incongru que sont des fiançailles entre enfant et adulte. Mais enfin ! un petit rituel magique aidant, elle n'exclut pas la possibilité d'espérer : elle a éteint les bougies, surprise d'avoir tant de souffle. C'est une raison d'y croire. Sauf si cette chandelle « a mentis » ; donc, si on lui a menti. Ce qui restera indécidable.

Il est certain, en tout cas, que la petite Vava prend très au sérieux ce lien à son oncle Pierre, puisqu'elle écrit (probablement le même mois) une lettre à Dieu pour qu'il le protège. Une des rares lettres, d'ailleurs, où l'on voit trace de sa jalousie à l'égard de sa sœur Jacqueline [39].

Mars 1916 : elle écrit à l'oncle Pierre qu'elle a rêvé deux fois de lui « en permission ». Il lui répond qu'il rêve qu'elle est avec lui, en cantinière [40]. Puis un « devoir de style » de Françoise, dans lequel elle raconte avec réa-

38. *Ibid.*, p. 44.

39. « Alors mon dieu je devrai être bien sage aullieu d'être malonête avec Jacqueline comme je suis toujours » *(sic)*. *Correspondance*, p. 46.

40. Cf. *ibid.*, p. 54-55.

lisme comment « on entre la baïonnette dans le corps d'un boche, on la retire avec dégoût », pour finir sur la description d'un triomphe aussi patriotique qu'ostentatoire, donne à l'oncle Pierre, content d'avoir suscité un pareil enthousiasme, l'occasion d'écrire à sa propre mère pour le lui raconter, en imaginant le débat intérieur de la petite Vava : concentrée sur l'image de son oncle, et comme obsessivement parasitée par la vision d'un Nègre admiré, Sidi Abdallah [41]. La belle narration de l'oncle Pierre dit assez quel bonheur il pouvait avoir à se représenter ainsi l'affection et le soutien de sa petite nièce. Elle a compté pour lui aussi, sans doute bien plus qu'en temps de paix.

Le « devoir de style » de Françoise est entièrement écrit à la troisième personne : le *on* indéfini d'une description technique. Un article de dictionnaire froid, méthodique, commençant tel qu'un mode d'emploi : « Dans une charge à la baïonnette, on tue trois soldats ou plus... », pour se terminer en une identification victorieuse au guerrier : « on va raconter à sa famille tout ce qu'on a fait et on lui montre la médaille avec le trait rouge et vert ».

A la mort de cet oncle, elle se considéra comme « veuve de guerre ». De ce traumatisme, elle a dit notamment : « Pour moi, cette mort a constitué un chagrin paraœdipien. D'autant plus que ma grand-mère ne pouvait plus supporter mon père, parce qu'il était vivant. » La grand-mère maternelle de Françoise prétendait que c'est son gendre qui aurait dû mourir, car « il avait déjà cinq enfants, alors que son fils, n'ayant pas encore d'enfants, aurait dû survivre [42] ». D'où la terrible culpabilité pour la petite Françoise d'« avoir gardé son papa vivant et [...] perdu à la guerre son Tonton chéri [43] ». La mort de cet oncle fut pour elle la « vraie mort » et non une mort comme celle, encore abstraite, du grand-père Demmler.

Il ne sera plus guère question de l'oncle Pierre avant 1928, date à laquelle Françoise se rend sur les lieux où il a été blessé mortellement, douze ans auparavant.

Remarquons seulement qu'aussitôt après la mort de

41. *Ibid.*, p. 58-59.
42. F. Dolto, « Ma vie et la psychanalyse », *in* Antoine Hess, *Les analystes parlent*, *op. cit.*
43. *Ibid.*

Pierre Demmler les déclarations de sagesse de la petite Françoise commencent à l'emporter un peu sur les aveux obligatoires de désobéissance. Ainsi, le 6 août 1916, elle écrit à sa mère : « J'ai été très sage depuis que j'ai su que Monsieur Auguste était mort comme l'oncle Pierre. Espérons qu'il ira le trouver au ciel. Je coud la dentelle aux alpins [44]... » Un lien avec lui se marque encore par le biais des « Alpins ».

Or exactement douze ans plus tard, le 6 août 1928, elle raconte, dans une lettre à ses parents, sa visite à la Tête-de-Faux. Elle s'y est rendue avec sa grand-mère, Dan-mé, et son frère André, qu'elle appelle au début de la lettre « le Goth », puis, après le récit du pèlerinage, *Pierrot*. Elle écrit notamment à sa mère dans cette longue lettre : « Avec l'imagination que tu me connais, je croyais entendre les cris sauvages des hommes lancés les uns contre les autres à la baïonnette [45]. » Elle a pris une photo du site, fait une aquarelle et décidé de devenir ambulancière si jamais une autre guerre survenait, et qu'elle n'avait pas d'enfants. Contrainte par sa mère à différer le début de ses études de médecine, elle obtient pourtant en juin 1930 son diplôme de « Dame Infirmière » pour le Secours aux blessés militaires [46].

Cette mort-ci est ressentie d'autant plus fortement que Françoise vit dans la guerre : elle n'a pas six ans quand celle-ci est déclarée. A Deauville, pendant les vacances, elle apprend à tricoter des cache-nez pour les blessés. (Elle prononçait « cache-naît » à cause de la naissance de son frère Philippe [47].) Comme les infirmières et dames bénévoles, elle confectionnait d'interminables écharpes en laine et croyait son ouvrage si important qu'elle se sentait coupable du désir de l'interrompre pour aller jouer [48]. Bref, elle participait activement et imaginairement au secours des blessés, prenant son rôle au sérieux.

C'est à ce silence de douze ans qu'on peut mesurer le retentissement de la mort du parrain, avec lequel les fian-

44. F. Dolto, *Correspondance, op. cit.*, p. 68.
45. *Ibid.*, p. 208.
46. A l'Ecole de peupliers, organisme de la Croix-Rouge.
47. *Enfances, op. cit.*, p. 29.
48. Cf. *Ibid.*, p. 28.

çailles pour rire furent un traumatisme imposé à l'enfant. Je n'en citerai pour preuve qu'un court exemple : l'indignation de Dolto lorsqu'un jour, à son séminaire [49], lui revient le souvenir d'une mascarade à laquelle elle avait assisté étant jeune fille : elle avait vu comment un enfant avait été traumatisé par une parodie de mariage avec sa mère, en public, devant ses petits camarades. Déguisement, cortège, etc., mais surtout : « Bien sûr, c'était un jeu, mais c'était tout de même social, puisque tous les petits amis en faisaient partie ; il y avait un lunch, un garçon d'honneur, bref tout le psychodrame. Or, un psychodrame ne peut pas se faire avec un enfant qui va prendre son rôle pour la réalité [50]. » Télescopage du fantasme et de la réalité : traumatisme. Et cet enfant a changé de caractère du jour au lendemain, il est devenu renfermé.

A ce même moment de son séminaire, la colère de Dolto éclate contre la confusion incestueuse ainsi entretenue par l'adulte. Il n'est pas exagéré de considérer ce souvenir – qui ne fait pas partie de son expérience d'analyste – et son affect concomitant comme liés à cette singulière condition de marraine de guerre de son oncle maternel, qu'on lui avait fait endosser au mépris du sérieux que tout enfant accorde au mariage. On l'avait ingénument et, pour ainsi dire, officiellement placée en situation incestueuse.

Il est inutile de souligner l'importance de la fonction défensive du fantasme incestueux dans la clinique de Dolto. C'est un de ses repères les plus fréquents : d'une part, elle a affaire à des enfants confrontés directement à ce fantasme au moment de l'Œdipe ; d'autre part, elle voit à la consultation beaucoup d'enfants abandonnés, adoptés, de l'Assistance publique (la DDASS aujourd'hui), pour lesquels la crainte d'un inceste réel – peur d'épouser un frère inconnu, une sœur, un proche parent – resurgit quand ils veulent se marier. D'où les manœuvres d'évitement.

49. F. Dolto, *Inconscient et Destins. Séminaire de psychanalyse d'enfants*, t. 3, Paris, Le Seuil, 1988, p. 104-106.
50. *Ibid.*, p. 105.

L'inceste rend fou, rappelle Dolto lorsqu'elle évoque dans son *Autoportrait* [51] deux cas d'inceste réalisé, dont l'un fut suivi d'une mort. Il y en a d'autres dans ses *Séminaires*. Je pense à celui de ce paysan très « rustique », qui avait engrossé sa fille débile, pensant que ça la réveillerait [52].

Alors que je l'interrogeais sur l'importance de ce fantasme chez les enfants de la DDASS, elle me répondit que, justement, il est si fort qu'il pousse, par exemple, un jeune homme originaire du Nord à aller chercher une femme dans le Midi, ou à épouser une métisse, pour écarter le danger incestueux.

Elle s'était étonnée d'entendre un intervenant évoquer un jour un cas d'inceste à son séminaire [53]. Et, si elle lui fit préciser qu'il était psychiatre, c'est qu'elle doutait, par expérience, qu'il eût pu en avoir connaissance dans un cabinet d'analyste. De fait, elle avait raison. Elle affirmait pourtant que les enfants issus d'un inceste sont bien plus nombreux qu'on ne le pense : ils peuplent les hôpitaux de jour ou les hôpitaux psychiatriques, puisqu'ils « sont interdits de vie symbolique » – c'était son expression. L'humanité a refusé de les inscrire dans le langage, c'est donc leur corps qui est un langage, mais « non parlable ». Qu'est-ce qui guérit ? se demandait-elle à ce propos. Est-ce de le dire ? est-ce le fait de l'humanisation grâce à la parole ? Ou bien, est-ce le transfert sur quelqu'un assumant ce que ni les parents, ni l'enfant, ni le géniteur n'ont pu assumer ? Elle penchait plutôt pour la dynamique du transfert et l'attitude neutre de l'analyste qui ne juge pas. Pour l'illustrer, elle disait d'ailleurs : si le langage n'avait qu'une signification négative, comme : « Salaud, tu es fils

51. F. Dolto, *Autoportrait...*, *op. cit.*, p. 164-167.

52. F. Dolto, *Inconscient et destins*, *op. cit.*, p. 195-206. Il s'agissait d'un cas dont s'occupait un thérapeute qu'elle avait en contrôle. Elle est intervenue très directement dans cette cure, mais avec raison, à propos de ce qui pouvait sembler un détail et qui se révéla d'une importance capitale. L'enfant en traitement portait comme patronyme Alain, ainsi orthographié, alors que celui de son père s'écrivait Allain. Dolto incita le psychanalyste de l'enfant à pousser ce dernier à en demander raison. Il écrivit à l'état civil, et l'on découvrit que l'erreur apparente était délibérée : le géniteur de l'enfant, son propre grand-père, avait demandé ce service à l'employé, car il avait confié ce fils incestueux à son propre gendre, mari d'une autre de ses filles, pour qu'il fût élevé dans la famille. Le gendre s'appelait Allain.

53. *Ibid.*, p. 192-195.

de salaud [à l'image du mauvais génie de Descartes, en quelque sorte], alors, non, ce n'est pas le dire qui serait thérapeutique en lui-même. »

Le récit du pèlerinage sur les lieux où est tombé l'oncle Pierre montre une fois de plus la prépondérance de l'imagination visuelle chez Dolto. Lorsque la pulsion de voir (plaisir du regard, *Schaulust*, dit Freud) est couplée électivement à l'érotisme anal, elle entre le plus souvent dans le caractère de l'obsessionnel. Mais fonctionnant avec l'oralité (comme dans l'expression « dévorer des yeux ») et toute autre forme d'introjection incluant l'audition, le regard assure d'autres visées que celles de la maîtrise.

Qu'on se reporte par exemple, dans *La Cause des enfants*, au chapitre intitulé « L'initiation », dans lequel Dolto raconte comment elle a appris à lire [54]. L'année de ses cinq ans, pendant les vacances à Deauville, Mademoiselle, la gouvernante, lui propose d'apprendre à lire pour éviter qu'elle ne « baguenaude ». Elle lui fait miroiter la possibilité de lire l'ouvrage dont les images et la couverture la font rêver. Et l'enfant s'astreint à suivre la méthode de Mademoiselle, déchiffre les jambages entre les « rails » du cahier, lit tout haut pour apprendre à entendre le sens et va ainsi jusqu'à la lettre Z. Pour s'apercevoir, avec désillusion, que le texte n'a aucun rapport avec les images qui la faisaient rêver, et dont elle attendait de découvrir la suite et les mystères grâce à la lecture.

De colère, elle veut désapprendre à lire et s'y efforce. Mais c'est impossible. Elle découvre l'irréversibilité de l'acquis. Cependant, le mécanisme psychique est intéressant. Elle « désaccommode », selon le mot de la gouvernante. Elle ne veut plus lier les lettres en mots ni s'intéresser au sens. Elle regarde au-delà, à l'infini. Ce n'est pas un mécanisme comparable à celui que Freud isole dans « Le trouble psychogène de la vision », qui vient en quelque sorte punir le sujet d'avoir mésusé de son organe

54. F. Dolto, *La Cause des enfants*, Paris, Robert Laffont, 1985, p. 159-169; voir aussi *Autoportrait... op. cit.*, p. 81-85.

visuel « pour un malin plaisir sensuel [55] ». Françoise fait porter un déni sur l'objet – le sens du texte – pour se venger de Mademoiselle qu'elle accuse de l'avoir abusée. Car elle imaginait qu'à savoir lire, elle allait voir davantage. Or, elle comprend que lire, ce n'est que lier des mots qui ne font pas nécessairement image. Le symbolique sur ses rails, l'imaginaire dans sa sphère. Etanchéité entre les deux registres.

En cette circonstance, le regard éloigne, déréalise – servant à décevoir cette préceptrice qui souvent la « pipait », la trahissait auprès de sa mère. Jusqu'où, d'ailleurs, va cette mise à distance par le regard ? Ne peut-on voir en ce moment, resté gravé dans la mémoire de Françoise, qui privilégiera toujours la parole, le signe d'un dépit à l'égard de la lecture et de l'écriture ? Bien sûr, elle souligne aussitôt quel plaisir elle aura par la suite à lire. Cependant, l'expérience lui a laissé le souvenir amer d'un marché de dupes. Elle reviendra toujours au regard, à l'observation directe.

Le livre de lecture s'est révélé décevant pour elle. Il narrait les aventures d'un pauvre marchand maghrébin, qui allait sur son âne vendre des tapis. L'univers oriental la faisait rêver : celui des croissants de lune, des mosquées, des femmes voilées, des turbans [56]. Or, ce sont les mêmes représentations qui excitent son imagination lorsqu'elle assiste ou participe aux jeux de ses frères et qu'elle remplace mentalement les pions par des soldats à yatagans.

Elle déclare alors n'avoir jamais été animée d'aucun esprit de compétition ou de rivalité, insouciante de perdre ou de gagner : seul lui importait son cinéma intérieur. On peut se souvenir ici du mot de Lacan, qui suffit à caractériser la structure hystérique par opposition à celle de l'obsessionnel qui « donne à voir » : l'hystérique « s'identifie au spectacle [57] ».

55. S. Freud, « Le trouble psychogène de la vision dans la conception psychanalytique » (1910), *in Névrose, psychose et perversion*, trad. sous la direction de J. Laplanche, Paris, PUF, 1973, p. 172.
56. Cf. *La Cause des enfants*, *op. cit.*, p. 162.
57. J. Lacan, « Fonction et champ de la parole et du langage en psychanalyse » (1953), *in Ecrits*, Paris, Le Seuil, 1966, p. 304.

Il se trouve que, dans un article intitulé « Image de soi dans le miroir. Lecture et écriture [58] », Dolto, dénonçant les méfaits d'un apprentissage trop précoce de la lecture chez l'enfant qui n'a pas encore connaissance de son identité sexuée, cite l'exemple d'un garçon d'origine musulmane, incapable d'imaginer une histoire en face de quelques dessins – ferme, coq, moutons – et de fournir des associations. Elle souligne qu'il était très certainement *arrêté* dans son développement parce que transplanté, arraché à sa culture d'origine; mais aussi parce que, obsessionnel, il ne projetait pas. Il ne donnait pas sens aux questions: que fait le mouton? où va-t-il aller? Dolto conclut: « C'est lui qui avait raison; et c'est nous qui sommes dans une sorte d'aliénation à supposer un déroulement aux images [59]. » Ce qui semble fortuit – l'enfant est d'origine musulmane, c'est-à-dire appartenant à une civilisation qui proscrit la représentation humaine – fait pendant à l'expérience inaugurale qui fut celle de Françoise, espérant voir des images s'animer à la lecture des mots et, en premier lieu, celles d'un monde oriental, musulman.

Le primat du scopique s'est manifesté clandestinement: la petite Françoise ne cessait d'observer les comportements pour en articuler les motifs et en comprendre les raisons. Elle voyait bien, elle, que si son petit frère vomissait, c'était « pour se mettre à l'unisson de ces dames qui s'engueulaient [60]! » à son sujet – la mère et telle gouvernante anglaise. Elle voyait bien celle-ci boire de l'eau de Cologne en cachette. Elle établissait à sa façon des relations, construisait une cohérence. Elle théorisait sur le vu et l'entendu, et sur l'inaperçu par autrui, l'insu de l'Autre. C'est certainement l'origine de ce que sera plus tard son extraordinaire sens de l'observation clinique, toujours liée à une hypothèse qui rend compte du phénomène dépourvu de signification pour les autres.

Par ailleurs, elle a pris très tôt ses distances à l'égard du monde des adultes. Elle veut remédier à la confusion

58. *In Le Bloc-Notes de la psychanalyse*, n° 7, « Education, médecine. Places de la psychanalyse », Genève, Georg éd., 1987, p. 223-236.
59. *Ibid.*, p. 234.
60. *Autoportrait...*, *op. cit.*, p. 49.

des langues entre parents et enfants, persuadée de comprendre ce qui manque aux adultes pour bien comprendre les enfants. Ce fantasme, que l'on trouve fréquemment à l'origine du désir de devenir psychanalyste (on va guérir papa ou maman, ou les deux), prendra chez elle la forme particulière d'une vocation dont elle invente, à huit ans, l'expression : être « médecin d'éducation ». Mission à visée correctrice ou réparatrice d'abord : permettre aux parents de reconnaître ce dont souffrent les enfants, y compris dans leurs affections psychosomatiques bénignes.

Dans ses relations de cas, innombrables sont les moments où elle se prévaut d'avoir observé, d'avoir été celle qui remarquait ce que les autres ne voyaient pas, ce qui était trop en évidence, comme la lettre volée, retournée et exhibée au regard de tout un chacun.

Elle voit les enfants se frotter, se masturber contre les parents qui n'en veulent rien voir ni savoir. Elle voit dans le regard d'une petite fille psychotique, éprise de son éducateur, que ses jambes à elle ne marcheront pas sans lui [61]. Elle voit dans la grimace d'un enfant qui laisse tomber un objet de sa poche que c'est un « mauvais objet pour lui [62] ». Elle voit qu'une petite fille qu'on lui présente comme débile est en réalité obsessionnelle parce qu'elle compte des livres dans son cabinet [63], etc.

Mais si elle exhortait les futurs analystes d'enfants à observer les nourrissons dans leurs activités, leurs jeux, elle se refusait à interpréter un comportement. Car le comportement n'est que semblant, par opposition au désir inconscient. Il conduit à inférer de faux enchaînements, sous prétexte de sauver les phénomènes.

Son goût de l'observation s'est nourri aux conditions de

61. F. Dolto, *Séminaire de psychanalyse d'enfants*, 2, *op. cit.*, p. 194-196.
62. Cas de névrose obsessionnelle chez un enfant, séminaire inédit.
63. F. Dolto, *Séminaire de psychanalyse d'enfants*, 2, *ibid.*, p. 101-106. Grâce au traitement analytique avec Dolto, cette enfant a vu s'arrêter une évolution vers la psychose et a recouvré ses capacités intellectuelles. Au début de la cure « elle marchait comme si son bassin était dévissé ; comme si elle n'avait pas de bassin. Elle n'avait qu'un haut de corps » (*ibid.*, p. 102). Le père et le grand-père paternel de cette enfant étaient l'un et l'autre homosexuels. Son père avait été contraint à un mariage par sa propre mère qui espérait ainsi éviter qu'il ne soit homosexuel. Il n'en fut rien. La petite fille souffrait en particulier d'être élevée par une mère et une grand-mère discréditant radicalement son père.

la vie familiale et bourgeoise. Elle aime à être avec les garçons, ses frères, elle s'identifie à eux mais est contrainte de se taire : on avait seulement le droit d'écouter à table, dit-elle. Les enfants ne parlaient pas. On cherche à contenir sa vitalité, sa volubilité, le timbre de sa voix (« moins de volume, Françoise » lui impose-t-on), l'impertinence de ses questions, l'inexorabilité de sa logique qui bute sur les ambiguïtés de la langue. Pourquoi pleure-t-elle si elle a perdu son mari ? demande-t-elle à propos d'une veuve, pendant la guerre de 14, elle ferait mieux de le chercher.

Ce défaut de symbolisation n'est pas le signe infaillible d'une psychose, comme le suggèrent par endroits les questions qui lui sont posées dans l'*Autoportrait*. Quels sont les enfants qui n'ont pas achoppé au mur de la langue, à « l'équivoque qui fait la loi du signifiant », comme dit Lacan ? Ces difficultés participent du processus même de métaphorisation; en témoigne l'exemple du père de Françoise allant tout droit vider les bouteilles qu'on lui demandait de mettre à l'eau. Tous les analysants, petits et grands, névrosés ou psychotiques, ont accédé au langage par ce genre d'impasse. Et la littérature ne manque pas d'exemples similaires. Colette, auteur du livret de *L'Enfant et les sortilèges*, dont Melanie Klein a fait le raccourci des fantasmes paranoïdes de l'enfance [64], raconte des démêlés analogues avec la langue.

En revanche, Dolto a souffert de n'être pas écoutée. Elle ne comprenait pas que la parole ne fût pas légitimement accordée à l'enfant et à la petite fille qu'elle était [65]. Elle s'est trouvée très seule dans son enfance.

Le plus terrible traumatisme fut la mort de Jacqueline. Ou plus exactement le poids de culpabilité que Françoise

64. M. Klein, « Les situations d'angoisse de l'enfant et leur reflet dans une œuvre d'art et dans l'élan créateur » (1929), in *Essais de psychanalyse*, trad. M. Derrida, Paris, Payot, 1967, p. 254-262.

65. Maud Mannoni y est particulièrement sensible dans le compte rendu qu'elle a donné de la *Correspondance* de F. Dolto dans *Le Magazine littéraire*.

allait devoir assumer du fait du délire de sa mère. Jacqueline était née le 12 avril 1902. A la suite d'une chute en montagne, lors d'une randonnée, un cancer se déclare [66]. Elle meurt le 30 septembre 1920. Françoise allait sur ses douze ans.

Jacqueline, de six ans plus âgée qu'elle, menait une autre vie, avec des amis d'une autre génération. Ce que Françoise en dit laisse paraître qu'elle était comme son exact inverse : « C'était une fille qui avait beaucoup de succès masculins. Elle n'était pas du tout comme moi, elle n'avait aucun goût pour les études [...] c'était une fille, au contraire, toute tournée vers l'extérieur, la danse, les balades de jeunes, le rire, la séduction facile [...]. Elle aimait la vie, était sociable [67]. » C'était *Le Printemps* de Botticelli quand elle dansait, dit-elle encore [68]. On comprend qu'à son insu Françoise se soit prêtée à figurer ensuite pour sa mère l'opposé de cette fille morte et idéalisée, enfant « incestueuse » pour chacun des parents Marette.

Sachant de quel mal était frappée sa fille chérie, Suzanne Marette, bien que protestante, avait demandé à Françoise qui allait faire sa communion à l'église catholique, en juin 1920, de prier pour sauver sa sœur aînée. Poussée par le désespoir, elle n'avait plus foi qu'en la Providence. Or, elle avait entendu dire que les prières d'une jeune fille pure, qui allait faire sa communion pouvaient obtenir un miracle [69]. La *Correspondance* de Dolto comporte d'ailleurs une lettre datée de mai 1920 et intitulée « Prières que j'ai adressées spécialement pendant mon action de grâce » : « ... J'ai demandé en premier la guérison de Jacqueline, et je suis sûre qu'elle s'opérera car il m'a semblé entendre une voix qui me disait que ma prière serait exaucée. J'ai demandé ensuite la conversion de

66. F. Dolto ne lui donne pas toujours le même nom, d'ailleurs : « un myosarcome », dit-elle (donc un cancer des muscles), in *Les analystes parlent, op. cit.*, p. 82, ajoutant : « c'est souvent le cas chez les jeunes quand il y a chute et hématome ». Dans *Enfances, op. cit.*, p. 108, elle parle d'un ostéosarcome (cancer des os).
67. *Enfances, ibid.*, p. 106.
68. *Ibid.*, p. 118.
69. Cf. *Autoportrait...*, *op. cit.*, p. 37-38.

Papa et je vois qu'hier il s'est levé de bonne heure un dimanche, pour venir avec nous à la messe [70]. »

Investie d'une telle mission, Françoise va jusqu'à espérer l'hallucination auditive qui en garantirait le succès, s'efforçant d'en déceler les signes dans le changement du père. On pourrait croire qu'elle s'est momentanément identifiée à Jeanne d'Arc, pour éviter le pire à la mère. Le processus n'ira guère au-delà, et ce sans doute à cause du spectacle de la névrose de sa mère après la mort de Jacqueline. Suzanne Marette, alors en proie à des bouffées délirantes, passe par les souffrances d'un deuil impossible, ne devant sa survie qu'à la haine qu'elle va pouvoir nourrir contre sa deuxième, et désormais, unique fille. Son agressivité à l'égard de Françoise ira *crescendo.*

Dolto notait que si le mot « orphelin » désigne l'enfant qui a perdu ses parents et celui de « veuf » ou de « veuve », celui ou celle qui a perdu son conjoint, il n'existe aucun mot pour qualifier un parent qui a perdu son enfant. Le symbolique, la langue (la nôtre, en tout cas) ne l'inscrit pas. Ce fait n'est pas sans lien avec les difficultés que peut rencontrer un parent, surtout la mère, à faire le deuil de son enfant.

Suzanne Marette a donc souffert des « fièvres », comme on disait pudiquement. Un jeune médecin appelé à son chevet préconisera au père, Henry Marette, cette thérapie qu'il croit de bon sens : que son épouse ait un autre enfant, seul moyen de l'arracher à sa douleur. Conseil catastrophique, selon Françoise, car naîtra le 21 septembre 1922, presque exactement deux ans après la mort de Jacqueline, le dernier fils Marette, qui sera prénommé Jacques et qui connaîtra les turbulences de l'ambivalence maternelle : n'ayant pas été consciemment désiré par sa mère, il sera d'abord rejeté, avant d'être l'enfant qu'elle allaitera le plus longtemps. Il est probable que l'agressivité de Suzanne Marette à l'égard de ses enfants, qu'elle traite de « vipères » lors d'accès quasi hallucinatoires, lui permet de survivre, d'échapper à l'emprise d'une pulsion de mort qui se tourne de manière élective sur sa seconde fille, mais jamais de surmonter son chagrin. Elle ne supporte

70. F. Dolto, *Correspondance, op. cit.*, p. 101.

pas qu'on prononce même le nom de Jacqueline, sinon elle pousse des cris de « bête blessée », tandis que son mari, dépeint comme un taciturne, ne peut pas s'empêcher d'évoquer le souvenir de sa fille aimée.

Suzanne Marette veut entrer en communication avec sa fille morte. Elle espère sa résurrection. Elle place encore une folle espérance en Françoise lorsqu'elle lui demande, après la mort de Jacqueline, de lui lire des livres spirites « sur les ectoplasmes qui se [mettent] à parler en prenant la forme de la personne morte [71] ». Elle fait donc peur à sa fille, devenue à douze ans son unique confidente. Or une telle situation est un prélude fréquent à la vocation de psychanalyste : les confidences d'une mère à un enfant trop jeune pour les supporter, trop proche pour les refuser.

Les conséquences de la mort de Jacqueline sont multiples et durables – parfois inaperçues peut-être de Françoise elle-même –, ne serait-ce que par la présence du signifiant Jacques : c'est avec Jacques, son dernier frère, qu'elle découvrira son intérêt pour les enfants. Elle a quatorze ans d'écart avec lui. Elle ne joue pas le rôle de mère, dit-elle, mais observe. Elle s'intéresse à son intelligence, s'occupe de lui, l'emmène dans les musées et lui raconte des scènes mythologiques [72].

Françoise habitera rue Saint-Jacques (de 1942 à sa mort). Or son frère, Philippe Marette, psychanalyste comme elle, habitait déjà cette même rue Saint-*Jacques*, à un autre numéro, en 1935. Elle deviendra l'interlocutrice de Jacques Lacan.

On ne saurait s'étonner de voir la place que vont prendre, dans la correspondance de Françoise avec ses parents, et surtout avec sa mère, les dates de la naissance et de la mort de Jacqueline. Parfois l'espoir la gagne. Ainsi, dans cette lettre du 22 septembre 1922, qui salue la naissance du petit garçon, Jacques : « Puisque c'est un petit frère, que le bon Dieu nous a envoyé un petit gar-

71. *Autoportrait...*, p. 37.
72. Il lui réclamait l'histoire de Pégase (*Enfances*, p. 110), donc un de ces êtres ailés dont on verra l'importance pour Françoise, avec ses anges.

çon, je reste toujours ta fille[73]. » Cette phrase dit assez quelle « frousse » Françoise a dû éprouver à l'idée qu'il aurait pu s'agir d'une fille. Un garçon, c'est la chance maintenue d'être enfin reconnue comme fille, et aimée comme telle, par sa mère. D'où sa promesse d'être une petite maman pour ce petit frère et « une camarade et une amie pour toi comme l'était Jacqueline[74] ».

Une lettre me semble révélatrice de ce qui ne va cesser pendant des années de tourmenter Françoise et de la pousser à des constructions, inconsciemment ébauchées, pour sortir de la culpabilité que lui a inoculée sa mère, sans pour autant l'agresser.

Dans cette lettre écrite de Deauville, le lundi 11 avril 1927, donc la veille de l'anniversaire de la naissance de Jacqueline, elle parle à sa mère d'un livre qu'elle est en train de lire, mais sans nommer l'auteur – ce qui me paraît avoir son importance. Il s'agit des *Sentiers dans la montagne* de Maeterlinck. Et elle enchaîne sur ce qu'elle appelle une « chose très drôle [...] de télépathie entre Poulet et Mémé[75] » (Poulet est le surnom donné à Jacques, justement; Mémé, celui de la gouvernante luxembourgeoise). L'enfant et la nourrice sont en arrêt devant une vitrine qui propose une réclame pour un coricide en utilisant l'image d'une carmélite, sœur Marthe. Mémé se demande alors *intérieurement* pourquoi la sœur Marthe est impliquée dans une publicité. Or, de son côté, l'enfant, le petit Jacques, demande tout haut : « Pourquoi est-ce qu'il y a sœur Marthe ici ? » Stupéfaction de la nurse, convaincue de ne pas lui avoir communiqué son étonnement. Elle lui fait répéter, lui demande comment il peut savoir qu'il s'agit de sœur Marthe – l'enfant, âgé de cinq ans, ne sait pas encore lire. Et il répond : « Je ne sais pas, ça me vient comme ça[76]. »

Si ce phénomène de télépathie a frappé Françoise, c'est sans doute parce que le nom d'une sœur, d'une carmélite, associée à une image pieuse lui rappelle également des pensées sur sa propre sœur; mais c'est aussi la répétition

73. F. Dolto, *Correspondance, op. cit.*, p. 127.
74. *Ibid.*
75. *Ibid.*, p. 173.
76. *Ibid.*, p. 174.

du nom *mater* qui est là implicitement contenu dans *Marthe* dont il est presque l'anagramme. Sans compter le *mater* dans *Maeter*linck, dont le nom est ici refoulé ou, en tout cas, passé sous silence. Par personnes interposées affleure de l'inconscient une pensée pour la mère et pour Jacqueline.

Il n'est pas indifférent de noter que Marthe est aussi le nom de la sœur de Lazare (se reporter à l'Evangile selon saint Jean, que commentera bien plus tard Dolto dans un chapitre de *L'Evangile au risque de la psychanalyse*, intitulé « Les résurrections). *Marthe, mater* sont des anagrammes du patronyme *Marette.*

Alors qu'elle-même va avoir dix-neuf ans, donc un an de plus que l'âge qu'avait atteint sa sœur, voilà Françoise Marette témoignant, sans le savoir, de l'inscription de tous ces signifiants, et de leur lien, dans son inconscient.

Le nom de Maeterlinck semble condenser quelque chose de la mère (*mater*) et de Jac*queline* dans le renversement final : *linck* pour *cline.* Jacqueline est implicitement présente dans l'histoire : Jacques est lui aussi étonné, mais pas seulement en son « for intérieur », du détournement publicitaire, saint-sulpicien, d'une « sœur » qui peut lui faire penser à celle dont il porte le prénom et qu'il n'a pas connue. En tout cas, il ne s'attendait pas à trouver à cette place, en devanture, une image qui la rappellerait. Or, ni le nom de Jacques ni celui de Jacqueline ne sont prononcés dans cette lettre.

On se souvient que Dolto parlait de *L'Oiseau bleu* et de sa féerie pour évoquer le souvenir qu'elle gardait de son grand-père maternel. C'est l'une des œuvres les plus célèbres de Maeterlinck, qui a également écrit *Ariane et Barbe-Bleue.* Voilà donc un auteur qui ne peut que faire résonner pour Françoise les souvenirs les plus archaïques (la nurse irlandaise, la scène primitive, mais aussi les yeux bleus de sa sœur Jacqueline). Peut-être ne connaissait-elle pas la très belle pièce de Maeterlinck, intitulée *Intérieur* (1894) ? De toute façon, elle n'en fait pas mention. Il se trouve que le thème de cette pièce brève, pleine de silence, tourne autour d'une question : comment annoncer à des parents la mort de leur enfant ?

Un dernier mot sur la sœur Marthe, carmélite : Dolto publiera certains de ses premiers articles dans la revue *Etudes carmélitaines.*

Dans cette même lettre du 11 avril 1927, elle écrit à sa mère, pour la consoler et tenter de se libérer elle-même du fardeau du deuil : « Je pense que les morts sont heureux quand on vit avec eux tout en ne vivant pas que pour eux en oubliant les vivants... » Et elle ajoute : « ils ne peuvent pas et ne doivent pas être notre seule préoccupation [77] ». Fragment d'autant plus intéressant qu'il condense tout ce que dit ailleurs [78] Dolto de sa relation aux morts : présents, proches, dans un ciel qui n'est pas un firmament lointain, ils demeurent dans l'imaginaire.

En avril et en septembre, chaque année, le souvenir de Jacqueline scande les relations entre Françoise et sa mère de moments intenses. En septembre 1931, Françoise se tourmente d'avoir à choisir entre le plaisir de rester en vacances chez des amis ou d'être aux côtés de sa mère, comme ce fut presque toujours le cas depuis ce jour de septembre 1920. Un échange de lettres précède la permission que Françoise va s'accorder – mais avec le consentement parental – de faire faux-bond [79]. « Je n'ai manqué qu'une fois le 30 Sept. près de toi [80]. »

Elle écrit notamment, alors qu'elle a maintenant presque vingt-trois ans, mêlant sans transition culpabilité et intérêt narcissique : « Quand je pense à tout ce que tu es pour moi, et que exprès je vais prolonger de mon plein gré ton ennui et ta peine, je ne sais plus quoi faire... Pardon maman pardon... d'un autre côté cela les arrange bien parce que je voudrais voyager de jour [81]... » Dans la même lettre, elle s'accuse encore : « Aujourd'hui il me semble que je t'ai fait une crasse ignoble... Ecris-moi, dis pour me consoler; je suis tellement bébé encore tu vois [82]. »

77. *Ibid.*, p. 174.
78. Notamment dans *Enfances, op. cit.*
79. *Correspondance, op. cit.*, note p. 304-325.
80. *Ibid.*, p. 320.
81. *Ibid.*, p. 305.
82. *Ibid.*

Comment Françoise Marette est-elle parvenue à préserver son narcissisme en dépit des intempéries familiales ?

Sans doute l'identification phallique à ses frères et aux idéaux paternels a-t-elle joué un rôle décisif pour elle, bien avant la mort de sa sœur. De sorte qu'elle accueillera la folle revendication de sa mère (attente de résurrection) comme un non-lieu. Elle sait qu'il entre du délire dans la névrose maternelle et ne se sent pas obligée d'être complice. Par ailleurs, l'acharnement de sa mère a pour effet d'éradiquer en elle toute velléité de jalousie et d'agressivité : « Je crois qu'il y a tout de même quelque chose d'étrange chez moi, que les gens me reprochent sans le savoir [...] ce manque de méchanceté [...]. C'est comme une infirmité. Je suis infirme en suppositions agressives, je me sens toujours prête à comprendre le point de vue ou les motivations des autres, différents des miens : prête à coopérer, mais pas à rivaliser [83]. »

Dès l'enfance, Françoise s'est aménagée une possibilité de vie intérieure, hors de cette famille qui n'écoute pas ses questions sur les bizarreries de la langue, grâce à un double, un ange, qui a pour fonction première d'être un confident, un interlocuteur, celui à qui l'on parle. Il est à mi-chemin entre ce qu'on appelle en psychanalyse moi idéal et idéal du moi.

Comme beaucoup d'enfants, elle a ce premier compagnon imaginaire dont une éminente qualité est de laisser en suspens la question de la différence des sexes. Avec son imagination, elle va jusqu'à lui prêter des ailes, lui demandant de lui laisser de la place quand elle se couche à côté de lui. Cet ange est venu pour elle bien avant la mort de sa sœur. Il était « à l'aise dans le milieu des morts, des invisibles [84] ». Il est d'abord une sorte de précipité, de concrétion, une réponse à la question : d'où vient-on, où va-t-on ?

Puis il va changer peu à peu de fonction. Devenu ange gardien, conscience morale, il lui redonne confiance contre les reproches parfois injustes des adultes. Cet

83. F. Dolto, *Enfances, op. cit.*, p. 122.
84. *Ibid.*, p. 19.

ange-là est aussi la représentation de la permanence du *sujet* Françoise Dolto : « Cet ange gardien, je croirais assez que c'est une métaphore du mammifère humain qui est en moi [85]. » Et elle en donne pour équivalent représentatif l'image d'une petite guenon (dans un film) qui se cache les yeux quand elle voit passer un mort. Son ange agissait de même lorsqu'elle faisait quelque chose de mal : qu'elle mentait ou écrivait sur ses jambes, au grand scandale de Mademoiselle.

L'ange gardien est passé insensiblement de la figure du double à celle de l'idéal du moi, qui n'admet que le bien, le positif. Se cacher les yeux devant un mort, c'est comme si l'on pouvait éteindre son regard quand ce que le miroir renvoie n'est plus l'image de l'idéal.

Cet ange est né des *ailes* d'un autre mort que Jacqueline, son grand-père, Arthur Demmler, car il répond à la question des invisibles : où sont les enfants à naître, où sont les morts ? L'ange a dû prendre forme sur la passe-*relle*, avec ses nuages de fumée si agréable. Et il n'est pas sans lien avec son frère Jean (prénom dans lequel se retrouve la suite de phonèmes *ange*) puisque c'est ce frère, plus âgé que Françoise de deux ans, dont elle se sentait le plus proche : « nous ne pouvions pas nous endormir sans nous parler [...]. Nous étions très jumelés [...]. Je me rappelle qu'avec Jean nous nous aimions tout simplement... Ça se vivait de s'aimer, et, jamais, nous ne nous disputions, Jean et moi... [86] ». Ils s'endormaient en se parlant en écho jusqu'à ce que l'un des deux tombât de sommeil [87]. C'est donc bien d'une relation en miroir qu'il s'agissait entre les deux enfants. L'image du double spéculaire sert alors à constituer un autre à qui parler et qu'on peut garder avec soi. Instance composite, il lui permet le dialogue intérieur et garantit une continuité d'existence, « une mêmeté d'être », disait-elle aussi.

Jusqu'où le croisement d'identités a-t-il pu aller pour ces enfants très jumelés ? Peut-être Jean a-t-il en retour pris une part du féminin refusé chez Françoise, car, deux

85. *Ibid.*, p. 22.
86. *Autoportrait...*, *op. cit.*, p. 30.
87. Cf. *ibid.*

ans après la mort de Jacqueline, à la naissance du petit Jacques dont il veut consoler sa mère qui espérait une autre fille, il lui écrit : « Je t'assure que je serai pour toi la même chose qu'une fille », et lui annonce dans la même lettre qu'il va écrire à sa « parraine (*sic*) [88] ». Il avait alors seize ans.

La fonction de cet ange s'est renforcée à la mort de Jacqueline. Antidote contre la solitude. Incarnation du narcissisme, l'ange est une image à laquelle Dolto ne renoncera jamais complètement, puisqu'à la fin de sa vie, elle le remerciait encore lorsqu'elle trouvait une place pour sa voiture dans une rue encombrée. Au lieu de se hâter d'y voir une forme de débilité ou un reliquat de christianisme invétéré, on peut considérer que, répondant au besoin impératif chez elle de verbaliser, l'ange est aussi la trace d'une solitude de toujours et de son isolement, tout au long de sa carrière de psychanalyste.

Comme le signifiant Jacques, l'ange ne va pas la quitter :

Le premier ouvrage de psychanalyse qu'elle aurait lu, prêté par son père, est celui d'*Angelo* Hesnard, intitulé *La Psychanalyse* (1924). L'un de ses analystes de contrôle, à ses débuts, est *Angel* Garma. Sa meilleure amie d'adolescence, qui prendra le voile en Angleterre, s'appelle Agnès Dognin. (*Agnès* : anagramme d'*anges*, au pluriel.) Et c'est Inès *Angelino* qui lui apportera les éléments du dernier ouvrage qui paraîtra de son vivant : *Quand les parents se séparent*.

En jeune fille de bonne famille, Françoise Marette fait ses études dans un établissement privé du XVIe arrondissement, le cours Sainte-Clotilde, rue du Ranelagh, où on l'inscrit à la rentrée 1914. Mais, durant l'hiver de cette première année de guerre, elle reste dans la villa familiale à Deauville, « La Coccinelle », et suit sa scolarité par correspondance. Par la suite, elle fréquentera le cours en élève libre, trois jours par semaine, jusqu'en juillet 1924.

88. *Correspondance, op. cit.*, p. 132 et p. 133.

Elle entre alors en classe de philosophie au lycée Molière et obtient son baccalauréat, après avoir présenté à l'oral des textes sur la psychanalyse (choisis en option avec des extraits des stoïciens). La liberté ou la résignation. La maîtrise de soi, en tout cas.

Elle se décrit elle-même comme une élève brillante, comprenant tout très rapidement. Mais comme elle était également très habile de ses mains, un professeur du cours Sainte-Clotilde la poussait vers la couture.

A l'époque, Françoise a reçu grâce à son cousin Tiny quelques éclaircissements sur les mystères de la sexualité et de la procréation. Nous sommes alors en septembre 1922, elle approche de ses quatorze ans. Sa mère va bientôt accoucher de Jacques. De quoi réactiver dans l'inconscient de la jeune fille les questions sur la sexualité. Inutile de dire qu'elle se fait sérieusement tancer par sa mère. Celle-ci leur fait honte à tous deux de leur « curiosité malsaine [89] », fait claquer comme un fouet l'exigence d'être « une honnête fille droite et pure [90] », en mettant le poids de Jacqueline dans la balance.

Françoise rapporte à la gouvernante ce que Tiny lui a dit. L'excellente Mademoiselle en réfère naturellement à Suzanne Marette qui fait à sa fille un prêchi-prêcha agacé : « Mlle me raconte la conférence que Tiny t'a faite sur l'histoire naturelle, chiens et humains. Tu as parfaitement bien fait de raconter cela à Mlle; il faut toujours nous dire à moi ou à elle les choses de ce genre [91]... » Puis elle poursuit dans une autre lettre : « ce qui ne me plaît pas c'est que cela t'amuse et que tu désires qu'il continue [92] ». Tout en ne désespérant pas d'être aimée de sa mère, Françoise lui retourne souvent, avec un franc-parler égal au sien, l'image inversée de son ambivalence. Elle désamorce justement ce qui sert de prétexte à sa mère pour la culpabiliser à tout bout de champ. L'impertinence tranquille de ses questions revient à demander : « Qu'y a-t-il de mal à faire ceci ou cela ? »

Françoise va se consacrer à toutes les activités aux-

89. *Ibid.*, p. 125.
90. *Ibid.*
91. *Ibid.*, p. 123.
92. *Ibid.*, p. 125.

quelles une jeune fille de la bonne bourgeoisie a le droit de s'adonner. Elle cherche à faire reconnaître ici ou là, ailleurs que dans sa famille, ses talents et aptitudes.

On peut juger, entre autres, de son humour bon enfant dans ce projet d'affiche qu'elle fit pour une marque de pâte dentifrice (Dentol) [93]. Le crocodile à la gueule grande ouverte découvre une dentition plus propre à évoquer le large sourire cinématographique des stars que la dimension terrifiante de l'oralité cannibalique.

Elle essayait de devenir dessinatrice : elle a fait ainsi un certain nombre d'affiches dans les années 1925-1930 ; de même, elle a vu sélectionner une de ses céramiques pour une exposition officielle. Et date de son enfance une passion pour les journaux, qui trouvera plus tard un prolongement dans son préjugé favorable à l'égard des médias [94]. Sans doute cela est-il aussi lié à ses succès, puisqu'elle gagna trois fois de suite le premier prix de dessin dans *L'Echo de Paris* de Jean Nohain.

Françoise a souffert de sa corpulence, disons de sa rondeur, elle était réfractaire à bien des régimes. Ce n'était pas seulement un problème d'adolescente. Elle a toujours été un peu ronde et le restera. C'est également une caractéristique morphologique de sa famille, les photographies montrant d'évidentes ressemblances, de ce point de vue, notamment entre elle et son frère Pierre, entre elle et sa mère.

Qu'elle en ait souffert au point de se croire peu séduisante, il y en a maintes allusions dans la *Correspondance* ; par exemple, cette parodie, pleine d'humour, de la tirade de *Cyrano de Bergerac* d'Edmond Rostand, qu'elle écrit en avril 1924 pour se défendre contre ceux qui se moquaient de son gros ventre [95]. Ce morceau d'anthologie mériterait un commentaire. On peut noter, dans cette bouffonnerie, la fréquence des mentions de ballon : « c'est un ballon d'Alsace » ; il y est question de « foot-ball », de « ballon

93. Reproduite dans *Autoportrait...*, p. 216. La marque *Dentol* semble anticiper, à un phonème près, son nom d'épouse.

94. « Les journaux d'enfants, sûrement, ç'a a été ma joie », in *Enfances, op. cit.*, p. 73.

95. *Correspondance, op. cit.*, p. 142-143.

captif », bref, du symbole de la grossesse, dont elle donnera plaisamment dans les *Dialogues québécois* cette formule générale : « Tous les jeux avec une balle sont des jeux avec le fœtus, toujours. C'est pourquoi ce ne sont pas des jeux de femmes. Elles n'ont pas besoin de jouer à faire semblant [...]. Tandis que les hommes se repassent les enfants des femmes. Et lorsque l'un d'eux met le ballon dans le but, il est tout content [...]. Ensuite, les joueurs s'embrassent [96]... »

Dans son exercice de style, à côté des métaphores aquatiques et maritimes :

« Gracieux : C'est commode au milieu d'un naufrage
De vous avoir à bord, bouée de sauvetage [97], » on pourrait relever la prévalence de l'air qui compte tant pour Françoise : on trouve une « bouée », un « ventilateur », des « para*vents* ». Et la métaphore militaire qui fait rimer lointainement « cuirasse » et « ballon d'Alsace » ne peut pas ne pas rappeler le lieu où est mort le « fiancé », l'oncle Pierre Demmler.

Coïncidence, Françoise sera fiancée par sa mère quelques années plus tard à un certain Edmond, prénom de l'auteur de *Cyrano*. Puis elle deviendra l'amie du fils d'Edmond Rostand, Jean Rostand, pour lequel elle aura la plus vive admiration.

Pour tenter de venir à bout de son symptôme, elle fait appel, encore adolescente, aux soins d'un kinésithérapeute. Or, elle épousera plus tard celui qui donnera à la kinésithérapie en France sa véritable place, Boris Dolto.

Quant à la boule – la « petite boule » qu'elle était pour sa nurse irlandaise [98] –, ce sera l'un des premiers mots de sa théorie, puisque c'est en termes de boules que, précisément, elle représente les premières phases structurantes de l'image du corps [99].

96. *Dialogues québécois*, *op. cit.*, p. 26.
97. *Correspondance*, p. 142.
98. *Enfances*, p. 64.
99. Parmi les premières représentations structurantes de l'image du corps, F. Dolto accorde une grande importance à l'une des figures du narcissisme fondamental représenté par deux *boules*, tête et tronc, que l'on trouve dans les dessins d'enfants comme dans les premiers modelages, cf. « Personnologie et image du corps », article publié d'abord dans la revue *La Psychanalyse*, vol. 6, Paris, PUF, 1961, et repris dans *Au jeu du désir. Essais cliniques*, Paris, Le Seuil, 1981 ; particulièrement p. 81-88.

Françoise veut à toute force passer son bac. Désir qui donne lieu à un psychodrame avec sa mère. La première fois, à quinze ans, la mère exaspérée omet sciemment de l'inscrire à l'examen. Première colère sacrée de Françoise contre elle (« une rage blanche »). Le père soutient le désir de sa fille, *in extremis*. Il fait jouer ses relations, téléphone à un ami au Conseil d'Etat [100], pour remettre les choses en ordre. Il sépare mère et fille et rend ses droits à cette dernière. Bref, en une occasion décisive, il use de son autorité et de son pouvoir pour sa fille.

La persécution maternelle ne s'en tient pas là. Le jour du second bachot, Suzanne Marette oublie le plus délibérément du monde de réveiller sa fille : « Je n'allais pas te réveiller puisque je ne veux pas que tu passes ton bac, imbécile ! [101] » Pourtant, Françoise arrive à peu près à temps à la Sorbonne, entre par la rue Saint-Jacques, comme elle le souligne, et obtient son bac. Sa mère en pleure de désespoir.

La partie est donc relancée entre mère et fille. Interdiction est notifiée à Françoise d'entreprendre des études de médecine. Suzanne Marette ne veut pas renoncer à marier sa fille. Son opiniâtreté obéit peut-être à une logique qui n'est pas à mettre simplement sur le compte de son agressivité : en voulant faire des études, sa fille se range trop ostensiblement du côté d'une identification masculine, privant sa mère de ses dernières espérances de voir la féminité, telle qu'elle l'envisage, s'épanouir dans un mariage.

Suzanne Marette presse Françoise de se déclarer fiancée avec le jeune Edmond, lequel prépare une agrégation de lettres classiques, et qu'elle rencontre désormais pendant les vacances dans une propriété, près de Carpentras, « La Bastide ». Ces amis (les « D. » dans la *Correspondance*) sont des gens selon les vœux de Suzanne Marette. Ils penchent pour l'Action française, comme elle. C'est d'ailleurs chez eux que Françoise fera la connaissance de Léon Daudet. Antisémite, antidreyfusard, celui-ci

100. *Autoportrait...*, *op. cit.*, p. 107.
101. *Ibid.*, p. 108.

s'adonne avec volupté au jeu de massacre contre les grands écrivains de son temps. Il brille par sa méchanceté et son cynisme. Mais ce n'est pas ce que Françoise perçoit de lui au premier abord.

Ce qui plaît par-dessus tout à Suzanne Marette chez les D., c'est qu'ils furent des amis de Jacqueline [102]. Françoise va se trouver ainsi, bon gré mal gré, ramenée à une trop grande proximité imaginaire avec sa sœur morte, idéalisée par la mère.

Nous sommes alors en 1931, pendant les vacances d'été. Françoise a presque vingt-trois ans. Et toujours une seule attente : la levée de l'interdit maternel. Par désœuvrement, elle songera même à faire des études d'italien avant de pouvoir commencer sa médecine.

Elle se prend d'amitié pour les jeunes filles de la famille D., plus âgées qu'elle. Elle commence à respirer l'air de la liberté à La Bastide. Promenades, randonnées, découverte de l'Aveyron et des paysages provençaux, dont elle peint des aquarelles. Tout en donnant des gages à ses parents, elle profite du bonheur passager de n'être plus en famille, seule avec ses frères, et de rencontrer enfin des amis de son âge. Elle n'est plus obligée de veiller sur les autres, elle commence à vivre pour elle. Françoise découvre en Edmond, son cadet de deux ans, un garçon « charmant, qui est l'adoration de sa mère et de ses sœurs, et qui le mérite d'ailleurs, toujours serviable [103] », etc. Elle en parle à Suzanne Marette en des termes tels que celle-ci peut croire à la naissance d'une relation amoureuse. Dans cette même lettre datée du samedi 26 septembre 1931 [104], elle raconte comment le jeune homme lui a tendu la main au cours d'une escalade – comme pour hisser Edmond à la hauteur des attentes de Suzanne Marette. Il est « chic » et « épatant » – ce sont ses mots d'alors, que l'on retrouve souvent dans sa *Correspondance*. Ils sont également en vogue à l'époque. Mais le mot « chic », notamment, a dû rester dans son vocabulaire personnel. Je le dis pour avoir

102. Cf. *Enfances*, p. 85.
103. *Correspondance*, p. 295.
104. *Ibid.*, p. 307.

entendu Dolto rapporter l'envie d'une personne d'aller au Mexique, à son désir de trouver un « mec chic ».

Or Edmond, dont elle apprécie la conversation, la culture et la finesse, mais qui ne lui inspire aucune passion, tombe amoureux d'elle. Elle va bientôt le trouver lassant, à ne vouloir lui parler que d'elle, alors qu'elle veut sortir, aller au concert, profiter de sa compagnie, non de ses sentiments. Ils ont des échanges intellectuels, puisqu'ils lisent ensemble les tragiques grecs, mais pas de la même manière : lui, comme un étudiant en lettres et elle, « avec les idées de Freud [...] avec un sentiment assez instinctif de l'inconscient [105] ». Elle parle ainsi avec lui d'*Œdipe* et d'*Antigone*. Elle lui suggère que tout un chacun serait un peu Médée : par exemple, sa mère qui a perdu sa fille [106]. Singulier rapprochement : Dolto le justifie par la dimension tragique que peut prendre le « désespoir d'amour [107] ». Or, la *Médée* d'Euripide est porteuse d'une vengeance infanticide, c'est l'autre (Jason) et elle-même qu'elle veut tuer en tuant ses enfants. Curieusement, Dolto fait équivaloir ici la perte non désirée d'un enfant à un désir mortifère de la mère. Quoi qu'il en soit, élever la souffrance de sa mère à la hauteur de la tragédie grecque, c'était lui chercher une issue imaginaire et sublime ; humaniser cette volonté de tout détruire quand on a perdu l'objet d'amour, en lui trouvant un modèle antique, universel et poétique. Edmond et Françoise traduisent ensemble, pour leur plaisir, *Typhon* de Joseph Conrad [108].

Cédant aux instances de sa mère, parce qu'elle ne veut

105. *Enfances*, p. 86.
106. *Autoportrait...*, p. 95.
107. *Ibid.*
108. Ils ont un précurseur célèbre en la personne d'André Gide qui a traduit l'ouvrage en 1918. Dolto ne dit rien elle-même des implications mythologiques du personnage de Typhon pour l'inconscient. Il ne s'agit que de coïncidences, mais le *Dictionnaire de la mythologie grecque et romaine* de Pierre Grimal (Paris, PUF, 1969) rapporte, entre autres traditions, qu'enfant parthénogénétique de Héra, il est un monstre entouré de vipères (ce qui rappelle les imprécations de Suzanne Marette traitant ses enfants de « vipères »). Moitié humain, moitié fauve, il est le père de plusieurs monstres. Or, Suzanne Marette dira plusieurs fois à sa fille Françoise qu'elle est un monstre. Enfin, son nom *Tuphon* est de la famille de *tuphos* qui signifie « fumée, vapeur, souffle », mots dont on connaît l'importance pour Dolto. Le verbe *tupho* signifie « faire fumer » ou « faire de la fumée », mais également « délirer dans les fièvres ».

pas renoncer au peu de liberté qui lui est consentie, Françoise finit par accepter l'étiquette de fiancée. Marché de dupes. Elle avouera plus tard à sa mère n'avoir jamais ne serait-ce que flirté avec Edmond. Celle-ci se montrera incrédule, confessant alors à sa fille son intérêt précoce pour la sexualité, n'imaginant pas que Françoise ait pu se passer si longtemps de rapports sexuels.

Il se trouve qu'Edmond a un point commun avec la mère de Françoise. Il est assez fréquent que le mari soit porteur, à son insu, d'une caractéristique de la mère de son épouse. De leur côté, beaucoup d'hommes retrouvent en leur femme un trait – cet *einziger Zug* pour reprendre le terme freudien, ou « trait unaire » (Lacan) – qui leur rappelle inconsciemment leur propre père. Or, en l'occurrence, le trait a fonction répulsive car Edmond, pas plus que la mère de Françoise, ne veut d'une femme qui fasse des études. Il ne pouvait plus mal tomber.

Les fiançailles, d'ailleurs officieuses – il ne s'agissait que de faire plaisir aux mères –, seront finalement rompues, au grand dam de Suzanne Marette qui maudit sa fille. Pour recouvrer sans culpabilité sa liberté, il faudra à Françoise des années encore et l'assurance qu'Edmond fiancé ou marié l'a, de fait, déliée de son serment.

III

ÉTUDES MÉDICALES. CURE PSYCHANALYTIQUE

Dépasser le frère ? Marc Schlumberger. Un divan partagé : une bévue de Laforgue. Ambitions et concessions de René Laforgue. Eugénie Sokolnicka. Angelo Hesnard. L'obsessionnelle et le fantasme de jouir in utero *du père. La névrose familiale (Leuba, Laforgue). L'asile psychiatrique de Maison-Blanche. Le transfert d'une catatonique ? Psychose et mysticisme.*

« Je ne suis pas psychologue, et je ne suis pas psychologue de moi du tout [1]. »

Françoise va se faufiler dans une ouverture qu'elle maintient elle-même entrebâillée pour son frère Philippe, plus jeune qu'elle de quatre ans et demi. Elle plaide en effet la cause de celui-ci auprès de son père pour qu'il puisse faire médecine et non pas HEC : il a de l'acné à l'idée de devoir s'engager dans une voie dont il ne veut pas. Suzanne Marette trouve là une occasion d'inciter Françoise à faire médecine, avec Philippe pour chaperon. Françoise se fait alors un peu prier, mais c'est un échange de bons procédés entre enfants et parents. Où l'on voit effectivement que le désir de Suzanne Marette est très ambivalent, puisqu'elle a poussé sa fille sur le chemin qu'elle lui reprochera toujours de suivre [2].

Inscrits en novembre 1931 au PCNB – l'année préparatoire –, le frère et la sœur sont reçus le 1er juillet 1932. La première année de médecine commence pour eux le 3 novembre 1932.

Or, les difficultés vont bientôt resurgir : Françoise qui n'avait plus fait d'études depuis son bac, depuis sept ans (elle ne comptait pas sa formation d'infirmière), ne tarde

1. F. Dolto, revue *Patio*, n° 2, p. 60.
2. *Enfances, op. cit.*, p. 92, *Autoportrait..., op. cit.*, p. 112.

pas à doubler Philippe, alors que lui ne « décollait » pas : « son acné reprenait de plus belle [3] ». Très zélée, Françoise en parle à leur camarade d'études, Marc Schlumberger, qui donne pour conseil : que Philippe fasse « un peu de psychanalyse [4] ».

Fils de l'écrivain Jean Schlumberger – ami de Gide, qui participa notamment à la fondation de la *Nouvelle Revue française* –, Marc Schlumberger est né en juillet 1900. Il vient donc assez tard à la médecine, et dans le seul but de devenir psychanalyste. Il avait commencé une cure analytique avec Herman Nunberg [5] à Vienne, avant de faire un séjour comme moniteur à l'École de Summerhill de A.S. Neill, en Angleterre.

Les deux Marette et Schlumberger deviennent amis. Philippe Marette sera, avec André Gide, témoin à son mariage. Marc Schlumberger dédie sa thèse, la première thèse de psychanalyse en France, présentée à la Faculté de médecine en 1939, « Aux excellents amis qui m'ont tant aidé et plus particulièrement à Françoise Marette, l'amie sûre et pleine de délicatesse... » Elle s'intitule : « Exemple clinique de la Valeur de l'interprétation psychanalytique du Rêve ». Elle est aussi claire que brève (27 pages) – ce qui n'est pas exceptionnel en médecine [6]. Elle précède de peu la seconde, celle de Françoise Marette, *Psychanalyse et Pédiatrie*, laquelle, fruit d'un gros labeur, est volumineuse.

Comme c'est souvent le cas à l'époque, Schlumberger s'est attaché à faire disparaître le symptôme : en l'occurrence, un cas d'impuissance, d'éjaculation précoce chez un homme de quarante-trois ans, marié depuis vingt-trois ans et qui, enfant, devait entendre le coït

3. *Autoportrait...*, *ibid.*, p. 114.
4. Cf. *Ibid.*
5. Auteur d'un ouvrage classique dans les années 50, *Principes de psychanalyse. Leur application aux névroses*, trad. A.-M. Rocheblave, Paris, PUF, 1957, initialement paru en allemand en 1932, avec une préface de Freud. Nunberg est de ceux qui, comme H. Hartmann, notamment, tirent la psychanalyse du côté d'une « psychologie du moi » (c'est le chapitre central de son ouvrage), en mettant en avant sa fonction de « synthèse ».
6. Celle du Dr Philippe Marette est à peine plus longue d'ailleurs : 32 pages. Elle n'avait pas pour thème une question psychanalytique, mais un problème médical. « A propos d'un cas de tumeur intramédullaire du cône pyramidal. Aspect pseudo-poliomyélitique » (1940).

parental imposé par le père ivrogne à la mère, dans l'unique pièce servant de logis familial. L'analyse de deux ou trois rêves conduit assez rapidement à la résolution du symptôme. Schlumberger, restant au plus près de la clinique, s'est dispensé de tout vocabulaire technique, soucieux de convaincre de l'efficacité indiscutable de la psychanalyse qui, en France, a encore à peine droit de cité, surtout auprès du corps médical.

Il communique à Françoise Marette son intérêt pour la psychanalyse et lui recommande pour son frère le Dr René Laforgue, avec lequel il fait alors lui-même, comme on dit aujourd'hui, une « deuxième tranche ». Il ira ensuite sur le divan de Sacha Nacht.

Envoyé par sa sœur qui prétendait que leur compétition le gênait, Philippe Marette entre en analyse avec Laforgue. Bientôt Philippe va mieux. Il a commencé sa cure en novembre 1932, il l'arrête en mars 1935 et ne reprend qu'un mois, l'été 1936, dans la propriété de Laforgue en Provence, selon le vœu de ce dernier qui pensait pouvoir le guérir par la psychanalyse de la tuberculose qu'il avait contractée.

De cette brève reprise du traitement de Philippe Marette, on trouve une trace dans une lettre de Françoise à son père, qui dit assez nettement la souffrance qu'il y eut pour le frère et la sœur à se trouver chez le même analyste. Telle est en effet la singulière situation qui s'est installée : Françoise ira bientôt, comme son frère, sur le divan de Laforgue. Dans la lettre qu'elle écrit à son père, en août 36, de La Roquebrussanne, où se retrouvait le « Club des piqués [7] », elle dit à propos de son frère : « En venant ici avant lui comme cela s'est décidé au dernier moment cela m'arrangeait pour moi et cela me permettait aussi de m'en aller quand viendrait Phil. au cas où j'aurais trop souffert de son hostilité [8]. » Puis elle se réjouit de voir que son appréhension n'était pas fondée. Laforgue avait raison : la présence de Françoise s'est révélée « bonne »

7. C'est ainsi qu'on nommait les patients de Laforgue qui fréquentaient sa propriété, parmi lesquels outre les Marette, le comédien Alain Cuny.

8. *Correspondance, op. cit.*, p. 530.

pour son frère, « après une ou deux journées d'un abord ombrageux [9] ».

Sur la ligne de départ, le frère et la sœur se seraient donc mutuellement inhibés dans leur compétition estudiantine; l'un voulant soigner l'autre et réciproquement, puisque Philippe – un prêté pour un rendu – va conseiller, par père interposé, son propre analyste à Françoise, au moment où celle-ci se met à perdre le sommeil, à « plafonner » dans ses études, ne sachant plus très bien si elle voulait continuer d'aller contre le désir de sa mère, ni s'il fallait laisser tomber le fiancé du dimanche, Edmond [10].

Bref, ses symptômes indiquent qu'elle est en panne : elle manque alors des assurances phalliques indispensables à la poursuite de son projet. Il lui faut le désir de l'Autre afin d'avancer dans ce qui lui semble par trop masculin pour être soutenu par elle seule.

Le père, Henry Marette, est ainsi manipulé par ses deux enfants, qui ont besoin de son aide pour payer le traitement analytique, mais aussi de son consentement. Cependant, le discours de Françoise laisse penser qu'il attend, lui, beaucoup de la psychanalyse pour ses enfants; jusqu'au jour où, comme tous les parents, il trouvera que ça a trop changé sa fille. En août 1936, il lui écrit : « Par moments, je ne comprends pas toujours bien tes attitudes, et cela m'intrigue et m'inquiète. Je ne suis pas un ennemi, tu le sais, de la psychanalyse mais, parfois, je demeure décontenancé de réactions qui me surprennent et d'orientations qui m'inquiètent. »

Quoi qu'il en soit, la situation que le frère et la sœur voulaient consciemment éviter se reproduit en un autre lieu : dans l'analyse, si ce n'est plus dans les études. Et ils deviendront tous les deux psychanalystes. Une relation en miroir s'est établie entre eux pour un temps, avec ses effets d'inhibition (d'asthénie intellectuelle) masquant la rivalité. Par ailleurs, si le fiancé a contribué durant une période aux hésitations de Françoise, le vecteur phallique de son désir passe décidément avant tout : elle remet à plus tard le moment d'être femme.

9. *Ibid.*
10. Cf. *Autoportrait...*, *op. cit.*, p. 115-116.

Le rôle de Laforgue, en la circonstance psychanalyste très demandeur, puisque c'est lui qui offre ses services [11], est d'une ambiguïté lourde de conséquences. Resteront, dans les recommandations techniques et éthiques de Dolto, un certain nombre de vives exhortations à l'adresse des jeunes analystes : ne jamais prendre en cure un enfant et l'un de ses parents, et expliquer à celui-ci pourquoi : ce serait satisfaire son désir d'avoir une relation incestueuse inconsciente avec son enfant par l'intermédiaire de l'analyste. Cela vaut, bien sûr, pour frères et sœurs, conjoints, etc. Avertissements multipliés dans ses *Séminaires*. L'exemple de Laforgue a été profitable, *a contrario*.

A quoi l'on pourrait objecter que Dolto ne s'est pas interdit de prendre en traitement des enfants de la même famille. Dans ces *Séminaires* [12], il lui arrive de parler d'enfants dont elle avait préalablement reçu un frère ou une sœur, à l'hôpital Trousseau surtout. L'invention du paiement symbolique qu'elle institue assez tardivement dans sa pratique avec les enfants *et* avec les parents aura pour fonction d'empêcher ces derniers d'empiéter sur l'analyse de leur enfant, et leur permettre de choisir éventuellement un thérapeute pour eux-mêmes.

L'analyse de Françoise commence à sept heures et quart, le 17 février 1934. Elle se termine le 12 mars 1937. Elle aura duré relativement longtemps pour l'époque : Françoise, qui se prépare à l'analyse d'enfants sur le conseil de Laforgue, a émis elle-même le désir de poursuivre sa démarche, alors que lui considérait le travail effectué suffisant. D'après une confidence de Dolto à Elisabeth Roudinesco, elle aurait terminé sa cure en disant à Laforgue : « Tout ce que vous avez interprété, je le rapporte à votre propre histoire. » Et, se mettant alors à la

11. *Ibid.*, p. 116.

12. Dans *Inconscient et Destins. Séminaire de psychanalyse d'enfants*, 3, *op. cit.*, p. 108-111, elle mentionne par exemple le cas d'un garçon dont la scolarité s'était trouvée brusquement inhibée du fait d'un professeur homosexuel qui avait des chouchous. Ce garçon avait lui-même une fixation homosexuelle ancienne à son frère aîné que Dolto avait eu en traitement (*ibid.*, p. 109).

tutoyer, il lui aurait déclaré : « Je n'ai jamais aussi bien travaillé qu'avec toi [13]. »

La cure s'est déroulée au rythme de trois séances hebdomadaires de cinquante-cinq minutes. Il est cependant difficile de savoir quel en était le montant exact; Françoise croit se souvenir que Laforgue demandait environ 25 F à M. Marette en paiement pour sa fille, alors que Philippe Marette, de son côté, assure que ses séances coûtaient 300 F [14]. Quoi qu'il en soit, Laforgue était le grand psychanalyste de l'époque, ses tarifs étaient parfois élevés, et il avait la réputation d'aimer l'argent [15].

Françoise dit avoir traversé en analyse une période de véritable dépression; elle notait alors aux pages de son agenda : « rien ». Elle affirme n'avoir jamais été capable de réfléchir *a posteriori* sur ce qui se passait, rappelant, non sans humour, l'expérience qui fut la sienne sur le divan – mais aussi celle de nombreux analysants : « Tout au long de mon analyse, j'ai passé mon temps à dire à Laforgue : " Mais enfin, vous avez l'air très content. Moi, je ne comprends rien de ce que je fais ici. " Il me disait alors avec son accent alsacien : " Vous combrenez très bien. Vous ne combrenez pas avec la tête, tant mieux! Vous combrenez avec le cœur [16] ". » C'est dans les débuts de sa pratique psychanalytique avec les enfants que les effets de sa propre cure se sont fait sentir. Dans l'après-coup. Auparavant, elle témoigne du travail qui se fait avec Laforgue, en particulier dans des lettres à son père. Et elle souligne, en août 1936, « une tout autre attitude devant l'analyse. L'an dernier et encore il y a quelques

13. Propos rapportés par E. Roudinesco dans *Histoire de la psychanalyse en France*, t. 2, Paris, Le Seuil, 1986, p. 169. Les dates fournies par E. Roudinesco (*ibid.*) concernant la période de la cure de Françoise ne correspondent pas avec celles établies par la *Correspondance* de F. Dolto. C'est sans doute qu'elle s'est fiée aux déclarations de F. Dolto dont la mémoire n'était plus toujours fidèle.

14. Cf. F. Dolto, *Autoportrait...*, *op. cit.*, note 54, p. 264.

15. Il a d'ailleurs écrit un article sur ce thème – agrémenté de considérations anthropologiques et historiques sur les civilisations et le déclin de l'Empire romain – en cherchant à évaluer les chances de survie du capitalisme moderne (son point de départ était l'analogie classique argent-*faeces* dans l'érotisme anal). R. Laforgue, « Or et capital. Remarques psychanalytiques sur le régime capitaliste », in *Revue française de psychanalyse*, 1932, V, 1, p. 154-165, repris dans le tome LI « Les premiers psychanalystes dans leur revue », Paris, PUF, janv.-fév., 1987.

16. F. Dolto, *Inconscient et Destins, op. cit.*, p. 8.

mois, je considérais cette situation comme inférieure et de dépendance en quelque sorte. Actuellement, je travaille avec Laforgue en égale [17] ».

Dans une lettre datée du 22 juillet 1934, elle remercie son père de l'avoir obligée à se faire soigner, ajoutant : « Je n'aurais jamais eu de moi-même le courage d'entreprendre la moindre chose (encore moins la Psychanalyse) pour sortir de ma détresse [18]. » L'assurant que son « plus grand désir, c'est de conduire jusqu'au bout ce pénible traitement », elle poursuit : « Je sais que ce sera la meilleure façon de te remercier en devenant une femme – au plein sens du mot – dont tu pourras être fier [19]... »

Dans la même période, sa mère lui reproche son peu de confiance, qu'elle juge immérité, et la presse d'arrêter son traitement avec Laforgue [20].

D'autre part, sa vieille amie, Mme Chapelot, qui affectionne les tournures de style maniérées, incertaines, ornées de néologismes, lui conseille la patience face à son « actuelle désemparence », ponctuant l'exorde d'un « sois charitable, *oublie-toi* [21] », qui laisse entendre que Françoise bouillait intérieurement à certains moments.

Sa cure psychanalytique lui a fait découvrir un versant de son fantasme. Elle livre à son père le sens de son identification phallique lorsqu'elle lui écrit, à propos de son désir de faire médecine : « Le but essentiel que je visais inconsciemment était d'égaler les garçons en prenant un métier d'homme [22]. » Devenir plus féminine est l'une de ses représentations-but. Elle en avait parlé à son amie religieuse, Agnès Dognin. Celle-ci, en retour, évoquait les « qualités », « sentiments », « la personnalité plus féminine [23] » qu'il lui fallait acquérir. Agnès Dognin – dont Françoise ne partageait pas le mysticisme – souhaitait qu'elle retrouvât la foi et sa simplicité de caractère. Mais on peut entendre également cet espoir comme le pressentiment de ce qu'opère une psychanalyse, et qui tient dans

17. *Correspondance, op. cit.*, lettre du 16 août 1936 à son père, p. 525.
18. *Ibid.*, p. 403.
19. *Ibid.*
20. Lettre de Suzanne Marette à Françoise du 27 juillet 1934, *ibid.*, p. 407.
21. Lettre de Mme Chapelot du 1er août 1934, *ibid.*, p. 412.
22. Copie de la lettre de Françoise à son père du 15 juin 1938, *ibid.*, p. 569.
23. Lettre d'Agnès Dognin à Françoise, 2 septembre 1934, *ibid.*, p. 413.

la phrase de Goethe, citée par Freud dans son dernier écrit : « Ce que tu as hérité de tes pères, acquiers-le, pour le posséder [24]. » Retrouve tes liens avec ce qui te vient de l'Autre. Agnès Dognin fait implicitement allusion à l'accès au féminin – impossible pour une femme sans identification à sa mère; pour Françoise, sans dépassement du conflit : être phallique, pour ne ressembler ni à sa mère ni à sa sœur, au prix d'une souffrance qui la fait renoncer à sa féminité.

En 1938, Françoise écrit à son père qu'elle a souffert d'une névrose « calquée » sur celle de sa mère. Elle a adopté une névrose obsessionnelle d'emprunt, pour survivre dans un univers phallicisé où il n'y avait plus de place pour un moi idéal féminin depuis la mort de sa sœur. Mais elle ignorait trop la haine et la jalousie pour être une véritable obsessionnelle.

La cure analytique tend à l'extrême les cordes de la relation aux autres et d'abord aux parents. C'est lisible en filigrane dans les échanges épistolaires de Françoise, à partir de 1934. Elle ne ferraillait plus guère avec sa mère tant qu'elle acceptait les fiançailles avec Edmond. Or elle a rompu le 11 février 1934 et a commencé sa cure aussitôt après. D'autre part, elle mettra les points sur les i à son père : « Si je suis *ton* enfant, je ne suis plus *une* enfant [25]. »

Henry Marette a fini par couper les vivres à sa fille, sous prétexte qu'il tenait à son couple. C'est dire si les scènes familiales devaient être violentes le jour de la visite dominicale de Françoise, avenue du Colonel-Bonnet.

Pour permettre à Françoise de continuer sa cure, Laforgue lui propose de réduire le nombre des séances, d'en diminuer le montant, et fait allusion à un système de bourse de formation, mis en place par la princesse Marie Bonaparte à la Société psychanalytique de Paris. Lui qui agite des projets pour répandre en France la psychanalyse

24. « *Was Du erebt von Deinen Vätern hast, erwirb es, um es zu besitzen* ». Cette citation de la première partie du *Faust* de Goethe est l'une des dernières lignes, on le sait, de *L'Abrégé de psychanalyse* de S. Freud, *Abriss der Psychoanalyse*, dans les *Gesammelte Werke*, XVII, 138.

25. Copie de la lettre à son père du 15 juin 1938, *Correspondance, op. cit.*, p. 563.

a intérêt à pousser ses meilleurs élèves, surtout dans la pratique encore balbutiante de la psychanalyse d'enfants.

L'élève aurait enseigné le maître. On le répète partout aujourd'hui, depuis Lacan, une analyse qui n'a rien appris à l'analyste (ou rien modifié en lui de ses croyances, de ses *a priori*, de son « savoir ») n'est pas une analyse réussie, ou bien elle n'a pas eu lieu. On sait, en revanche, que Freud et Ferenczi n'ont pas fait d'analyse au sens strict. Lacan aurait roulé son didacticien Loewenstein, etc. Force est de le reconnaître, l'histoire de la psychanalyse n'est faite que de recommencements [26] dus à ces personnalités hors norme, qui subvertissent la psychanalyse et la relancent en la réinventant. « Nous sommes des transgresseurs », disait Dolto.

Il y a des aspects très classiques dans la technique de Laforgue, c'est-à-dire encore fidèles à des principes freudiens, notamment l'interdiction qui était faite alors aux patients de lire des ouvrages de psychanalyse et, à plus forte raison, de théorie pour éviter d'alimenter les résistances dans le travail.

Quant à la règle d'abstinence, Françoise l'observait déjà. Elle a compté comme une des grandes forces de son traitement analytique d'avoir pu différer encore et sa vie sexuelle et ses lectures : « J'ai commencé ma psychanalyse vierge [...] je l'ai terminée vierge [27] ». Mais elle mena une vie très libre entre la fin de sa cure et son mariage avec Boris Dolto. Françoise Dolto retint comme critère de son aptitude à la pratique le fait de n'être pas perturbée par des pensées personnelles en séance, et de disposer de toute son attention pour les patients. Critère jugé fort pertinent par Laforgue.

Françoise Dolto a souligné, parmi les effets positifs de son analyse, la disparition de ses symptômes et sa volonté de poursuivre un processus qui se révéla didactique pour elle, à l'insu même de Laforgue. Mais surtout, elle fut

26. Ce qui fait écho au titre d'un ouvrage d'Octave Mannoni, *Un commencement qui n'en finit pas,* Paris, Le Seuil, 1980, qui illustre bien l'idée qu'il n'y a pas à proprement parler d'histoire de la psychanalyse, mais plutôt une histoire du transfert ou des transferts. La psychanalyse a commencé, écrit O. Mannoni, quand « Freud a quitté un guide pour un égaré », *ibid.*, p. 52 (donc Breuer, pour écouter l'hystérie).

27. *Autoportrait...*, *op. cit.*, p. 120.

libérée de l'immense culpabilité que sa mère avait fait peser sur elle. Avant sa mort, elle tient encore à rendre hommage à Laforgue dans son *Autoportrait*, pour le conseil qu'il lui avait donné de résister aux agressions de sa propre mère et de refuser de se laisser insulter, ce qui, dit Dolto, était faire violence à son propre surmoi, très exigeant. Elle s'en est servie comme d'une recette avec un adolescent de dix-sept ans, qui se laissait battre par son père [28] furieux de le voir mieux réussir dans ses études quand il travaillait par lui-même que lorsqu'il écrivait sous sa dictée. Comme le traitement n'avançait plus, Dolto refusa de le recevoir tant qu'il n'aurait pas physiquement résisté à son père, l'empêchant de céder à sa violence habituelle. Entorse à la technique classique, cette mesure active, cette quasi-suggestion, Dolto déclare l'avoir employée en se souvenant de l'heureux effet que celle-ci avait eu pour contrer sa mère.

L'erreur de Laforgue – avoir pris le frère et la sœur en traitement – ne fut pas sans conséquence. Françoise Dolto interprétait comme effet de cette grosse bévue la tuberculose qui avait touché Philippe à la fin de son analyse, en 1935. Elle considérait que la réaction de son frère à son égard était de la jalousie : comme si elle lui avait volé sa place sur le divan. On notera seulement que Philippe Marette avait souffert alors d'une maladie pulmonaire, car on sait l'importance de l'air et des affections respiratoires chez Dolto jusqu'à la fin de sa vie [29].

Françoise croit son transfert sur Laforgue liquidé depuis longtemps quand elle fait la connaissance de son futur mari, Boris Dolto; cependant elle se découvre encore tout intimidée à l'idée d'aller le lui présenter. Elle prononcera même un témoignage en sa faveur lorsqu'il aura à se justifier de l'accusation portée contre lui, notamment par un de ses anciens collègues, John Leuba, dans

28. Voir « Le fils bègue et le père humilié », in F. Dolto, *Inconscient et Destins, op. cit.*, chap. v, p. 115-122.

29. Une expression revient souvent, du reste, dans l'un de ses derniers ouvrages pour exprimer l'idée qu'il faut trouver des moyens de dégagement, de sublimation ou des exutoires dans les conflits familiaux : la « ventilation des affects », cf. F. Dolto, *Quand les parents se séparent*, Paris, Le Seuil, 1988.

un procès mettant en cause son rôle auprès des Allemands, pendant la Seconde Guerre mondiale [30].

En juillet 1937, peu après avoir terminé son analyse [31] avec Laforgue, Françoise Marette emménage au 13, square Henry-Paté, dans le XVIe arrondissement, alors que Laforgue, lui, est domicilié au 8, square Henry-Paté [32].

Tardivement, en 1988, Dolto formule l'hypothèse suivante : si elle a été exclue de l'Association psychanalytique internationale, après sa démission en 1953 de la Société psychanalytique de Paris, ce n'est pas seulement en raison des accusations ou manœuvres de telle ou telle personne contre elle, mais parce que, « sans que ça ait été dit, Laforgue était mal vu par l'Internationale parce qu'il était trop clinicien, finalement. Il était très freudien, très clinicien [33] ». Très clinicien, c'est l'évidence. Très freudien, c'est un point qui mériterait discussion.

Laforgue n'est pas un théoricien, mais un analyste qui aime à raconter, de façon brillante, le raccourci spectaculaire de ses cas cliniques. En témoignent les premières pages du plus connu de ses ouvrages, *Psychopathologie de l'échec* [34]. Il y expose avec une clarté très démonstrative des cas-types : un homme qui réussit socialement, obtient une promotion inattendue – par exemple, un employé succédant à son patron –, devient alors brusquement nerveux, tendu, dépressif puis, inexplicablement, échoue.

30. E. Roudinesco a établi que Laforgue avait esquissé plus qu'un pas de danse en direction de la collaboration. Il fut relaxé au terme d'un procès qui, au demeurant, n'est pas à l'honneur non plus de ses accusateurs. Les éléments détaillés de ce dossier se trouvent notamment au tome 2 de l'*Histoire de la psychanalyse en France* de E. Roudinesco, *op. cit.*

31. Élue en 1938, Mlle Marette devient, en 1939, membre adhérent de la Société psychanalytique de Paris.

32. Et non le square Henry-*Pathé*, qui n'existe pas à Paris, et que B. This, n'écoutant que le signifiant, croit trouver comme preuve de l'attachement de Françoise à la télégraphie sans-fil (Pathé-Marconi); cf. B. This « L'autobiographie de Françoise Dolto », *op. cit.*, « Autobiographie et psychanalyse », *op. cit.*, p. 19. En revanche, on y retrouve le prénom du père, Henry. Cela n'exclut pas la valeur de l'homophonie Pathé, Paté, mais aussi de la lettre *pat*, *épat*, si chère alors à Françoise qui, lorsqu'elle aime quelque chose en dit : c'est *épatant*. Les frères Pathé, fondateurs de l'industrie phonographique française, dont le nom est associé à celui de Marconi, s'appelaient Émile et Charles.

33. *Autoportrait...*, *op. cit.*, p. 143.

34. R. Laforgue, *Psychopathologie de l'échec*, Paris, Payot, 1950. La première version de cet ouvrage aurait dû s'intituler « L'Homme au service de sa destinée ».

Angoissé, parce que le fantasme de prendre la place du père devient réalité, le sujet s'en punit inconsciemment. Cela vaut aussi bien pour les relations érotiques, amoureuses : un changement de situation, pas toujours visible d'ailleurs, intervient qui bouleverse tout.

Laforgue accorde une grande place aux déterminations sociales de ce besoin de punition, l'inscrivant d'abord au compte d'un « super-ego familial [35] ». A partir de 1927, une commission linguistique commence à fixer dans les séances de la Société psychanalytique de Paris (la SPP) la traduction du vocabulaire technique de Freud. Les uns, comme Laforgue et Pichon, veulent faire valoir le prétendu génie latin de la langue française, opposé à l'esprit germanique de la langue freudienne, supposée peu accessible aux Français. En réalité, l'entreprise de francisation camoufle un désir d'appropriation, de récupération chez les premiers analystes français. Et Freud ne cachera pas son désaccord, pour ne pas dire sa franche désapprobation, à l'égard des libertés de toutes sortes que Laforgue veut prendre.

Autant ce dernier excelle dans la relation de cas cliniques illustrant le poids de la destinée, autant il taille large quand il prétend cerner les contours d'un concept. Ainsi, dans l'ouvrage cité, il baptise « névrose familiale [...] un ensemble de phénomènes psychiques conditionnés par la névrose et caractérisant la vie des individus formant une famille. Certaines névroses contraignent un être à choisir un conjoint ayant une névrose complémentaire [36] ». Ce point de vue n'est pas très freudien, et le risque de simplification menace Laforgue dès qu'il généralise à des situations types : l'homme efféminé, passif, choisissant une femme autoritaire, etc.

Pour l'essentiel, ce livre rédigé entre 1935 et 1939, et publié pour la première fois en 1940, esquisse une vaste fresque héroïco-politique – trois portraits de grands hommes –, illustrant les méfaits et la cruauté de ce superego satisfaisant le besoin de punition inconscient de

35. Il ne parle pas de surmoi pour l'*Uberich* freudien qu'avec E. Pichon il a d'abord voulu rendre par le « Surje », bien peu euphonique.
36. R. Laforgue, *op. cit.*, p. 25.

l'individu. Laforgue reconnaît ingénument (?), dans une préface rédigée après coup, avoir remplacé une étude consacrée à Hitler par une autre portant sur Napoléon. Il s'attarde longuement sur la perversion sexuelle, l'onanisme de Jean-Jacques Rousseau en qui, contrairement à Lacan [37], il ne voit pas un paranoïaque typique, mais un « rédempteur » aux idées paranoïdes [38]. Le rédempteur, voilà la figure centrale que Laforgue veut isoler et mettre en évidence aussi bien chez Rousseau, Robespierre ou Napoléon, avec de remarquables intuitions cliniques, mais en cédant parfois à des partis pris. Ces personnages historiques ont visiblement été choisis pour leur rôle politique ; Napoléon, sacrifiant sa vie pour son peuple, c'est Jésus-Christ. C'est que Laforgue a pour la psychanalyse une ambition politique, aux deux sens du terme. Il croit à la possibilité pour la psychanalyse d'éclairer l'homme politique ; et, pour son compte, il veut mener une politique de diffusion de la psychanalyse. Aussi cherche-t-il ses figures emblématiques dans l'histoire de France. Son véritable héros est Talleyrand, auquel il consacre une monographie [39].

Dans son *Histoire de la psychanalyse en France* [40], E. Roudinesco a fait un portrait contrasté du personnage paradoxal que fut René Laforgue.

Né dans un village du Haut-Rhin, en novembre 1894, il était de langue allemande et, à l'époque, officiellement de nationalité allemande. La question du Nom-du-Père chez lui est doublement posée : sa grand-mère paternelle était une enfant naturelle, ses parents n'ayant pu se marier en raison de conflits opposant leurs familles catholique et protestante. (Détail qui mérite d'être relevé puisque, on s'en souvient, l'arrière-grand-père maternel de Françoise Marette, Auguste Demmler, Allemand protestant, avait

37. J. Lacan : « ... Rousseau, chez qui le diagnostic de paranoïa typique peut être porté avec la plus grande certitude... » *in* « Le problème du style et la conception psychiatrique des formes paranoïaques de l'expérience » (1933), repris *in Premiers écrits sur la paranoïa,* faisant suite à *De la psychose paranoïaque dans ses rapports avec la personnalité, op. cit.*, p. 387.

38. R. Laforgue, *op. cit.*, p. 133.

39. R. Laforgue, *Talleyrand. L'Homme de la France. Essai psychanalytique sur la personnalité collective française,* Genève, Éd. du Mont-Blanc, 1947.

40. Voir en particulier, *Histoire de la psychanalyse en France,* t. 1, *op. cit.*, p. 289-297.

épousé une Française catholique. La dualité catholique protestant s'est perpétuée chez les Marette).

Pour donner un nom à son fils, la grand-mère paternelle de Laforgue, fille illégitime, épouse un ouvrier qui n'est ni le père légal ni le géniteur de l'enfant. Ce dernier, le père de René, épouse une femme, présentée comme dépressive, elle-même fille illégitime. Elle envoyait son fils à la fois à l'église et au temple et lui faisait réciter des prières en hébreu. Elle aurait eu la conviction insensée que René risquait d'être « condamné à mort, comme un assassin ou un voleur [41] ». Il en faut beaucoup moins pour entreprendre une psychanalyse.

Françoise Dolto partagera avec Laforgue un attachement marqué à la foi religieuse et aux spiritualités orientales. Si celui-ci lance, dans une lettre à Freud, l'idée d'une analyse de Jeanne d'Arc [42], c'est peut-être que la pucelle est pour beaucoup dans l'étincelle qui alluma son intérêt pour la schizophrénie. En effet, il rapporte dans son « Journal » le dialogue inaugural qu'il eut avec un schizophrène, réputé gâteux depuis douze ans qu'il était hospitalisé. Alors qu'il l'interrogeait vainement sur son identité, celui-ci finit par s'écrier, à la stupéfaction générale du personnel : « Je suis le cheval de Nancy avec la femme dessus. » Et Laforgue de répliquer : « Bonjour, Jeanne d'Arc, je suis heureux de te rencontrer »; à la grande joie du malade qui s'écrie : « Je ne suis plus seul sur terre, voici un homme qui me comprend [43]. »

De ces trouvailles cliniques, surprenantes de spontanéité et de pertinence, la pratique de Dolto ne manque pas non plus, jusque dans ses formes diffractées; ainsi, dans le cas d'un jeune architecte halluciné, interné depuis de longues années, qui répondait à des voix. Le thérapeute qui le rencontrait régulièrement en parle en contrôle à Dolto qui lui conseille de lui demander : « La voix de qui ? » Aussitôt la relation s'établit, car le malade répond au thérapeute : « C'est la voix de ma sœur. » Il

41. *Ibid.*, p. 290.

42. Lettre de R. Laforgue à S. Freud du 25 juillet 1925, in *Nouvelle Revue de Psychanalyse*, n° 15, printemps 1977, p. 269.

43. Les phrases entre guillemets sont du « Journal » de Laforgue, cités par E. Roudinesco in *Histoire...*, t. 1, *op. cit.*, p. 291.

s'agissait d'une sœur morte quand il était enfant, et dont il n'avait jamais pu faire le deuil. Elle était réapparue dans le réel, sous forme hallucinatoire, au moment où la question s'était posée à lui de se fiancer : alors la voix de la petite sœur morte, objet de désir incestueux, de jalousie mortifère et cause d'intense culpabilité, était venue lui barrer son avenir [44].

Il y a d'autres parentés entre Dolto et Laforgue que la fulgurance de l'intuition clinique. Sans vocation de théoricien ni l'un ni l'autre, ils ont un même intérêt pour la psychose.

Laforgue défendra de plus en plus la nécessité sociale de la religion. Dans sa *Psychopathologie de l'échec*, par exemple, il va jusqu'à postuler « un stade religieux [45] », comme s'il était possible de couronner l'édifice des stades (oral, anal, génital) par ce chapiteau spirituel. Il invente, au mépris de toute cohérence théorique, une équivalence entre la pensée religieuse et le stade génital, calquée sur celle, bien observable dans la clinique psychanalytique, entre la pensée magique et le stade anal. Franchissant sans souci les barrières qui séparent l'anthropologie, la biologie et la psychanalyse, il infère qu'« au stade génital la compétition avec le parent de même sexe [...] amène à la notion d'une personnalité, supérieure à la sienne [46] ». Il déduit ainsi un dieu à partir de la rivalité œdipienne, d'une façon plus naïve que celle qui fut reprochée à Freud, car il tente de naturaliser, de biologiser la croyance religieuse par une mise en stade.

Il n'est plus sur ce point question de poursuivre le parallèle entre Dolto et Laforgue. En effet, Dolto, malgré son intérêt pour les spiritualités et certaines formes de mysticisme, a toujours fait la distinction entre sa foi personnelle et sa pratique d'analyste.

Laforgue, le plus controversé des premiers psychanalystes français, du fait même de ses contradictions et de ses louvoiements, n'aura pas ménagé ses efforts pour promouvoir, avec Angelo Hesnard et Edouard Pichon, une

44. Cas plusieurs fois rapporté ; voir, par exemple, *Séminaire de psychanalyse d'enfants*, 2, *op. cit.*, p. 146.
45. R. Laforgue, *Psychopathologie de l'échec*, *op. cit.*, p. 52.
46. *Ibid.*, p. 50.

psychanalyse à la française et tenter de passer pour un maître. Il fut analysé par Eugénie Sokolnicka à laquelle il rend hommage dans une lettre à Freud [47].

Eugénie Sokolnicka (1884-1934), venue en France en 1921, y était pour Freud sa légitime représentante [48]. De son nom de jeune fille, Eugénie Kutner, née en Pologne, elle avait fait des études de biologie à la Sorbonne, suivi l'enseignement de Janet, puis de Jung à Zurich, avant de commencer une analyse didactique avec Freud en 1913. Elle exerce à Munich puis à Varsovie, écoute Ferenczi à Budapest, avant de se fixer à Paris où elle est invitée par le psychiatre Georges Heuyer, dans son service à l'hôpital Sainte-Anne. Sokolnicka se heurte alors aux résistances des médecins, elle-même n'étant que psychologue.

Elle sera vice-présidente de la Société psychanalytique de Paris, fondée le 4 novembre 1926 par Laforgue. Outre ce dernier, elle sera l'analyste de Pichon et de Sophie Morgenstern, qui vont jouer un rôle dans la formation de Françoise Marette.

Sokolnicka est décrite dans *Les Faux-Monnayeurs* [49] de Gide sous les traits de la doctoresse Sophroniska qui traite Boris (représentant le jeune André Gide), adepte de pratiques magiques et de l'onanisme.

Le premier article de Sokolnicka, « L'analyse d'une névrose obsessionnelle infantile [50] » (1920), trouve à l'évidence ses prolongements dans la clinique de son élève S. Morgenstern, où dominent assez largement les symptômes obsessionnels des enfants et des adolescents. Mais Sokolnicka influence aussi visiblement Laforgue et Pichon.

L'article en question rapportait l'observation et la cure d'un enfant de dix ans et demi, qui présentait des symptômes marqués : il ne supportait pas qu'on place un objet

47. Elle « eut assez de patience pour affronter avec moi un pénible travail. Elle a eu beaucoup de mérite à tenir bon, car elle n'a pas eu la tâche facile et m'a plus d'une fois traité de véritable diable ». Laforgue, lettre à Freud du 8 novembre 1923, *Nouvelle Revue de Psychanalyse,* n° 15, *op. cit.*, p. 254.

48. Cf. Freud, lettre à Laforgue du 15 janvier 1924 : « nous ne pouvons pas ne pas voir en elle notre représentante légitime », *ibid.*, p. 256.

49. Paru en 1926.

50. Eugénie Sokolnicka, « Analysis of an obsessional neurosis in a child », in *International Journal of Psycho-Analysis,* 1922, 3, p. 306-319.

à côté d'un autre. Si, par exemple, sa mère touchait un objet d'une main, il fallait le remettre à sa place avec l'autre main puis, finalement, avec les deux mains. D'où une suite aussi complexe que contraignante de rites obsessionnels, qui avaient pour origine la peur de ne pas *grandir* – « si on se touchait ». (Menace souvent proférée, alors, à l'égard des enfants qui se masturbaient.)

Séparée de son mari depuis longtemps, seule et pauvre, Eugénie Sokolnicka, qui avait pris la nationalité française, se suicide en 1934.

Laforgue au lieu de s'en tenir aux recommandations de Freud, qui voulait assurer la transmission de la psychanalyse en France par Sokolnicka, insistera pour que celui-ci prenne en analyse la princesse Marie Bonaparte. D'abord réticent, Freud sera ensuite conquis; la psychanalyse française en verra son cours modifié.

Au-delà de ce que Dolto évoque, avec humour, des interprétations et ponctuations de Laforgue qui, pour desserrer un nœud conflictuel, se bornait souvent à dire, par exemple : il y a culpabilité *et* culpabilité, il y a frigidité *et* frigidité, donc à écarter les deux branches divergentes d'un même signifiant, on retrouverait certainement d'autres réminiscences chez Dolto de la clinique de Laforgue.

Ainsi, lorsqu'elle présente la « genèse de la perversion [51] », l'exemple qui lui vient spontanément est celui de la femme liée, par une fixation masochiste, au plaisir érotique et aux fantasmes qui accompagnaient les fessées qu'enfant elle recevait du père. Alors qu'aujourd'hui on est plutôt tenté de rapporter la perversion au sens strict, au fétichisme, tel que Freud en a dégagé l'origine dans son article intitulé ainsi [52], et à en faire un trait spécifiquement masculin [53].

Dolto appelle perversion « la conservation après

51. F. Dolto, *Séminaire de psychanalyse d'enfants*, 2, *op. cit.*, p. 181-187.

52. « Le fétichisme » (1927) *in* S. Freud, *La Vie sexuelle*, trad. J. Laplanche, Paris, PUF, 1969, p. 133-138.

53. Par exemple, Lacan dit de la femme : « Elle se prête plutôt à la perversion que je tiens pour celle de l'homme », *Télévision, op. cit.*, p. 64. Mais aussi bien Wladimir Granoff, François Perrier, *Le Désir et le féminin*, Paris, Aubier, 1991. Point de vue très nuancé par Jean Clavreul, *Le Désir et la loi*, Paris, Denoël, 1987, p. 154 sq.

l'Œdipe d'une érotique incestueuse[54] ». C'est, presque dans les mêmes termes, ce qu'affirmaient R. Laforgue et A. Hesnard dans un article qui présentait un cas intéressant de névrose obsessionnelle chez une femme[55]. La vie de cette personne était accaparée par une compulsion à laver et à frotter son corps pendant des heures, partie par partie, au point de ne plus pouvoir dormir et de ne plus vivre que dans sa baignoire avec son savon, s'arrachant à force l'épiderme, obnubilée par une phobie des contacts avec la moindre impureté ou poussière – lutte épuisante contre la masturbation infantile. De façon très orthodoxe, les auteurs attribuaient pour origine à cette névrose une « forte fixation au père », accompagnée chez la patiente de fantasmes de fustigation, de flagellation subie. Ils soulignaient le rôle des « imaginations perverses », masochistes, en même temps que la force de l'interdit et des fantasmes incestueux.

Or, à propos des comportements de l'adulte, intentionnels ou non, susceptibles de pervertir l'enfant, Dolto évoque spontanément ces fantasmes, plus fréquemment rapportés par des femmes, disait Freud, et dont il a isolé la structure dans « Un enfant est battu[56] ». Ainsi, Dolto retrouve presque naturellement la problématique féminine sur cette question, en soulignant la dimension incestueuse, exactement comme Laforgue et Hesnard[57].

L'insistance de ces premiers auteurs sur l'interdit de l'inceste[58] se retrouve plus tard chez Dolto dont la clinique pourrait presque être qualifiée de clinique de l'inceste, tant elle s'appuie sur la dynamique structurante, défensive ou inhibitrice de ce fantasme. A condition de

54. F. Dolto, *Séminaire*, 2, *op. cit.*, p.186.

55. A. Hesnard et R. Laforgue : « Les processus d'autopunition en psychologie des névroses et des psychoses, en psychologie criminelle et en pathologie générale » (juin 1930), in *Revue française de psychanalyse*, 1930-1931, t. 4, p. 2-84.

56. « Un enfant est battu. Contribution à la connaissance de la genèse des perversions sexuelles » *in* S. Freud, *Névrose, psychose et perversion*, *op. cit.*, p. 219-243.

57. De l'histoire de leur malade qui vivait, selon leur expression, « le regard fixé sur l'anus », je mentionnerai seulement cette péripétie tragi-comique, c'est qu'elle ne voulut bien renoncer à son symptôme transitoirement qu'à condition seulement « qu'une infirmière lui frottât vigoureusement l'anus » réalisant ainsi « une sorte de masturbation en retour », Hesnard et Laforgue, *op. cit.*, p. 36.

58. A. Hesnard a notamment publié un article sur « Un cas d'obsession de l'inceste », *in Revue française de psychanalyse*, 1928, II, 2, p. 305-326.

ne pas négliger ce qui la sépare des analystes de l'entre-deux-guerres. On peut mesurer, à cet égard, le fossé qui sépare l'approche de la névrose obsessionnelle, dans le cas cité par Hesnard et Laforgue en 1930, de ce qui s'en dit aujourd'hui. Même s'ils suivent l'indication de Freud sur la prévalence du stade anal et de la régression à cette phase de libido, ces auteurs accordent, par exemple, peu d'importance au rôle de la mère dans la genèse de la névrose et aux défenses de l'enfant contre les exigences de celle-ci.

Bien d'autres accès à l'inconscient ont été rendus possibles, dans l'intervalle, avec l'exploration des stades dits préœdipiens par Melanie Klein, puis de toutes les formes les plus archaïques de l'image du corps par Dolto. Enfin, pour en revenir à la défense contre les fantasmes incestueux, elle est plus immédiatement lisible chez l'enfant que chez l'adulte.

Françoise Dolto avait des vues assez personnelles sur la névrose obsessionnelle féminine : elle allait droit au plus archaïque, faisant l'hypothèse que la petite fille peut garder le fantasme d'avoir éprouvé *in utero* la jouissance de son père [59]– surtout en l'absence d'un désir de la mère –, et en concevoir la culpabilité la plus inhibante pour le reste de sa vie [60]. Elle donnait, en exemple de cette culpabilité liée à une jouissance incestueuse avec le père, le cas d'une novice atteinte d'une névrose obsessionnelle assez grave pour l'empêcher de prononcer ses vœux perpétuels : elle ne parvenait pas à choisir trois versets de la Bible – la règle de l'ordre ne l'autorisait en fait qu'à en choisir deux – représentant trois désirs d'entrer en religion, comme elle s'en était fixé l'objectif. Or, à l'origine de sa propre existence, il avait manqué un désir sur trois, celui de sa mère.

D'un attachement incestueux indéfectible au père,

59. Freud fait état, à propos d'un rêve, du fantasme « de la jeune fille qui prétend avoir déjà rencontré son père hors de sa vie intra-utérine, lorsque, pendant la grossesse, il rendait visite au corps de la mère », *in Nouvelles Conférences d'introduction à la psychanalyse*, trad. R.M. Zeitlin, Paris, Gallimard, 1984, p. 38.

60. F. Dolto, *Dialogues québécois, op. cit.*, p. 242-243.

voici un exemple similaire : j'entends un jour Dolto, lors d'une conversation téléphonique avec une femme qui n'était pas en psychanalyse, osciller entre l'agacement retenu et la ferme engueulade (il n'y a pas d'autre mot). Elle lui disait qu'elle avait bien de la chance d'avoir un mari comme le sien pour la supporter, cherchait à lui faire comprendre à quelles conditions une analyse était possible, et pourquoi elle devait s'adresser à quelqu'un d'autre (d'ailleurs, elle ne recevait plus alors que des analystes en contrôle). Impressionné par la passion qu'elle mettait à sauvegarder pour cette personne la possibilité d'une psychanalyse, j'ai pensé un moment, imaginant l'effet produit sur l'interlocutrice : c'est comme si elle en prenait pour au moins trois semaines de séances. C'est d'ailleurs exactement ce que m'a dit Dolto en raccrochant l'appareil. Elle a seulement ajouté : « C'est une obsessionnelle ! Elle jouit avec son mari, et elle se sent coupable ! » Avec une pointe d'étonnement et de compassion : comment empêcher une femme d'être coupable de jouir dans la loi ?

Les contradictions, les errances de R. Laforgue et les péripéties de sa carrière ont été très clairement exposées par ailleurs [61]. Précisons seulement qu'il s'est de plus en plus écarté de l'orthodoxie dans laquelle Freud espérait le maintenir. Très tôt, Freud le rappelle à l'ordre, mais en vain : « On n'obtient rien par des concessions à l'opinion publique ou à des préjugés régnants. Ce procédé est de plus tout à fait contraire à l'esprit de la psychanalyse dont ce n'est jamais la technique de vouloir camoufler ou atténuer des résistances [62]. » Freud reproche à Laforgue, comme à Pichon, d'édulcorer la présentation de la psychanalyse par « opportunisme diplomatique », ce qui vaut

61. Je renvoie le lecteur à E. Roudinesco, *Histoire de la psychanalyse en France*, t. 1 et 2, *op. cit.*, et à l'article d'Alain de Mijolla : « La psychanalyse et les psychanalystes en France entre 1939 et 1945 » *in Revue internationale d'histoire de la psychanalyse*, t. 1, Paris, PUF, 1988, p. 167-223.

62. Lettre de Freud du 1er novembre 1923, « La Correspondance entre Freud et Laforgue » (1923-1927), *in Nouvelle Revue de Psychanalyse*, n° 15, *op. cit.*, p. 253.

davantage encore pour l'ouvrage d'Hesnard, *La Psychoanalyse des névroses et des psychoses*[63].

Pour comprendre la colère de Freud, il suffit de mentionner l'extrait de cet ouvrage qui affirme de la « pensée freudique » qu'« en dépit de ses exagérations, de ses outrances, de ses allures mystiques, voire de ses étrangetés, cette doctrine est loin d'être sans grandeur ». La psychanalyse y est envisagée comme « synthèse », « reconstruction de la psychiatrie[64] ». Les auteurs, opposant, comme je l'ai déjà fait remarquer, la limpidité des langues latines à la langue de Freud – dont ils accordent qu'elle est « expressive » et « précise » –, pensent pouvoir « rendre à la neuropsychiatrie française quelque service [en] introduisant au sein de cet assemblage assez informe d'hypothèses ingénieuses et hétéroclites un peu de [leur] souci de clarté et d'harmonie[65] ». Quel mépris pour la doctrine dont ils veulent pourtant faire un exposé didactique – car l'ouvrage est un manuel – mais au prix de glissades conceptuelles qui déportent la psychanalyse vers une psychologie dynamique[66]! Il s'agit, en effet, selon eux d'« appliquer le terme de psychodynamisme à cette conception dynamique de l'esprit[67] ».

Pour une part, la conception que Dolto se fait de la psychanalyse et de l'inconscient provient d'Hesnard, de Laforgue et de Pichon. Pour elle – et elle ne cessera de le répéter – l'inconscient est une dynamique, ce en quoi elle est fidèle à un aspect de la métapsychologie freudienne, mais telle qu'elle a été d'abord filtrée par les analystes français. C'est Hesnard, notamment, qui imagine « la notion de sexualité » chez Freud comme une *« énergie affective kinétique*[68] ». Dolto, très proche de ces vues, voit l'inconscient comme mouvement, motricité. Elle ira même jusqu'à assimiler l'inconscient au corps. De même,

63. E. Régis et A. Hesnard, *La Psychoanalyse des névroses et des psychoses. Ses applications médicales et extra-médicales*, Paris, Alcan 1914. Régis était psychiatre à Bordeaux et Hesnard son assistant, alors. L'ouvrage est réédité en 1922. C'est celui que F. Dolto dit avoir lu quand elle préparait son bac.

64. Régis et Hesnard, *ibid.* Avant-propos, p. VIII.

65. *Ibid.*, p. XI.

66. *Ibid.*, p. 13.

67. *Ibid.*, p. 14.

68. *Ibid.*, p. 29.

elle continuera à parler d'érotisme urétral, de pulsions urétrales (Hesnard parle du « plaisir urinaire » chez les femmes) – ce qui ne fait pas partie de la terminologie freudienne. Si, d'ailleurs, Lacan ajoute à la liste des objets pulsionnels freudiens le regard, la voix et le rien, il n'accorde pas la pleine dignité pulsionnelle à l'urétral.

Hesnard est de ceux qui pensent qu'il faut être attentif non seulement aux signes « d'hésitation, de gêne », aux lapsus mais, également, « aux expressions de la physionomie [69] », aux mouvements du patient. La technique de Dolto est fidèle à de telles prescriptions. Et la théorie du parallélisme psychosexuel survivra, sous d'autres modalités, chez elle.

Hesnard, comme Laforgue, veut apporter à la psychanalyse le secours de la religion, qui « exalte les émotions parentales », et « particulièrement le complexe du père dont Dieu est la grande image [70] ». Il pense, lui aussi, que « les névroses revêtent un caractère avant tout social et que la psychanalyse a vocation de " modifier les mœurs modernes touchant les fonctions sociales " [71] ». Mais il s'égare jusqu'à affirmer qu'elle est « hygiène de l'individu et de la *race* [72] » et retombe, au terme d'un panorama didactique de l'œuvre freudienne, dans un à-peu-près conceptuel, donnant de la « psychoanalyse de l'hystérie » de Freud une adaptation française qui ne doit rien à l'originale : selon lui, le rétrécissement du champ du conscient dans l'hystérie « se produit en vertu d'un trouble dynamique de répartition malencontreuse de l'énergie affective [73] ». Le flou de telles formulations masque l'étiologie sexuelle de l'hystérie, rebaptisée pudiquement énergie affective, ce qui permet à l'auteur de prendre la main de Freud pour la tendre à Janet.

L'entreprise d'Hesnard, outre cette suspecte francisation [74] de la psychanalyse, vise à la psychiatriser, à la

69. *Ibid.*, p. 133.
70. *Ibid.*, p. 166.
71. *Ibid.*, p. 185.
72. *Ibid.* Souligné par moi.
73. *Ibid.*, p. 204.
74. Toujours par le biais du vocabulaire technique. On voulait rendre le « sadi-masochisme (*sic*) par le grec : algolagnie, et l'interprétation du rêve par « onirocritie ». C'est bien d'un transport dans la langue médicale dont il s'agit.

médicaliser. Pas plus que Pichon, Heuyer et bien d'autres à l'époque, il n'envisage la pratique de l'analyse hors d'un statut médical. D'où les compromis avec des psychiatres qui ne tarderont pas à céder aux résistances à la psychanalyse, quand la nouvelle alliée ne servira plus leurs projets.

A cet égard Laforgue, pourtant fondateur avec Hesnard de la revue *L'Evolution psychiatrique*, sera un des rares psychanalystes français de l'entre-deux-guerres à défendre l'analyse profane.

Laforgue, lui, tente d'introduire des nuances conceptuelles nouvelles. C'est ainsi qu'il essaie de faire valoir à Freud l'existence d'un mécanisme spécifique de la schizophrénie, la scotomisation « qui correspond au désir infantile, *donc non refoulé*, de ne pas reconnaître le monde extérieur mais de mettre à sa place le moi propre [75]. » Freud fait comme si Laforgue parlait d'un processus également à l'œuvre dans l'hystérie, ce qui n'est pas le cas, avant de refuser droit de cité à cette hypothèse. Le malentendu qui a toujours existé [76] entre eux ne fait que s'approfondir.

Piètre théoricien, Laforgue cherche de vastes dénominations séduisantes pour englober, sans souci de réelle rigueur, des entités cliniques différentes qu'au demeurant il analyse avec talent. D'où ces catégories vagues, telle psychopathologie de l'échec, dont il convient d'ailleurs qu'elle est une « notion purement sociale », à l'image qu'il se fait lui-même du super-ego.

Il en va de même pour la notion de *schizonoïa* qu'il tente d'imposer dans la nosographie, avec E. Pichon en particulier. Ce dernier la définit comme suit : « Tous ces arrêts d'évolution, toutes ces régressions qui constituent les névroses procèdent d'un unique mécanisme commun, que M. Laforgue et moi, nous avons appelé la *schizo-*

Cette propension prend des allures de colonisation systématique avec Pichon qui veut débaptiser les concepts freudiens pour les psychologiser.

75. R. Laforgue, lettre à Freud du 10 juin 1925, « Correspondance... », *op. cit.*, p. 265.

76. André Bourguignon en a exposé très clairement le détail dans son article « Mémorial » qui introduit à la « Correspondance Freud-Laforgue » *(ibid.)*, soulignant notamment « la méconnaissance et le rejet par Laforgue d'une grande part de la métapsychologie freudienne » (*ibid.*, p. 240).

noïa[77]. » Il poursuit : « les névroses (et apparemment aussi les folies discordantes) [ressortissent] toutes à un grand processus psychologique commun : une arriération affective[78] ». La *schizonoïa* étant la discordance entre les « idées morales » et « les appétences inconscientes[79] ». Retraduit en freudien naïf, il s'agit donc du conflit entre le ça et le surmoi, variable selon la faiblesse ou la force du moi.

Sous prétexte de simplicité et de clarté, Pichon et Laforgue[80] brouillent les repères et les distinctions cliniques de base, et négligent de ce fait les fondements théoriques de la psychanalyse. Cela vaut pour la notion de « névrose familiale[81] », propre à séduire le public par son apparente évidence, alors qu'elle réduit à l'identique des situations très variées, en risquant de diluer le concept psychanalytique de névrose – c'est-à-dire de déterminations inconscientes qui sont foncièrement celles d'un sujet – dans un indéterminé socio-familial. C'est notamment l'idée, plus haut mentionnée, de choix d'une névrose *complémentaire* grâce au partenaire, au conjoint. Pourtant, Dolto se dira très intéressée par cette névrose familiale : « c'est une forme de structure. Laforgue et Leuba l'avaient compris en établissant des relations entre des parents obsessionnels et des enfants phobiques. Cela m'avait beaucoup intéressée : surtout de voir que lorsqu'un enfant allait mieux, c'était l'état de sa mère qui s'aggravait[82] ». Cependant, elle ne gardera pas le concept

77. E. Pichon, *Le Développement psychique de l'enfant et de l'adolescent*, Paris, Masson, 1936, 2e éd., 1965, p. 227.
78. *Ibid.*.
79. *Ibid.*
80. Laforgue a écrit plusieurs articles sur cette question : « La schizonoïa », *Évolution psychiatrique*, 1925 ; « Schizophrénie, schizomanie, schizonoïa », 1926 ; « Schizophrénie et schizonoïa », *Revue française de psychanalyse*, 1927,1,1, 6-23. En collaboration avec Henri Codet : « Les arriérations affectives : la *schizonoïa* (Essai pathogénique sur les états de dissociation névrotiques et psychotiques) », *Évolution psychiatrique*, 1925, 1, 102-126. En collaboration avec E. Pichon : « La notion de schizonoïa » in *Le Rêve et la psychanalyse* (ouvrage collectif : Laforgue, Pichon, Raymond de Saussure) Paris, Maloine, 1926, p. 173-210.
81. Laforgue, *Psychopathologie de l'échec*, *op. cit.*, et « La névrose familiale » (IXe Conférence des psychanalystes de langue française, Nyon, 1936), *Revue française de psychanalyse*, 1936, 9, 3, p. 327-359.
82. Entretien F. Dolto, E. Roudinesco, « Des jalons pour une histoire », *in Quelques pas sur le chemin de Françoise Dolto*, *op. cit.*, p. 21. Le plus intéressant dans les travaux de Laforgue et dans ceux de John Leuba (« La famille névro-

en tant que tel, soulignant un type d'interaction partielle plutôt qu'une structure. Elle note, par exemple : « Un enfant insupportable, c'est vraiment de façon chronique l'électrochoc du pauvre. Il empêche à longueur de journée sa mère de tomber dans les fantasmes dépressifs. En étant agressif, il lui donne l'occasion d'être agressive, en retour, et lui permet de se tenir à la surface [83]. »

Rien d'autre part chez Dolto ne peut être rapproché de ces vues réductrices sur la névrose, qu'elles soient teintées de sociologisme comme chez Laforgue, ou franchement assujetties à des préjugés moraux comme chez Pichon. C'est même le contraire en ce qui concerne les situations les plus courantes du drame humain, Dolto affirmant toujours décisive la détermination qui vient de l'inconscient d'un sujet. Elle le dit et le répète : il n'y a pas de problèmes de couples, il n'y a que ceux du sujet [84].

Bien qu'il ait fait une cour assidue à Freud dans les premières années, allant lui rendre visite à Vienne, se laissant même inviter dans le lieu de vacances, au Semmering, Laforgue se révèle marginal et rebelle. Désireux de faire œuvre originale, il propose à Freud des vues sur l'érotisation de l'angoisse qui laisse le maître pour le moins sceptique [85]. Il va plus loin, touchant la technique : en pragmatique, il demande des allégements de la règle fondamentale, déclarant, au nom du bon sens et de l'efficacité : « A notre avis, on peut parfaitement faire une analyse tout en permettant à l'analysé de ne pas tout dire [86] », ce qu'il justifie par la force de résistance chez les obsédés

tique et les névroses familiales » *RFP, ibid.*, p. 360-419), c'est la perspective verticale sur la transmission de l'inconscient à travers les générations. Avec une certaine prédilection pour les turpitudes à la François Mauriac et les mélos à la Henry Bernstein.

83. F. Dolto, *Séminaire de psychanalyse d'enfants,* 1, *op. cit.*, p. 178-179.

84. Cf. par exemple, sur le divorce, F. Dolto, *Quand les parents se séparent, op. cit.*, p. 30-32. Elle dit notamment à propos des motifs allégués : « ces raisons invoquées par chacun des parents séparément – on ne peut les empêcher d'en donner – sont toujours de fausses raisons, en tout cas pour les psychanalystes ». Et encore : « Toutes les justifications du divorce, à mon avis, sont de fausses justifications. » *(Ibid.)*, p. 30.

85. R. Laforgue, « De l'angoisse à l'orgasme », *Revue française de psychanalyse,* 1930-1931, IV, 2, p. 245-258.

86. R. Laforgue, « Exceptions à la règle fondamentale », *Revue française de psychanalyse,* 1934, VII, p. 684-690, article repris dans le tome LI de la même revue, janv-fév., 1987, *op. cit.*

et les analysants atteints de névroses de caractère. Par ailleurs, les contradictions personnelles de Laforgue, constamment déplacées et relancées, le conduisent à parier pour le pire.

Alors qu'il fait partie de la Ligue internationale contre l'antisémitisme, aveuglé par une forme d'arrivisme qui cache sa solitude au sein du milieu analytique français et sa propre névrose d'échec (selon E. Roudinesco), il tente d'arrimer la Société psychanalytique de Paris à la Société internationale de psychothérapie, placée sous l'égide nazie de Matthias Göring (cousin du tristement célèbre Hermann Göring). Il échange avec lui une correspondance et le rencontre même à Berlin en 1941. Le projet avorte. L'espoir de Laforgue de voir à cette époque son ouvrage sur « L'Homme au service de sa destinée » publié en Allemagne s'évanouit.

Il tente après coup de se racheter en hébergeant, dans sa propriété de La Roquebrussanne, des Juifs (parmi lesquels son ami Bernard Steele [87]) et des résistants. Il parvient même à faciliter le passage d'Olivier Freud à l'étranger [88]. Accusé après la guerre de collaboration par son collègue John Leuba, alors président de la SPP, il est relaxé en 1946. A son procès témoignent en sa faveur Jean Rostand, Alain Cuny et Françoise Dolto, laquelle, sans le savoir, avait été appelée comme témoin à charge [89]. Laforgue part ensuite au Maroc. Il meurt à Paris en 1962.

La cure psychanalytique de Françoise Marette se déroule donc pendant ses études de médecine et toujours sous les invectives de sa mère qui la traite de prostituée, continuant parfois en son absence de déverser sur elle des flots d'injures devant les frères de Françoise, les prenant à

87. Les éditions Denoël, qui ont publié de nombreux ouvrages psychanalytiques avant 1939, s'appelaient Denoël et Steele.

88. E. Roudinesco, *Histoire de la psychanalyse en France*, 2, *op. cit.*, p. 173.

89. E. Roudinesco, *Ibid.*, p. 175. Sur la complexité du personnage de Laforgue, ses ambiguïtés et ce procès en collaboration demandé par ses collègues, P. Schiff et J. Leuba, il faut consulter l'article d'Alain de Mijolla, « La psychanalyse et les psychanalystes en France entre 1939 et 1945 », *op. cit.*, p. 167-223. Celui-ci défend une thèse opposée à celle de E. Roudinesco sur bon nombre de points. Il affirme en particulier que « la fondation du mouvement psychanalytique français n'a jamais été le fait de René Laforgue, pas davantage d'ailleurs que celui d'Angelo Hesnard... », *ibid*, p. 216.

témoin, la dévalorisant à leurs yeux. Françoise s'installe, en novembre 1936, au 7 de la rue Dupuytren, à côté de la faculté de médecine. Sur son agenda, elle écrit : « Joie ».

Elle a vingt-huit ans, a passé l'externat en décembre 1934 et commencé son premier stage d'externe à l'hôpital Bretonneau (service de chirurgie infantile du Pr Leveuf) en mai 1935. Elle travaille à la consultation du médecin-assistant, Louis Grenaudier qui, de toute évidence, séduit par elle, lui adresse des lettres très amicales [90], admirant son intérêt pour la psychanalyse. Elle reste à Bretonneau jusqu'en mai 1936, date à laquelle elle commence son deuxième stage d'externat dans le service du Pr Heuyer à l'hôpital de Vaugirard [91]. C'est là qu'elle est initiée à l'analyse d'enfants par S. Morgenstern. De G. Heuyer qui passe alors pour le protecteur de la psychanalyse d'enfants, elle dira que c'est dans son service qu'elle a « appris, horrifiée [...] ce qu'il fallait ne pas faire [92] ». Culpabilisant les enfants et les adolescents après interrogatoire, il notait, dit-elle, dans les dossiers des verdicts aussi péremptoires que celui-ci, sur un garçon fugueur : « Enfant inintimidable. Mère : grosse débile. Maison de correction [93]. » C'est pourtant Heuyer qui incite Françoise à préparer l'internat des asiles (équivalent de l'actuel internat en psychiatrie). Mais elle renoncera, gardant un mauvais souvenir de son passage à l'hôpital psychiatrique de Maison-Blanche (asile pour femmes, situé à Neuilly-sur-Marne), où elle a effectué un remplacement à partir de décembre 1935.

Enfin, du 1er mai 1937 au 1er janvier 1938, elle fait un stage dans le service du Pr Darre à l'hôpital des Enfants-Malades à la consultation de la porte. Les internes lui adressaient les enfants tiqueurs, eczémateux, bègues : « Je

90. Voir F. Dolto, *Correspondance, op. cit.*

91. Il s'agit de la Clinique annexe de neuropsychiatrie infantile, créée en 1925 par G. Heuyer au Patronage des enfants anormaux de la rue de Vaugirard. C'est une institution privée qui devient en 1932 un service de l'Assistance publique. Cf. J. Losserand, « La psychanalyse d'enfant. Le début en France. S. Morgenstern et G. Heuyer », *Le Coq-Héron*, n° 119, 1991.

92. F. Dolto, *Autoportrait...*, *op. cit.*, p. 122.

93. *Ibid.*, p. 123.

faisais l'élimination d'une étiologie organique éventuelle [94]. » Elle renoncera, finalement, et à l'externat et à l'internat, souhaitant être généraliste et pédiatre.

Françoise Dolto dira de son séjour à Maison-Blanche qu'il a suffi à la dégoûter pour toujours de l'idée même d'être psychiatre [95]. De là lui serait venue la conviction que seul le traitement précoce des névroses et des psychoses peut être efficace.

Elle qualifie le début de son remplacement à Maison-Blanche d'« atrocement dur » dans une lettre à son ami, l'acteur Alain Cuny [96]. Faisant fonction d'interne, seule pour des centaines de malades, dit-elle, elle devait pratiquer également des autopsies. Elle brosse un tableau épouvantable de ce lieu d'enfermement concentrationnaire.

C'est certainement de cette expérience que vient sa défiance à l'égard de la psychiatrie; sans prendre jamais les formes d'une attaque ouverte, celle-ci restera toujours perceptible. Dolto reproche aux psychiatres l'étroitesse de leurs conceptions organicistes et, surtout, l'étiquetage définitif du sujet. Le diagnostic de psychose étant souvent en psychiatrie synonyme d'incurabilité, Dolto, comme de nombreux analystes, refuse de poser des diagnostics, estimant qu'ils hypothèquent la démarche analytique. Il lui importe moins de les récuser que d'ébranler leur caractère de verdict réifiant (d'autant qu'ils sont une condamnation sociale déguisée). C'est pourquoi, dans un chapitre sur les « symptômes obsessionnels [97] », contre la perspective psychiatrique, elle pose les questions qui sont celles de la psychanalyse : à quelle époque, dans la vie du sujet, ces symptômes sont-ils apparus? Quelle est leur fonction dans l'économie du sujet? etc. Et ce, afin de ressaisir la dynamique qui les a produits dans l'histoire du sujet et d'ouvrir à l'interprétation, au lieu de s'en tenir à un

94. F. Dolto, E. Roudinesco, « Des jalons pour une histoire », *in Quelques pas sur le chemin de Françoise Dolto*, *op. cit.*, p. 15.
95. Cf. *Autoportrait...*, *op. cit.*, p. 126-127.
96. Lettre à Alain Cuny du 18 décembre 1935, F. Dolto, *Correspondance*, *op. cit.*, p. 490.
97. F. Dolto, *Inconscient et Destins*, *op. cit.*, chap. I, notamment p. 22-23.

tableau sémiologique, descriptif mais seulement classificatoire.

Il n'empêche qu'il arrive à Dolto elle-même d'accumuler les traits diagnostiques. Ainsi, dans *Le Cas Dominique*, elle semble vouloir en finir avec la mère de celui-ci en l'épinglant avec une allégresse de langage non dissimulée : « C'est une phobique de la solitude. Elle se comporte inconsciemment comme le ferait une perverse homosexuelle passive, masochiste et pédéraste de ses propres enfants, toute en verbigérant vertueusement, sorte de Blanche-Neige innocente au milieu de ses nains dépendants et voués au célibat [98]. » Il est vrai que la mère n'est pas le patient.

Françoise Dolto use à son gré de catégories classiques comme celles de perversion et de psychose qui, autant chez les analystes que chez les psychiatres, peuvent passer pour exclusives les unes des autres. Emploi déroutant parfois, si l'on prend les termes à la lettre. Ainsi, de « la femme aux chats [99] », cette patiente vaginique dont elle a raconté intégralement la cure tout à fait freudienne; elle la présente en effet comme hystérique, phobique, avec une « psychose enclavée » dans le corps; mais elle en parle également comme d'une personne *pervertie* dans son corps.

D'une enfant psychotique, délirante, elle dit, pareillement, qu'elle était pervertie dans son image du corps : elle marchait les pieds en dedans, urinait dans les boîtes à chaussures et accusait sa mère de lui infliger les pires sévices. Il s'agissait d'une petite fille qui avait été sadisée par une adulte, sa bonne, laquelle s'amusait à la terroriser, lui imposant du même coup des jouissances effarantes, insupportables [100].

Dolto prend tantôt le mot perversion au sens psychiatrique ou clinique (ainsi lorsqu'il s'agit de la relation de complicité entre un garçon et sa mère, complicité telle que celui-ci fait, d'une certaine façon, jouir sa

98. F. Dolto, *Le Cas Dominique, op. cit.*, p. 189 (coll. « Points »).

99. F. Dolto, *Séminaire de psychanalyse d'enfants, 2, op. cit.*, « Une phobie d'adulte », p. 28-55.

100. F. Dolto, *Inconscient et Destins, op. cit.*, p. 58-68.

mère [101]), tantôt en un sens plus spécifique, en rapport avec sa théorie de l'image du corps. C'est ainsi qu'elle parle de perversion, dans un registre d'abord corporel, lorsque le développement de l'image inconsciente du corps a été « gauchi ». C'était visible, chez « la femme aux chats » dans sa démarche : elle allait à tout petits pas, elle était comme « entravée ».

De même, elle parle de l'autisme en plusieurs sens. Parfois, en se référant à la psychose infantile caractérisée par le repli sur soi, l'enfermement dans un univers tel que l'enfant n'aura jamais accès au langage en tant que sujet. C'est l'autisme reconnaissable, outre le mutisme, au balancement compulsif, au regard tourné vers le dedans, regard qui ne voit ni ne s'arrête à rien. Cependant, elle entend aussi par autisme une attitude de repli qui peut s'observer chez de nombreux enfants, sans que l'évolution aille vers une psychose. Ainsi était-elle convaincue qu'Einstein avait été autiste jusqu'à neuf ans.

Françoise Dolto veut absolument conserver pour la thérapeutique la possibilité d'une voie à double sens : si elle soutient, comme beaucoup, l'existence en chacun d'un noyau psychotique originaire, c'est pour en utiliser éventuellement les ressources dans la cure, refusant de reculer sous prétexte qu'un sujet lui est présenté comme psychotique. Elle ne renonce jamais à essayer d'entrer en relation avec un être, si enfermé soit-il. Elle n'admet pas l'irréversibilité du diagnostic, en tout cas pour les enfants.

De son remplacement à Maison-Blanche, elle a évoqué un souvenir clinique qui n'avait pas la tonalité dramatique et sinistre de son récit dans l'*Autoportrait* et de ses lettres de l'époque. Un jour, elle me parle d'un pédiatre qui avait compté dans sa formation. Plus maternel que bien des mères, il avait payé, selon elle, cette sublimation d'un lourd tribut. Il ne s'occupait plus des enfants dès

101. C'est ainsi qu'elle interprète le comportement d'un jeune garçon qui entrait dans la petite délinquance avec la bénédiction de sa mère riant de ses larcins. Ce garçon jouait avec un fusil à canon scié, ce qui n'était pas pour lui, comme le montre Dolto, l'image d'un pénis castré mais, au contraire, « un pénis renforcé par cette mutilation apparente ». Dolto, *Dialogues québécois*, *op. cit.*, p. 187. Il s'agit d'un cas exposé par un thérapeute québécois.

qu'ils n'étaient plus des bébés, ce à quoi elle imputait le fait qu'il avait lui-même une enfant autiste, une petite fille qui ne cessait de se masturber en se frottant partout. Dolto l'avait remarqué, mais les parents restaient aveugles.

Pour expliquer la passion de ce médecin, elle s'était d'ailleurs posée cette question : peut-être avait-il eu une nourrice merveilleuse qu'il avait perdue et qu'il cherchait à retrouver dans sa relation aux bébés ? Comment ne pas rapprocher cette hypothèse de l'enfance de Françoise Marette ?

Revenant alors sur l'autisme, elle le qualifie de « boucle impossible à défaire » : lorsqu'un enfant découvre trop précocément le court-circuit de la jouissance, de la masturbation, personne ne peut plus l'interrompre, faute d'avoir interposé une activité, un objet d'intérêt, entre le sujet et son corps au maximum de ses possibilités de jouissance.

C'est alors qu'elle a évoqué le souvenir d'une malade dont elle a eu à s'occuper à Maison-Blanche et qui était une grande catatonique. Elle devait la nourrir de force en lui faisant ingurgiter, grâce à un entonnoir qu'on lui introduisait dans le nez, une mixture de lait et d'œufs. La malade était comme un tronc d'arbre, un cadavre bon pour la dissection. Elle avait un peu plus d'une trentaine d'années, et n'avait jamais dit un mot ni bougé de sa position de momie, sauf quatre ou cinq fois. Depuis qu'elle avait été hospitalisée, il y avait de cela quinze ans, elle était réduite à une vie végétative. Dolto avait été très frappée par la fraîcheur de son visage sans rides et d'un corps qui conservait toute sa jeunesse – ce qui, selon les infirmières, valait pour les catatoniques en général. On lavait la malade qui faisait sous elle.

Avec sa vitalité, Dolto, à l'époque encore Françoise Marette, ne pouvait se contenter à l'égard de cette femme du rôle d'instrument « au service d'une loi d'assistance à des gens pervers ». Elle demande donc un jour, à haute voix, devant la malade, au nom de quelle éthique physiologique on la nourrit, se déclarant persuadée que, si on ne l'assistait pas, elle s'alimenterait elle-même, fût-ce d'ordures, d'épluchures. Les propos lancés à la cantonade durent faire effet sur la malade, car Françoise Marette, de retour de week-end, entend les infirmières lui dire que, par extraordinaire, la catatonique s'est levée pendant son absence et qu'elle a demandé : « Mademoiselle Marette, Mademoiselle Marette. » C'était évidemment l'amorce d'un transfert. Les choses en restèrent là, parce que le stage de Françoise Marette prenait fin. Le dossier de la malade, d'après elle, ne contenait presque rien. Sans doute à peu près ceci : entrée tel jour; tel âge; délire; quinze jours plus tard, devient catatonique.

Françoise Marette ne pratiquait pas encore l'analyse à cette époque. Bien plus tard, devenue Dolto, elle disait que l'investigation auprès de la famille aurait été intéressante – si elle avait été possible, et que celle-ci ne se fût pas définitivement résignée au diagnostic de coma. Elle pensait qu'il s'agissait d'un trouble indubitablement psychogène, même si le traumatisme psychique responsable de la maladie pouvait avoir eu un retentissement neurologique, par ailleurs. Elle concluait que si les psychanalystes ne s'intéressent pas à la catatonie, c'est sans doute parce que « ça ne parle pas ».

Ce souvenir était associé pour Dolto à une réflexion sur un fait comparable, quoique appartenant à un autre registre : Ramana Maharshi [102] – dont elle avait d'ailleurs une photographie dans son cabinet –, était pour elle un catatonique. Tombé en catalepsie lors d'un pèlerinage dans un temple consacré à une divinité, il n'avait pas suivi ses parents qui étaient venus le chercher au moment de repartir; il était resté endormi. Pensant qu'il était en prière, ceux-ci avaient décidé de revenir le lendemain. Le lendemain, il était toujours allongé sur le sol. Il serait resté quinze ans, lui aussi, dans cet état, tout juste nourri par un gardien légèrement débile de quelques grains de riz. Par la suite, on l'appela l'Illuminé : il avait un don de voyance qui, toujours selon Dolto, attirait à lui des gens

102. Ce sage, mystique de l'Inde, est brièvement décrit sous le nom de Maharshi Ramana par Lanza del Vasto qui l'a rencontré sur le chemin qui le menait vers Gandhi, dans *Le Pèlerinage aux sources* (Denoël, 1943, Paris, Gallimard, « Folio », 1989). Ramana Maharisi, comme on l'écrit aussi (1879-1951) est un disciple de Ramakrishna. Il n'a laissé aucune œuvre écrite.

du monde entier, parmi lesquels des scientifiques. Elle disait avoir connu elle-même une femme de très forte personnalité qui, traversant une crise, s'était rendue en Inde auprès de ce mystique. Elle n'eut pas même à expliquer les motifs détaillés de sa venue. Le maître la fit asseoir. Elle resta à méditer sans qu'il lui dît rien pendant un mois environ, jusqu'au jour où il lui déclara : « Maintenant, retournez dans votre pays, vous reviendrez plus tard. » Elle revint et demeura, peut-être une année durant, dans une vie de silence et de méditation dont elle sortit, d'après Dolto, apaisée comme elle l'aurait été au terme d'une psychanalyse.

Pour Dolto, fascinée par les mystiques, cet homme était indiscutablement un voyant, capable, après de longues périodes de silence, d'indiquer à un chercheur la bibliothèque dans le monde où il allait trouver tel livre qui lui était nécessaire. Elle regrettait que Lanza del Vasto, lui, n'ait pas été pris au jeu [103]. Elle ne mettait pas en doute les pouvoirs divinatoires de Maharshi, mais elle le regardait comme un psychotique. Sa clinique ne manquait pas d'exemples de ces communications télépathiques qui surgissent chez les enfants psychotiques, semblant lire parfois à livre ouvert dans les pensées d'un autre ou de l'analyste.

La malade de Maison-Blanche était piégée dans une « jouissance subtile », non corporelle : elle manipulait l'autre. Pareillement catatonique, le mystique, lui, permettait aux autres une régression à valeur thérapeutique, selon Dolto, grâce à ses pulsions de mort. Au-delà du parallèle entre catatonie et mysticisme, Dolto relevait la particularité du lien qui scelle le mariage mystique. Car elle prenait en exemple « ce type fou comme un lapin » qu'était le curé d'Ars, dont l'œuvre n'avait commencé qu'après qu'il se fut couplé mystiquement avec le squelette d'une enfant, retrouvé dans les catacombes

103. Elle croyait se souvenir en effet que Lanza del Vasto parlait des yeux de veau de Ramana Maharshi. Il est à la fois moins abrupt et plus méchant, puisqu'il écrit : « L'œil est gris dans le visage sombre, le regard débonnaire et vacant », mais surtout : « Parfois il lit le journal, alors Dieu lit le journal. Parfois il ouvre toute grande la bouche et il rote. Dieu rote. » *Le Pèlerinage aux sources*, *ibid.*, p. 124 et 125.

romaines. Elle s'appelait Philomène et passait pour martyre [104]. Dolto évoquait aussi le rayonnement œcuménique d'un moine protestant qui parcourait le monde, toujours accompagné d'une petite Indienne qu'il avait adoptée. Elle concluait que ces mystiques sont toujours liés à « un être qui leur sert de support, un être qui a existé, qui n'est nullement imaginaire et grâce auquel ils deviennent féconds et produisent une œuvre ». Rôle analogue à celui de la muse pour le poète. Ce qui ouvre quelques perspectives sur la fonction de l'objet dans l'aventure mystique : pour Dolto, le mystique a besoin d'un petit autre, fût-il un fétiche, un ossement. Il s'agit donc du couplage avec un être réduit à une pure trace de réel, un objet partiel.

104. Dolto pensait qu'il s'agissait d'une petite enfant. En réalité, ce sont les restes d'une jeune fille, de treize ou quinze ans, qui ont été retrouvés en 1802. On leur prêta alors des pouvoirs miraculeux, thaumaturgiques. Quelques reliques parvinrent au curé d'Ars qui baptisa une première Philomène en 1835. Bientôt elles furent légion en France (cf. *Histoire de la France religieuse*, J. Le Goff, R. Rémond, t. 3, Paris, Le Seuil, 1991, p. 439).

IV

Psychanalyse et Pédiatrie

Sophie Morgenstern et les dessins d'enfants. Françoise Marette et ses autres contrôleurs. La lutte contre la masturbation : Eugénie Sokolnicka, Marie Bonaparte, Edouard Pichon. La thèse de Françoise Marette : l'extension de la notion de castration. Le primat de la relation à l'autre. La biologie, mythe d'origine du sujet. Le cadre de la psychothérapie analytique.

Françoise Marette a organisé son cursus universitaire de façon à pouvoir être aussi bien généraliste que pédiatre : outre des stages en médecine générale et chirurgie générale, elle est passée dans six services de pédiatrie – dont ceux de chirurgie et de traumatologie infantiles –, un service de nourrissons et, surtout, le service de psychiatrie dirigé par Georges Heuyer.

C'est là que travaille Sophie Morgenstern. Née Sophie Kabatschnik en 1875, d'origine juive polonaise, celle-ci a suivi l'enseignement du psychiatre Eugen Bleuler à Zurich, en 1917. Ayant obtenu son diplôme de médecine en Russie, elle n'a pas le droit d'exercer en France où elle s'installe en 1924.

Elle fait, comme Laforgue, une psychanalyse didactique avec Eugénie Sokolnicka et devient membre de la Société psychanalytique de Paris en 1929. Georges Heuyer, qui se montrera par la suite de plus en plus ambivalent à l'égard de l'analyse, l'invite assez libéralement à pratiquer la psychanalyse d'enfants dans son service. Du reste, il préface l'ouvrage le plus important de S. Morgenstern, *Psychanalyse infantile. Symbolisme et valeur clinique des créations imaginaires chez l'enfant* [1], précisant

1. Editions Denoël, 19, rue Amélie, Paris, 1937. « Ouvrage illustré de 77 reproductions de dessins d'enfants » et dédié à la mémoire de sa fille Laure, une brillante archéologue, morte prématurément. – F. Dolto, lorsqu'elle évoque la mémoire de S. Morgenstern, ne met pas son suicide en juin 1940 au seul compte de l'entrée des Allemands dans Paris, mais aussi au fait que depuis

qu'elle assure depuis onze ans (c'est-à-dire depuis 1925-1926, à peu près) une consultation comme « assistante bénévole ». Tout en rendant hommage à une « méthode novatrice », Heuyer affirme péremptoirement que « la psychanalyse ne peut évoluer seule. Elle est devenue une part de la psychiatrie [2]. »

Affichant le ton paternaliste du psychiatre pour qui l'analyse ne saurait être qu'un adjuvant thérapeutique parmi d'autres (« Mme Morgenstern nous a redressé des caractères qui paraissaient difficiles [3] »), il souligne pourtant l'originalité de sa méthode : « au lieu de faire parler l'enfant, elle a employé le dessin pour pénétrer plus profondément, pour mettre à jour les tendances instinctives et inconscientes de l'enfant [4] ». C'est en effet un cas de mutisme psychogène chez un jeune garçon, qui l'a elle-même instruite en ce domaine.

Entre les deux guerres, la clinique des névroses infantiles, encore à ses débuts en France, est dominée par une préoccupation majeure : faire disparaître le symptôme. A propos des symptômes transitoires, liés à la masturbation ou à la jalousie à la naissance d'un puîné, S. Morgenstern écrit : « Nous avons souvent réussi dans ces cas à faire disparaître les troubles névrotiques (dépression, colères, troubles de la parole) en quelques séances [...], nous donnions à l'enfant l'explication de son onanisme et des peurs mal fondées que lui avaient causées les menaces insensées des parents ou des bonnes, ou bien nous lui décrivions le vrai processus de la naissance ainsi que les origines de sa jalousie [5]... » Voilà des principes que n'aurait pas désavoués Dolto, elle qui ne manquait jamais l'occasion dans une cure de donner à un enfant le minimum d'information sexuelle nécessaire pour lui faire comprendre sa posi-

la mort de sa fille elle avait perdu toute raison de vivre. Tous ses autres parents demeurés en Pologne avaient été tués par les nazis.

2. *Ibid.*, Préface.
3. *Ibid.*
4. *Ibid.*
5. S. Morgenstern, *La Psychanalyse infantile et son rôle dans l'hygiène mentale* (Rapport fait à la 5e Conférence des psychanalystes de langue française, Paris, juin 1930), Paris, Les Editions psychanalytiques, 1931, p. 3.

tion dans l'ordre de la génération et accepter l'interdit de l'inceste [6].

Sophie Morgenstern s'efforce de « donner des indications de comportement aux parents [7] », afin de leur faire saisir ce que les menaces de castration comportent de dommageable pour les enfants. Elle sollicite également leur aide dans l'intérêt de l'enfant [8] et précise que la visée du traitement analytique est d' « améliorer » ou de « supprimer les conflits familiaux créés par la névrose infantile et l'incompréhension que les parents ou même les éducateurs montrent souvent à son sujet [9] ». Plutôt que de voir là le seul effet d'une psychologie compréhensive (inspirée d'une approche phénoménologique de la névrose, comme ce qui affecterait le sujet dans sa totalité, à la façon d'Eugène Minkowski), on peut penser que cette formulation répond à l'espérance de la jeune Françoise Marette, qui voulait être médecin d'éducation pour apprendre aux parents à comprendre les enfants. Plus qu'aucun autre analyste, elle aura recours à l'information fournie par les parents sur leur enfant : ce sont eux qui, inconsciemment, en savent le plus sur lui.

Dans le même ouvrage, S. Morgenstern se démarque nettement de la perspective de Melanie Klein. Elle suit Anna Freud en soutenant que le surmoi de l'enfant « a encore une forme réelle et se trouve représenté par les parents, les professeurs », ce qui le rend « très fragile [10] ». Contrairement à M. Klein qui voudrait que la psychanalyse complète l'éducation et qui souhaite y soumettre les enfants à titre prophylactique [11] avant l'âge scolaire, S. Morgenstern, se rangeant du côté d'Anna Freud, de

6. Cf. par exemple *Le Cas Dominique, op. cit.*, ou celui de la jeune fille aveugle qui agressait les assistantes sociales en se précipitant sur elles pour les mordre, *Séminaire de psychanalyse d'enfants*, 2, *op. cit.* Elle avait noué une relation amoureuse et sexuelle avec un homme qui « lui donnait des cigarettes », repoussant furieusement un autre qui avait tenté de la violer. « Grâce à cet incident, écrit Dolto, j'ai pu lui dessiner et lui représenter en modelage les organes sexuels masculins et féminins. » *Séminaire..., ibid.*, p. 79.

7. S. Morgenstern, *La Psychanalyse infantile et son rôle..., op. cit.*, p. 3.

8. Cf. *ibid.*, p. 4.

9. *Ibid.*, p. 4.

10. *Ibid.*, p. 3.

11. On ne peut nier que F. Dolto, en dépit de son opposition à M. Klein, ait repris quelque chose de cette visée prophylactique, en particulier dans l'institution de la Maison verte.

Pichon, de Mary Chadwick, pense qu'elle doit être réservée aux seuls enfants névrosés parce que, selon elle, le surmoi n'est justement pas encore formé [12]. Un autre point a son importance, concernant la technique : Morgenstern, bien que travaillant en institution, est par principe opposée à l'idée que l'enfant soit isolé, séparé de ses parents et hospitalisé, sauf quand l'issue du traitement semble en dépendre absolument.

Si l'on faisait une moyenne statistique, on s'apercevrait que, dans la clinique de Morgenstern, prédominent des symptômes d'allure obsessionnelle, notamment chez des enfants dans la période de latence ou à la puberté. La pression des pulsions sexuelles redoublant à l'adolescence, ils se défendent par des craintes obsédantes de la masturbation et de leurs fantasmes incestueux et œdipiens. Mais l'on peut dire, sans trop forcer que, jusqu'à la parution de *Psychanalyse et Pédiatrie* de Dolto (1940), les analystes d'enfants en France, surtout Morgenstern et Pichon, ne semblent mener qu'un seul combat : la lutte contre la masturbation infantile. C'est presque d'une campagne qu'il s'agit. Tout à fait respectable, au demeurant, puisque la masturbation confirme le bien-fondé de la thèse de Freud sur la sexualité infantile et sur l'étiologie sexuelle de la névrose.

D'autres motifs expliquent peut-être cette mobilisation générale contre l'onanisme et contre les menaces de castration proférées par les parents. D'abord le fait que tous ces thérapeutes ont une visée *morale* et qu'ils apprécient le conflit psychique en fonction de celle-ci. L'étude des « cinq psychanalyses » de Freud joue certainement aussi un rôle. On sait d'autre part l'importance que prennent les fantasmes et les menaces de castration dans la névrose obsessionnelle. A quoi il faudrait peut-être ajouter, outre l'influence d'Anna Freud à l'époque, l'insistance de Freud sur la complexité de la névrose obsessionnelle. Il terminait le cas de l'« homme aux rats » en incitant les analystes à approfondir la connaissance de cette névrose. Enfin, le premier travail d'Eugénie Sokolnicka sur une névrose obsessionnelle infantile a convaincu cette pre-

12. S. Morgenstern, *op. cit.* (voir plus haut, note 5), p. 5.

mière génération de psychanalystes du « rôle capital de la masturbation » comme « carrefour des troubles psychosexuels [13] ».

Sur une cinquantaine de cas traités en 1928, Morgenstern constate : « La plupart des enfants présentant des troubles névrotiques profonds ont des parents divorcés, séparés ou vivant dans une grande discorde [14]. » C'est un fait d'évidence. Sans négliger l'effet de renforcement qu'il peut exercer sur la névrose infantile antérieure, Dolto fera observer, plus tard, que le divorce n'est pas en soi un phénomène traumatisant pour les enfants.

Sur le plan de la technique, Morgenstern, qui ne minimise nullement le rôle des associations libres et des rêves dans l'analyse d'enfants, affirme que les moyens sont différents de ceux de l'analyse d'adulte : « Nous sommes obligés de nous aider de la technique du dessin, du modelage, et surtout du jeu [15]. » Il ne s'agit pas du jeu tel que le fera fonctionner Winnicott, entrant parfois dans une relation de *playing* avec l'enfant, mais de celui auquel l'enfant se livre seul, observé par l'analyste. Ce sont bien là les éléments de la technique de Dolto : jeu, dessin, modelage. Elle regrettait d'ailleurs de ne pas avoir dans son cabinet un lavabo permettant à l'enfant de jouer avec l'eau et, donc, à l'analyste une investigation sur les fantasmes urétraux – ainsi que le font certains kleiniens et d'autres analystes d'enfants, en particulier dans les institutions qui accueillent des autistes.

Contre une tradition pédagogisante qui vient d'Anna Freud et qui infiltre toujours, peu ou prou, les finalités morales assignées à la thérapie d'enfants par Pichon ou Morgenstern, Dolto soutiendra toujours qu'il n'y a aucune différence de nature entre l'analyse d'enfants et l'analyse d'adultes, si ce n'est que la première est en réalité beaucoup plus difficile. Elle le dit, en premier lieu, à l'adresse des psychanalystes qui seraient tentés de croire qu'il est plus facile de commencer une pratique avec les enfants. Préjugé que Dolto ne cessera de combattre, d'autant que

13. E. Sokolnicka, « Quelques problèmes de technique psychoanalytique », *Revue française de psychanalyse*, 1929, 3, 1, p. 1-49.
14. S. Morgenstern, *op. cit.* (voir plus haut, note 5), p. 15.
15. *Ibid.*, p. 19.

le fonctionnement institutionnel et idéologique a comme naturalisé cette situation, de nombreux thérapeutes débutants travaillant dans des institutions d'enfants.

A certains égards, on peut penser que Morgenstern reste prisonnière d'une conception pédagogique et « annafreudienne » de l'analyse d'enfants. Ainsi, dans la recommandation suivante : « laisser faire l'enfant, en dirigeant son jeu sans qu'il s'en aperçoive [...] en gardant pour nous la plupart des conclusions, et en n'attirant que de temps en temps l'attention de l'enfant sur tel détail, en lui donnant l'interprétation psychanalytique seulement lorsqu'il est assez préparé par le traitement pour le comprendre [16] ». C'est en effet la conception de A. Freud qu'il faudrait préparer l'enfant à l'interprétation dont il convient, selon elle, d'user avec beaucoup de circonspection. M. Klein, en revanche, pratique une sorte de traduction quasi simultanée des jeux et des fantasmes. Ce décodage ininterrompu peut avoir à lui seul des effets plus persécutifs sur l'enfant que le contenu des interprétations elles-mêmes, lorsqu'elles soulignent les projections sadiques, les craintes de retaliation.

Morgenstern suscite sans difficulté le transfert, parce qu'elle établit d'emblée une relation de confiance avec l'enfant. Anna Freud, au contraire, approche l'enfant avec des ruses d'Indien. Ainsi, dans un article traduit en français en 1930 [17], s'efforce-t-elle de montrer qu'il faut rendre le petit patient « analysable », lui « inspirer confiance en l'analyse et en l'analyste », tâche « qui nécessite pour l'analyse de l'enfant un temps de préparation que ne réclame pas l'analyse d'un adulte [18] ». Elle qualifie cette étape préliminaire de « dressage [19] ». Et elle précise que lorsque les procédés auxquels elle a habituellement recours – alliance avec le moi conscient de l'enfant, ou alliance avec sa famille – ne sont pas praticables, il faut en trouver d'autres. Elle écrit, à propos d'un cas : « Je me comportais à peu près comme un film de cinéma ou

16. S. Morgenstern, *ibid.*, p. 20.

17. A. Freud, « Introduction à la psychanalyse des enfants », trad. de E. Rochat, *Revue française de psychanalyse*, 1930-1931, t. 4, p. 428-439.

18. A. Freud, *ibid.*, p. 431.

19. *Ibid.*

comme une histoire amusante, qui n'a pas d'autre but que d'attirer le spectateur ou le lecteur, et qui se conforme aux intérêts et aux goûts du public. » Avec un garçon qui commet des petits vols et qui se montre réfractaire à l'analyse, elle ne cherche qu'à se rendre d'abord « intéressante à ses yeux », notamment en lui « tapant ses lettres à la machine, pendant l'heure d'analyse [20]. » Enfin, avec un petit garçon de dix ans, timide mais sujet à des colères, elle dit que, ne trouvant « aucun point d'attaque », elle se servit « ici encore [...] d'un moyen détourné et pas très droit »; elle feignit de s'inquiéter de la gravité de ses accès de colère pour le mettre en opposition avec cette partie de lui-même. Elle utilise ce « même artifice » (« provoquer une scission dans le moi intime de l'enfant ») avec une fillette [21]. Ce n'est pas tant sa technique, d'ailleurs balbutiante à l'époque, qui est en cause ici, ni ses résultats que son langage, celui d'une tactique – manœuvres, séduction et ruses – qui révèle son attitude embarrassée à l'égard de l'enfant. Elle ne voit pas en lui un sujet, le sujet d'un dire, porteur d'une souffrance, mais un individu dont il faut manipuler les instances psychiques, le moi en particulier, et qu'on ne saurait faire avancer sinon en usant de la carotte et du bâton (le « dressage »). Il n'est peut-être pas étonnant que A. Freud mette en doute la possibilité pour un enfant de faire un transfert sur un analyste. Le fait d'avoir été analysée par son propre père a pu lui faire conclure qu'il n'y avait de transfert possible pour l'enfant que sur ses parents.

Sophie Morgenstern ne cherche pas à se concilier l'enfant par de tels détours, elle ne craint pas qu'il refuse de lui accorder sa confiance. Rien moins que théoricienne, elle pense apporter davantage par le seul récit de ses cas cliniques, ce en quoi Dolto lui ressemble beaucoup.

Sa typologie psychologique demeure d'inspiration psychiatrique, mais elle ne s'y réfère pour ainsi dire jamais dans sa clinique [22]. Elle reconnaît Bleuler pour maître et

20. *Ibid.*, p. 435.
21. *Ibid.*, p. 436-437.
22. S. Morgenstern, *La Structure de la personnalité et ses déviations*, Paris, Denoël, 1939.

emploie les notions d'autisme et de schizophrénie devant des problèmes de diagnostic différentiel.

Même si elle fait peu de remarques sur le transfert et sur la conduite de la cure, on trouve ici et là toutes sortes de notations cliniques, clairement formulées, très intéressantes, mais qu'elle n'exploite pas sur le plan théorique. Elles seront retrouvées par d'autres : Winnicott, Dolto, dans leur propre pratique. Telle cette réflexion qui vient à S. Morgenstern lorsqu'elle se réfère à la notion de *socius*, empruntée à Janet. Elle écrit : « La perte de ce *socius* peut produire un effet considérable sur l'enfant et peut même devenir la cause d'un changement de son caractère. Ainsi, une fillette de quatre ans, gaie et sociable, devint, après la perte de son petit ours qu'elle ne quittait jamais, renfermée et triste. Elle chercha pendant un temps infini son petit ours, et aucun des beaux spécimens de ce jouet que lui donnèrent ses parents ne parvint à la consoler. A l'âge de seize ans, en me parlant de son premier chagrin, elle mentionne la perte du petit ours, qui créa dans sa vie un vide énorme. » Morgenstern explique comment, par identification, l'ours de cette petite fille « devait subir les mêmes joies et les mêmes peines qu'elle : il l'aidait à augmenter son plaisir et à diminuer son chagrin [23] ». C'est bien là une des fonctions éminentes de l'objet transitionnel, isolé plus tard par Winnicott. Et Dolto rappelle l'importance de cet objet transitionnel en prenant l'exemple d'une jeune fille qu'elle avait engagée pour s'occuper de son fils aîné, à sa naissance : la jeune fille n'osait pas prendre l'enfant dans ses bras. Lorsqu'elle y parvint, ce fut pour s'effondrer en sanglots en se remémorant l'histoire du nounours qu'elle avait perdu quand elle était petite : « Lorsque l'objet transitionnel est atteint dans son intégrité, l'enfant est atteint à son tour, de façon magique [...], l'objet transitionnel a quelque chose du double, de l'autre soi-même et, quand il est atteint, l'enfant l'est aussi [24]. »

Il y a dans les cures de Morgenstern des moments où elle sort de sa réserve analytique pour basculer dans une

23. S. Morgenstern, *ibid.*, p. 20-21.
24. F. Dolto, *Inconscient et Destins, op. cit.*, p. 130-131.

attitude d'éducatrice. Ainsi avec un enfant – dont elle mentionne le cas dans plusieurs ouvrages – qui giflait sa mère, lui lançait des assiettes, etc. Un jour, il se met en colère alors que Morgenstern lui interprète que le Dr Heuyer, qui vient d'entrer dans la salle de consultation, représente pour lui son père. Puis elle lui passe la main sur la tête pour l'encourager à dire son « chagrin ». (Elle dira dans un autre contexte à un enfant : « dessine ton chagrin », expression qu'on croirait de Dolto elle-même.) Ce geste de réassurance affectueuse a l'effet suivant : le lendemain, le garçon lui raconte, avec une certaine gaieté, un rêve qu'il aurait fait un an auparavant : « Une vieille dame vivait seule dans son appartement; elle avait un lavabo dans lequel elle se débarbouillait tous les jours et elle lui parlait comme à un ami. Le lavabo la comprenait. Un jour, elle est partie chez sa sœur et en rentrant elle savait qu'elle allait mourir. Elle écrivit une lettre à sa sœur et prit congé pour toujours du lavabo. Le lavabo en avait un grand chagrin : il se mit à pleurer à chaudes larmes; l'eau coulait du lavabo goutte à goutte et inonda tout l'appartement. Quand la sœur de la dame arriva, elle la trouva morte et la pièce inondée, mais elle ne comprit pas le chagrin du lavabo [25]. »

En lui racontant, le jeune garçon se déclare persuadé qu'elle ne croira pas qu'il a fait ce rêve. Elle lui répond, au contraire, qu'elle le croit d'autant mieux que dans les rêves une table peut parler, un lit danser. Elle interprète que la vieille dame, c'est elle, lui c'est le lavabo, et qu'il serait content qu'elle meure – ce qui mettrait fin au traitement – mais également triste.

L'intention didactique de Morgenstern est évidente. Elle cherche à illustrer par des exemples cliniques l'indiscutable valeur thérapeutique de l'analyse d'enfants. Elle note que dans « beaucoup de cas de névroses infantiles, la psychanalyse des parents pourrait rendre un service très précieux [26] »; elle songe à la possibilité « d'organiser des cours d'enseignement psychanalytique pour parents et éducateurs [27] »; enfin elle souligne que « l'enseignement

25. S. Morgenstern, *La Psychanalyse infantile et son rôle..., op. cit.*, p. 23-24.
26. *Ibid.*, p. 25.
27. *Ibid.*, p. 25-26.

psychanalytique [...] et la psychanalyse infantile [...] pourraient avoir un effet prophylactique contre les psychoses [28] ». Ces espérances seront reprises et élaborées par Dolto, qui donnera un horizon tout autre à sa pratique : pas question, par exemple, de prendre en séance le petit enfant sans sa mère, s'ils ne le supportent ni l'un ni l'autre.

Dans les hommages qu'elles a rendus, ici et là, à la technique de Morgenstern [29], Dolto insiste sur le fait que celle-ci restait totalement silencieuse, en particulier avec les enfants mutiques, l'analyse se déroulant uniquement par l'intermédiaire des dessins. Or ce n'est pas totalement vrai, si l'on se rapporte au premier cas analysé en 1926 par Morgenstern d'un garçon complètement mutique en séance. Elle le laissait libre de ne s'exprimer que par des dessins, ne lui posait aucune question, mais lui fournissait des interprétations de ses dessins, jusqu'au jour où il reprit la parole et lui en confirma la justesse.

Ce garçon, qu'elle appelle Jacques R. [30], ne parlait plus à son père depuis un an et plus du tout depuis quatre mois, quand elle le vit à la consultation. Il était alors âgé de neuf ans. Il avait eu, à sept ans, des « crises comitiales frustes », donc d'allure épileptique. Morgenstern parle d'une hérédité chargée du côté maternel avec des traits « schizoïdes très prononcés ». Comme il est gardé en observation à la clinique, elle se demande même s'il ne tombe pas dans le négativisme schizophrénique, car il est « recroquevillé, anxieux, les yeux fixés par terre ». Mais elle exclut bientôt l'hypothèse d'un mutisme autiste (qui impliquerait la préférence du monde intérieur, un délire, des voix) pour penser qu'il s'agit d'hystérie, puisqu'il tâche de se faire comprendre par gestes, fait des colères si on ne le comprend pas [31], etc.

Toute l'analyse va tourner autour du thème qui se

28. *Ibid.*, p. 26.

29. Par exemple dans le chap. X des *Dialogues québécois*, *op. cit.*, intitulé « Le dessin en psychanalyse d'enfants », mais aussi bien dans *Autoportrait...*, *La Cause des enfants*, *op. cit.*, etc.

30. S. Morgenstern, *Psychanalyse infantile. Symbolisme et valeur clinique des créations imaginaires chez l'enfant*, *op. cit.* (voir plus haut, note 1), notamment p. 81-109.

31. *Ibid.*, p. 82.

répète dans les premiers dessins : « un petit garçon regardait un homme avec méfiance et terreur [32]. » L'intensité des regards est très frappante. C'est l'illustration, non formulée, de ce que développera Dolto dans sa théorie de l'image du corps : dans le dessin s'exprime non seulement l'affect, mais la prévalence de tel ou tel objet partiel – ici, le regard en rapport avec le conflit psychique majeur, l'angoisse de castration.

Sophie Morgenstern défriche ce terrain, sans théorisation, soulignant que dans d'autres dessins « l'angoisse s'exprime sur tous les visages : sur ceux des victimes, des acteurs, des spectateurs [33] ». Chemin faisant, elle multiplie les observations précieuses sur la structure des dessins d'enfants : Jacques R., « comme beaucoup d'enfants dessine souvent les objets et les personnages qui sont dans la maison en dehors de celle-ci [34]. »

Pourtant, c'est elle qui cède sur les exigences de la technique en lui apportant une fois une tablette de chocolat, une autre fois en l'enfermant une demi-heure dans une chambre sans lumière. Elle va jusqu'à interrompre les séances, toujours pour tenter de mettre fin à son mutisme.

Au lieu de se hâter de crier au scandale en stigmatisant les méfaits de l'annafreudisme et des visées adaptatives de toute institution, mieux vaut noter que Morgenstern laisse l'enfant continuer de s'exprimer dans ses dessins et se garde de lui en interpréter par anticipation le symbolisme sexuel. De sorte que le symptôme vient à se représenter dans un dessin « où l'on voit un homme avec une sorte de longue barbe comme un cadenas sur la bouche [35] ». Il détourne les yeux avec horreur « de la personne sur sa gauche qui le dévisage avec reproche [36] ». C'est ce qui établit le lien entre la culpabilité et une « langue-barbe » qui fait cadenas : clé du mutisme.

Une autre série de dessins va exprimer les fantasmes concernant une scène primitive où l'enfant ne fait pas la distinction entre uriner et procréer : il dessine, par

32. *Ibid.*, p. 83.
33. *Ibid.*, p. 84.
34. *Ibid.*, p. 84.
35. *Ibid.*, p. 90.
36. *Ibid.*, p. 90.

exemple, « un ventre isolé avec un trou au milieu » et décompose lui-même le mot « *venger* en ven = ventre, ger = jet d'eau; soit au total = un jet d'eau dans le ventre, image sous laquelle il se représentait le coït [37] ». Puis viennent des dessins d'opérations où l'on coupe les bras d'une personne avec des couteaux. (On attachait, la nuit, les mains à Jacques R. pour l'empêcher de se toucher.) Finalement, Morgenstern apprendra que sa névrose datait d'une période de vacances : alors, le père, ayant la mère pour lui, le « privait » d'elle, ce qui réactivait le désir du garçon de « se toucher ».

La signification des dessins qui mettent en scène les fantasmes de castration se confirme par l'expression utilisée par Jacques R. au sujet du chirurgien qui va lui « couper les affaires » : il fait imaginairement subir à son analyste toutes les misères qu'il redoute pour lui de la part de son père. Vers la fin du traitement, Jacques régresse transitoirement : il devient incontinent la nuit et se salit. Puis il commence à parler, d'abord en répondant aux questions de sa sœur, lors des visites des parents. Morgenstern voyait la sublimation s'amorcer dans l'ultime dessin de Jacques : deux hommes qui tirent en l'air; « ils veulent tuer Dieu », selon les mots de l'enfant. Pour elle, c'était le déplacement de la figure paternelle dans « une région plus haute », « sur un sujet super-individuel [38] ».

A des fins didactiques, Morgenstern récapitule la fonction de quelques symboles essentiels dans cette cure : entre autres, la « langue-barbe » transpose la peur de la castration « vers le haut », le mutisme étant pour ce garçon un « sacrifice expiatoire qui peut le sauver de la castration [39] » : on ne lui coupera pas la langue.

Le récit de ce traitement frappe par l'intensité expressive des dessins, inversement proportionnelle au silence du jeune patient. Comme un film muet. Il y a lieu de penser que Morgenstern l'a ainsi voulu, pour donner toute sa force aux fantasmes contenus dans le dessin d'enfant par une « narration graphique des plus dramatiques [40] ». Elle

37. *Ibid.*, p. 90.
38. *Ibid.*, p. 100.
39. *Ibid.*, p. 104.
40. *Ibid.*, p. 84.

concède d'ailleurs que ceux-ci sont, après tout, ordinaires et fréquents chez les enfants, comme si la névrose de Jacques R. n'allait guère au-delà de son symptôme : une angoisse de castration éprouvée dans l'horreur et dans la culpabilité liée à l'onanisme.

Elle concluait en reconnaissant que l'analyse n'avait pas abouti à « la reconstitution verbale du trauma primordial », mais qu'ayant « obtenu la guérison complète », elle n'avait pas osé « aller plus loin dans la recherche [41] » (sur les questions sexuelles).

Dans un article récent, Jean Losserand [42] pourfend l'alliance de l'institution psychiatrique et de la psychanalyse, ce compromis entre un psychiatre, G. Heuyer, au ton « judiciaire » et une psychanalyste, S. Morgenstern, qui ne parvient pas à renier ce qu'elle doit à Bleuler et à Piaget et qui privilégie, selon lui, une conception où « la méthode cathartique prend le pas sur une interprétation toujours soupçonnée d'être traumatisante [43] ». Il croit pouvoir nier le mérite de Morgenstern en déclarant que, en réalité, l'invention thérapeutique de la technique du dessin fut « tout à fait fortuite [44] ». Comme si l'invention de la « poupée-fleur » par Dolto l'était moins. Et la pomme de Newton.

Jean Losserand s'engage sur un terrain aussi glissant à prendre argument du fait que Serge Lebovici – qui ne fut pas précisément d'ailleurs un ami de Dolto – aurait réexaminé, en 1950, des cas analysés par Morgenstern longtemps auparavant, pour conclure que les résultats étaient décevants [45]. Mieux vaut ne pas s'attarder à cette pratique d'expert psychiatrique et non de psychanalyste, qui consiste à évaluer des cas déjà traités. D'ailleurs l'un des patients en question n'a pas été traité par S. Morgenstern, mais par Odette Codet [46]. Détail négligeable, à l'évidence

41. *Ibid.*, p. 102.
42. Jean Losserand, « La psychanalyse d'enfants. Le début en France », S. Morgenstern, G. Heuyer, *in* revue *Le Coq-Héron*, n° 119, 1991. On ne sait pas d'ailleurs pourquoi l'auteur, ou la revue, s'est obstiné(e) à attribuer à S. Morgenstern l'orthographe nulle part attestée de *Morgernstern*.
43. *Ibid.*, p. 35.
44. *Ibid.*, p. 49.
45. *Ibid.*, p. 61 et sq.
46. *Ibid.*, p. 63.

pour J. Losserand, tout content de pouvoir estimer que Dolto serait parvenue à des conclusions voisines de celles de Lebovici, mais en insistant, elle, sur le fait que la disparition du symptôme ne signe pas la guérison de l'enfant [47].

Ce serait une erreur que de récuser massivement, comme croit pouvoir le faire J. Losserand, une analyse du symptôme, sous prétexte qu'elle négligerait l'analyse du transfert [48]. Quelle que soit d'ailleurs la pertinence de ses arguments, il ne semble pas tenir compte de l'état de développement de la psychanalyse d'enfants – alors balbutiante en France – tout entière animée par le souci de persuader et donc de faire la preuve de son efficacité.

Françoise Dolto, quant à elle, a toujours pris le symptôme très au sérieux, même si elle n'a jamais cessé de dire, comme tout analyste, qu'il ne faut pas s'en tenir là, c'est-à-dire à la disparition des *premiers* symptômes.

L'article de J. Losserand ne fait pas état d'un aspect de la clinique de Dolto, de plus en plus marqué dans les dernières années de sa pratique : ses interventions-éclairs avec de nombreux enfants, la disparition du symptôme valant pour elle non pas fin d'une analyse, mais terme d'une rencontre thérapeutique; les cas de son séminaire le prouvent surabondamment.

Evoquant un jour ce que la cure psychanalytique a d'irremplaçable, malgré la lourdeur de son dispositif – durée, coût, frustration imposée –, précisément contre toutes les prétendues thérapies brèves, qui prétendent venir à bout du symptôme en temps record, Dolto s'indignait qu'on puisse croire à la sexologie comme remède à l'impuissance. On sait bien que c'est psychique, disait-elle, ajoutant, à propos des thérapies familiales, toutes espèces confondues : « Elles ne peuvent évidemment pas guérir, puisqu'il n'y a personne pour supporter le symptôme ! Il n'y a pas un analyste pour supporter le symptôme : ils se mettent à plusieurs, avec la famille. »

Lorsqu'il n'y a pas *un* analyste pour assumer le trans-

47. *Ibid.*, p. 63.
48. *Ibid., passim.*

fert, le symptôme se répand, fait tache d'huile, rien d'autre. Loin de se dissoudre, il reste en émulsion.

S'il voulait faire la part de ce qui est vraiment analytique dans l'approche de S. Morgenstern, on pourrait donner acte à J. Losserand des critiques qu'il formule : il évalue en effet sa technique en termes de stratégie de chantage, puisqu'elle « utilise les sentiments positifs du patient à l'égard du thérapeute : *s'il renonce à son symptôme l'enfant conservera l'amour du thérapeute*[49] ». Il n'est pas question de méconnaître en quoi cette « négociation affective », pour reprendre ses termes, a pu peser sur la cure de Jacques R. en limitant sa portée. Mais J. Losserand néglige ce qu'en dépit de ses limites réelles la pratique de S. Morgenstern a ouvert à Dolto.

Il se trouve qu'il fait l'économie du détail de la cure de Jacques R., pour la réduire à l'interprétation unilatérale qu'il veut en donner. Dirait-on sérieusement qu'il est inutile de lire le cas Dora sous prétexte que Freud a méconnu certains aspects du transfert ? Le verdict de J. Losserand tombe sur la cure de Jacques R., à l'abri de celui de S. Lebovici : transfert non liquidé, insuffisamment analysé, faute d'une exploration de l'érotisme anal, etc.

A trop vouloir prouver, il amalgame S. Morgenstern à G. Heuyer et à l'étroitesse de vue institutionnelle. Il se refuse à admettre que l'analyse d'enfants ait pu naître en France sur ce terrain foncièrement impur. Qu'ira-t-il conclure de l'analyse de Dolto, par exemple, qui dit en toutes lettres : « Ce qui est intéressant, c'est que j'ai commencé ma psychanalyse vierge, que je l'ai terminée vierge et qu'il [Laforgue] ne me l'a jamais reproché. Il ne m'a jamais parlé du fait que je n'avais aucun désir sexuel, pour personne. J'avais beaucoup de camarades et d'amis, filles ou garçons, mais pas encore d'éveil sexuel[50] » ?

J. Losserand, semble-t-il, passe à côté de ce que Dolto a retenu, elle, de la pratique de Morgenstern, une des premières à lire psychanalytiquement les dessins d'enfants.

Sophie Morgenstern a soin de mettre en valeur des élé-

49. J. Losserand, *op. cit*, p. 58.
50. F. Dolto, *Autoportrait...*, *op. cit.*, p. 120.

ments et des caractères signifiants du dessin d'enfant, au-delà d'un catalogue de symboles. Ainsi, des oppositions d'affects, par exemple. Elle rapporte le cas d'un garçon adorant sa mère, détestant son frère puîné et son père dont il subissait stoïquement les punitions. Il dessine notamment un rêve : « on lui fait visiter une tour où était mort un seigneur qui avait commis des crimes [51] ». Ce seigneur « que l'on avait laissé mourir de faim [52] » est ensuite entouré de figures emblématiques, des chevaux caparaçonnés qui servent à lui rendre honneur après coup, comme si « la punition si sévère du seigneur qui symbolise son père lui était très pénible [53] ». « L'atmosphère glaciale de la mort est nettement perceptible dans le dessin et dans le rêve [54] », malgré l'annulation rétroactive.

L'angoisse est décelable dans des contrastes marqués. Une petite fille de six ans « a rêvé qu'un monsieur l'étranglait ». Dans un autre rêve, « elle se voyait dans l'eau où elle voyait un poisson qu'elle sentait s'appuyer sur sa gorge [55] ». Elle condense ces deux rêves dans un dessin : un énorme canard (le monsieur) lui attrape la main. Si la peur est lisible sur l'expression du visage dessiné de l'enfant, elle l'est aussi dans la taille disproportionnée du canard et du poisson par rapport au corps de l'enfant. Les dimensions excessives sont en elles-mêmes signifiantes [56]. Morgenstern en donne pour aperçu l'hésitation manifeste sur la taille des objets dans les dessins d'une petite fille dont elle rapporte brièvement l'histoire. Sa mère meurt quand elle a huit ans. Le père le lui cache, la place chez des paysans et la reprend plus tard chez lui. Remarié, il fait passer la marâtre qu'il a épousée pour la mère en l'appelant par le petit nom de celle-ci : « l'enfant s'en aperçoit, partage le secret avec la belle-mère, ne dit rien au père [57] ». Mais sa rancune contre celui-ci, puis ses doutes sur la réalité de la mort de sa mère s'expriment par

51. S. Morgenstern, *Psychanalyse infantile. Symbolisme et valeur clinique...*, *op. cit.*, p. 25.
52. *Ibid.*, p. 25.
53. *Ibid.*, p. 27.
54. *Ibid.*, p. 79.
55. *Ibid.*, p. 75.
56. *Ibid.*, p. 53.
57. *Ibid.*, p. 69.

« une méfiance dans la valeur réelle des choses [58] » : la taille des objets est inversée dans son dessin.

Dolto, elle aussi, prête la plus grande attention à ces éléments structuraux du dessin. Pour ce qui concerne seulement les proportions, elle donne cet exemple : un enfant « dessine en séance un combat de boxe : l'un des deux personnages ne peut tenir sur le ring, tant il est grand ; il est coupé à mi-jambes. Il s'agit, bien sûr, d'une problématique œdipienne qui n'a pas pu encore être abordée [...] il faut continuer l'analyse, sans rien interpréter à l'enfant des détails du dessin, tout en sachant que ce personnage est une représentation imaginaire du père, qui n'est pas encore au niveau de l'enfant [59] ». Dolto fait intervenir dans l'appréciation du dessin ou du modelage un principe de réalité. Qu'on ne s'y trompe pas, il ne s'agit nullement d'une référence normative ou éducative. Quand elle dit qu'on ne peut pas mettre fin à la cure d'un enfant qui dessine des personnages dont un pied va en sens avant et l'autre en sens arrière, ce n'est pas par rapport à un préjugé personnel ou à une norme sociale de comportement, mais justement par rapport à ce qui figure l'instance du symbolique pour l'enfant, à tel âge ou à tel moment de son analyse.

Dans la même perspective, il faut s'assurer, dit-elle, que l'enfant en période de latence dispose des symboles sexuels qui lui seront nécessaires à la puberté, « symboles qui sont, chez les filles, les coiffures, les sacs, bref, tout ce qui est associé aux vêtements. Il faut observer aussi la manière dont elles représentent la maison : on verra, par exemple, un lit tout petit par rapport à une table de salle à manger énorme. Quelles sont les proportions ? C'est ce qui est important chez les enfants prépubères ou en période de latence [60] ». Tout cela indique clairement que Dolto s'est formée à l'analyse des dessins d'enfants à partir de certaines remarques de Morgenstern, auxquelles elle a

58. *Ibid.*, p. 70.
59. F. Dolto, *Séminaire de psychanalyse d'enfants*, 2, *op. cit.*, p. 207. On trouve des considérations analogues sur les dessins « monoblocs » et les modelages stéréotypés, démesurés du *Cas Dominique*, *op. cit.*, p. 13-14 (coll. « Points »), par exemple.
60. F. Dolto, *Séminaire...*, t. 2, *op. cit.*, p. 206.

conféré une portée structurale beaucoup plus large, étayée sur la diversité d'une expérience considérable.

Deux questions se posent à cet endroit : l'analyse du dessin d'enfant est-elle une technique transmissible comme une autre ? qu'en est-il d'un « langage » de l'enfant, auquel des analystes comme Dolto et Morgenstern auraient eu, pour ainsi dire le privilège d'un accès direct ?

Morgenstern parle à propos du dessin d'enfant d'un « langage imagé, incompréhensible aux non-initiés [61] ».

Dans un entretien avec Martine Bacherich, qui a été elle-même formée par Dolto à cette pratique, Wladimir Granoff souligne que ce terme d'initiation est tout à fait approprié, car l'interprétation du dessin d'enfants ne relèverait pas, selon lui, d'une formation, d'un *training*, comme c'est le cas pour l'interprétation du rêve, mais presque de « dons innés [62] ». De son côté, M. Bacherich rappelle, en citant quelques types d'interprétation de Dolto, comment elle déchiffrait les dessins-rébus d'enfants : « Là il y a un fauteuil, c'est la faute à l'œil, c'est la culpabilité de voir et le désir d'épier... », ou : « l'éléphant, c'est elle-enfant, qui veut tromper son monde avec une trompe phallique [63] ». Elle ajoute : « Elle nous montrait comment déchiffrer un dessin à partir du graphisme, c'est-à-dire de la chose au mot et du mot à la pensée. On avait affaire là à un langage schizophrénique, ce dont parle Morgenstern, ce qu'elle désigne comme un langage-image en postulant une névrose calquée sur le modèle schizophrénique, et en se référant à un inconscient qui se manifeste en utilisant les procédés de la pensée autiste, du rêve ou du primitif [64]. »

L'autre question est de savoir s'il est légitime de parler d'un langage à propos du dessin d'enfants. « Est-ce que c'est une activité autistique ou est-ce qu'il faut l'envisager comme adressée, c'est-à-dire sous l'angle transférentiel ? »

61. S. Morgenstern, « Le symbolisme et la valeur psychanalytique des dessins infantiles », *Revue française de psychanalyse*, 1939, 11, p. 47-48.

62. Martine Bacherich et Wladimir Granoff, « A mille milles de toutes les terres habitées », *Nouvelle Revue de Psychanalyse*, n° 44, automne 1991, « Destins de l'image », p. 230-250.

63. Dolto citée in Bacherich, Granoff, *ibid.*, p. 233.

64. *Ibid.*, p. 233.

demande Granoff[65]. Pour lui, il n'est pas évident qu'il faille se laisser prendre par ce qui est saisissable intuitivement, par une similitude apparente entre le dessin et des figures identifiables : on peut reconnaître des cercueils dans le dessin de croix entourées d'une ligne ; mais y voir aussitôt des fausses couches participe, selon lui, d'une initiation. Granoff pense que, dans ses modalités archaïques, le dessin d'enfant fait « fonctionner des apparitions[66] » – aussi « majeures et terrifiantes » que celles des « divinités » à l'aurore de l'humanité. On est là dans une autre dimension que celle du dessin qui, pour Dolto, raconte toujours une histoire, celle de l'enfant[67].

A la question, le dessin est-il un langage inconscient de l'enfant ? M. Bacherich répond implicitement que c'est seulement une façon de parler. Ce langage, en effet, est déjà le produit d'une élaboration par l'analyste, dans des repères et dans un code qui sont les siens. C'est par la médiation de symboles qui se sont imposés à l'analyste dans sa pratique, éventuellement par leur fréquence, que la « narration graphique surréaliste », le rébus-récit finit par prendre forme de langage dans la relation transférentielle : « Dolto pouvait être assez affirmative concernant certains symboles, leur signification. Par exemple, elle disait invariablement que dans la maison la fumée est la pensée, que la lampe c'est pour voir clair, pour comprendre[68]... », sans pour autant tomber dans une stéréotypie symbolique. Car le fauteuil (faute à l'œil) est, comme elle le souligne par ailleurs, la représentation métonymique de l'adulte, souvent du grand-père[69].

65. *Ibid.*, p. 232.
66. *Ibid.*, p. 242.
67. Cf. *Ibid.*, p. 234. Pourtant beaucoup de formulations de Dolto rejoignent celles de Granoff sur la manière dont l'enfant perçoit ses parents : comme des « dieux », comme des « merveilles » et, donc, exerçant la plus grande séduction qui soit.
68. M. Bacherich, W. Granoff, article cité, p. 234.
69. F. Dolto, « Entretien avec E. Roudinesco », in *Quelques pas sur le chemin de F. Dolto, op. cit.*, cf. p. 11-12. Au même endroit F. Dolto précise que c'est la technique du modelage et sa formation auprès de S. Morgenstern qui l'ont mise sur « la voie de l'image du corps ».

Françoise Marette va travailler en contrôle avec, entre autres, Angel Garma et Heinz Hartmann.

Le premier, né en Espagne et formé à Berlin, émigre du fait de la guerre civile espagnole, à Buenos Aires où il fonde L'Association argentine de psychanalyse [70]. Auparavant, il s'était réfugié quelque temps à Paris. La *Revue française de psychanalyse* a gardé trace de ses interventions lors du débat sur le rapport de Sacha Nacht [71] concernant le masochisme.

Heinz Hartmann, fuyant les persécutions antisémites, deviendra avec Ernst Kris et Rudolph Loewenstein, sous la bénédiction d'Anna Freud, un des promoteurs de l'*ego psychology* aux Etats-Unis dans les années 50. Dès 1937, il a exposé à la Société psychanalytique de Vienne les éléments d'une conception du moi dominée par une vision biologique du développement : le moi est essentiellement une fonction de synthèse au service de l'adaptation sociale et le résultat d'un processus de maturation [72]. Lors de son séjour à Paris, il prend en contrôle Françoise Marette – qu'il omettra de défendre lorsqu'elle sera évincée de l'IPA, en 1953.

Loewenstein (1898-1976) sera également un contrôleur de Françoise Marette. Juif russe, analysé à Berlin par Hans Sachs, il s'installe en 1925 en France où il passe pour un représentant authentique de la psychanalyse freudienne. Il est naturalisé en 1930, et servira dans l'armée française pendant la guerre, avant d'émigrer à New York. Il sera notamment l'analyste didacticien de Daniel Lagache, Sacha Nacht et Jacques Lacan. Ce dernier critique très subtilement le biologisme dans lequel tombe Loewenstein, lors de l'exposé sur le masochisme qu'il présente conjointement à celui de Nacht, en février 1938 à Paris [73].

70. Angel Garma est surtout connu pour ses travaux sur le rêve qu'il considère comme une sorte d'hallucination primordiale. Il discute la thèse de Bertram Lewin pour qui l'écran du rêve est une surface plate associée à la vision du sein maternel par le nourrisson. A. Garma, *Le Rêve. Traumatisme et hallucination*, trad. de E. Hawelka, Paris, PUF, 1981.

71. *Revue française de psychanalyse,* 1938, 10, 4, p. 751-760.

72. Heinz Hartmann, *La Psychologie du moi et le problème de l'adaptation;* trad. de A.-M. Rocheblave-Spenlé, Paris, PUF, 1968.

73. R. Loewenstein, « L'origine du masochisme et la théorie des pulsions ». Les rapports de Nacht et Loewenstein sont publiés dans la *Revue française de*

Françoise Marette a aussi travaillé avec René Spitz qui, pour des motifs analogues, émigre aux Etats-Unis. Outre la découverte de l'hospitalisme [74], Spitz est célèbre pour ses observations des nourrissons et, en particulier, pour la description du fouissement : cette sorte de schème pulsionnel – un « se diriger vers » – qui donnerait à la pulsion orale son vecteur positif dans la recherche du sein [75]. Dans une lettre à Françoise Marette en juillet 1936 [76], il fait lui-même allusion à ses premiers travaux, qu'il conçoit comme introduisant l'approche psychanalytique contre le mécanisme pavlovien, alors prédominant en France selon lui. Spitz avait fait d'autre part un commentaire psychanalytique du roman de Pierre Jean Jouve, *Vagadu* (paru en 1931), inspiré de la cure analytique de Blanche Reverchon-Jouve avec E. Sokolnicka et du contrôle qu'elle suivit avec R. Loewenstein, reconnaissable dans l'œuvre au nom du personnage Leuven [77].

L'un de ceux qui auront le plus compté dans la formation de Françoise Marette, à côté de S. Morgenstern, est Edouard Pichon (1890-1940). Il est le neveu de Jacques Damourette avec qui il va rédiger la *Grammaire de la langue française* [78], d'où Lacan va extraire le *ne* forclusif : comme dans le « je crains qu'il ne vienne ». Cette pseudo-négation renvoie au désir négatif exprimé par le « je » de l'énonciation et laisse pointer le désir que la personne en

psychanalyse, 1938, X, 2, 173-321. Celui de S. Nacht était intitulé « Le masochisme : étude historique, clinique, psychogénétique et thérapeutique ». Il est édité la même année sous ce titre chez Denoël. Loewenstein s'intéressait dans l'entre-deux-guerres aux problèmes de l'impuissance sexuelle masculine; cf., par exemple, son article, « De la passivité phallique chez l'homme », in *Revue française de psychanalyse*, 1935, VIII, 1, 36-43, et son travail, paru la même année, « La conception psychanalytique des troubles de la puissance génitale chez l'homme » auquel se référait Marc Schlumberger dans sa thèse, *op. cit.*

74. René Spitz, *De la naissance à la parole. La première année de la vie*, trad. L. Flournoy, Paris, PUF, 1965.

75. Cf. R. Spitz, *Le non et le oui. La genèse de la communication humaine*, trad. de A.-M. Rocheblave-Spenlé, Paris, PUF, 1976.

76. F. Dolto, *Correspondance, op. cit.*, p. 512-513. Spitz avait du reste donné en 1934 des lectures à la Sorbonne sur ce thème : « Points cruciaux du développement psychique de l'enfant ».

77. R. Spitz, « *Vagadu*. Une analyse dans le miroir de l'intuition de l'artiste. Commentaire psychanalytique », *Revue française de psychanalyse*, 1934, VII, 3, 550-579. Voir à ce propos E. Roudinesco, *Histoire de la psychanalyse en France*, 2, *op. cit.*, p. 112-115.

78. J. Damourette et E. Pichon. *Des mots à la pensée. Essai de grammaire de la langue française.* 7 volumes, Paris, éd. d'Artrey, 1911-1950.

question ne vienne pas. Lacan a donné ensuite au terme de forclusion une signification tout à fait orginale dans la langue psychanalytique pour désigner, on le sait, le mécanisme responsable, selon lui, du défaut de symbolisation inhérent à la psychose : une absence d'inscription de certaines représentations comme celle de la différence des sexes et, d'abord, de la fonction symbolique du phallus, à la fois dans l'ordre de la procréation et dans le registre métaphorique, comme le signifiant par lequel tous les autres signifiants prennent sens. A ce titre, le phallus est, de façon priviligiée, référé à la fonction paternelle, lorsqu'il en dit que « faute de ce signifiant, tous les autres ne représenteraient rien [79] ».

Lacan mentionne Pichon comme un précurseur de la notion linguistique de *shifter*, ou embrayeur, articulant le « je » de l'énonciation à celui de l'énoncé : la distinction de la « personne étoffée » et de la « personne subtile » en serait la préfiguration [80]. Et c'est à « son exercice de la sémantique » qu'il attribue la « divination » dont Pichon fit preuve dans la venue au jour de la psychanalyse [81]. Lacan fut un des enfants chéris de Pichon, comme en témoigne l'article [82], non dénué d'ambivalence mais admiratif, que ce dernier consacre, en 1938, au texte de Lacan, « La famille [83] », paru dans l'*Encyclopédie française.*

Esprit très brillant, pédiatre, chef adjoint de clinique infantile à l'hôpital Bretonneau depuis 1924, Pichon, qui adhère à l'Action française, ne cache pas son admiration pour Maurras, lequel a droit à quelques dithyrambes dans son ouvrage le plus connu, *Le Développement psychique de l'enfant et de l'adolescent*. Rappelons que la mère de Dolto partageait un même engouement pour la droite et que son mari n'était pas précisément un homme de gauche.

79. J. Lacan, « Subversion du sujet et dialectique du désir dans l'inconscient freudien », *Ecrits, op. cit.*, p. 819.

80. Ce en quoi Lacan commet une erreur d'attribution, comme l'a montré E. Roudinesco.

81. J. Lacan, « Fonction et champ de la parole et du langage en psychanalyse », *Ecrits, op. cit.*, p. 258.

82. E. Pichon, « La famille devant M. Lacan », *Revue française de psychanalyse*, 1939, XI, 1, p. 107-135.

83. Texte réédité sous le titre *Les Complexes familiaux dans la formation de l'individu. Essai d'analyse d'une fonction en psychologie*, Paris, Navarin éd., 1984.

Sous les apparences très universitaires d'un discours didactique, l'ouvrage de Pichon est rempli d'idées fécondes, de parti pris et de préjugés. Il affectionne les néologismes, et E. Roudinesco, fidèle à la lettre des manuels de psychiatrie [84], y voit, de même que dans son goût pour les étymologies, le trait d'une personnalité psychotique. En tout cas, il traversa des moments de délire dus au traitement contre des crises de rhumatisme articulaire aigu, qui l'obligèrent finalement à adopter la chaise roulante.

Dolto emprunte beaucoup à certaines vues de Pichon et s'oppose diamétralement à d'autres.

Pichon rêve d'une « psychopédeutique », « discipline nouvelle » qui serait comme la synthèse des acquisitions de la psychologie, de la pédagogie et de la médecine. Mais il lui faut faire accepter en préambule la psychanalyse, ce qu'il fait en ces termes élégants qui ne résolvent rien de l'embarras et de la contradiction où il semble lui-même enfermé : « Le lecteur, ici, s'étonnera peut-être que je vienne invoquer la pratique de la psychanalyse pour montrer la solidité de la notion de liberté et de volonté, car il est notoire que M. Sigismond Freud, le génial créateur de cette méthode, est étroitement attaché au matérialisme mécanistique rigoureusement déterministe [85]. » Pichon procède alors à une critique systématique et cinglante de la psychologie de Wallon, et donne, en règle générale, raison au bon sens des enfants contre les étonnements de Piaget, auquel il reproche – ce qui est plaisant car bien peu fondé – son « saussurisme orthodoxe ». Pichon trouvait, en effet, à son époque, la doctrine de l'arbitraire du signe linguistique de Ferdinand de Saussure déjà « bien vieillie et sérieusement contrebattue [86] ». Cette même doctrine que Lacan, la retournant à son profit, mettra au principe de sa théorie du signifiant.

Pichon milite pour la famille unie et nombreuse, et contre le divorce (point de vue que Dolto ne désavoue

84. Voir E. Roudinesco, *Histoire de la psychanalyse en France*, 1, *op. cit.*, p. 297 sq., et « Monsieur Pichon devant la famille » in *Cahiers Confrontation* n° 3, Printemps 1980, p. 209-225.

85. E. Pichon, *Le Développement psychique de l'enfant et de l'adolescent*, *op. cit.*, p. 15.

86. *Ibid.*, p. 28.

nullement). Eviter à tout prix les enfants uniques et le plurilinguisme, voilà deux de ses marottes.

A de nombreux égards, il anticipe sur des aspects techniques qui seront repris par Dolto. Parfois, il les érige en principes dictés par l'expérience ou la particularité de la situation analytique avec les enfants. Comme l'enfant ne peut en dire beaucoup sur ses troubles, « force est donc bien au médecin de demander en fait aux parents l'histoire de la maladie [87] ».

Il recommande des entretiens séparés avec ceux-ci et préconise l'observation directe du comportement de l'enfant. Dolto conseille la même chose aux psychothérapeutes et les engage à fréquenter les squares [88]. Observer signifie alors découvrir ces moments signifiants par lesquels l'enfant exprime toujours quelque chose. Ainsi, par une scène de jardin public racontée bien plus tard, Dolto donne une confirmation concrète de la lecture que Lacan fait du « *fort-da* » freudien : alors qu'elle était jeune fille elle intéressa un bébé de neuf mois au chapeau qu'elle portait. Elle remarque alors ceci : l'enfant finit par se mettre à rire aux éclats dans les seuls moments où elle fait le contraire de ce qu'elle dit; quand elle dit « chapeau », alors qu'il est caché, et inversement. Dolto saisit là le surgissement du jeu de mots entre sujets et de la maîtrise symbolique qu'il assure par une jouissance partagée entre eux [89].

Pichon, qui rend hommage au travail de Morgenstern, ne trouve pas, contrairement à Anna Freud, que la pauvreté d'associations chez l'enfant soit un obstacle à l'analyse. Il écrit même : « Il n'y a rien qu'on fasse saisir par l'enfant aussi facilement que l'interprétation des rêves. La recherche des éléments du rêve est pour lui une sorte de jeu de patience [...] et c'est un fait qu'il n'est pas étonné

87. *Ibid.*, p. 41.

88. Cf., par exemple, F. Dolto, *La Cause des enfants, op. cit.*

89. F. Dolto, « A propos de la fonction symbolique des mots. Petite histoire vraie d'un bébé, d'un chapeau et d'un premier rire aux éclats », *Au jeu du désir. Essais cliniques, op. cit.*, p. 7-12. (Tout laisse penser qu'il s'agit d'une observation qu'elle fit sur son frère, Jacques.) Dans un de ces séminaires inédits, Lacan fait également la supposition que le rire de l'enfant est le premier signe de son entrée dans le Symbolique, du fait de l'échange qu'il implique avec l'autre. Quant à sa lecture du « *fort-da* », voir *Ecrits, op. cit.*, p. 318-319 et, surtout, *Le Séminaire*, livre I, *Les Ecrits techniques de Freud*, Paris, Le Seuil, 1975, p. 196.

qu'on trouve un sens au rêve [90]. » Il accorde également une grande importance aux rêveries diurnes.

Pichon s'est mis en devoir de rebaptiser systématiquement tous les stades pour mieux les psychologiser et les médicaliser. Du même coup, il introduit des notions morales. Il parle de l'hédonisme [91] buccal au lieu de stade oral. Quant à l'érotisme anal, il préfère n'en parler que dans sa transformation, nécessaire selon lui, en « oblativité morale ». Lacan moquera dans les *Ecrits* ce prétendu stade oblatif. Si l'oblation tient une si grande place dans la pédagogie de Pichon, c'est qu'il n'envisage pas le renoncement pulsionnel, en particulier à la masturbation, autrement qu'en termes de *sacrifice* et d'*offrande*. Ayant pris soin de transposer la libido en « *aimance* [92] », sous prétexte des connotations désagréables du mot « libidineux » en français, Pichon s'en représente les transformations dans les termes d'une économie sacrificielle pour l'individu, dont la formule reste assez obscure sur le plan théorique. Car il mesure l'adaptation d'un sujet « à la quantité d'aimance qu'il est capable de consommer sous la forme oblative [93] ». Cette quantité, il la nomme, avec Laforgue, « résultante vitale ». Et il cite, pour en illustrer le parcours à travers les âges, ces conquêtes indéniables de la civilisation que sont le « jurisme romain, l'échevèlement romantique, la poésie celtique, la chevalerie, la solidité bourgeoise [94] », et j'en oublie. A quoi s'ajoute un principe psychologique dont Pichon veut se convaincre à toute force qu'il est empiriquement vérifiable, celui de l'addition des possibilités : en acquérir de nouvelles sans jamais perdre les précédentes.

Après une revue nosographique systématique, il assure que « la clef de tous les syndromes psychiatriques purs de l'enfance est bien une clef morale [95] ». Et c'est le manque

90. Pichon. *Le Développement...*, *op. cit.*, p. 65-66.

91. F. Dolto emploie encore ce terme parfois dans *Psychanalyse et Pédiatrie*, Paris, Le Seuil, 1971, coll. « Points », 1974.

92. F. Dolto regrettait que ce terme de Pichon ne se soit pas imposé en français; cf. « Aimance et amour en leur référence au désir sexuel dans l'enfance et à l'âge adulte », *Au jeu du désir, op. cit.*, p. 329-346.

93. Pichon, *Le Développement...*, *op. cit.*, p. 124.

94. *Ibid.*, p. 125.

95. *Ibid.*, p. 228.

de maîtrise de soi chez l'enfant qui est en cause. Il a d'autre part imputé, avec Laforgue, la plupart des troubles de l'enfant à la *schizonoïa*, dont le « symptôme cardinal », la « cristallisation », dit-il, est la masturbation. Il reprend là les mots d'ordre thérapeutique et pédagogique lancés par Sokolnicka.

Reconnaissant que l'éducation ne peut être que normative, Pichon concède finalement à Anna Freud que le « pédopsychanalyste ne peut pas se désintéresser de l'éducation de l'enfant ». Il croit comme elle qu'il n'y a pas de vrai transfert chez l'enfant. Il n'empêche que là où l'on s'attendrait à le voir prêcheur à l'égard de l'enfant, il préfère se montrer « très sincèrement à lui comme un ami personnel » pour lui demander de faire « l'effort moral nécessaire [96] ».

Dolto semble lui avoir emprunté directement certaines de ses interventions. Pichon observe une fois un enfant qu'il avait eu en traitement pour un problème de rhumatisme cardiaque. De retour chez lui, le garçon, âgé de onze ans, a un comportement d'allure régressive, il ne quitte plus sa mère d'une semelle, etc. Pichon ne tarde pas à apprendre qu'il a été remis dans la chambre de ses parents. Sans faire aucune allusion au coït, Pichon lui dit « que sa maman était la femme de son papa et non pas la sienne ; que son père et sa mère s'étaient choisis l'un l'autre... mais que sa part à lui, Pierre, était largement aussi belle que celle de son père [97]... » – toutes explications qui deviendront d'usage courant dans la pratique de Dolto.

L'originalité de Pichon tient à l'importance qu'il accorde au langage dans le développement de l'enfant. « L'enfant, en acquérant le langage, saute le pas décisif : il se comporte pour la première fois en être humain [98]. » Introduisant la notion de « sujet parlant », il affirme que « l'enfant ne parle que parce qu'il appète le langage [99] », donc le désire et le recherche. Pichon accepte, tout en les

96. *Ibid.*, p. 229.
97. E. Pichon et G. Parcheminey, « Sur les traitements psychothérapiques courts d'inspiration freudienne chez les enfants » (1928).
98. Pichon, *Le Développement...*, *op. cit.*, p. 79.
99. *Ibid.*, p. 83.

discutant, les stades du développement intellectuel selon Piaget, mais il marque, lui, son intérêt pour des phases linguistiques déterminées : la « première époque questionneuse » (observée chez un enfant de quatorze mois), la seconde, celle des pourquoi [100] ? Enfin, il prend comme principe qu'« il faut *beaucoup parler* aux enfants en bas âge, pour leur faire comprendre la nature du langage [...]. On parlera en phrases naturelles mais correctes [101] ». Le point de vue est encore intellectuel, comme si l'apprentissage pouvait résulter d'une simple familiarité avec la langue ou de « l'idiome familial », mais le précepte se révélera fécond.

Dolto prendra l'exact contre-pied de certaines des recommandations de Pichon. Elle s'oppose à toute contrainte de dressage sphinctérien prématuré, parce que contraire au processus de maturation biologique de l'enfant. Tandis que Pichon préconise que l'on mette « l'enfant sur le pot dès les premiers jours [102] ».

Pichon veut réserver la psychanalyse proprement dite aux adultes, et n'en croit l'indication bonne pour un enfant que s'il est « atteint d'une véritable névrose infantile [103] ». Ce point de vue d'inspiration annafreudienne est une réaction habituelle aux antikleiniens de l'époque. On peut noter à ce propos que, dans ses *Séminaires* particulièrement, Dolto multiplie les mises en garde contre la précipitation des parents, des instituteurs et autres à envoyer les enfants en psychothérapie, à plus forte raison en analyse. C'est aussi que les temps ont radicalement changé, avec la banalisation de la psychothérapie. Loin d'être prosélyte en la matière, Dolto milite contre l'abus, soulignant que, le plus souvent, c'est l'un des parents qui aurait besoin d'un traitement analytique.

100. *Ibid.*, p. 132.
101. *Ibid.*, p. 279.
102. *Ibid.*, p. 279.
103. *Ibid.*, p. 343.

« La castration, ça laisse à désirer. »
Jacques Lacan

Françoise Marette passe sa thèse de médecine le 11 juillet 1939 à une heure de l'après-midi. Une heure plus tard, elle fait enregistrer son diplôme à la préfecture, afin de pouvoir exercer la médecine le plus vite possible. La situation politique internationale et les dangers qui menacent ne sont sans doute pas pour rien dans son impatience à atteindre enfin l'indépendance tellement souhaitée. Bien lui en a pris d'ailleurs, puisqu'aussitôt après la déclaration de guerre, les services de la préfecture ne fonctionneront plus.

De 1939 à 1971 [104], elle fait rééditer trois fois sa thèse à compte d'auteur [105]. Autant dire qu'elle ne doit pas à ce livre d'avoir été reconnue par l'ensemble du milieu analytique et, dès les années 50, comme une clinicienne sans pareil. Pourtant son travail fait date, ne serait-ce que par la portée nouvelle et radicale qu'il donne à la castration dans la clinique des symptômes infantiles.

Morgenstern n'assistait pas à la soutenance. Selon Dolto, Pichon était « ravi » de sa thèse [106], Laforgue aussi. Seul Heuyer marquait son désaccord, car il estimait la psychothérapie inefficace pour des enfants d'un QI inférieur à 100 ou 110, contrairement à Dolto qui en affirmait déjà la valeur, précisément pour des enfants retardés sur le plan scolaire [107]. Il y a certainement d'autres motifs. Heuyer avait retiré à Françoise Marette la cure d'un enfant aboyeur; c'est lui qui serait visé, dans sa thèse, sous les traits d'un « médecin inconnu » qui, après avoir « vertement semoncé » un jeune garçon de onze ans – lequel

104. Date à laquelle elle est reprise aux éditions du Seuil en même temps que paraît *Le Cas Dominique* (*op. cit.*). Dans cette édition, *Psychanalyse et Pédiatrie, op. cit.*, porte en sous-titre *Les grandes notions de la psychanalyse. Seize observations d'enfants.* Alors que celui de la thèse, en 1939, était *Le Complexe de castration. Etude générale. Cas cliniques.*

105. D'abord chez Amédée Legrand, Paris, 1939, puis chez Bonnier-Lespiau, Paris.

106. Il a d'ailleurs rédigé une préface, à la demande de son « excellente collaboratrice de l'hôpital Bretonneau, Mlle Françoise Marette », à l'édition de 1939.

107. Entretien F. Dolto, E. Roudinesco in *Quelques pas sur le chemin de F. Dolto, op. cit.*, p. 19.

n'était méchant que pour obtenir la punition attendue inconsciemment – avait conseillé à ses parents de le placer dans un asile[108].

Le biologiste Jean Rostand, seul représentant du monde scientifique à saluer la parution de *Psychanalyse et Pédiatrie*, écrit, une semaine après, toute son admiration à Françoise Marette et veut la rencontrer. Et elle lui rendra souvent visite dans sa maison de Ville-d'Avray. J. Rostand avait été également analysé[109] par Laforgue.

Mais dans les rangs de la Société psychanalytique de Paris, tout le monde « riait » un peu de la thèse de Dolto parce que – selon ses propos – on ne croyait pas possible de trouver tant de choses chez l'enfant. Il faut préciser que le conflit entre Melanie Klein et Anna Freud n'occupait pas encore le devant de la scène et que l'œuvre de Melanie Klein ne commence à être véritablement connue en France qu'au milieu des années 60, les traductions ayant tardé.

La thèse de Françoise Marette défend l'idée d'une prophylaxie des troubles de l'enfance par la psychanalyse – une constante de toute sa carrière d'analyste. Il ne s'agit ni de pédagogie de style annafreudien, ni de l'utopie kleinienne de jardins d'enfants psychanalytiques. Dolto s'emploie à donner les preuves expérimentales que la psychanalyse peut avoir une fonction orthopédique.

A bien des égards, elle semble travailler encore dans un espace de représentation qui est celui de Pichon. D'où pour ce dernier la satisfaction de voir ses vues confirmées. Dolto est externe dans le service de Pichon à Bretonneau de mai 1935 à mai 1936. C'est là, durant l'année 1938, à la consultation du mercredi, qu'elle fait les observations qui forment le matériau de sa thèse.

Françoise Dolto a évoqué les conditions dans lesquelles elle avait travaillé à la mort de Pichon en 1940, pendant la guerre. Pichon, atteint d'une maladie cardiaque, fut à

108. F. Dolto. *Psychanalyse et Pédiatrie*, *op. cit.*, p. 150. C'est J. Losserand, « La psychanalyse d'enfants. Le début en France », article cité, p. 35, qui identifie G. Heuyer sous les traits de ce psychiatre.

109. J. Rostand, pris de panique à l'oral, n'avait jamais pu obtenir l'agrégation, signale Dolto dans son entretien avec E. Roudinesco, in *Quelques pas...*, *op. cit.*, p. 16.

plusieurs reprises sur le point de mourir ; c'est pourquoi il avait passé un accord avec son collègue, le Dr Cathala, pour que celui-ci trouve des places à ses internes au cas où il disparaîtrait. A sa mort, Cathala dit à Dolto : « Vous étiez psychanalyste chez Pichon, je vois ça, il vous faut un petit confessionnal [110]. » Elle souhaitait rester à la consultation de la porte, car c'était pour elle un laboratoire d'observation de tous les troubles fonctionnels et psychosomatiques. Finalement, en 1941, le Dr Rouard qui avait une consultation de neuropsychiatrie (« Maladies héréditaires, syphilis ») lui demanda de l'aider. Elle disposait pour la consultation avec les enfants et les parents d'un office, avec trois chaises en tout. Dans cette pièce minuscule, « toutes les trois à quatre minutes entrait un infirmier qui ne nous dérangeait pas physiquement [...] il déversait les paquets de linge sale venant de l'hôpital ; c'était tout à fait la place : le déshabilloir et le linge sale [111] ! » Puis, de 1944 à 1946, elle reçut derrière un paravent, dans la salle où travaillait le Dr Rouard. En évoquant ses débuts, Dolto rend hommage à Mme Arlette, souvent mentionnée dans ces *Séminaires*, qui s'occupait de l'accueil des parents. Toujours à l'écoute de leur angoisse, elle était « vraiment une psychanalyste [112] ».

Pichon, bien sûr, est au nombre des dédicataires de la thèse de Françoise Marette qui le remercie en particulier de lui avoir ouvert son service pour y seconder pendant un an Mme Codet. L'hommage à Marie Bonaparte est plus solennel et plus appuyé : « à son inlassable activité, à sa générosité, à sa probité scientifique, à ses vastes connaissances psychanalytiques, à son intelligence sensible [113] ». Elle remercie son analyste, Laforgue, ses contrôleurs, Leuba, Spitz, Loewenstein, Odier et, en premier lieu, Morgenstern : « En témoignage de ma filiale affection, de ma gratitude pour ses conseils et pour ses

110. « Table Ronde. Sur les effets de la transmission de la psychanalyse par l'assistance de psychanalystes en formation à la consultation de Trousseau. Autour de Françoise Dolto » in *Lettres de l'Ecole freudienne*, n° 25, vol. 2, juin 1979, p. 240.

111. *Ibid.*, p. 241.

112. *Ibid.*, p. 241.

113. Françoise Marette, thèse pour le doctorat en médecine, *Psychanalyse et Pédiatrie*, éd. Amédée Legrand, Paris, 1939.

encouragements dans mes premiers pas de psychanalyste infantile, de mon admiration pour sa profonde compréhension de l'âme enfantine. »

Françoise Marette sait prendre ses distances à l'égard de Pichon quand il le faut. Elle précise, dans l'édition de 1939, qu'elle ne se range pas à son avis « quand il entend extirper [...] les termes vicieux qui encombrent les écrits psychanalytiques, qui font, selon lui, le plus grand tort à la diffusion des découvertes psychanalytiques [114] ». C'est une manière très nette d'affirmer qu'elle n'a nulle envie de rompre avec l'orthodoxie freudienne, même si elle fait en note quelques concessions à Pichon, en citant notamment les équivalents qu'il proposait pour le ça, le moi et le surmoi : *pulsorium*, *actorium* et *sensorium*.

En revanche, Françoise Marette reconnaît employer pour son propre compte des « expressions qui ne sont pas classiques parce qu'elles [...] semblent utiles pour compléter le sens des expressions habituelles, et pour les éclairer sans les supprimer [115] ». Elle construit un tableau, non reproduit dans l'édition de 1971, intitulé « Rôle de la sexualité dans le développement libidinal humain sur le double plan érotique et psycho-affectif », dans lequel refleurissent des néologismes dignes de Pichon. On y trouve l' « apercevance de la différence sexuelle ». Le stade anal prend place dans une nouvelle hiérarchie dont le générique devient : « stades musculo-excrémentiels » ; la surenchère se poursuit avec un « stade égo-génital prépubertaire », « réceptivo-vaginal » pour la fille, de huit à treize ans, et « pénétrativo-phallique » chez le garçon, au même âge [116].

Au-delà de ce qui est évidemment daté et désuet dans ce vocabulaire, plusieurs points sont à remarquer. Dolto ne renoncera jamais à une conception du développement psychique de l'enfant en stades. A la différence de ses prédécesseurs en ce domaine, Karl Abraham, M. Bonaparte ou E. Pichon, elle les déplacera ultérieurement dans le sens régressif : en remontant jusqu'à la vie fœtale. Cepen-

114. *Ibid.*, p. 23.
115. *Ibid.*
116. Cf. *Ibid.*, p. 272-273.

dant, elle ne les fait pas fonctionner – contrairement à ce que l'on croit souvent – dans le registre de la maturation biologique comme des moments obligés du développement, mais plutôt comme des étapes dont l'ordre ne peut être bousculé sans dommages pour l'enfant. Sa clinique montre des cas où l'on a demandé trop précocément à l'enfant de satisfaire aux exigences maternelles du dressage sphinctérien, par exemple. Ou, à l'inverse, une situation traumatique l'aura précipité trop tôt vers des fantasmes phalliques qu'il ne peut pas effectivement assumer, parce qu'il a sauté les acquisitions habituelles de maîtrise de soi et de respect de l'autre, qui sont celles du stade anal.

Autre point : le tableau dressé par Françoise Marette accorde une grande importance à des éléments qui ne font pas partie du nombre des sources érogènes reconnues (orale, anale, génitale) : « l'activité musculaire, respiratoire, digestive », notamment.

De même, elle évalue les caractères fondamentaux de ces stades dans des catégories foncièrement relationnelles : depuis l'« aimance absorptive » jusqu'à la « fécondité et l'œuvre », c'est toujours la relation à l'autre qui prévaut, y compris dans « l'Etre et le Bien-être » durant l'état de dépendance orale.

Ni le narcissisme ni l'auto-érotisme ne figurent isolément dans ce tableau. Le plaisir est toujours plaisir d'être ou d'avoir, de prendre ou de capter, de séduire ou de conquérir. En réalité, ce sont des registres qui font plus de place à l'activité biologique du corps qu'à l'érotisme, et ce jusque dans le végétatif. L'accent ne porte pas directement, comme chez Freud, sur les pulsions. A cet égard, Dolto changera radicalement dans la suite de sa carrière, privilégiant de plus en plus l'élément pulsionnel, mais toujours comme un vecteur dynamique de devenir ou de régression.

La relation à l'autre l'emporte sur l'auto-érotisme, par opposition aux destins de pulsions chez Freud. Cet autre n'est pas nommé en tant que tel ici, bien qu'implicitement supposé dans les catégories de l'avoir, de l'être, du faire, du capter et, bien sûr, dans les stades pubertaire et adulte conçus alors comme respectivement « réciproco-génital » et « oblativo-génital ». De cette lourde terminologie, grevée de jargon médical et psychologique et marquée par l'idéologie altruiste de Pichon, ne subsisteront que des vestiges dans la langue de Dolto. En revanche, elle gardera toujours dans son lexique personnel « le plaisir à être », « le faire », le « don ».

En dépit de la vision psychologisante et biologisante qui sous-tend son tableau du développement, Françoise Marette se tourne plus résolument vers la relation à l'autre maternel, précisément par le biais de ces grandes catégories existentielles qui installent d'emblée l'enfant dans l'être avec l'autre, au stade oral, au lieu de commencer, comme le Freud du « Projet de psychologie scientifique », par l'état de détresse originaire (*Hilflosigkeit*), situation responsable du premier cri de l'enfant, de son appel à l'autre, la mère, le proche ou *Nebenmensch* (l'humain qui se tient là, à côté).

Le sujet est immédiatement dans l'être, pour Françoise Marette. Plus tard, elle ajoutera qu'il y a toujours été, dès avant sa naissance, par son désir de naître et de vivre. Le sujet n'est pas manque-à-être radical comme chez Lacan. Pour Dolto, le sujet n'est jamais issu du vide, ni au bord du néant, il se constitue comme en devenir. Le sujet a toujours un avant et un à venir. Elle ne récuse pas la fonction du manque, bien au contraire, mais elle n'en fait pas *la* détermination ontologique du sujet. Pour elle, le manque, c'est le désir; donc une dimension positive et dynamique du sujet; ce n'est pas un trou.

Il n'est peut-être pas étonnant qu'une femme soit portée à se représenter le manque par l'intermédiaire de *l'objet*, l'organe qui lui manque à elle, le pénis, et donc à lui donner en quelque sorte une valeur positive, quitte à supposer une plénitude à l'organe en creux qu'est le vagin et à lui reconnaître une possibilité de jouissance dès l'enfance. Freud et Lacan ne théorisent le désir et le symbole qu'à partir de cet autre impensable auquel manque le pénis. C'est le manque de cet objet dans l'autre qui pour eux est décisif.

Ce point n'est pas négligeable car, dès *Psychanalyse et*

Pédiatrie, on voit Dolto mettre en œuvre une idée qu'elle radicalisera par la suite : il faut *donner la castration* sans faire la morale [117], sans arrière-pensée sacrificielle comme Pichon. Donner la castration n'est pas seulement amener au renoncement d'une satisfaction immédiate, masturbatoire, toujours associée à des fantasmes incestueux, mais libérer des pouvoirs de sublimation, de création, de disponibilité intellectuelle, bref, c'est rendre à l'enfant la libre disposition de son intelligence et de son entrain.

Il est vrai que la castration, telle qu'elle sera envisagée ultérieurement par Lacan et par Dolto est un effet du dire, d'une parole effectivement prononcée, référée en dernier ressort au père réel (ou à celui qui en fait fonction). Mais Lacan partage avec Freud une conception de la castration que Dolto, sans doute aussi parce qu'elle est une femme, n'envisage que rarement dans son aspect le plus traumatique : c'est la vue du sexe féminin et l'horreur ou l'effroi (*Schrecken*) qu'il provoque chez le petit garçon qui accrédite pour ce dernier la valeur de la menace de castration qui pourrait le toucher. La castration n'est pas seulement le vocable analytique qui convient pour désigner un renoncement imposé par l'éducation, comme peut le faire croire Pichon. Elle est d'abord pour le garçon l'effroi devant le manque de pénis de la fille, de la femme, et surtout de la mère.

Bien sûr, Françoise Marette ne minimise pas ce fait mais elle est d'abord animée du souci d'étendre la notion de castration à des époques archaïques, c'est-à-dire antérieures au complexe d'Œdipe. Et ce, pour montrer la nécessité, à chaque moment décisif du développement de l'enfant, de la coupure, de la séparation d'avec la mère sur laquelle il est enté, greffé, dans une dyade vitale mais toujours en passe de devenir mortifère, s'il s'y absorbe entièrement. Tel est l'un des aspects majeurs de *Psychanalyse et Pédiatrie.*

En apparence, la clinique de Françoise Marette est

117. En cela, elle est proche des vues de Marie Bonaparte qui milite contre le « sadisme des éducateurs » et refuse qu'on « redresse » la sexualité de l'enfant par des interdictions et des menaces; cf. M. Bonaparte, « De la prophylaxie infantile des névroses », *Revue française de psychanalyse*, 1930-1931, 4, 1, p. 85-135, notamment chap. IV « Quelques propositions de réforme éducative ».

alors la même que celle de ses prédécesseurs, Morgenstern, Pichon. Du reste, elle le souligne, la plupart des observations d'enfants qui lui servent dans sa thèse ne sont pas des cas graves. Ils sont, au contraire, typiques de ces difficultés qu'un enfant, intelligent ou retardé sur le plan scolaire, rencontre à tel moment de son développement et qui deviennent symptôme : énurésie, encoprésie, angoisse, paresse, instabilité. Ces observations qui ne donnent lieu qu'à des traitements psychothérapiques brefs sont choisies pour leur valeur démonstrative; elles illustrent une proposition générale : la castration, au sens où la promeut Françoise Marette, est un moteur du développement de l'enfant. On est toujours, semble-t-il, dans une clinique du symptôme et, pourtant, le renversement est considérable. Car en mettant ainsi en valeur la fonction symbolique de la castration, Françoise Marette a retourné, sans le dire, la perspective qui était celle de Pichon et qui visait à inscrire les moments psychiques dans un programme de maturation biologique, c'est-à-dire d'inspiration foncièrement organiciste.

Au contraire, Dolto souligne que la castration est une opération symbolique et non une étape inéluctable dans un développement. Au sens psychanalytique de « frustration des possibilités de satisfaction sexuelle [118] », elle est, à chaque stade, reçue par le sujet et donnée par l'autre, l'adulte ou le parent, en paroles. Et si cela n'a pas été le cas, l'acte psychanalytique n'a d'autre fin que de donner à l'enfant, au sujet, cette possibilité de se séparer de la jouissance où il est aliéné, de renoncer à la dépendance à l'égard d'une mère phallique dévorante, ou aux fantasmes qui perpétuent en lui l'incertitude sur la différence des sexes, le désir du pénis chez la petite fille, la peur d'être châtrée en retour chez le garçon qui s'est montré agressif, etc., comme l'illustrent les seize observations de l'ouvrage.

On reproche parfois à Dolto de n'avoir pas rompu avec le savoir médical et de ne pas renoncer à un biologisme dépassé. La critique est plus ou moins justifiée. En la circonstance, elle ne le serait guère, puisque *Psychanalyse et*

118. F. Marette, *Psychanalyse et Pédiatrie*, éd. Amédée Legrand, *op. cit.*, p. 21.

Pédiatrie effectue le renversement d'une conception qui, de K. Abraham à M. Bonaparte et E. Pichon, a toujours essayé d'établir la quasi-naturalité du développement de l'individu, résultat d'un programme psychophysique inscrit en lui. Dolto a l'air de surenchérir sur cette vision avec le tableau auquel je faisais allusion plus haut et qu'elle a d'ailleurs renié dans l'édition finale. Mais, par la fonction radicale qu'elle donne au complexe de castration, elle subvertit l'idée d'une maturation par stades. Le développement de l'enfant n'est pas un processus psychobiologique, comme seule l'admet hâtivement la docte ignorance. Au contraire, il suppose toujours la rencontre et l'intervention d'un autre de parole : l'acquisition de la station verticale, de la propreté, ne s'effectue pas sans la relation à un autre qui donne signification aux expériences de l'enfant en les reconnaissant par la parole, l'encouragement et l'interdit.

La thèse de Françoise Marette établit dans son lieu véritable – la psychanalyse – un domaine qui jusque-là restait dans un entre-deux : d'une part, la théorie de la sexualité infantile et la fonction essentielle de l'Œdipe mises au premier plan par Freud, d'autre part, des modèles psychologiques et médicaux du développement, donc inspirés d'une conception de l'organisme et de son évolution.

Au titre des idées reçues : en psychanalyse, l'adulte a une histoire, l'enfant un développement. Or, il n'y a pas d'idéologie du développement chez Freud. Les *Trois Essais sur la théorie sexuelle* disent tout le contraire, en soulignant le caractère indifférent de l'objet de la pulsion. Il est foncièrement un ersatz. Mais il y en a une chez K. Abraham, et plus encore chez E. Pichon qui ne se déprend de Wallon que pour mieux rendre les mains à Piaget.

Pour Dolto, l'essentiel est que l'écoute analytique et l'interprétation fondent à elles seules pour l'enfant et les parents un lieu tiers, donc la possibilité d'une symbolisation. Elle va d'ailleurs privilégier de plus en plus, comme Lacan, une écoute du signifiant dans sa littéralité, donc une conception structurale de l'inconscient, mais en gardant toujours l'appui qu'elle trouve dans une biologie fantasmatique, qui sert d'enracinement mythique au sujet. Elle dit, surtout dans les dernières années, qu'il faut tenir compte non seulement du désir du père et de la mère, mais de celui de l'enfant de naître et de vivre (il a choisi ces parents-là). Ce faisant, elle ne biologise pas le sujet mais, à l'inverse, humanise davantage l'originaire, impensable. Le désir est depuis toujours noué au langage. Dolto réinterprète le biologique comme langage et désir. La biologie est le mythe d'origine dont elle a besoin pour penser le sujet. Et celle dont elle use est un mixte de savoir médical et de construction imaginaire.

L'impensable pour elle serait un corps pur, un organisme qui pourrait vivre d'une vie végétative sans aucun accès à l'essence de l'humanité : le langage, le langage où s'inscrit toujours le désir humain. Le fœtus n'est pas un organisme ni un animal, c'est un « être promis à la parole » et articulé, de quelque façon que ce soit, à la parole de ceux qui l'ont conçu. Il n'y a pas d'avant le langage pour l'être humain. Durant la première année de la vie, bien qu'*infans*, il ne cesse de signifier et de vouloir communiquer avec les autres. Ce biologique, dont le vampirisme de l'éthique fœtale est une image, pour Dolto, au même titre que l'abandon du premier double qu'est le placenta, telles sont les prémices signifiantes du sujet à venir. Naît-il malgré le traumatisme qui a frappé la mère pendant sa grossesse, ou malgré l'étranglement par le cordon, c'est qu'il veut vivre.

Qu'est-ce que ce vouloir naître, impensable pour l'adulte ? Ce n'est pas le jeu de forces mécaniques ni l'effet d'une simple poussée biologique, d'une quelconque résultante vitale, ni d'aucun fonctionnement physiologique autarcique. Ce n'est pas la volonté au sens psychologique, bien sûr. Dolto ne pouvait mieux le dire que dans ce style parlé qui est le sien : s'il est né, s'il a survécu, c'est qu'il y avait *de quoi*. Ses parents, sa mère avaient de quoi. Même si celle-ci est morte en couches. Il s'agit donc du *plus élémentaire* dans le narcissisme indispensable à toute vie : un minimum ressenti, éprouvé, de sécurité de base *in utero*.

Les premiers chapitres de *Psychanalyse et Pédiatrie* sont l'occasion pour Françoise Marette d'exposer la deuxième topique freudienne (moi ça, surmoi) et la théorie des stades et instincts, mais de les accommoder à sa mesure : dans la lignée de ses prédécesseurs (Pichon, Bonaparte, Laforgue), elle consacre un développement à la naissance du surmoi, à sa rigidité après l'Œdipe et la phase de latence. Pourtant elle se distingue d'eux aussitôt par l'accent qu'elle fait porter sur la fonction positive du surmoi : « c'est le rôle du Sur-Moi de favoriser les " *sublimations* [119] " ». Elle-même, dans ses cures, évite de donner au conflit psychique de l'enfant un retentissement dramatique et bannit toute moralisation. Elle cherche les voies d'aménagement du désir, les issues favorables au recentrage narcissique.

D'autre part, elle ne cesse de filer une métaphore aquatique qui lui est propre en ce qui concerne la libido : fleuve, source, ruisseau, le barrage hydro-électrique figurant quelque bonne transformation énergétique due au surmoi. La libido n'est pas pour elle un réseau, fermé, statique, mais une ramification de canaux, virtuellement orientée d'une source vers un aboutissement. Direction la mer, pourrait-on penser. Ce n'est pas le modèle de la libido freudienne en apparence, même si, dans les deux cas, il s'agit toujours du retour à l'objet perdu ou primordial [120].

Par ailleurs, le modèle du surmoi selon Dolto joue sur un registre double : aquatique et scopique. Là encore rien à voir avec les métaphores freudiennes, en apparence : ni la vacuole de la seconde topique, ni le baquet de *L'Interprétation des rêves.*

Séparés dans un bocal par une paroi de verre transparent, à force de se cogner, deux poissons finissent par ne plus sortir de leur compartiment réservé, même après

119. *Psychanalyse et Pédiatrie,* Le Seuil, *op. cit.*, p. 23.
120. Elle emploie cette même métaphore encore une quarantaine d'années plus tard : « L'énergie sexuelle – pour en donner une image –, c'est un peu comme une rivière, qui part de sa source et va à l'océan », dans *Lorsque l'enfant paraît,* 3 tomes, Paris, Le Seuil, 1977, 1978, 1979, réunis en un seul volume, 1990, p. 161. Les modèles freudiens, dans le « Projet de psychologie scientifique » par exemple – le principe de plaisir comme décharge des excitations

qu'on a retiré la paroi. Voilà comment pour Dolto on peut imaginer la formation du surmoi à partir du ça. Il y a là, pourtant, outre une prédilection familiale pour la métaphore aquatique, une réminiscence lointaine du baquet freudien puisqu'elle parle de l' « optique » de ces poissons, de même que Freud pensait en 1900 à des lentilles ou autres instruments scopiques pour modèle de l'appareil psychique, au chapitre VII de la *Traumdeutung*. Mais, pour lui, il n'était pas question alors de surmoi.

Le modèle scopique de Françoise Marette s'apparente à la relation en miroir à l'autre : le poisson se heurtant à une paroi dans sa recherche de l'autre, son double spéculaire, rappelle le mouvement de l'enfant qui veut toucher son image dans le miroir, mais aussi bien l'arrêt de celui à qui l'on dit : ne touche pas au bébé (le petit frère, la petite sœur), son autre encore.

La genèse du surmoi ainsi esquissée par Dolto condense des étapes qu'elle distinguera ultérieurement. Elle ne fait pour ainsi dire aucune place ici aux représentations de mots, aux paroles entendues par l'enfant, au contraire de Freud qui en souligne le rôle capital, en particulier dans « Le moi et le ça ». Elle ne parle que d'intériorisation de l'interdit, transposée dans un registre visuel.

L'image de poissons dans un bocal renvoie à des signifiants propres à Dolto, signifiants articulés au registre scopique. Ainsi, peu après sa thèse, pendant la guerre, elle reçoit en traitement un enfant qui était devenu psychotique en s'identifiant à son grand-père mort brutalement, alors qu'il était en train de scruter l'eau pour y apercevoir des poissons. Depuis l'enfant vivait avec un « aquarium dans la tête » – l'expression est de Dolto. Il ne dessinait que des poissons, lesquels ne représentaient pas des fœtus, comme elle s'y attendait, mais le désir de l'enfant pour ce que désirait son grand-père maternel. L'enfant « était retourné à l'âge oral du fœtus. L'aquarium, c'était pour lui comme une tétée, et c'est dans cette relation orale qu'il avait perçu son grand-père fasciné par les poissons dans l'eau [121] ». Méconnaissant le rôle du phallus dans la

internes, réduction des tensions à zéro – sont aux antipodes de cette vision océanique.

121. F. Dolto, *Dialogues québécois, op. cit.*, p. 75.

procréation, le petit garçon était ainsi devenu son grand-père, donc le père de sa propre mère. Dolto l'a guéri de sa psychose qu'elle caractérisait par ce raccourci : « Evidemment, c'est merveilleux pour un garçon d'être le père de sa mère; c'est bien mieux que d'être son fils; parce que, sans avoir de relation sexuelle avec elle, on est pour quelque chose dans son propre pouvoir de garçon [122]. » Ce cas peut éclairer en retour la prédilection de Dolto pour les métaphores aquatiques. Elles anticipent sur la représentation et le rôle de cette éthique fœtale qu'elle thématisera grâce à l'analyse des enfants psychotiques.

A l'instar de Freud [123], Françoise Marette esquisse une typologie des caractères – oral, anal – qui est aussi devenue une référence. A l'évidence, sa conception s'affranchira ensuite de cette présentation encore très freudienne, car, trente-cinq ans plus tard, dans *L'Image inconsciente du corps,* elle défendra explicitement la positivité du stade anal, le dédouanant du sadisme qu'elle reporte sur le compte du stade oral.

Dès 1939 se marque le style de sa technique et de sa pratique. Les conditions spécifiques en sont déterminées par le cadre même de la consultation. Elle indiquait à cette époque, dans un passage qu'elle a supprimé ensuite : « Notre action étant réduite à des entretiens espacés, et dont le temps nous est très limité, la méthode que nous employons n'est pas la méthode psychanalytique classique [124]. »

Elle explique, dans l'esprit d'Anna Freud, que la méthode des associations libres n'étant pas possible, elle a recours au dessin et que, faute d'installation suffisante, elle n'utilise pas le jeu mais un mode particulier de « conversation » où l'analyste se borne à retourner les questions : qu'est-ce que tu penses de ce que tu dis ? La parole est donc le seul médium de la cure, à cela près que « nous tâchons d'écouter, de *regarder, d'observer sans rien laisser passer,* gestes, expressions, mimiques, lapsus,

122. *Ibid.*.
123. Dans des articles comme « Caractère et érotisme anal » (1908) ou « Des types libidinaux » (1931) que Dolto ne citait pas dans sa thèse de 1939.
124. F. Marette, Thèse, *Psychanalyse et...*, éd. Amédée Legrand, *op. cit.*, p. 155.

erreurs et dessin spontané auquel personnellement nous recourons beaucoup [125] ».

Par endroits l'emprise du langage moralisant d'un Pichon ou d'un Heuyer se fait encore sentir quand Françoise Marette parle dans sa thèse de « l'orientation des " conversations " avec l'enfant, pour le redressement de ses fantasmes imaginatifs vers le sens normal [126] ». Dans l'édition de 1971, il n'est plus question de cette orientation que pour « élucider le sens de ses représentations quand elles sont aberrantes [127] ».

Autre point important, qui ne figure plus dans l'édition de 1971 : « Notre temps étant trop limité, nous ne pouvons nous contenter d'attendre passivement le développement des associations [128]. » C'est pourquoi elle met à profit ce qu'apporte le discours des parents sur l'enfant. C'est une des originalités de sa pratique, manifestement empruntée à la consultation médicale. Elle en prenait argument pour souligner que la durée du traitement d'enfant s'en trouvait considérablement raccourcie. L'entretien avec les parents, au gré de leurs propos, permettait de savoir comment l'enfant avait été allaité, si le père s'était plaint de ne pouvoir dormir à cause de lui pendant les premiers mois, etc. L'anamnèse se trouve donc abrégée par ce principe que Dolto fait définitivement sien : « nous avons d'*abord un entretien avec la mère* ou les parents, toujours en *présence de l'enfant* [129] ». Or, elle ajoute peu après – signe, là encore, de l'importance du regard : « Pendant que nous parlons à l'adulte, nous en profitons pour observer à la dérobée la façon de réagir de l'enfant [130]. »

Voilà quelques éléments de la technique personnelle de Dolto. Un dispositif qui, pour l'essentiel, ne variera guère dans sa pratique à l'hôpital Trousseau, avant l'instaura-

125. F. Dolto, *Psychanalyse et Pédiatrie*, Le Seuil, *op. cit.*, p. 142. Les mots soulignés le sont par moi.
126. F. Marette, Thèse, éd. Amédée Legrand, *op. cit.*, p. 156.
127. F. Dolto, *Psychanalyse et Pédiatrie*, Le Seuil, *op. cit.*, p. 142. On se souvient de Heuyer parlant de Morgenstern qui « nous avait *redressé* des caractères difficiles ».
128. F. Marette, Thèse, *op. cit.*, p. 155.
129. F. Dolto, *Psychanalyse et Pédiatrie*, Le Seuil, p. 144.
130. *Ibid.*, p. 145.

tion du paiement symbolique, quelque vingt-cinq ans plus tard.

Parmi les révolutions qu'introduit la thèse de Dolto dans l'analyse d'enfants, l'une des plus importantes est celle-ci : écouter l'enfant en présence de ses parents (habituellement la mère) au début du traitement; ne pas imposer une séparation inutilement traumatisante, ni à l'un ni à l'autre. Entendre comment l'enfant est pris ou non dans le discours du parent. Comment *il est parlé* par le père ou la mère. Comment son jeu contredit en silence leur discours, comment son excitation soutient l'agressivité de la mère qui s'en plaint. De quel enfant imaginaire parle ce parent – ce dont les *Séminaires* fournissent de précieux exemples aussi.

La brièveté des traitements n'est pas due à la seule impatience de Françoise Marette, à son tempérament exceptionnellement dynamique, on le sait, mais à l'urgence imposée par les conditions temporelles de la consultation : « Nous sommes *obligés à une action thérapeutique* dès le premier jour [131] », faute de pouvoir donner comme le généraliste une quelconque prescription qui ferait taire provisoirement la demande.

Et, pour faire face à l'urgence, elle a recours, en premier lieu, au bon sens. Comme le psychothérapeute qui réagit dans un espace qui est celui du conscient.

Par ailleurs, elle en convient : si l'action du thérapeute diffère de celle du moraliste, elle n'en a pas moins une « valeur éducative certaine [132] ». Elle ajoute : « dans toute psychothérapie, du moment que nous abandonnons la rigoureuse technique psychanalytique, nous avons, *que nous le voulions ou non*, une action éducative [133]. » Bien plus tard, elle revient sur ce débat et tranche de façon claire et péremptoire, à l'adresse notamment des lacaniens de la dernière génération : « Nous, psychanalystes, nous n'avons pas de projet pédagogique directif; mais nous ne pouvons pas ne pas avoir, à l'égard des enfants, un projet de structuration, c'est-à-dire de castration des

131. *Ibid.*, p. 145.
132. *Ibid.*, p. 161.
133. *Ibid.*.

pulsions, les unes après les autres [...]. Par exemple, on ne peut pas ne pas réagir, au moins par une question, au déni du père qui nous raconte que son enfant – amené en crise œdipienne – couche dans le lit de la mère. A ce père complaisant qui dort de son côté on peut dire : " Eh bien, continuez! Mais moi, je ne fais pas de psychanalyse. " On ne peut pas poursuivre un traitement en se faisant en même temps complice d'une perversion des parents [134]. »

Psychanalyse et Pédiatrie n'est pas un manuel à l'usage des psychothérapeutes. En effet, comme chaque fois que Dolto tente d'expliciter sa démarche, elle préfère laisser le dernier mot à la clinique. On peut donc suivre des séquences d'une logique dont elle ne développe jamais entièrement les mécanismes ni l'articulation.

Elle s'adresse aux thérapeutes mais aussi aux parents pour convaincre de l'efficacité de l'analyse, sans chercher à rassurer par des concessions. Elle met en avant la fonction prophylactique de la psychanalyse. D'où l'importance qu'elle donne, dans la première partie, à la peinture de différents destins libidinaux possibles à partir de l'Œdipe. Ce n'est sans doute pas effet du hasard si elle accorde une place toute particulière dans cette évocation à la quasi-absence de surmoi et à la faiblesse du moi chez la femme; car l'une des tâches de la psychothérapie reste de séparer l'enfant d'une mère captatrice, dévorante, une mère dévalorisant le sexe de son fils, discréditant le père, etc.

Françoise Marette ne cherche pas, dans cet ouvrage, à initier à l'analyse du dessin d'enfants : si elle en donne quelques échantillons, ce n'est qu'à des fins démonstratives.

Tout se passe comme si elle ne faisait que reprendre le geste de Pichon et de Morgenstern, confrontée à la même clinique ordinaire du pipi au lit. Elle semble même hésiter encore sur certains points. La thèse distinguait entre la *menace de castration* – perçue dans le conscient et, par là, dynamisante – et le *complexe de castration*, inconscient et, éventuellement, inhibant. Or, l'édition de 1971 range sous un grand chapitre, rebaptisé « Le complexe d'Œdipe », ce

134. F. Dolto, *Séminaire de psychanalyse d'enfants*, 2, *op. cit.*, p. 186-187.

que la thèse ordonnait sous le seul chef du « complexe de castration ».

En 1939, Françoise Marette ne distingue pas nettement entre le pénis (l'organe) et le phallus (objet partiel et symbole du désir, articulation du pouvoir paternel procréateur et de l'autorité de la parole), alors qu'elle reprochera à Freud de les avoir confondus dans l'analyse du petit Hans [135].

D'autre part, en 1939, elle présente la démarche analytique comme une analyse des résistances, alors qu'en 1971 elle l'envisage plutôt comme interprétation des pulsions [136].

Dans un idiome composite, Françoise Marette fraie son chemin propre en même temps que celui de l'analyse d'enfants. Tiraillée entre sa dette à l'égard de Pichon et sa très réelle admiration pour un Freud qui a découvert dans l'analyse d'adultes les fondements de la théorie sexuelle infantile, elle invente une voie tout à fait nouvelle pour la psychanalyse d'enfants, à la recherche d'un vocabulaire approprié à la description des stades archaïques.

« Nous laissons à d'autres le soin de discuter les théories » écrivait-elle dans l'introduction de 1939 [137]. L'emploi d'une terminologie bien peu maniable, surchargée par des accumulations, des agglutinations hétéroclites, témoigne peut-être d'une ironie inconsciente à l'égard d'un vocabulaire qu'elle n'adopte pas complètement, révélant ainsi l'effort qu'elle a dû fournir pour assimiler une langue autre, une langue qui n'est pas sa langue naturelle mais un dialecte médico-psychologique, souvent réfractaire à ce que lui offrent l'observation et l'intuition.

Dolto reste en cela comparable aux païens convertis :

135. Voir, par exemple, *Séminaire...*, *id.*

136. *Psychanalyse et Pédiatrie*, Le Seuil, *op. cit.*, note 1, p. 26 : « Depuis la technique a évolué, et si l'on ne néglige pas d'analyser les résistances, l'interprétation porte davantage sur les pulsions dont l'expression claire par le désir est interdite du fait des résistances et qui sont dès lors travesties en demandes. » C'est un ralliement à une conception lacanienne de l'analyse, attestée ici par le mot *demandes* en particulier. On sait qu'il sera vivement reproché à Lacan par nombre de ses anciens et plus célèbres élèves – parmi lesquels D. Anzieu, J. Laplanche, G. Rosolato – d'avoir abandonné ou disqualifié l'analyse des résistances.

137. F. Marette, Thèse, éd. Amédée Legrand, *op. cit.*, p. 11.

elle semble adopter la langue de l'autre, cependant elle ne tarde pas à l'oublier et revient à la sienne. Elle gardera, toute sa vie, une part de théorie personnelle, irréductible à celle de Freud et de Lacan, tout en continuant à « fonctionner » dans le langage freudien et lacanien.

Son abord clinique de l'enfant est formé dès *Psychanalyse et Pédiatrie*. L'enfant est inscrit dans la dynamique d'une histoire personnelle et familiale. Voilà pourquoi il y a un sens à chercher avec lui dans ses dessins – comme le faisait Freud avec les symptômes. Non seulement pour éliminer le symptôme, mais pour retrouver la dynamique du désir. Cela ne veut pas dire que l'enfant, lui, cherche du sens, ni qu'il y ait à préserver un sens à sa vie, lisible dans on ne sait quelle carte du ciel. Le psychanalyste s'en tient à un sens, celui du symptôme : à construire autant qu'à déchiffrer.

V

Les années de guerre

Hystérie de la rue. La rencontre avec Boris Dolto. Naissances des enfants. Robert Desoille et le rêve éveillé. La psychanalyse freudienne et la thérapie jungienne. Une « incroyable naïveté » sur la question juive. L'enfant autiste identifié à une machine à coudre. Anorexie mentale. La jalousie selon Lacan et selon Dolto. Le narcissisme et l'enfant priapique. La poupée-marguerite et le début du traitement des psychoses.

Pendant l'été 39, Françoise Marette effectue, en plus de sa pratique de généraliste débutante, des remplacements à l'hôpital des Enfants-Malades. Le jour de la déclaration de guerre, le 3 septembre, alors qu'elle devait déjeuner avec une lointaine cousine, interne à Laennec, elle assiste place Duroc à l'explosion d'une crise d'hystérie générale. Une femme crie : « Les Uhlans ! » Les passants s'agglutinent autour des journaux. Avec un regard singulièrement distancié, Françoise Marette observe la scène, en pensant : « La psychanalyse, c'est vrai ! [...] Je ne voyais [...] que des fous, ou des conglomérats silencieux et bizarres, mais pas des humains continuant leur chemin [1]. »

L'hôpital Laennec se remplit aussitôt d'une foule de femmes en délire qui s'imaginaient qu'en rentrant elles se retrouveraient seules chez elles, sans leur mari ou leur père. Le lendemain, la fièvre était tombée, elles retournaient presque toutes dans leurs foyers.

De nouveau, Françoise Marette est confrontée à la folie comme spectacle ahurissant, sortie brutale des voies habituelles de l'humanité. C'est du même regard qu'enfant elle considérait les occupants de l'immeuble – avenue du Colonel-Bonnet dans le XVIe arrondissement – où sa famille s'était installée peu avant la Première Guerre

1. F. Dolto, *Autoportrait d'une psychanalyste*, *op. cit.*, p. 134.

mondiale. La folie était à tous les étages : entre autres, celle du vieux marchand de gants du sixième qui, périodiquement, laissait pendre un sac par la fenêtre, en criant : « Attention, je vais la lâcher » (il s'agissait pour lui de sa femme, morte depuis des années). Au quatrième habitait une belle comtesse russe. Elle avait deux filles, l'une, géante, phobique et « dingue » vivant avec un nain érudit et bossu ; l'autre, anorexique mentale (elle en mourut) ; et un fils au doux délire qui ne supportait pas le contact des vêtements sur sa peau et virevoltait sur lui-même jusque dans la rue pour leur donner du flou comme à des voiles [2]. A près de quatre-vingts ans, Françoise Dolto promène mentalement sur l'immeuble où elle a passé toute sa jeunesse le regard de l'enfant, doublé de celui de l'analyste : chaque personnage est caractérisé par un seul trait, suffisant à le distinguer, parce qu'il signe le symptôme.

Comment Françoise Marette va-t-elle traverser la guerre de 40 ? Avec la même passion obsédante pour l'analyse. Pendant ce temps, trois de ses frères, Philippe, Jacques et Pierre auront une activité dans la Résistance, chacun ignorant l'engagement des deux autres [3].

La plupart des psychanalystes quittent Paris. Juifs, comme Loewenstein, Hartmann ou Spitz, ils ont émigré aux Etats-Unis. Très nantie, la princesse Marie Bonaparte, qui avait largement contribué au fonctionnement de la Société psychanalytique de Paris, a voyagé. Durant une odyssée qui l'a conduite de Paris à Londres en passant par Vichy, Athènes, Alexandrie, Le Cap, de 1939 à 1945, elle a pris le temps d'écrire un petit ouvrage sur les *Mythes de guerre* [4]. Inspirée par le caractère récurrent de certaines anecdotes, elle s'emploie à vérifier sur son passage, en ces divers points du globe, l'existence d'un même fantasme sacrificiel répondant au nazisme : « le mythe du cadavre dans l'auto ». Car, un peu partout dans le monde, elle entend des histoires analogues : on a prédit à un auto-

2. Voir le chapitre intitulé « Les fous du Dr Blanche et de l'immeuble moderne », p. 51 sq., *ibid.*
3. Cf. *ibid.*, note 27, p. 260.
4. M. Bonaparte, *Mythes de guerre*, Paris, PUF, 1950.

mobiliste la mort prochaine de Hitler et – prophétie plus immédiate à l'appui – la mort d'un passager dans son véhicule.

John Leuba, président de la SPP, attend précisément le retour de la princesse quand il écrit à Ernest Jones, alors président de l'Association psychanalytique internationale, après la libération de Paris, pour lui rendre compte de la situation de la psychanalyse en France durant la guerre. L'activité analytique était au ralenti. Il compte les morts : Morgenstern, Pichon, Allendy, Codet; les émigrés qui n'osent pas rentrer, les mobilisés. Bref, « ne restaient à Paris, au début de l'Occupation, que Mme Dolto (ex-Mlle Marette) et moi. Plus tard, Parcheminey et Schlumberger, puis Lacan, démobilisés, sont revenus [5] ». Quelques couronnes pour lui-même, Parcheminey et Schlumberger avec lesquels il a, dit-il, fait un « excellent travail » au service psychanalytique de Sainte-Anne [6]. Il en profite pour continuer à distribuer bonnes et mauvaises notes. Un sous-entendu annonciateur contre Laforgue et un coup dans le dos à Lacan, en passant : « Je ne cite Lacan que pour mémoire, son activité ne s'étant guère manifestée à Sainte-Anne, où je ne l'ai vu qu'une ou deux fois [7]. » John Leuba ne témoigne pas d'une grande considération pour ses collègues, lui qui n'a guère publié durant cette période que « Le mythe du bromure dans le " pinard " », ce qui en dit long sur la hauteur de ses vues psychanalytiques pendant l'Occupation. En revanche, il est généreux pour Mme Dolto : « Excellent travail à sa consultation d'enfants, à l'hôpital Trousseau [8]. » Ne le créditons pas d'une admiration entièrement désintéressée. Françoise Marette avait suivi une analyse de contrôle avec lui [9]. Et Leuba poursuit son rapport à Jones en déclarant – alors qu'ils sont en très petit nombre : « Nous sommes quel-

5. John Leuba. Lettre à E. Jones du 31 décembre 1944. Document cité par A. de Mijolla in « La psychanalyse et les psychanalystes en France entre 1939 et 1945 », *Revue internationale d'histoire de la psychanalyse*, n° 1, *op. cit.*, p. 170.

6. *Ibid.*

7. *Ibid.*

8. *Ibid.*

9. F. Marette, « Un cas de névrose de caractère à base d'autopunition », *in Revue française de psychanalyse*, 1938, X, 4.

ques-uns à désirer ardemment faire une épuration [10]. » Il s'y emploiera, on le sait.

Alain de Mijolla évoque, après ce document qu'il a repris dans son article, la situation des analystes sous l'Occupation : par éthique professionnelle, ils refusaient un paiement en produits du marché noir que les médecins pouvaient accepter. Et puis, quand une alerte survenait, on continuait ou on interrompait la séance, selon « le climat », rapportait Juliette Boutonier [11]. Alain de Mijolla suppose que de telles conditions ne furent pas toujours sans incidence sur la formation des psychanalystes.

Quoi qu'il en soit, Françoise Dolto-Marette est une des rares analystes à continuer de pratiquer à Paris pendant la guerre. Son frère, Philippe Marette, a également travaillé au département psychanalytique de l'hôpital Sainte-Anne, à la clinique neuropsychiatrique.

De son côté, Laforgue avait dû faire parvenir à Matthias Göring une liste de psychanalystes pour la création d'une Société de psychothérapie à Paris sur le modèle de celle de Berlin, puisque une note manuscrite de M. Göring enregistre une suite de noms, parmi lesquels ceux de Lacan, Lagache, Mâle, les deux Marette et Schlumberger, au titre du projet de Laforgue [12]. Cette liste ne permet évidemment pas d'inférer quoi que ce soit sur la position des personnes mentionnées, car rien ne dit qu'elles en aient eu seulement connaissance.

On peut se faire une idée du tournant que prend la pratique de Françoise Marette, entre le début et la fin de la guerre, d'après les éléments suivants : vers la fin de son analyse avec Laforgue, elle avait participé avec son frère, en avril 1936, à un congrès à Nyon en Suisse, qui réunissait, entre autres, Leuba, Spitz, Loewenstein, Parcheminey, Odier, Hesnard, et dont l'un des thèmes était la névrose familiale [13]. Ses analyses de contrôle avec des

10. *In* A. de Mijolla, article cité (*ibid.*, note 5).

11. Citée *in* A. de Mijolla, *ibid.*, p. 178.

12. Cf. A. de Mijolla, *ibid.*, p. 202. Il fait état d'un document des *Bundesarchiv in Coblenz* qui lui a été transmis par le Dr Régine Lockot, *ibid.*, p. 221.

13. F. Dolto y fait allusion dans une lettre du 13 avril 1936 à son père, dans *Correspondance*, *op. cit.*, p. 508-509. Un rapport sur ce congrès « *Bericht über den IX Kongress der Psychoanalytiker französicher Sprache, 1936, in Nyon* » a été publié dans l'*Internationale Zeitschrift für Psychoanalyse*, n° 23, 1937. Les

patients adultes étaient, avant guerre, placées sous le signe de ladite névrose familiale et du besoin de punition, chers à Laforgue et Leuba. En 1937, ce dernier lui envoie des adultes en traitement : « Tu as déjà une expérience des obsessions et des phobies [14] », lui écrit-il alors. Au lendemain de la guerre, sans renoncer à l'analyse d'adultes, Dolto rencontre de nombreux cas d'enfants sévèrement traumatisés; elle fait preuve d'une inventivité et d'une intelligence clinique sans précédent et devient une pionnière dans le traitement des psychoses infantiles.

C'est par une lettre qui lui adressait en traitement une petite fille bègue à l'hôpital Trousseau que Françoise Marette découvre pour la première fois le nom de Boris Dolto. Il avait lu sa thèse, s'en était inspiré pour tenter de faire disparaître le symptôme de cette enfant, avant de s'en remettre à Françoise Marette elle-même. La psychothérapie guérit la petite patiente, fille d'un kinésithérapeute ami de Boris. Puis, en 1941, Françoise et Boris se rencontrent à un dîner chez un ami de ce dernier, Robert Desoille, inventeur de la technique du rêve éveillé qu'il pratiquait avec les adultes. Françoise s'y intéressera d'ailleurs jusqu'à l'utiliser à sa façon dans certaines cures, et pour elle-même lorsqu'elle affrontait des difficultés.

Françoise et Boris se marient le 7 février 1942. Au grand scandale de Suzanne Marette ils vivaient déjà ensemble lorsque Françoise l'avait présenté à ses parents. Toutefois, on ne se montra qu'à moitié surpris qu'elle amène un « Tartare » dans la famille. C'est encore intimidée, « angoissée » même qu'elle va le présenter à Laforgue, dans l'attente de son avis – signe pour elle que son transfert n'était pas complètement liquidé, comme elle le croyait.

Boris Dolto (1899-1981) est né à Simféropol en Crimée. Faute d'avoir pu aller à Moscou faire des études de médecine, il entre dans une Ecole polytechnique russe pour y

articles de Laforgue et de Leuba sur la névrose familiale ont été publiés dans la *Revue française de psychanalyse*, 1936, 9, p. 327-419.

14. F. Dolto, *Correspondance*, *op. cit.*, p. 555. John Leuba utilise d'ailleurs le terme de « sadisme urétral » à propos d'un « dissocial » pervers, comme s'il s'agissait d'un stade.

devenir ingénieur, ce pourquoi il sera mobilisé pendant la Première Guerre mondiale sur un cuirassé. Voilà qui fait lointainement écho à la vocation du père de Françoise, lequel voulait entrer à l'Ecole navale. Emigré en France, Boris Dolto est naturalisé à vingt-huit ans. Il a repris des études de médecine en travaillant comme ouvrier chez Renault, pourtant il doit renoncer en définitive à se présenter au concours des hôpitaux. Il est devenu, on le sait, l'un des maîtres de la kinésithérapie en France.

Françoise, dépourvue du sentiment de jalousie, le décrit comme un homme si jaloux qu'elle faillit renoncer à l'épouser [15]. Elle dit n'avoir pas véritablement souffert que parfois il l'ait trompée.

Lorsque Boris est désigné dans l'hebdomadaire *Je suis partout*, spécialiste de la dénonciation, comme juif communiste, il doit se soumettre à un examen des autorités allemandes pour donner la preuve qu'il n'est pas juif. Il voulait, selon Françoise, tuer l'homme qui l'avait dénoncé. Il ne décolérait pas et sortait même un pistolet qu'il brandissait, en disant à sa femme : « ça me soulagerait rudement si je le bousillais ». Et, quinze jours avant sa mort, il lui affirmait encore que c'était grâce à elle s'il n'était pas allé « faire la peau à cet homme ».

Boris Dolto était un être qui, selon elle, concentrait en lui toutes les passions de la Russie. Elle disait : « les Russes n'auraient pas pu inventer la psychanalyse » du fait de leurs excès, dans les registres extrêmes et opposés de l'expression de toutes les pulsions, particulièrement la violence. Pour l'illustrer, elle m'avait raconté ce souvenir d'enfance de Boris. Son grand-père maternel avait une propriété aussi étendue qu'un département français. Son père, assureur à l'origine, avait placé tout son argent dans la vigne et était devenu vigneron. Des œnologues français venaient tous les deux ans goûter ses vins dans la région de la mer Noire où se situait son domaine, à côté de Novorosiisk. Et le jeune Boris, à qui les fermiers baisaient la main comme à un seigneur, montait à cheval à l'âge de sept ans, traversant les rivières à gué dans cette contrée où il passait ses vacances. Au cours d'une de ses randonnées,

15. F. Dolto, *Autoportrait...*, *op. cit.*, p.219.

un orage éclate. Il disparaît pendant deux jours. On le croit noyé car, sur la berge, on a retrouvé un de ses vêtements (qu'il avait dû ôter en raison de la chaleur). Nullement inquiet, l'enfant revient chez lui deux jours plus tard.

Il a rapporté à sa femme la scène suivante, fixée comme un souvenir-écran à la Tchékhov, disait Françoise Dolto. Il se voit de retour dans sa famille, tout content, et se trouve en présence d'une sorte de réception : la mère, la petite sœur près d'elle, et le père qui lui dit : « Approche », en lui désignant sa mère. Elle l'embrasse en pleurant. Le père dit à son fils : « Tu vois la peine que tu as faite à ta mère. » Alors Boris : « C'est pas ma mère ! C'est pas ma mère ! Si c'était ma mère, elle serait fière de moi. » Pendant ces deux jours, il avait eu une impression d'autonomie qui avait fait de lui un homme, ponctuait Françoise Dolto.

A la recherche d'un appartement en 1942, les Dolto s'étonnent de voir de nombreux logements libérés, alors qu'ils sont souvent encore meublés. On leur raconte que les occupants sont partis en vacances ou bien retournés dans leur famille. « C'étaient des familles juives qui les avaient quittés et on ne nous le disait pas [16]. » Devant ce qui ressemble à des départs précipités, Françoise invite son mari à la prudence. Elle aurait, quant à elle, souhaité habiter près de Saint-Sulpice parce qu'elle aimait entendre le bruit des cloches. Ils finissent par emménager au 260, rue Saint-Jacques en août 1942, peu de temps après la rafle du Vel' d'Hiv', le 16 juillet 1942. Ils en apprendront plus tard l'horreur. Et certainement avec un étrange frisson pour Françoise Dolto, puisqu'elle a accompagné, à sa demande, une amie psychanalyste autrichienne se faire enregistrer par les autorités allemandes, précisément à ce moment [17]. Les Dolto n'en savaient certainement pas plus, mais sans doute pas moins que les autres Français sur ce qui menaçait les Juifs, dès le début

16. F. Dolto, *ibid.*, p. 154.
17. Cf. F. Dolto, *ibid.*, p. 153. Dans ce texte, qui n'a pas été revu par elle, puisqu'il a été établi après sa mort par A. et C. Manier, elle reconnaît avoir été « d'une incroyable naïveté ».

de la guerre. Françoise Dolto avait entendu parler par des analystes juifs, dont Sophie Morgenstern, des pogroms en Pologne, et son discours sur les camps est embarrassé [18]. C'est celui de beaucoup de catholiques. Lorsqu'elle dit : « ce sont les Juifs qui ont été le Christ pendant la guerre [19] », elle ne semble pas se rendre compte de ce qu'elle leur vole. Ce refus de laisser son nom à l'horreur et leur identité aux victimes est un de ces effets de clivage, de méconnaissance, dont, bien sûr, personne, fût-il analyste génial, aguerri à la vérité, n'est à l'abri. La cécité de Dolto, pour être partagée par beaucoup de ses concitoyens ou coreligionnaires, ne peut se justifier d'aucun faux-fuyant théologique.

Cette affirmation n'a rien à voir avec le fait d'identifier l'analyste à Socrate, puis à un saint comme le fait Lacan, ou au juif comme Melman, ou au Christ comme le fait Dolto elle-même, car il s'agit là d'une position subjectivée, éventuellement assumée, par l'analyste lui-même telle une figure possible de son identité, toujours en creux dans le corps social. Tandis qu'affirmer que le Christ est mort une seconde fois à Auschwitz n'intéresse que les chrétiens.

Françoise Dolto s'est réfugiée dans l'activité, son travail d'analyste. Et puis ses deux premiers enfants, Jean-Chrysostome et Grégoire, naissent pendant la guerre [20].

Plus tard, elle ne cache pas sa sympathie pour de Gaulle : elle évoque le geste héroïque de jeunes lycéens français, condamnés à mort par les Allemands pour avoir défilé publiquement et silencieusement portant deux gaules de cannes à pêche [21] sur leur épaule. Son frère

18. Voir *ibid.*, chap. VI « La Seconde Guerre mondiale » p. 151-162.
19. *Ibid.*, p. 161.
20. Jean-Chrysostome naît le 20 février 1943 à Paris. Après avoir commencé à travailler comme kinésithérapeute avec son père (activité pour laquelle il était très doué, selon Françoise), il deviendra le chanteur célèbre que l'on connaît sous le nom de « Carlos ». Grégoire, Nicolas, naît le 28 novembre 1944 à Paris. Il est devenu architecte naval, deux signifiants dont on a pu voir l'importance dans la constellation familiale de Françoise. Catherine, Marie, naît le 5 août 1946. Après des études de sociologue, elle devient médecin et se spécialise dans l'haptonomie, contact qui s'établit par le toucher entre la mère enceinte et le fœtus. On se souvient que Marie-Charlotte Landry, grand-mère paternelle de Françoise et, donc, arrière-grand-mère de Catherine, n'était pas « née », comme on disait chez les Marette : elle était fille d'un accoucheur et d'une sage-femme.
21. F. Dolto, *Dialogues québécois*, *op. cit.*, p. 157.

Jacques sera sénateur, et ministre gaulliste. Quant à Boris Dolto, il servait la Résistance à Paris en tant que médecin.

Conséquence importante du drame de la Seconde Guerre mondiale : l'attention toute particulière de Françoise Dolto à la souffrance des enfants abandonnés, laissés-pour-compte. Elle évoque plusieurs fois [22] les conditions épouvantables dans lesquelles beaucoup d'enfants de la région parisienne furent évacués à la campagne, confiés à la garde de très jeunes institutrices inexpérimentées, qui n'avaient d'autre priorité que d'assurer avec les moyens du bord la subsistance de tous. Ce qui manquait le plus aux enfants, selon Dolto, c'était que leur soit dite et expliquée la situation d'abandon, ou de séparation qui était la leur.

Plus encore, c'est le traitement des psychoses infantiles traumatiques qui lui révèle, au lendemain de la guerre, l'ampleur du dommage subi par les enfants. Et elle en observera très souvent les effets chez les enfants de ces enfants-là.

Entre autres cas, on peut se reporter à celui, cité plus haut, du petit garçon psychotique qui s'était identifié à son grand-père mort subitement, alors qu'il regardait les poissons dans la rivière [23]. Mais aussi bien à celui de cet enfant d'une famille nombreuse qui, pendant l'exode, avait failli mourir de dessiccation, faute d'avoir pu être nourri normalement, la mère ayant eu brutalement son lait coupé. C'était un enfant-loup, aboyeur [24]. « Il ne parlait pas, il hurlait. » Il mangeait par terre. Il avait neuf ans lorsque Dolto le prit en traitement. Il ne se représentait jamais dans ses dessins autrement que comme un chien, celui du jardinier auquel il s'était identifié, seule personne à s'occuper un peu de lui. Or, cet homme était mort. L'enfant avait désigné ce qui lui était arrivé dans un dessin où figurait, à l'endroit du plexus, une trace noire, un « caillou » tombé sur lui, poids du traumatisme dans une image orale du corps. C'était probablement la représenta-

22. Dans les *Dialogues québécois*, par exemple.
23. F. Dolto, *ibid.*, p. 74-76.
24. F. Dolto, *Inconscient et Destins*, *op. cit.*, p. 87-91.

tion de la mort de ce jardinier, frappé d'une attaque mais dont il imaginait, dans un fantasme, qu'il était tombé par une fenêtre. C'était également la « mort de sa mère en lui ». Dolto expliquait ainsi la fonction positive des identifications chez cet enfant : « Il y avait chez lui deux identifications : l'identification animale et l'identification à un mort [...] cette identification à un mort a été très salutaire parce que, grâce à ce mort, il a pu vivre le traumatisme d'avoir été mort en tombant par la fenêtre, c'est-à-dire d'avoir été séparé à quinze jours par sevrage forcé de la mère qui l'avait fait naître, puis, à deux mois environ, d'avoir failli mourir de déshydratation [25]. » La mère, qui avait plusieurs enfants, avait été séparée de lui pendant l'exode, et les médecins l'avaient préparée à l'idée qu'elle allait le perdre, étant donné son état de dénutrition. Elle avait donc commencé à faire le deuil de ce petit garçon. Dolto souligne, d'autre part, qu'il s'agissait d'une psychose traumatique, donc de ces cas où l'enfant seul a besoin d'une psychanalyse, et non la mère.

On peut penser aussi à la petite Nicole, une enfant de près de six ans, mutique et gravement perturbée, que Dolto va guérir de sa psychose grâce à un exutoire projectif, la poupée-fleur qu'elle a préalablement expérimentée avec succès dans le traitement d'une petite schizophrène.

25. F. Dolto, *Inconscient et Destins*, *ibid.*, p. 90. Il y a deux versions de ce cas : l'une dans *Inconscient et Destins*, p. 87-91 ; l'autre dans *L'Image inconsciente du corps*, p. 232-235, « Cas de Nicolas ». Malgré quelques différences dans la relation, il s'agit bien du même enfant. Dans ce dernier ouvrage, F. Dolto insiste plus particulièrement sur la dynamique de l'image du corps à l'œuvre chez cet enfant pendant sa cure : pendant plusieurs séances, « il paraissait mimer sa mort. Il se jetait de tout son long, avec plus ou moins de violence, et restait là un moment, et recommençait. » (*L'Image inconsciente du corps*, note 1, p. 234.) Elle ajoute, ce qui est précieux, les signifiants prononcés par l'enfant autour de l'image d'un « corps défenestré », celui du jardinier, mais le sien du même coup. L'enfant dit à propos de son dessin : « Tombé, vieux, mort, l'eau pas là, voilà fini, ma l'a pu. » Et Dolto de supposer que cela peut aussi s'écrire : « Vis eux, mord lo pas là, va las, fi, ni, moi y a plus » *sic* (*ibid.*, p. 234). On peut y déchiffrer, entre autres, un impératif de vivre, de mordre le sein absent (lo, pas là) et l'image de l'anéantissement du sujet enfant dans la disparition du jardinier. Le processus psychique en cause selon Dolto peut se résumer à peu près comme suit : devant la mort réelle de l'autre (ici le jardinier), ou la privation de l'objet érotique investi (le sein maternel), toutes les pulsions se tendent comme pour retrouver cet objet perdu, le faire réapparaître. Faute d'y parvenir par cette suractivation, le sujet régresse à une image du corps antérieur. S'il lui manque toujours un objet de satisfaction, se produit un symptôme somatique corporel : en l'occurrence, c'était l'insomnie chez cet enfant dont aucun objet d'amour ne pouvait plus apaiser la tension après la perte de ce jardinier.

Elle reçoit Nicole en octobre 1947. L'anamnèse ne révèle rien sur ses géniteurs. C'est une enfant totalement déracinée qui a été adoptée à quatre ans, en même temps qu'un frère plus jeune, par de braves gens. Auparavant, elle avait été placée chez un couple « de parents nourriciers indignes » qui faisaient un trafic de cartes d'alimentation sur le dos des enfants. La petite Nicole était en état de dénutrition. « Quant à son petit frère, il mangeait ses excréments et était accroché par une corde à la niche du chien [26]. » La petite Nicole, gravement blessée dans sa relation orale, avait une sorte de « perversion de la soif » puisqu'elle buvait, en cachette, et en lapant, l'huile de la machine à coudre, l'eau de vaisselle, l'urine, refusant l'eau propre [27].

Françoise Dolto s'est intéressée à la technique du rêve éveillé de Robert Desoille : en état de relaxation sur un divan, les patients de Desoille suivaient sous sa direction une rêverie. Toutefois, Dolto ne lui emprunte que ce dont elle a besoin, soulignant les limites de l'imagerie dans cette technique, dont le ressort principal reste le transfert entre le rêveur éveillé et son guide. Or, le transfert, c'est ce dont Desoille ne veut surtout pas entendre parler [28], préférant donner consistance à une interprétation de symboles plus ou moins réifiés, de sorte que l'accès à son inconscient reste toujours opaque pour le patient. La symbolique dans le rêve éveillé permet, par des relances constantes, de poursuivre indéfiniment une exploration imaginaire, sans jamais la référer explicitement à une dynamique pulsionnelle ou érotique. Bien à l'abri dans cette méconnaissance, le transfert n'est pas analysé comme tel.

C'est manifeste dans le cas d'un patient que Desoille nomme Alexandre. Cet homme, qui avait suivi auparavant un traitement psychanalytique, souffrait d'avoir été « persécuté » par son père sous prétexte qu'il se masturbait – ce qui était faux, assurait-il. Desoille lui fournit des

26. F. Dolto, « Cure psychanalytique à l'aide de la poupée-fleur », Deuxième observation, *Au jeu du désir, op. cit.*, p. 149-150.
27. *Ibid.*, p. 150.
28. F. Dolto, Entretien avec E. Roudineco in *Quelques pas..., op. cit.*, p. 22-23.

points de départ imaginatifs et des amorces en cas de blocage : il suggère l'image d'une clé pour démarrer, celle d'un escalier ou d'une hélice quand le cheminement du rêveur se trouve empêché. D'espaces clos en ascensions montagneuses, on rencontre dans ce récit quantité de symboles toujours trop facilement offerts au décryptage. Voici par exemple Alexandre en arrêt devant un coffret fermé, rempli de pierres précieuses, où Desoille ne reconnaît pas seulement une figuration emblématique du caractère anal mais « l'idéal d'un surmoi » au pouvoir magique [29].

Schéma type du rêve éveillé, l'itinéraire imaginaire fournit une représentation spatialisée des conflits psychiques.

Les interventions ne sont pas toujours de simples relances pour Desoille. Parfois le guide se fait *deus ex machina*. Dans un moment où Alexandre expose le conflit entre son désir érotique et l'interdiction paternelle sans pouvoir sortir de sa « prison », il est plaisant que Desoille note : « Alexandre me prête un pouvoir magique que je possède et que lui-même n'a pas », alors qu'il vient d'infléchir lui-même le déroulement de ce voyage : « J'invite Alexandre à m'appeler en me faisant venir d'en haut [30]. » De chimères en paradis et de nuages en voluptés éthérées, les métamorphoses de la libido glissent d'autant mieux que cet automatisme psychologique, dirigé ou manipulé, est assigné à résidence dans l'imaginaire, pour éviter les aspérités de la résistance. Le transfert passé sous silence, patient et guide se prélassent dans de la ouate. Les deux moteurs de la cure analytique, l'angoisse et la culpabilité, sont ici remplacés par un mol oreiller pour deux têtes. C'est que Desoille est tout simplement jungien. Il l'annonce très clairement dans l'introduction de son ouvrage. Et il présente son travail comme une confirmation expérimentale des vues de Jung sur l'existence d'un inconscient collectif avec, pour symboles, les archétypes. Dolto ne le suit pas sur ce terrain-là.

29. Robert Desoille, *Le Rêve éveillé et la psychothérapie*, Paris, PUF, 1945, p. 18-19.

30. *Ibid.*, p. 32-33.

Desoille ne donne pas au mot sublimation le sens freudien d'une désexualisation des pulsions, il la fait équivaloir à un processus d'hominisation, d'individuation, au sens où l'entendait Jung [31]. Dolto n'adhère nullement à la conception jungienne et donne à la sublimation, effet de la castration, une valeur *humanisante,* celle par laquelle le sujet, tout en respectant son éthique propre, s'inscrit dans la communauté humaine puisqu'il en accepte la loi. Or, on le voit bien, avec Desoille, par une sorte de dévergondage mystico-platonicien, c'est de concrétion d'un être tombé du ciel qu'il s'agit.

Il n'empêche que Dolto trouve chez lui la confirmation de la valeur thérapeutique du fonctionnement de l'imagination. C'est pourquoi elle utilise parfois une variante de ce rêve éveillé pour stimuler l'activité fantasmatique de l'enfant en cure lorsqu'il est arrêté par un blocage ou un souvenir-écran, ou bien pour explorer latéralement un fantasme et retrouver une dynamique pulsionnelle. On en trouve un exemple avec le premier cas traité au moyen de la poupée-fleur, celui de la petite Bernadette, une enfant schizophrène qu'elle reçoit en novembre 1946. Alors que l'enfant vient de dessiner une forme dont elle dit que c'est un « loup-ange », Dolto essaie de « lui faire faire une rêverie, où elle s'imaginerait suivre ce loup-ange [32] ». Comme l'enfant n'y parvient pas : « Imagine que tu vas dans l'eau », lui dit-elle. C'est un « thème fantasmatique destiné à explorer les affects du stade oral [33] ». Cette fois, Bernadette se prête au jeu et déclare rencontrer dans l'eau un poisson qui a avalé sa queue, puis un autre, plus gros, qui dédommage le premier de son malheur en le « changeant ». Il donne à Bernadette une boîte contenant une poupée, mais elle reconnaît que ce n'est qu'en imagination [34]. Moment important dans cette cure, car l'enfant témoigne de son désappointement d'être privée de pénis,

31. *Ibid.*, p. 3.
32. F. Dolto, « Cure psychanalytique à l'aide de la poupée-fleur », Première observation, *Au jeu du désir, op. cit.*, p. 143.
33. *Ibid.*
34. *Ibid.*

en même temps qu'elle fait pour la première fois « la différence entre fantasme et réalité [35] ».

Sans jamais étirer la rêverie pour elle-même, puisqu'elle ne lui accorde pas une valeur signifiante en soi mais la fonction d'un adjuvant technique, Dolto s'en sert souvent dans l'analyse des dessins d'enfants. Elle demande à l'enfant où il serait dans son dessin [36]; que va faire tel animal ou tel personnage; ce que va dire la chaise sur laquelle il s'assied, par exemple. Tout élément signifiant, ou pris dans le discours de l'enfant avec une valeur d'affect, est susceptible d'entrer en résonance avec un autre, d'amorcer un dialogue (éventuellement un conflit) dans un récit ou une séquence narrative, fantasmatique, où le sujet reprend vie.

Encore un cas parmi bien d'autres où Dolto eut recours à une variante de cette même technique : c'était avec la fille d'une femme qui avait renoncé à poursuivre ses études d'institutrice le jour où l'homme, dont elle était amoureuse, l'avait embrassée pour la première fois [37]. Lui-même était « matheux ». Cette femme perdit définitivement toutes ses possibilités en mathématiques, ne conservant que les rudiments (le calcul). Leur fille, « grande obsessionnelle », connut bientôt une inhibition semblable à l'école. Cela se passait également après la guerre. L'enfant vint en traitement à Trousseau. Dans les premières séances, elle ne dessinait que de petits ronds. Puis elle parvint à dire qu'il s'agissait d'un caillou. Nouveau blocage. C'est pourquoi Dolto l'engagea à « faire un rêve en s'endormant », chez elle, le soir, pour explorer ce qu'il y avait dans le caillou. Et l'enfant, dans une rêverie diurne en séance, une sorte de rêve éveillé, découvrit qu'il y avait dans le caillou une petite fourmi qui partait se promener, affolée de n'être plus protégée. Alors Dolto lui dit : « Parle-lui à la fourmi. Dis-lui qu'elle peut chercher le caillou [...]. Tu lui permettras de rentrer dans le cail-

35. *Ibid.*

36. Suivant sans doute en cela l'exemple de Dolto, Lacan demandait parfois à ses patients à quelle place ils étaient dans leurs rêves.

37. F. Dolto, *Inconscient et Destins. Séminaire de psychanalyse d'enfants,* 3, *op. cit.*, p. 48-50.

lou. » Et elle ajoute : « Bref, c'était vraiment l'image de " rentrer dans l'utérus-protecteur [38] ". »

Dolto expliquait la différence entre l'analyse jungienne et l'analyse freudienne en soulignant que cette dernière est une analyse des racines de la vie, alors que l'analyse jungienne est une analyse des ramures de la vie. Dans le traitement de type jungien, on analyse les sublimations et on essaie de les modifier grâce à la séduction dont l'analyste se fait l'instrument. Tandis que dans l'analyse freudienne, même s'il y a séduction de l'analyste (à entendre dans les deux sens : *de* et *par*), celle-ci ne résiste pas au travail analytique : la séduction s'analyse et se dissout. Dans la cure freudienne, l'analysant devient son propre analyste. Le psychanalyste n'est ni un guide ni un maître. Selon Dolto, l'analyse freudienne comporte un risque : elle est dangereuse pour ceux qui ont déjà construit dans la réalité un édifice pour l'organisation de leur névrose. « Dans l'analyse freudienne, il y a à boire et à manger pour le sujet, puisque c'est lui, en définitive, qui fait l'analyse. » Elle voulait souligner ainsi la spécificité radicale de la psychanalyse freudienne, qui exclut la méconnaissance tacite de la sexualité et du transfert sur laquelle repose la cure jungienne ; celle-ci évacue la division constitutive du sujet pour une fabrication en commun d'imaginaire. Dolto soulignait cette différence en renvoyant au névrosé et au psychotique : les résistances du névrosé sont personnelles, c'est pourquoi elles sont analysables ; alors que celles du psychotique sont des résistances qui assurent l'équilibre du reste de la famille.

Névrose et psychose ne sont que deux figures de la folie, pour Dolto : dans les deux cas, l'analyste n'a affaire qu'à la relation du sujet à ses fantasmes – et à leur répétition – non à sa relation à la réalité. Ce qui, en revanche, est spécifique de la psychose, selon elle, c'est que le psychotique ne se sait pas toujours être humain : parfois il s'agit de quelqu'un qui se croit végétal ou animal, ou chose même, et qui attend de l'analyste qu'il se comporte à son égard comme à l'égard d'un animal, d'un végétal ou d'une chose. Ou encore il s'identifie à un fantôme, à un

38. *Ibid.*, p. 50.

être qui n'est pas dans le même temps ni le même espace que nous; à un mort qui a compté dans un fantasme de sa mère quand il était *in utero* ou quand il était petit.

Il y a là une description condensée de toute la clinique des psychoses de Dolto et des variétés d'identifications à un autre inhumain, caractéristiques des psychoses infantiles que l'on retrouve en particulier dans son *Séminaire*. Enfants-loups, enfants-chiens, enfants-chats; sans compter ceux qui disent la vérité de leur aliénation dans l'éclair d'une parole qui les agglutine à un autre, une holophrase: « Moi quand pépère mort »; « C'est moi quand j'étais le petit frère mort. »

En ce qui concerne l'identification à la chose, dans son aspect le plus mécanique, le plus déshumanisé (quoique s'y trouve conservée une image de la vie : le mouvement), je rappellerai le cas de cet enfant autiste, reconnaissable à un geste compulsif très étrange, qui ne fut déchiffré que par Dolto : son avant-bras droit tournant autour du coude, accompagné d'un mouvement de va-et-vient de la main gauche. C'était le fonctionnement de la machine à coudre à laquelle il s'était identifié. Car, ainsi, il pouvait être comme le mari de sa mère (restée célibataire), laquelle ne devait sa subsistance qu'à la vente des gilets, confectionnés à la machine, qu'elle vendait chaque semaine à un homme. Sans doute l'enfant s'était-il identifié à un objet partiel de sa mère, le pied (équivalent de son sexe à lui), amorce imaginaire d'un pouvoir procréateur (le pouvoir créateur de gilets). La contiguïté d'un objet partiel avec un autre avait produit, dans un imaginaire fou, l'indispensable fonction paternelle phallique sous forme de machine: « Il faisait " manière de père " en faisant " manière de machine [39] ". » Ce petit garçon avait vécu jusqu'à trois ans en contemplant son père et sa mère : la machine à coudre et sa mère. Jusqu'à cet âge, il avait pu « s'autopaterner » et « s'automaterner », à l'image de la mère : il mettait le couvert, s'habillait seul, etc. Le danger pour lui était la société, représentée par le monsieur à qui sa mère vendait des gilets, car cet homme marchandait, retenait de l'argent à cette femme sur ce qu'il lui devait,

39. F. Dolto, *Séminaire de psychanalyse d'enfants*, 1, *op. cit.*, p. 153.

sous prétexte qu'un vêtement était mal fini. De sorte que pour l'enfant « devenir un homme revenait à être comme ce monsieur qui faisait de la peine à maman [40] ».

Ce cas extraordinaire fait comprendre aussi pourquoi Dolto ne recule pas devant la gravité d'un tableau clinique. Elle décèle la vie dans le mouvement répétitif insensé et, très freudiennement, reconnaît l'identification comme amour [41] (même aberrant), contre une vision psychiatrique qui range l'autiste, avec son balancement compulsif incompréhensible, dans l'incurabilité. Bref, elle retrouve le désir d'un sujet là où l'on ne croirait qu'à l'incohérence d'une débilité organique.

De l'identification à un mort qui a compté pour la mère, l'anorexie mentale chez les jeunes filles est l'exemple le plus manifeste. Dolto a exposé le cas d'une petite fille qui, à l'âge de quinze jours, s'est mise à refuser de téter [42]. La mère est alors très angoissée, et Dolto apprend de la bouche de celle-ci que c'est à la maternité qu'elle a pris conscience véritablement de la disparition de sa propre mère. Elle en a ressenti pour la première fois l'absence. Alors Dolto, devant la mère quelque peu incrédule, s'est adressée à ce nourrisson de deux semaines et lui a interprété son désir de rejoindre cette grand-mère morte, à laquelle sa mère pensait si fort au moment de l'accouchement. « Pour une enfant si près encore de l'avant-vie, mourir signifiait peut-être rechercher la personne qui occupait les pensées de sa mère et qui, d'après celle-ci, savait s'occuper des enfants [...]. C'étaient mes associations d'idées, peut-être farfelues, mais je les ai proposées telles qu'elles sortaient de mon imaginaire [43]. » L'enfant s'est remise à téter peu après. Comme le disait

40. F. Dolto, communication orale.

41. S. Freud : « L'identification est la forme la plus originaire du lien affectif à l'objet; deuxièmement, par voie régressive, elle devient le substitut d'un lien objectal libidinal, en quelque sorte par introjection de l'objet dans le moi... », « L'identification », chap. VII de « Psychologie des foules et analyse du moi » *in Essais de psychanalyse,* nouvelle trad., Paris, Payot, 1981, p. 170. Et dans le même article de Freud, ce passage aussi connu : « L'identification à l'objet abandonné ou perdu, servant de substitut à celui-ci, l'introjection de cet objet dans le moi, n'est certes plus une nouveauté pour nous. Un tel processus peut à l'occasion s'observer directement chez le petit enfant » (*ibid.*, p. 172). Suit l'exemple de l'enfant marchant à quatre pattes comme le chat qu'il a perdu.

42. F. Dolto, *Séminaire de psychanalyse d'enfants,* 2, *op. cit.,* p. 209-213.

43. *Ibid.,* p. 211.

Dolto, d'autre part, ça a marché, mais ça aurait pu ne pas marcher. Quand l'interprétation a eu de l'effet, on se dit : c'était sûrement ça, alors qu'il s'agissait peut-être d'autre chose. « Une pratique n'a pas besoin d'être éclairée pour opérer [44]. » En la circonstance, ce pouvait être aussi bien le fait que la mère avait pu parler pour la première fois du deuil qu'elle faisait de sa propre mère. L'essentiel est qu'une relation de transfert s'établisse. Pour Dolto, cette régression infantile n'avait pas cependant la gravité de celle dans laquelle tombe l'enfant, plus âgé, lorsqu'il fait son Œdipe sur un mort et qu'il joue au mort pour que sa mère s'occupe de lui. C'est là le début d'une psychose.

Dolto conçoit l'anorexie mentale, trouble quasi psychotique chez les jeunes filles, pur travail de la pulsion de mort, comme un conflit, une violente opposition à l'idée d'avoir à vivre comme femme. Cependant, la clinique dont elle fait état ne renvoie pas toujours, comme chez Ginette Raimbault [45] par exemple, à l'identification à un mort dont la mère n'a pas fait son deuil. On trouve dans les cas de Dolto des identifications paisibles, si l'on peut dire, à des emblèmes de la mort. Ainsi d'une jeune femme qui, enfant, avait été élevée dans le calme bonheur d'un cimetière, avec pour distraction « le passage des convois funèbres ». Dolto souligne qu'il n'y avait jamais eu de conflit entre cette jeune fille et ses parents [46]. Pourtant, son refus oral avait certainement une origine liée à ce que donne la mère – la nourriture –, puisqu'elle se souvenait des ragoûts assez gras (de la goulache) que celle-ci préparait le dimanche, associés dans son esprit au souvenir des pelletées de terre soulevées par le père fossoyeur lorsque, enfant, elle jouait au milieu des tombes et des couronnes mortuaires [47].

44. J. Lacan, *Télévision, op. cit.*, p. 17.
45. Cf. notamment Ginette Raimbault, *Clinique du réel. La psychanalyse et les frontières du médical*, Paris, Le Seuil, 1982, « Sans faim, sans amour et sans trêve », p. 123-158.
46. F. Dolto, *Séminaire de psychanalyse d'enfants, 2, op. cit.*, p. 227.
47. *Ibid.*, p. 228.

Les naissances successives de ses trois enfants vont être pour Françoise Dolto, qui affirmait ne jamais faire de psychanalyse avec eux, l'occasion de les observer avec son œil d'analyste dans des moments importants de leur croissance. Si elle laisse notamment son fils cadet, explorateur plus opiniâtre que les deux autres enfants, se brûler malgré les avertissements qu'elle lui adresse, ce n'est nullement par laxisme. Il va trouver une solution au problème en s'identifiant sans culpabilité au rôle du découvreur : « Ce n'est pas mal de se brûler, ça *fait* mal, ce qui n'est pas pareil [48] », comme elle le souligne dans un article extrêmement riche en observations, orienté par le souci de séparer l'expérience subjective de l'enfant du jugement moral porté par l'adulte sur ses actes ou comportements. Le danger de l'interdiction malvenue, de la menace punitive est d'ôter à l'enfant le droit de prendre les risques réels et nécessaires qui font partie de son apprentissage du monde [49]. Et si elle est constamment réitérée, elle finit par avoir un effet inhibant qui lui rend tabous trop d'objets de son monde le plus proche.

Dans ce même texte, Dolto évoque son article sur « la jalousie à l'égard du puîné [50] ». Elle décrit cette jalousie comme le « *sentiment de danger* [51] qu'éprouve l'aîné à l'idée d'aimer un frère ou une sœur nouveau-nés [52] ». Et, contre la croyance reçue que l'aîné imiterait le puîné, quand il se remet à sucer son pouce, à vouloir téter sa mère, elle précise : « Aimer entraîne une identification de soi à l'objet d'amour. La tentation d'aimer un plus petit que soi, image involuée de soi-même, incite l'enfant plus grand à une régression à son propre stade *infans.* Il va donc falloir à l'aîné refuser l'amour pour le nouveau-venu, l'attaquer, afin de se défendre du risque inclus *a*

48. F. Dolto, « Les sensations cœnesthésiques d'aise ou de malaise, origine des sentiments de culpabilité » (avril-mai 1948), repris dans *Au jeu du désir, op. cit.,* p. 43.
49. Cf. *Ibid.*
50. F. Dolto, « La dynamique des pulsions et les réactions dites de jalousie à la naissance d'un puîné » (1947), repris dans *Au jeu du désir,* p. 96-132.
51. Souligné par moi.
52. F. Dolto, « Les sensations cœnesthésiques... », *Au jeu du désir,* p. 49.

priori dans ce sentiment d'amour. L'aimer lui cause un dommage subjectif énergétique [53]. »

Françoise Dolto a donc une conception très particulière de la jalousie. Au lieu de l'associer à l'idée de haine, elle fait porter l'accent sur un amour à contre-courant de la dynamique du sujet : il risque, par identification, de s'arrêter dans son devenir. C'est pourquoi la haine est seconde : manœuvre pour écarter non pas un intrus mais le danger interne qu'il représente par la séduction qu'il exerce sur le sujet. La jalousie ainsi entendue, n'est pas volonté de supprimer un semblable, un petit autre, un double, parce qu'il détrônerait le sujet auprès de la mère ; c'est plutôt le refus d'un amour qui risquerait d'ébranler en soi-même le vecteur dynamique du devenir. Tout l'article sur « la jalousie à l'égard du puîné » développe la complexité de ce mouvement de se refuser à un amour, car le petit autre représente alors « l'image involuée de soi-même », le risque d'une invagination de sa structure à soi.

Cette conception de la jalousie n'appartient qu'à Dolto. On ne trouverait rien d'approchant chez Freud qui, au contraire, fait de la haine le premier mouvement de rejet constitutif du monde extérieur. Dolto ne modifiera en rien sa conception sur ce point puisque, beaucoup plus tard, dans son *Séminaire*, elle réfère à nouveau l'enfant jaloux à sa propre histoire et non au spectacle fascinant et mortifère de l'autre : « Lorsque l'on dit, par exemple, d'une enfant qui a quinze mois qu'elle fait " comme sa petite sœur " en prenant le biberon " comme elle ", ce n'est pas vrai [...] elle veut faire comme elle faisait *elle-même* avant. C'est une invagination symbolique dans sa propre histoire [54]. » Dolto s'emploie à dégager les fonctions positives de la jalousie, les rapportant à une dynamique temporelle du sujet : surmontant la fixation fétichiste à ce petit autre et, renonçant à la régression où le conduirait la jalousie, l'enfant entre dans le temps – ce que traduit l'apparition, dans sa syntaxe, de la maîtrise du passé et du futur [55]. La dialectique de la jalousie mène

53. *Ibid.*
54. F. Dolto, *Inconscient et Destins. Séminaire*, 3, *op. cit.*, p. 175.
55. Cf. F. Dolto, « La dynamique des pulsions... », *op. cit.* p. 131-132.

donc l'enfant à conquérir un « narcissisme temporel » et non plus simplement « spatial ». Cela ne se produit évidemment pas sans le concours de l'Autre, du parent, qui va lui faire apercevoir les différences entre l'état d'incapacité du petit, notamment, et les possibilités, les virtualités déjà inscrites et visibles chez lui-même.

Lacan, au contraire, développe dans *Les Complexes familiaux*, en 1938, une conception qui, si elle fait également toute sa place à l'amour dans la rivalité et la jalousie fraternelle, met au premier plan l'identification à l'autre, à ce semblable avec lequel s'engage une compétition en miroir. C'est ce qu'il appelle alors le « complexe de l'intrusion [56] ». Il suit, dans ce texte, les avatars de l'agressivité chez l'aîné déjà sevré à l'égard du petit autre encore au sein, jusqu'au moment de l'aliénation primordiale dans l'image du miroir, première forme du moi auquel il va s'identifier. L'agressivité à l'égard de l'autre ou de l'image de soi comme autre – qui peut aller jusqu'à la passion psychotique – reste toujours *secondaire* à une identification première à cet autre. Déjà à cette époque, il citait saint Augustin et la fameuse scène de l'*invidia* [57] : l'enfant pâlissant d'amertume au spectacle de son frère de lait au sein. Lacan met donc en exergue ce que Dolto laisse dans l'ombre : il souligne la valeur mortifère de l'agressivité, la fonction leurrante du double et de l'image spéculaire. Cet autre intrusif auquel s'identifie le sujet est inscrit dans une relation narcissique plus spatiale que temporelle dans la conception de Lacan. Pour lui, c'est l'image du miroir qui résout la discordance des fantasmes archaïques de démembrement, de dislocation de l'image du corps propre, en conférant au sujet une première unité, un lieu identificatoire face au morcellement de ses pulsions. On se bornera ici à remarquer combien ces deux conceptions de la jalousie sont opposées.

Le narcissisme se constitue dans une topique spatiale,

56. J. Lacan, *Les Complexes familiaux dans la formation de l'individu*, Paris, Navarin, 1984, p. 35-49.

57. En 1964, il fait de cette *invidia* augustinienne, dérivée du regard (*videre*), une passion plus radicale (puisqu'elle consume le sujet) que la jalousie : l'envie « devant l'image d'une complétude qui se referme », dans le *Séminaire*, livre XI, *Les quatre concepts fondamentaux de la psychanalyse*, *op. cit.*, p. 106.

chez Lacan, celle de l'image inversée. Et l'autre (le semblable) y reste foncièrement un intrus.

A l'inverse, l'axe du narcissisme est antérieur au stade du miroir, pour Dolto. Le narcissisme n'est pas l'effet d'un précipité dans une image fascinante. Il est ressenti bien plus tôt, éprouvé comme une « mêmeté d'être », en relation avec la mère d'abord, puis dans la séparation du corps de la mère. Dolto ne privilégie pas la rivalité, l'amitié agressive – typique de l'obsessionnel –, mais un dynamisme intérieur au sujet. Du reste, elle ne met pas en avant la conception, plus psychiatrique que freudienne, du morcellement schizophrénique des pulsions, telle qu'elle est présentée par Lacan mentionnant l'image du double comme un de ses avatars possibles. Elle affirme au contraire que, si les pulsions sexuelles sont foncièrement partielles et morcelées, l'enfant, lui, ne les ressent pas comme telles, il ne se sent ni morcelé ni divisé par sa demande.

Une de ses définitions du narcissisme était la suivante : le narcissisme est la relation symbolique que l'on a avec soi-même sans paroles. Formule paradoxale en apparence seulement, puisque le symbolique ne se limite pas, pour Dolto, au langage articulé. La fonction structurante, positive du narcissisme implique la dimension symbolique et non pas seulement la relation trompeuse à une image en miroir. C'est la part de l'image de soi qui soutient le sujet au lieu de le fasciner.

Un cas tout à fait extraordinaire peut témoigner de la survivance du narcissisme à l'état de trognon : celui d'un enfant priapique, âgé de huit ans [58]. Ses parents devaient lui faire confectionner des vêtements bouffonnants pour cacher son symptôme. Doux et débile d'apparence, il était le préféré de son père. Sa cure ne progressait guère jusqu'au jour où il quitta la table où il faisait des modelages, pour aller spontanément s'allonger sur le divan. Là il ouvre sa braguette et chante la messe des morts en latin, en se balançant d'avant en arrière. Figé dans une indéfectible érection depuis la mort d'un petit frère de deux ans,

58. F. Dolto, *Inconscient et Destins. Séminaire de psychanalyse d'enfants*, 3, *op. cit.*, p. 40-47.

il avait, à quatre ans, gardé le souvenir des paroles du *De Profundis* – peut-être entendues à la messe d'enterrement. Depuis, il s'était cramponné à son sexe en érection comme au mât de la vie : « Il était hébété, avec ce membre qui parlait [59]. » Le jeune garçon, ayant psalmodié la messe des morts sur le divan, en réponse à la question de Dolto, c'est la mort de qui ? lui dit : « La mort de moi quand j'étais le petit frère [60]. » Aussitôt après, le symptôme disparaît, le problème de la jalousie à l'égard du puîné, qui avait aspiré pour ainsi dire son identité, est liquidé. Or, le lendemain de cette séance, le père meurt d'une crise cardiaque. L'énigme n'a d'ailleurs pas pu être élucidée, le traitement ayant été alors interrompu. Là, c'est une relation de vases communicants entre parent et enfant qui semble avoir fonctionné à plein [61].

> « O Lys Tigré dit Alice [...] comme je *voudrais* que vous puissiez parler !
> – Nous pouvons fort bien parler, répondit le Lys Tigré, quand nous avons un interlocuteur valable [62]. »
>
> Lewis Carroll

A la fin de 1946, Dolto reçoit en consultation une enfant anorexique de cinq ans et demi. Affligée d'un strabisme [63], elle a la main gauche repliée et la jambe gauche traînante. Elle vomit toute nourriture ingurgitée. Dès sa naissance, elle refusait de boire, vomissait du sang « et fai-

59. *Ibid.*, p. 44.
60. *Ibid.*, p. 43.
61. Il existe plusieurs versions de ce cas dont outre celle mentionnée ; l'une dans les entretiens entre Dolto, François Peraldi et Chantal Maillet, « Questions de transfert », « Au-delà du temps des séances » 2, revue *Etudes freudiennes*, n° 24, 1984, p. 116-118 ; l'autre dans une communication de F. Dolto, intitulée « Us et abus de la guérison », revue *Psychiatries*, n° 63, 1984, p. 84. Elle y écrivait en conclusion : « Je suis convaincue que ce père m'avait présenté cet enfant comme son cœur et que de changer l'enfant en lui redonnant sa propre autonomie de relation à autrui [...] a fait mourir son père... »
62. Lewis Caroll, *De l'autre côté du miroir et ce qu'Alice y trouva*, chap. II, « Le jardin des fleurs vivantes », trad. de H. Parisot, Paris, Flammarion, 1971 ; repris dans La Pléiade, Gallimard, 1990, p. 270.
63. La mère, du reste, avait choisi spécialement une profession dont elle attendait qu'elle puisse corriger le strabisme de son enfant.

sait aussi du sang par l'anus[64] », rapporte la mère. Elle glapit d'une voix monocorde, enfermée dans un monologue d'où jaillissent des néologismes schizophréniques : elle ne dit pas « dessiner » mais « *sapiner*[65] » quand elle fait des triangles (sapins). Lorsqu'elle met du vert dans un triangle, elle appelle cela : « *verber* ». Pour s'asseoir, elle dit « chaiser[66] ». De son père, elle disait qu'il « se lunait », ce qui signifiait qu'il était dans la lune. C'était un littéraire rêveur. Au rebours de la conception psychiatrique qui souligne comment, dans la schizophrénie, le pulsionnel, le vivant a émigré dans l'inanimé, le minéral, suscitant des effets d'inquiétante étrangeté (une montagne-regard, etc.), une note de Dolto sur la nature de ces néologismes montre qu'elle en privilégie la dynamique : « C'est une des formes du langage, dit schizophrénique : les substantifs sont déclinés comme des verbes ce qui montre que *pour l'enfant, tout substantif inclut une dynamique*[67]. »

Outre le succès thérapeutique dont elle a été suivie, la cure de cette enfant est exemplaire à bien des égards. C'est de là qu'on peut dater l'avènement de Françoise Dolto, clinicienne inégalée des psychoses.

Le tableau clinique, où semble dominer l'organicité, est si grave que Dolto est d'abord tentée de renoncer. L'anamnèse fournit des indications sur le symptôme lui-même mais, à cette époque, Dolto ne pousse pas l'investigation du côté du désir des parents; elle n'explore pas non plus, en amont, le discours et l'histoire familiale qui précède la naissance de l'enfant.

Elle apprend seulement qu'à dix-huit mois, lors d'une nouvelle crise d'anorexie très inquiétante pour les parents, la petite Bernadette a tout de même vomi « un bouchon de pâte crue qu'elle avait dû vraisemblablement avaler sans témoin à la cuisine[68]. Mais rien d'autre sur l'origine de sa division schizophrénique et de son agressivité paranoïaque contre sa mère.

64. F. Dolto, « Cure psychanalytique à l'aide de la poupée-fleur », *Au jeu du désir, op. cit.*, p. 133.
65. *Ibid.*, p. 136.
66. F. Dolto. Séminaire inédit à l'Ecole freudienne de Paris.
67. F. Dolto, « Cure psychanalytique à l'aide de la poupée-fleur », p. 136. Les mots soulignés le sont par moi. Dolto veut dire « conjugués », bien sûr.
68. F. Dolto, *Au jeu du désir, ibid.*, p. 134.

Or, dans le déchiffrement d'une sorte d'holophrase prononcée par l'enfant : « papa toute seule », Dolto articule les strates du désir de la petite Bernadette d'avoir son père à elle toute seule, pendant une période où la mère est absente – ce qui, à première vue, serait du registre œdipien. C'est en fait le fantasme fusionnel, archaïque, d'avoir les deux sexes : « comme si grâce à la présence de son père sans la mère elle possédait les deux sexes[69] ». L'absence temporaire de la mère qui active, par réaction, chez Bernadette le fantasme d'être fille-père, est l'occasion pour Dolto d'une première élaboration de ce qu'elle appellera l'image du corps. Elle écrit : « Son corps de fille est vécu par elle comme siège de zone érogène orale et tube digestif confondus avec le corps de la mère qui, partie, absentéise son besoin et son désir de manger, mettant en danger le vivre, pourrait-on dire, somatique[70]. » L'enfant se vit elle-même comme partie du corps de la mère, élément d'un circuit en dérivation sur un autre. Elle est totalement privée d'elle-même quand cet autre est absent. Cette aliénation de l'enfant au corps de l'autre est l'une des formes les plus courantes de la psychose infantile, telle que Dolto l'aborde et la théorise. Dans sa conception, les signifiants à déchiffrer sont collés au corps; il faut les déprendre de la chair de l'autre, la mère : il ne s'agit pas, comme chez Melanie Klein, d'objets partiels, introjectés, « réels imaginaires », à extirper de la marmite du ventre maternel, en même temps que les mécanismes – projection sadique, identification projective, clivage, attaques persécutives, crainte de retaliation, et autres besoins de réparation – qui constituent lesdits objets fantasmatiques. Dolto dit souvent que le petit enfant a son bassin aliéné à sa mère : c'est une image qui rend compte du fait que la mère régit l'analité de l'enfant et sa motricité. Imaginairement, il passe par elle. Dolto ne dit pas alors que l'enfant « s'identifie à la mère », ni qu'il « projette ». Sa vision est plus réaliste, elle dit en raccourci qu'« il est » une partie du corps de la mère.

L'enfant, à l'âge œdipien, peut en être resté à une

69. *Ibid.*, p. 136.
70. *Ibid.*

image de lui-même comme tuyau fonctionnant par la mère, avec une zone de plaisir : dans le cas de Bernadette, la bouche, enkystée, hypothéquée dans le corps de l'autre. L'image de soi (qui est ressentie) est alors indissociable et indissociée de celle du corps de sa mère.

L'origine d'une psychose se localise fréquemment dans une perturbation du stade oral; il s'agit soit d'un traumatisme, qui peut être tout à fait étranger au comportement et aux intentions de la mère [71], soit, indirectement, de l'effet des mêmes troubles éprouvés, toujours à l'âge oral, chez les parents. Ses troubles additionnés ou superposés chez les parents retentissent sur l'enfant. Dolto en précise le rôle dans l'étiologie de la psychose infantile, en ces termes : si un « enfant devient psychotique, c'est qu'il y aura eu chez lui, au moment du stade oral, rencontre de deux zones d'ombre touchant aux pulsions orales de ses parents : c'est-à-dire, par exemple, que les frustrations orales chez la mère, que celle-ci a ressenties au même âge que son enfant, et qui n'ont jamais été *parlées*, ont interféré avec un non-dit comparable du côté du père. C'est donc l'intersection de ces deux zones d'ombre qui entame la sublimation des pulsions orales chez les deux parents. L'ombre s'en trouve alors portée sur l'enfant, touché dans ses possibilités [...] d'entrer dans la parole [72] ».

Au fil des séances, il apparaît que la petite Bernadette attribue à une guenon quasi hallucinatoire tous les propos méchants qu'elle tient concernant sa mère. Elle tape sur la guenon, qui a pris rang égal à celui de l'analyste : « Si la doctoresse existe, c'est que la guenon existe » dit-elle, ayant un jour rencontré Dolto hors de l'espace des séances, à l'entrée de son immeuble [73].

Cette enfant est la proie de fantasmes oraux terriblement destructeurs – comme il s'en trouve dans l'autisme – et parle de ses enfants imaginaires qui « *cassent* la bouche ou le ventre » (comme la boule de pâte qu'elle avait vomie).

71. Comme, par exemple, dans le « Cas Nicolas » (cité plus haut et voir note 25), enfant qui avait souffert de dessiccation.
72. F. Dolto, *Dialogues québécois, op. cit.*, p. 73.
73. F. Dolto, *Au jeu du désir, op. cit.*, p. 138.

La guenon souffre-douleur donne à Dolto l'idée d'utiliser une poupée-fleur en guise d'exutoire projectif. Elle précise, dans un séminaire inédit [74], que l'invention de cette poupée revient aussi à l'enfant. Dolto a lancé l'expression « poupée-végétale, poupée-fleur », en voyant la prédominance du végétal dans les dessins de Bernadette (des sapins verts). La mère demande, très étonnée : qu'est-ce que c'est ? Et Dolto de répondre : « Je ne sais pas », pendant que l'enfant saute de joie en disant : « Oui, oui, une poupée-fleur. » Une fois le mot lancé, il fallait bien trouver une représentation, ajoutait Dolto [75].

Dans son article de 1949, elle explique ainsi le cheminement de ses associations : dans le « tableau clinique du narcissisme » se retrouve, selon elle, chez les enfants mais également chez les adultes, le dessin d'une marguerite [76]. Chez les anorexiques et les personnes souffrant d'une blessure narcissique de l'âge oral, l'identification à la marguerite s'effectuerait plus précisément sur la tige dans « une solution de continuité avec le sol ou le récipient nourricier [77] ».

Elle fait donc confectionner une poupée-fleur, le corps entièrement en tissu vert (couleur du végétal) : au lieu d'un visage, une marguerite artificielle avec des vêtements « évoquant aussi bien le garçon que la fille [78] ». Bernadette finira, au terme d'une relation complexe à cette poupée-fleur, par exorciser sa paranoïa persécutrice et sa division schizophrénique (une moitié bonne et une autre méchante), en une véritable danse du scalp autour d'une guenon. Il ne s'agit plus alors de l'animal qu'elle hallucinait, mais d'une figurine de son arche de Noé qu'elle demandera à son père de détruire à coups de marteau. Ce qu'il fera.

L'observation de la petite Nicole (citée dans le même article) révèle une identité de comportement à l'égard de cette poupée-fleur : « très positive d'abord, puis ambivalente, enfin négative quand la poupée-fleur est prise

74. A l'Ecole freudienne.
75. F. Dolto, Séminaire de l'Ecole freudienne, inédit.
76. F. Dolto, *Au jeu du désir, op. cit.*, p. 139.
77. *Ibid.*
78. *Ibid.*, p. 139-140.

comme bouc émissaire responsable mais non coupable des pulsions inadaptées de l'enfant [79]. »

La poupée-fleur permet à l'enfant de revivre par procuration des émois, des affects, mais selon une modalité particulière : c'est la culpabilité qui lui est déléguée [80]. Cet objet se révèle lieu projectif de pulsions très archaïques; il opère antérieurement au stade du miroir, tel que Lacan en a dégagé la fonction. Dolto souligne en effet qu' « une enfant qui s'est déjà vue dans le miroir est soutenue, en revanche, à ne pas projeter dans la poupée-fleur sa personne d'aujourd'hui : elle peut y projeter son ressenti tout à fait archaïque [81] ». Elle rappelle que le nourrisson « ne sait pas qu'il a un visage : le visage de ce qu'il ressent, c'est celui de sa mère [82] ». Or, la poupée-fleur a pour particularité de n'avoir « ni yeux, ni nez, ni bouche », rien qui rappelle directement l'expression symbolique des émois qui n'appartient qu'au visage humain [83]. Elle est donc un artefact, lieu de focalisation des pulsions – orales surtout, anales aussi – non supportées par l'enfant : car celui-ci ressent comme souffrance non seulement les processus biologiques liés aux besoins, mais les fantasmes qui accompagnent les pulsions correspondantes, faute de pouvoir les unifier en lui quand l'Autre primordial, le corps-mère auquel il est imaginairement accolé, s'absente, l'arrachant à lui-même comme un tuyau débranché.

Il est inutile de souligner l'importance de cette trouvaille géniale de Dolto dans la clinique des enfants psychotiques, ainsi que des adultes schizophrènes. Gisela Pankow s'en est inspirée en développant un point de vue beaucoup plus systématique sur les « effets de structuration dynamique » dans le traitement de la schizophrénie :

79. *Ibid.*, p. 169.
80. Cf. *Ibid.*, p. 160.
81. *Ibid.*, p. 161.
82. *Ibid.*
83. On peut voir le processus inverse, mais qui, bien sûr, est à comprendre à partir d'une même expérience d'avènement du symbolique, dans le cas très brièvement évoqué par Denis Vasse d'un enfant qui « cherche le visage qu'il a perdu », en façonnant en quelques secondes, et d'un doigt, une tête de mort implorante, « sous terre », laquelle hantait ses nuits; *in* D. Vasse, *La Chair envisagée. La génération symbolique*, Paris, Le Seuil, 1988, p. 44. La photographie de ce modelage est reproduite à la dernière page du même ouvrage.

la technique du modelage en est l'effectuation même. La clinique de G. Pankow fait apparaître chez le schizophrène une dialectique entre une partie du corps et sa totalité, dialectique dont les manifestations rappellent évidemment la poupée-fleur : qu'on pense au « phantasme de l'homme-fleur » ou au « rêve de l'homme sans tête [84] ».

Dolto va utiliser cette poupée-fleur d'une façon récurrente, d'abord en reprenant mot pour mot, dans le traitement de la petite Nicole, des paroles de Bernadette : « La façon d'être gentille pour une poupée-fleur, ça s'appelle des bêtises pour les humains. On est fâché, et pourtant ce n'est pas mal. C'est parce qu'elle veut être gentille qu'elle veut faire des choses méchantes [85]. » (La main-griffe de Bernadette voulait voir du sang parce qu'elle aimait Dolto, c'est pourquoi elle lui enfonça un jour ses ongles dans la peau [86].)

Dolto va l'expérimenter ensuite avec d'autres enfants, bien sûr, et des adultes, schizophrènes ou non. Même la couturière à qui elle a demandé d'en confectionner une

84. Gisela Pankow, *L'être-là du schizophrène*, Paris, Aubier, 1981, où se trouve repris son texte majeur de 1956, « Structuration dynamique dans la schizophrénie ». Quand j'ai interrogé F. Dolto sur la parenté de la clinique de G. Pankow avec la sienne dans ce domaine, elle m'a dit seulement : « Oui, oui. D'ailleurs elle est venue ici. Et puis elle est repartie. » G. Pankow a fait des analyses de contrôle dans les années 50 avec F. Dolto, J. Lacan et D. Lagache. – Dans un article intitulé « La notion d'image du corps dans la clinique psychanalytique » (*in* revue *Esquisses psychanalytiques*, n° 7, printemps 1987, p. 53-81), Ginette Michaud compare la théorie de Dolto et de Pankow, laquelle a repris dans sa clinique avec les schizophrènes adultes le concept de *faille* venu de F. Dolto. G. Pankow lui donne une signification plus particulière : celle d'une dissociation des parties du corps, d'une attaque de l'intégrité de l'image du corps, caractérisée par « l'absence de lien entre le dehors et le dedans » chez le schizophrène. G. Michaud se réfère plus explicitement à la théorie de G. Pankow dans son travail avec les schizophrènes; cf. G. Michaud, « Une illustration clinique de la notion d'" Image du corps " dans la crise d'agitation psychotique », (*in* revue *Esquisses freudiennes*, n° 9, printemps 1988, p. 50-68). Par ailleurs, G. Michaud souligne les différences radicales entre la notion d'image du corps chez Dolto et celle de Paul Schilder qui lui est antérieure. Celui-ci confond l'image du corps, représentation inconsciente dynamique et structurante, avec le schéma corporel d'origine neurologique (cf. Paul Schilder, *L'Image du corps. Etude des forces constructives de la psyché*, trad. de F. Gantheret et de P. Truffert, Paris, Gallimard, 1968). G. Michaud rappelle le rôle essentiel du langage dans l'élaboration de l'image du corps chez Dolto et chez Pankow. Enfin, elle souligne un aspect essentiel de cette théorie chez Dolto, son caractère « globalisant ». Il est vrai que Dolto donne toujours la préférence à l'unification sur le morcellement.

85. F. Dolto, *Au jeu du désir, op. cit.*, p. 154.

86. *Ibid.*, p. 142.

lui avoue s'être énervée bien plus qu'à son habitude contre cette poupée de chiffon sans visage.

Il faut préciser que Dolto dans certains cas, va jusqu'à donner la poupée à des patients pour qu'ils la prennent dans leurs mains, sur leurs genoux (comme une enfant). Ce n'est pas un pur objet scopique. Ainsi, cette poupée mobilise des pulsions très violentes et destructrices, en même temps qu'elle rend possible une analyse classique chez un sujet psychotique qui projette immédiatement ses deux parents dans cette non-tête : « Elle m'agace cette fleur. J'ai envie de la couper. Mais je ne peux leur *(sic)* en vouloir, je ne peux leur faire du mal. Si j'imagine une fleur mâle et femelle qui s'unissent, ça me paraît incomplet. Incomplet parce qu'il y a une force aveugle qui les guide. La tête, c'est ce qui empêche la force aveugle [87]. »

Dolto, par souci de méthode, s'assure de la valeur et de la portée générale de sa découverte en multipliant les observations. Elle n'y cherche pas la pierre de touche d'une théorie fondatrice, contrairement au sort qui sera fait au stade du miroir chez Lacan. Dolto en reste aux conséquences pratiques, techniques opératoires de sa découverte. C'est pourquoi elle considère cette poupée-fleur comme un « objet-médiateur », un « catalyseur » permettant de lever une inhibition, de dégager des pulsions en impasse. Se découvre du même coup la fonction positive d'une régression qui permet au désir de repartir désentravé. Il n'empêche – et elle le souligne – que la fonction de cette poupée-fleur est à comprendre comme celle d'un moment qui, à certains égards, anticipe le stade du miroir de Lacan ; car, dans cette expérience, dit-elle, le sujet tire profit de sa *réflexion* – au sens optique en particulier : « Ce terme de réflexion doit être entendu au sens surdéterminé d'image réfléchie comme dans un miroir, et de pensée qui revient pour se réinfléchir vers sa source, le sujet [88]. »

La poupée-fleur est comme le point de condensation ultime des identifications successives de l'enfant aux

87. *Ibid.*, p. 185.
88. *Ibid.*, p. 189.

figures terrifiantes des animaux : chacune d'entre elles est une tentative de métaphorisation de l'agressivité, du sadisme, de la peur de la dévoration, de la méchanceté anale (loup, guenon...); de même, l'objet partiel, la « main-fille de loup » qui veut l'emporter sur la bonne moitié de Bernadette, en proie à l'attaque interne d'une moitié d'elle-même contre l'autre.

Dans le foisonnement des remarques cliniques, on peut retenir des éléments du bestaire doltoïen : « le lapin symbole neutre de sensibilité craintive [...], le chat, symbole de sensibilité féminine [89] », et autres figures animales qui sont à situer dans l'échelle d'une dialectique identificatoire du sujet en quête d'humanisation. Plus archaïque, le végétal, souvent assimilé par Dolto au végétatif : le péristaltisme intestinal, image de la vie réduite au mouvement, au tremblement des feuilles, à l'éclat du vert; puis se sexualisant dans les « fleurs phalliques » : lis, jonquille, muguet pour les garçons (à cause de la forme testiculaire); roses et anémones pour les filles.

Et la marguerite, poupée-fleur par excellence ? « Quant aux marguerites, elles sont les premières représentations florales de tous les enfants, filles ou garçons. Elles semblent symboliser la libido d'un sujet qui n'a pas encore pris conscience de son type de génitalité (ou qui en refoule la prise de conscience [90]). » Comment ne pas penser à la patiente vaginique de Dolto, « la femme aux chats », impénétrable par son mari qu'elle aimait comme une enfant, et qui s'est représentée une fois en dessin pour Dolto : petite fille effeuillant une marguerite, symbole même de son narcissisme déraciné [91] ?

Dolto invente la psychanalyse d'enfants pas à pas, pour répondre à l'impasse que représente le symptôme, donc aux exigences de la réalité clinique. D'une invention qui ressemble à celle de l'Eros platonicien, fils d'Expédient et de Pauvreté. Lacan avec des bouts de ficelle fera des nœuds et la topologie du sujet. Dolto avec une fleur en chiffon en guise de visage guérit ses premiers psycho-

89. *Ibid.*, p. 142.
90. *Ibid.*, p. 139.
91. F. Dolto, *Séminaire de psychanalyse d'enfants*, 2, *op. cit.*, p. 33.

tiques. Trouvaille qui porte la marque d'un signifiant personnel, mais peut-être refoulé. Car Françoise Marette a pour second prénom Marguerite [92] (comme sa grand-mère maternelle).

92. B. This a relevé la fréquence de la lettre *mar*, des : « j'en ai marre », « marrant », etc., dans l'*Autoportrait*... On voit ici le redoublement narcissique de cette lettre dans le prénom, comme dans le nom de Françoise *Mar*guerite *Mar*ette. D'autre part, ce n'est sans doute pas par hasard qu'elle rappelle, dans ses écrits autobiographiques, que son père lui interdisait la lecture de Zola, mais lui permettait celle de Victor Margueritte, auteur de *La Garçonne* et aussi de *Ton corps est à toi*. De même, elle fit allusion oralement à un livre du frère de Victor, Paul Margueritte, intitulé *Jouir*. Autant de signifiants qui attestent d'un lien entre « marguerite », troubles du narcissisme, image du corps, sexuation.

VI

Les années 50

« La première scission ». Le petit et le grand dragons : les Actes du congrès de Rome (1953). Le primat du phallus et la parole du père. Pourquoi des stades du développement ? Une éthique des rythmes. Premières images du corps : serpents, boules. Image du corps et régression. Mère-masse, mère-objet. Le péristaltisme comme modèle d'introjection. La prévalence de l'olfactif. Sécurité et mêmeté d'être. Critiques lacaniennes. Cas de régressions schizophréniques. Lagache et le moi idéal. Images de la phobie. Un cas d'inceste.

La scission de 1953 est un des chapitres les plus connus de l'histoire de la psychanalyse en France, car elle marque un tournant décisif dans le destin de ses institutions et inaugure l'avènement du lacanisme. En 1956 Lacan publie un article intitulé « La chose freudienne ou Sens du retour à Freud en psychanalyse [1] ». L'expression fera fortune. Les débuts de la psychanalyse en France (de Sokolnicka à Bonaparte et de Laforgue et Hesnard jusqu'à Nacht) vont se trouver comme balayés d'un coup par l'extraordinaire relecture de Freud à laquelle Lacan va procéder dans ses premiers séminaires [2]. Le destin de la psychanalyse en France n'est plus alors intelligible à travers la seule chronologie des événements institutionnels, ni la succession plus ou moins pittoresque de ces figures contrastées; elle n'est pas lisible dans la seule matérialité des archives, ni réductible à une somme d'ambitions de pouvoirs et de calculs stratégiques. Elle se réinterprète à

1. Conférence prononcée en 1955 à Vienne et publiée en 1956 dans l'*Evolution psychiatrique* n° 1, reprise *in* J. Lacan, *Ecrits, op. cit.*, p. 401.

2. Dont certains, fondamentaux, encore inédits, en particulier : « La relation d'objet », 1956-1957 (sur le petit Hans et la métaphorisation dans la phobie), « Les formations de l'inconscient », 1957-1958 (sur le *Witz* et le symbolique chez Freud) séminaire qui se termine par les formules du désir chez l'obsessionnel (l'« homme aux rats », notamment).

partir d'un commencement qui n'a pas eu lieu : Lacan montre à ses élèves comment la psychanalyse en France (et aux Etats-Unis) s'est faite de plus en plus oublieuse de Freud, le travestissant en un psychologue au service de l'adaptation; comment elle a refoulé son origine et ses fondements.

Cela ne signifie pas que la psychanalyse commence en France avec Lacan; simplement son histoire ne peut se comprendre sans l'interprétation après coup que permet son œuvre. D'où le fait que certains, comme W. Granoff, aient pu penser que l'histoire de la psychanalyse commençait non seulement avec les concepts, mais avec les signifiants de Freud [3].

La scission de 1953 fut traumatique pour la plupart des analystes de l'époque, y compris ceux qui refusèrent alors de suivre Lacan pour rester à la Société psychanalytique de Paris [4].

Françoise Dolto-Marette, membre de la SPP de 1938 à 1953, n'aura guère publié dans la revue de cette institution, si ce n'est justement son travail sur la poupée-fleur. Dans la période de l'après-guerre, elle donne des articles aux *Etudes carmélitaines* [5] et à la revue *Psyché* [6], fondée par Maryse Choisy en 1946. *Psyché*, « revue internationale de psychanalyse et de sciences de l'homme », ne dédaigne ni l'occultisme ni l'orientalisme. M. Choisy avait été analysée par Charles Odier puis par Laforgue, lequel écrira

3. Cf. W. Granoff, *Filiations*, Paris, éd. de Minuit, 1975; *La Pensée et le féminin*, éd. de Minuit, 1976, qui esquissent une histoire du ou des transferts, pour reprendre la formule de O. Mannoni, à partir du transfert originaire de Freud.

4. Pour preuve, la place très importante que A. de Mijolla, qui n'est pas lacanien, consacre à cette première scission et, à la seconde, dans « La psychanalyse en France (1893-1965) » in *Histoire de la psychanalyse*, sous la direction de R. Jaccard, Paris, Le Livre de Poche, 1982, tome 2, p. 5-118. Ce sont, à l'évidence, les événements qui ont le plus marqué l'histoire de la Société à laquelle il appartient.

5. Certains repris in F. Dolto, *La Difficulté de vivre*, Paris, Vertiges-Carrère, 1986.

6. Les deux articles mentionnés plus haut, « Les sensations coenesthésiques d'aise ou de malaise, origine du sentiment de culpabilité » et « La dynamique des pulsions et les réactions dites de jalousie à la naissance d'un puîné » ont paru d'abord dans cette revue : le premier dans les numéros 18-19, en avril-mai 1948, à Paris, le second dans les numéros 7, 9 et 10 en 1947. Dolto affirme que Maryse Choisy avait retenu sa thèse, *Psychanalyse et Pédiatrie* pour *Psyché*, afin « que personne ne puisse la publier », parce qu'elle était « terriblement jalouse » d'elle (entretien avec E. Roudinesco, in *Quelques pas sur le chemin de Françoise Dolto*, *op. cit.*, p. 19-20).

dans sa revue plusieurs articles de 1947 à 1956. Dès les origines de la psychanalyse en France, certains analystes ont été attirés par les sciences occultes [7]. M. Choisy est du nombre; elle se pose en rivale de M. Bonaparte et veut selon E. Roudinesco [8] répondre à l'« athéisme freudien » par « une synthèse entre Rome et le Bhagavad-gîtâ ». Après s'être finalement convertie au catholicisme, elle se serait vouée à une tâche exclusive : persuader le pape « des bienfaits de la doctrine freudienne [9] ».

Tandis que Dolto fait avancer la psychanalyse d'enfants à pas de géant dans le domaine des psychoses, des dissensions institutionnelles vont faire éclater la Société psychanalytique de Paris à laquelle elle appartient. Ce n'est pas le lieu de raconter ici *in extenso* la querelle dont Lacan fit les frais et qui se termina par la création autour de lui de la Société française de Psychanalyse [10]. Mais pour comprendre pourquoi Dolto le suivit alors, il faut rappeler à grands traits quelle était la situation à la SPP au lendemain de la guerre.

En 1948, une Commission de l'enseignement est créée à la SPP dont S. Nacht, succédant à J. Leuba, devient le président, début 1949. Juif d'origine roumaine, de formation médicale, ambitieux mais sans talent de théoricien, S. Nacht est présenté par tous comme un homme de pou-

7. Notamment René Allendy, auteur de plusieurs chapitres de l'ouvrage collectif publié sous la direction de Laforgue avec une introduction d'Hesnard, *Le Rêve et la psychanalyse*, 1926. En 1929, il avait publié (in *RFP*) la cure d'une « demoiselle » qui, bien qu'ayant renoncé à toute pratique religieuse, croyait inexplicablement à l'enfer (ce qui traduisait et sa peur et son désir de la sexualité) « Un cas d'obsession : peur de l'enfer ». Ce même Allendy, qui est passé dans la postérité littéraire grâce aux descriptions qu'Anaïs Nin a faites de son analyse avec lui dans son *Journal* (tome 1, 1931-1934, trad. de M.-C. Van der Elst, Paris, Stock, 1969), écrivait déjà en 1920 dans la *Revue théosophique française* un article intitulé « Le lotus sacré ». Il fait paraître, en 1937 chez Gallimard, *Paracelse, le médecin maudit*.

8. E. Roudinesco, *Histoire de la psychanalyse...*, t. 2, *op. cit.*, p. 206.

9. *Ibid.*

10. Les documents édités par J.-A. Miller dans *Ornicar* sous le titre *La scission de 1953, la communauté psychanalytique en France*, 1, sont l'une des sources principales sur cet épisode. Voir, d'autre part, E. Roudinesco, *Histoire de la psychanalyse en France*, 2, *id.*, A. de Mijolla, « La psychanalyse en France » in *Histoire de la psychanalyse*, 2, *id.*, C. Girard, « Histoire de la formation dans la Société psychanalytique de Paris », *Revue internationale d'histoire de la psychanalyse*, t. 2, Paris, PUF, 1989, p. 303-342, J.-C. Arfouilloux, « La formation dans la Société française de psychanalyse et dans l'Association psychanalytique de France : histoire d'un malaise dans la culture analytique » (*ibid*), p. 343-368, V.N. Smirnoff, « De Vienne à Paris. Sur les origines d'une psychanalyse " à la

voir [11], qui rêve d'inféoder la psychanalyse à une conception médicale. Il se lance à la conquête de l'Institut de psychanalyse – organe de formation de la SPP – par une série de manœuvres, dont certaines de la plus belle déloyauté. Dans les statuts, dont il rédige en novembre 1952 un avant-projet, il fait figurer en exergue une citation de von Monakow et Mourgue proclamant : il n'y a pas « dans la nature » de « séparation en embryologie, anatomie, physiologie, psychologie, sociologie, clinique »; il n'y a donc « qu'une discipline : la *neurobiologie* [12] ». A quoi Jacques Lacan répond, avec une pertinence souveraine, en janvier 1953 : « Ce n'est pas le lieu de rechercher ici la place de la psychanalyse dans le système des sciences. On provoque autant de résistances à souligner ce qu'elle n'est pas qu'à formuler ce qu'elle est. » Soulignant au même endroit la primauté de la parole « dans ses effets sur l'auditeur » – en quoi tout ce qui provient d'elle est toujours reçu comme *don* –, il ajoute : « la psychanalyse n'est réductible ni à la neurobiologie, ni à la médecine, ni à la pédagogie, ni à la sociologie [13] », etc.

Sacha Nacht intrigue autant qu'il peut afin d'être nommé consul à vie de l'Institut. Manœuvres et coups fourrés se succèdent pour se terminer par une issue trompeuse : Lacan est élu président de la Société psychanalytique en janvier 1953. Mais le 16 juin de la même année, Dolto, Juliette Favez-Boutonier, Daniel Lagache en tête, puis Lacan donnent leur démission de la SPP. Dans un texte où ils font connaître leur position, les trois premiers s'étonnent du « malaise » et des « mystères » entretenus par Nacht dans cette société, et de la violence de ses attaques contre Lacan. Car c'est Nacht qui a exploité comme une machine de guerre contre Lacan la question des séances courtes, pour le désigner comme hérésiarque en puissance, l'exposer à la vindicte d'on ne sait quels orthodoxes [14].

française " », *in* « Regards sur la psychanalyse en France », *Nouvelle Revue de psychanalyse*, n° 20, automne 1979, Paris, Gallimard, p. 13-58.

11. Cf. E. Roudinesco, *ibid.*, p. 218-221 et A. de Mijolla, *ibid.*

12. Cité in *La Scission de 1953*, *op. cit.*, p. 42.

13. *Ibid.*, p. 56.

14. « Le Dr Nacht a autorisé Lacan à exposer ses idées sur le raccourcissement possible de la durée des séances d'analyse devant la Société, en décembre 1951. Le Dr Nacht a eu tout le temps de se rendre compte si ces idées

Au-delà des questions de personnes [15], le problème de la formation des analystes était en cause. Comme le rappelle Dolto [16], Nacht et ses partisans voulaient un Institut de formation sur le modèle universitaire, avec un cursus, un programme réparti sur plusieurs années et même un diplôme de psychanalyste *in fine*, reconnu par la Faculté, dans l'hypothèse où la psychanalyse serait un jour annexée aux spécialités médicales.

En outre, ceux qui, par manque de moyens matériels, auraient bénéficié d'une sorte de bourse de formation à l'Institut n'auraient pas eu le droit de choisir leur analyste. « Révolte » chez les jeunes, dit Dolto : certains qui étaient déjà pourtant des praticiens confirmés se voyaient obligés de suivre un cours de première année, tandis que d'autres qui n'avaient nullement fait leurs preuves étaient, par la faveur de leurs maîtres, directement admis en dernière année. C'est ce qui, selon Dolto, aurait motivé finalement le départ de D. Lagache, beaucoup de ses élèves ayant fait les frais de telles mesures, lors de la répartition dans ces différents niveaux.

Les démissionnaires de 1953, Dolto, Lacan, Lagache, Favez-Boutonier, Reverchon-Jouve, ne savaient pas qu'en quittant la SPP ils se trouvaient du même coup mis au ban de l'Association psychanalytique internationale (IPA). C'est ce qui est signifié à leur encontre au XVIIIe congrès international qui se tient à Londres, en juillet 1953, sous la présidence de Heinz Hartmann [17].

Le premier semestre 1953 fut certainement rude pour Lacan. Dolto, dans son style admirablement bousculé et forte du pouvoir de conviction qu'ont parfois les enfants, veut lui apporter quelque réconfort en analysant sa posi-

étaient publiquement approuvées ou suivies par les membres de la Société ou par les élèves de Lacan », souligne notamment la « Position de D. Lagache, F. Dolto, J. Favez-Boutonier » de ce 16 juin 1953, in *La Scission de 1953, ibid.*, p. 87.

15. A. de Mijolla (« La psychanalyse en France », *op. cit.*) rappelle que l'année précédente, Lacan était le témoin de Nacht à son second mariage et sa future épouse, Sylvia Bataille, témoin d'Edmée Nacht.

16. Cf. *Autoportrait...*, *op. cit.*, p. 138 sq.

17. « Ce faisant, ils ont également perdu leur appartenance à l'Association internationale », dit le rapport cité in *La Scission de 1953, op. cit.*, p. 138. C'est pourquoi une bonne partie de l'histoire de la SFP, qui s'est fondée le jour même de sa scission d'avec la SPP le 16 juin 1953, est orientée par la tentative d'être reconnue par l'Association psychanalytique internationale (IPA).

tion : « Je te supplie de ne pas me décevoir en t'effondrant dans ta confiance en toi-même. Tu as raison. Tes élèves sont les seuls qui ont le respect de la personne humaine dans sa totalité expressive et dans son originalité profonde – dans sa liberté de ses appartenances génétiques. Tu as projeté ton ombre d'homme libre sur un camarade apeuré animalement rusé [18]... » Hommage d'autant plus touchant qu'il honore Lacan à travers ses élèves. Et, tandis que celui-ci pâtit des manœuvres de ce « camarade apeuré animalement rusé » (euphémisme plus terrible que toutes les injures, qui vise Nacht), Dolto, de son côté, apprend à connaître la jalousie de Serge Lebovici. Craignant sans doute qu'elle ne lui fasse de l'ombre, celui-ci aurait insinué qu'elle « était inscrite au parti communiste », qu'elle passait « ses week-ends avec ses patients » et qu'elle était devenue jungienne. Superbe projection de Lebovici avec effet retard. Car S. Lebovici fut membre du parti communiste et signataire, avec d'autres, d'un article [19] intitulé « La psychanalyse, idéologie réactionnaire », avant de rendre sa carte, dit-on, pour faire carrière hospitalière [20]. Elisabeth Roudinesco estime qu'avec le recul du temps on s'aperçoit que cet article est « modéré » et « qu'il rend hommage par la négative à la découverte freudienne [21] ». Le lecteur en jugera, en se reportant au texte lui-même qui présente la psychanalyse comme « une doctrine mystifiante », « une technique ésotérique », « une conception idéaliste des rapports individu-société », responsable d'avoir écarté la psychiatrie et la psychologie « de l'étude des manifestations psychiques considérées par rapport aux structures sociales ». Les auteurs y affirmaient : « Si cela a été un mérite considérable de Freud que d'avoir imposé la sexualité comme un sujet d'études, l'erreur mystificatrice s'est immédiatement implantée lorsque la psychanalyse a fait du conflit métaphysique instinct-répression dans l'inconscient le moteur et l'explication

18. Lettre de Françoise Dolto à Jacques Lacan, 16 mai 1953, citée in *La Scission de 1953, op. cit.*, p. 74.
19. Publié dans *La Nouvelle Critique*, n° 7, juin 1949, reproduit in *La Scission de 1953.*
20. Cf. F. Dolto, *Autoportrait...*, *op. cit.*, p. 141.
21. E. Roudinesco, *Histoire de la psychanalyse...*, 2, *op. cit.*, p. 198.

des conduites humaines [22] ». Pour dédouaner Lebovici de ses attaques contre elle, Dolto lui accorde ce lot de consolation : « Enfin, il a fait du social, le premier [23]. »

L'été 1953 s'avère fécond pour Lacan qui présente au congrès de Rome (26-27 septembre) « Fonction et champ de la parole et du langage en psychanalyse [24] ». Ce texte, on le sait, va bouleverser et renouveler pour les générations à venir, y compris chez ses adversaires, l'idée qu'on se faisait de la pratique et de la théorie analytiques. Non seulement parce qu'il oppose la parole pleine à la parole vide, mais parce qu'il recentre toute l'expérience de la cure analytique sur le médium de la parole. Le discours de Rome marque l'entrée en scène de l'instance du Symbolique qui assujettit l'être humain à la loi du langage : « L'homme parle donc, mais c'est parce que le symbole l'a fait homme [25]. » C'est une des formules, parmi beaucoup d'autres, qui montre le primat accordé par Lacan au langage : le sujet se constituant pour lui comme un effet du langage, un effet du signifiant; ce en quoi Dolto le suit, tout en gardant ses formulations qui semblent parfois directement opposées.

Pour Lacan, le langage est premier, ne serait-ce que parce que l'enfant « est parlé », bien avant sa naissance, attendu dans l'imaginaire et le discours de ses parents. Pour Dolto aussi. Cependant, celle-ci conçoit souvent la parole comme effet d'une sublimation : métabolisation d'un processus physiologique ressenti en un dire. Pour elle, la transformation du substantiel en subtil se fait selon un mouvement ascendant qui va du biologique au langage, de l'affect à la parole. La parole, selon elle, est une issue, une voie de décharge tensionnelle pour le sujet pris dans le réseau complexe d'émois corporels et de fantasmes. Pour Lacan, elle est un fondement.

L'Autre est premier chez Lacan, et pourtant il est résultat, abstrait de toutes les figures successives, purifié de toutes les images incarnées, dont il procède [26]. C'est en

22. Article cité in *La Scission...* (*id.* note 19), p. 26.
23. F. Dolto, *Autoportrait...*, p. 143.
24. J. Lacan, *Ecrits, op. cit.*, p. 237-322.
25. *Ibid.*, p. 276.
26. C'est un des aspects hégéliens de Lacan.

tout cas une pente de sa théorie que d'essayer de présenter toujours davantage cet Autre comme un absolu fondateur, au-delà des formes où il s'incarne : la mère (Autre primordial, Autre réel), le père.

Ainsi Lacan propose-t-il la formule de la métaphore paternelle comme une substitution signifiante, telle que le Nom-du-Père venant à la place du Désir de la Mère, le sujet, l'enfant, peut trouver dans la parole – et la garantie qu'elle tient de l'autorité paternelle – réponse à sa demande, son angoisse, même et surtout en l'absence de la mère. L'enfant découvre alors que son désir trouve un répondant au-delà de la mère. En même temps, il doit reconnaître qu'il ne la comble pas et que son désir à elle vise un au-delà de lui. L'enfant se voit destitué de la position du phallus qu'il croyait occuper dans le désir de la mère, pour s'apercevoir qu'elle fait plus grand cas d'un autre : la parole du père. De cette manière, se dessine une constellation que Lacan va faire jouer sur toutes sortes de modalités : le triangle père, mère, enfant s'articule autour d'un quatrième élément, le phallus, comme ce qui manque à la mère et lui fait désirer et aimer le père au-delà de l'enfant; car le père l'a, alors que le petit croyait l'être. Phallus dont Lacan souligne, notamment, dans ses premiers séminaires [27], qu'il reste foncièrement « voilé », parce qu'il n'est pas objet mais signifiant. Il isole plus nettement ensuite la dimension perverse de cette instance du phallus qu'il promeut à une place centrale dans la théorie analytique. Ainsi, après avoir mentionné « dans la phénoménologie perverse, la fameuse équivalence *Girl = Phallus* dans sa forme la plus simple, la forme érigée du phallus », il dit : « C'est dans ce moment que je désigne expressément comme pervers, que nous touchons du doigt l'instance du phallus. Que le phallus qui se montre a pour effet de produire aussi chez le sujet, à qui il est montré, l'érection du phallus, ce n'est pas une condition qui satisfasse en quoi que ce soit, à quelque exigence natu-

27. J. Lacan, « La relation d'objet », séminaire inédit (1956-1957); « Les formations de l'inconscient », séminaire inédit (1957-1958); puis « Le désir et son interprétation », séminaire inédit (1958-1959).

relle [28]. » Or, c'est au niveau de cette « instance homosexuelle » que « le phallus comme signe du désir se manifeste comme objet du désir, comme objet d'attrait pour le désir [29] ».

Lacan conjoint dans la fonction phallique la puissance procréatrice, le pouvoir de faire jouir sexuellement la mère, et la parole paternelle. Moins la mère respecte la parole du père, plus le prix payé par l'enfant sera élevé [30].

Pour une bonne part, la problématique de la castration selon Lacan est d'abord celle de la mère : que la mère accepte de se séparer de son enfant. La fonction paternelle est séparatrice. Dolto rejoint cette conception, mais par un autre chemin. Dolto, la première, fait si grand cas de la parole du père dans l'analyse des enfants qu'elle n'entreprend pas de cure sans l'assentiment du père. Elle renvoie toujours la mère et l'enfant au respect de l'autorité paternelle. Et si le père est par trop défaillant, elle en réhabilite l'image, si nécessaire, dans la cure.

Lacan, au contraire, se représente plus volontiers les mères comme séductrices dangereuses, et le phallicisme comme une réponse défensive. Qu'on pense par exemple à la manière, d'ailleurs très éclairante, dont il raconte le traumatisme du jeune André Gide qui s'est trouvé brutalement, « sans médiation », dans la position d'un enfant désiré par sa tante et qui s'est enfui avec horreur. Il pourra occuper cette position de l'enfant, mais par l'intermédiaire de sa cousine Madeleine qu'il a lui-même consolée une fois. Et « il va devenir amoureux jusqu'à la fin de son existence de ce petit garçon qu'il a été un instant dans les bras de sa tante, de cette tante qui lui a carressé le cou, les épaules et la poitrine [31] ».

Lacan fait non seulement du phallus un signifiant, objet partiel imaginaire, mais l'articulation de la fonction

28. J. Lacan, *Le Séminaire,* livre VIII. *Le Transfert* (1960-1961), Le Seuil, Paris, 1992, p. 307.

29. *Ibid.*

30. Le respect de cette parole s'enracine pour une femme dans celui qu'elle a eu d'abord pour la parole de son propre père, garantissant l'interdit de l'inceste.

31. J. Lacan, « Les formations de l'inconscient », séminaire inédit; séance du 5 mars 1958, c'est-à-dire à peu près à l'époque où il rend compte de l'ouvrage de Jean Delay, *La Jeunesse d'André Gide,* en avril 1958, dans la revue *Critique.* Article repris in J. Lacan, *Ecrits, op. cit.,* p. 739-764.

paternelle au langage : la fonction Φ. Un pan très large de sa théorie est consacré à fonder la fonction paternelle dans le Symbolique (donc, dans le langage) et à faire dépendre de celle-ci la garantie de la véracité du langage et de son pouvoir de signifier [32]. Les formules qu'il a données de la métaphore paternelle visent à hausser l'Œdipe à un registre exclusivement linguistique [33]. Comme le dit plus concrètement Lacan, dans ses premiers séminaires, encore *infans* le nourrisson voit la mère aller et venir. Plus tard, quand il s'en veut le maître et croit coïncider avec la position du phallus pour elle, il s'étonne de la voir obéir au père, en allant lui répondre au téléphone, par exemple. Alors il s'aperçoit que le père doit avoir quelque chose que désire la mère.

Ainsi le phallus est-il très tôt associé pour Lacan à la parole du père. Tout donne à penser que c'est Dolto qui, sans le vouloir, lui en a fourni l'argument. En effet, comme l'a rappelé le Dr Solange Faladé [34], une fidèle de Lacan à l'Ecole freudienne, Dolto accordait déjà la plus grande place à la parole du père, bien avant que Lacan n'en commence la théorisation. Il suffit de se reporter à une petite observation de Dolto, qui date de 1946, concernant son fils aîné, pour s'en convaincre : l'enfant, âgé de trois ans, a vu le visage de sa mère s'assombrir à la suite d'un coup de téléphone du père. Il s'inquiète du motif de ce changement. Sa mère lui dit qu'elle a oublié un rendez-vous, que le père l'attend, qu'il sera fâché contre elle et qu'il aura raison. Du coup, l'enfant, « contaminé par la dévalorisation » de sa mère, décide de renoncer à être soldat, abandonne sur place tous les attributs phalliques de sa panoplie d'alors (sabre, etc.) et lui déclare : « je serai un

32. Une des formules qu'il donne pour expliciter la fonction du Nom-du-Père le dit clairement : « faute de ce signifiant, tous les autres ne représenteraient rien », *in* J. Lacan, « Subversion du sujet et dialectique du désir dans l'inconscient freudien », *Ecrits,* p. 819.

33. Cf., par exemple, les schémas de « la formule de la métaphore » : « D'une question préliminaire à tout traitement possible de la psychose », *Ecrits, ibid.,* p. 557.

34. En deux colloques successifs, elle a évoqué ce que Dolto lui avait appris dans les années 50 à l'hôpital Trousseau, « L'enfant, l'enfance et les psychanalystes », colloque organisé par le Mouvement du coût freudien, à la Salpêtrière, à Paris, 21 et 22 mars 1992, et le « Congrès de psychanalyse d'enfant », organisé par le CFRP, à la Maison de la chimie, à Paris du 2 au 5 avril 1992.

rien[35] ». Dolto interprète cette séquence comme une régression-éclair à une image antérieure du corps « où l'identification à la mère jouait encore » : dans un premier moment, il fallait à l'enfant rejeter « la mère châtrée » comme le père l'avait rejetée. Tout reprendra son cours pour l'enfant quand il aura reçu l'assurance qu'elle retrouvera son narcissisme, une fois excusée et réhabilitée dans l'esprit du père.

La parole du père a un effet à double détente : sur la mère et sur l'enfant. En l'occurrence, ce ne sont pas même les paroles du père – absent, il téléphone –, mais celles qui lui sont prêtées. Seul ce qui est imaginé de sa réaction a des effets sur l'enfant par ceux qu'il observe chez sa mère. Or, dans ses séminaires postérieurs à l'observation de Dolto, Lacan reprend cet exemple pour montrer l'importance de la parole du père.

Revenons au congrès de Rome de 1953[36]. La conférence de Lacan est suivie d'une discussion : avec la rhétorique subtile qui est souvent la sienne, il veut bien se trouver d'accord avec le point de vue de Lagache pour reconnaître « l'unité du champ où se manifeste le phénomène psychologique », mais pour reprendre aussitôt ce qu'il semble avoir accordé, soulignant que la « psychologie ne couvre pas le champ de l'existence humaine ». Après quoi, il redéfait superbement toute l'idéologie psychologique appuyée sur les illusions du moi et sa prétendue fonction de synthèse[37]. Wladimir Granoff intervient ensuite : la conférence de Lacan, par la rigueur de son articulation conceptuelle, va disqualifier toutes les dérobades des analystes qui, en guise d'explication sur leur pratique, invoquent le « feeling », l'intuition ou leur longue expérience[38].

Puis Dolto compare Lacan et Lagache à de « grands

35. F. Dolto, « Personnologie et image du corps », *Au jeu du désir, op. cit.*, p. 92-93.

36. On notera par parenthèse que Lacan fait précéder sa communication d'une préface qui rappelle que des « dissentiments graves amenèrent dans le groupe français une sécession » et qu'il y met en exergue-épouvantail la citation qu'avait choisie S. Nacht de von Monakow et Mourgue à la gloire de la « neurobiologie » unificatrice, in *Ecrits, op. cit.*, p. 237-322.

37. Cf. J. Lacan, « Actes du congrès de Rome », *La Psychanalyse*, n° 1, Paris, PUF, 1956, p. 208-209.

38. *Ibid.*, p. 222.

dragons », comme ceux des fontaines de la villa d'Este qui font jaillir le meilleur d'eux-mêmes : une eau limpide dans une chute brillante. L'hommage qu'elle adresse à Lacan est émouvant par sa spontanéité et sa justesse : « J'ai relevé cette phrase courte et sensationnelle : " Le symbole se manifeste comme maître de la chose. " C'est tellement beau et vrai. [...] Parler, c'est prouver qu'on est là, c'est aussi prouver qu'on souffre d'une incomplétude d'union. » Et elle cite pour preuve « les magnifiques psychothérapies des psychoses d'abandon chez les enfants atteints d'hospitalisme », car elles « soulignent la nécessité destructrice de l'objet », comme condition de l'avènement du langage. Le jour où l'enfant prononce le mot maman, « c'est le jour où il a renoncé pour toujours à la présence charnelle comme condition de sa survie [39]. »

Cette intervention date de 1953. Trente ans plus tard, la pratique de Dolto avec les nourrissons abandonnés, psychotiques ou névrosés est régie par le même principe.

Voici l'autre point capital que Dolto retient de la conférence de Lacan : « C'est dans le don de la parole que réside toute la réalité de ses effets. » Ce qu'elle entend, à sa manière, ainsi : traiter le petit *infans* en égal, en semblable, même sans verbalisation, c'est lui donner déjà autant que par la parole. Comme si la position de l'analyste, qui est une position d'absence, se renversait quand il s'agit d'enfants à l'abandon et sans parole encore, pour permettre le transfert. « Peut-être qu'à travers toute la verbalisation dont s'accompagnent nos séances de psychanalyse, seul le don de notre présence par-delà l'échange de paroles et d'argent est-il le plus restructurant [40] ? »

Il est pourtant très étonnant de constater que Dolto dit souvent la même chose que Lacan – et sa clinique et leur accord de psychanalystes l'attestent – mais de manière exactement inversée. Elle met la présence là où il fait fonctionner le manque et l'absence. Il parle comme Freud de cure par la parole, elle semble croire

39. *Ibid.*, p. 226 et 227.
40. *Ibid.*, p. 227.

davantage aux vertus de la seule présence. On pourrait multiplier les exemples jusqu'à dresser un tableau des antisymétries formelles. Entre autres et dans des registres différents : Dolto parle toujours d'un désir de communiquer ; Lacan rit de l'idée même qu'une communication soit possible. Il n'y a pas de rapport sexuel, dit-il ; il y a complémentation des sexes, affirme Dolto. Lacan raille ceux qui assignent pour finalité à la psychanalyse l'accession à une prétendue harmonie de la génitalité. Dolto, convenant d'ailleurs qu'elle est inaccessible, en parle cependant comme d'un idéal à atteindre. Lacan fait de l'objet *a*, objet partiel classique, repensé par lui dans la mise en lumière qu'en apportent les psychoses, sa découverte. Dolto déclare : « il y a des objets partiels, oui ; mais le Réel de Lacan, je n'y crois pas. » Pour elle, il n'y a que le Symbolique et l'Imaginaire. Elle fait du vagin un objet partiel, complémentaire du pénis – bizarrerie introuvable chez Freud qui isole le sexuel dans la pulsion, non dans une complémentarité anatomique, justement réfutée par les *Trois Essais sur la théorie sexuelle.*

Lacan, à la recherche d'un fondement de la psychanalyse et de l'origine du sujet, prête sa propre question à Freud : qu'est-ce qu'un père ? Dolto n'a pas ce questionnement principiel, toutefois elle cherche, dans la psychose, les signifiants du père pour l'enfant, signifiants qui peuvent être inclus dans l'image qu'il a de sa mère (on se souvient de la machine à coudre à laquelle s'était identifié un petit autiste). Dans sa démarche, la remontée vers la vie fœtale est le rebroussement vers un archaïque qui n'est jamais l'Un, ni quelque embryon solitaire ; le sujet est toujours l'*articulé de trois.* Le *primum movens* s'analyse nécessairement dans une triplicité de désirs.

Mieux qu'aucun autre sans doute, Lacan a su formuler la contradiction intrinsèque à l'acte du psychanalyste qui mène le patient à accepter la castration, mais en l'accompagnant dans une démarche à contre-courant des alibis offerts par le discours ordinaire de la vie sociale.

Lorsqu'il dit que les psychanalystes ont horreur de leur acte, ce n'est pas pour faire allusion à quoi que ce soit de subjectif ni d'affectif dans leur position face à ce qui serait insupportable dans une cure, selon les termes de Patrick Guyomard [41]. L'analyste est impliqué dans une cure de telle façon qu'il ne peut se détourner, se détacher de ce qui s'y passe. Guyomard explique ce mot « horreur » comme effet de fascination.

Une autre signification fut avalisée par Lacan lui-même au début de ce fameux texte de 1953, mais il s'agissait alors de dénoncer les conséquences historiques d'un refoulement propre aux analystes, puisqu'il y écrivait : « Tel est l'effroi qui s'empare de l'homme à découvrir la figure de son pouvoir qu'il s'en détourne dans l'action même qui est la sienne quand cette action la montre nue. C'est le cas de la psychanalyse. La découverte – prométhéenne – de Freud a été une telle action [42]... » Et Lacan de montrer comment ensuite l'aversion des psychanalystes pour ce qui fonde leur pratique les a détournés de la fonction du langage pour s'égarer dans la psychologie du moi.

Pour un motif similaire, il bat en brèche la théorie d'un développement des instincts par simple maturation, cette « mythologie de la maturation instinctuelle [43] » qui sera toujours une petite pomme de discorde entre Dolto et lui.

Pour Lacan, le stade anal, par exemple, ne saurait être considéré comme l'étape objective d'un développement : c'est une expérience de part en part *subjectivée*, historisée par l'enfant lui-même et, à plus forte raison, par le patient sur le divan [44].

Dolto répondra avec simplicité et fermeté qu'elle se sert de cette notion parce qu'elle en a besoin dans sa pratique. Et elle ne répond pas où on l'attend. Elle ne tombe pas dans le biologisme, ni dans le neurophysiologique que critique Lacan ; elle relève la question des stades en les comprenant justement dans la problématique du langage :

41. Lors d'un exposé à l'hôpital Sainte-Anne sur l'identité du psychanalyste, en 1991.
42. J. Lacan, *Ecrits, op. cit.*, p. 242.
43. *Ibid.*, p. 262.
44. Cf. *Ibid.*, p. 263.

« Avec ou sans les mots, il y a langage, et le niveau de maturation qui permet au langage de se servir de la parole n'est le niveau le plus élevé de l'intelligence humaine que si le langage ne s'est pas trahi, déguisé ou écrasé de s'être revêtu de mots [45]. » Qu'apporte-t-elle en exemple ? Précisément le cas de la poupée-fleur : la petite Bernadette qui « dé-parlait » avec ses néologismes, qui se chosifiait dans une aliénation orale au corps de la mère.

En réalité, l'opposition est surtout formelle. Lacan critique moins la conception de Dolto qu'une idéologie des stades qui tourne à un psychologisme qu'il exècre (chez Balint et d'autres). Lacan – qui aime à dire que, pour les Grecs, les dieux c'est le Réel, et donc ce qu'entendait Socrate par les voix de son *daïmon* – répond à Dolto par une superbe pirouette, en faisant l'éloge de « la voix divine qui s'est fait entendre par sa bouche ». Comme elle s'était déclarée trop émue pour penser à ce qu'elle pouvait dire, il la rassura après coup d'un : « Tu n'avais pas besoin d'y penser pour nous faire don de ta parole, et même pour en fort bien parler [46]. » Ce qui est bien conforme à la doctrine lacanienne. Littéralement : le sujet ne sait pas ce qu'il dit, ni d'où il parle. L'inconscient pense. Le signifiant dit toujours autre chose que le sens visé.

Dans les années 50, Dolto a également une consultation dans une institution psychopédagogique, le centre Claude-Bernard – dépendant du lycée du même nom à Paris. Il a été fondé en 1945 par Georges Mauco. André Berge et Juliette Boutonier participent à la création de cet institution dont la vocation première est d'aider les élèves en difficulté. Puisque la pratique de la psychanalyse n'y est pas officiellement reconnue, Dolto y consulte en qualité de médecin, et c'est à ce même titre qu'elle publie alors des conférences [47] à visée prophylactique dans la

45. « Actes du congrès de Rome », *La Psychanalyse*, n° 1, *op. cit.*, p. 224.
46. *Ibid.*, p. 250.
47. Par exemple « Les grands-parents » (14 décembre 1950), *L'Ecole des parents*, janvier 1951, p.-25-34 ou « Les troubles du sommeil », numéro de mars-avril 1952.

revue *L'Ecole des parents*, dirigée par G. Heuyer, dans laquelle écrivent aussi bien A. Berge justement que S. Lebovici.

Son souci de toujours s'y manifeste : qu'on ne brusque pas inutilement l'enfant, qu'on ne crée pas chez lui de troubles par intimidation ou menaces. Elle s'adresse donc en premier aux parents mais également aux psychanalystes, psychiatres, psychologues. Pour leur apprendre à garantir la sécurité de l'enfant avant tout, au lieu d'aggraver une angoisse liée aux fantasmes et pratiques masturbatoires qui empêchent le sommeil. Il ne faut pas *dérythmer* sans raison l'enfant. Cette idée qui lui est chère (et qui lui vient de Pichon) contredit les projets éducatifs d'une emprise précoce sur l'enfant. Les rythmes de l'enfant se transforment parfois en rites, un peu obsessionnels ou phobiques – rituels du coucher, par exemple. L'enfant a droit à voir respecter son sommeil contre les intrusions parentales : qu'on ne le réveille pas sous prétexte de prévenir un pipi au lit ou un cauchemar. Il a besoin pour s'endormir « d'être en sécurité avec soi-même », ce qui pour le tout-petit signifie « être en sécurité avec Maman [48] ».

Dolto défend une sorte d'éthique de la nature, de la croissance du mammifère, contre un idéal de propreté trop exigeant (« si Maman est fâchée, Jésus et le saint patron ne le sont jamais [49] »). Elle christianise le grand Autre pour déjouer le zèle des mères catholiques.

Plutôt que des recettes, il s'agit de recommandations étayées sur des observations de bon sens que les parents peuvent faire par eux-mêmes. Laisser l'enfant raconter ses cauchemars notamment, s'il le veut, mais sans « jamais les juger ». Ne pas s'indigner s'il raconte : « J'ai rêvé que papa était mort », mais lui dire entre autres que c'est très bon signe. « En effet, il faut que l'enfant ait passé par des rêves d'absence de ses parents pour arriver à se passer d'eux [50]. »

Une même préoccupation de la sécurité de l'enfant

48. « Les troubles du sommeil », *id.*
49. *Id.*
50. *Id.*

anime son article sur le « rôle réel » et le « rôle symbolique » des grands-parents, avec de brèves réflexions, mais très riches du point de vue clinique, sur l'Œdipe non liquidé des grands-parents qui, selon leur sexe, risquent alors de le revivre sur la personne de leur gendre ou de leur bru [51], en créant une véritable « névrose familiale ». Elle y traite des conflits d'autorité entre parents et grands-parents, assignant pour rôle principal à ces derniers de « raconter le passé » à leurs petits-enfants, parce que les racines de la famille y plongent [52]. Qu'ils n'effraient pas l'enfant, en lui faisant partager leur propre insécurité, d'autant qu'ils incarnent la dimension temporelle, comme représentants de la continuité des générations. Dans ce même article, Dolto souligne la fonction symbolique de l'ancêtre qui se révèle dans les fabulations de l'enfant : « C'est en parlant de son grand-père ou de sa grand-mère que l'enfant exprime ce qui lui est arrivé dans sa toute petite enfance, à l'âge qui précède ses premiers souvenirs conscients [...] Il s'agit à la fois *d'eux et de lui-même* [53] », un lui-même fantasmé. Dolto en fait un principe fondamental de la compréhension du discours de l'enfant et de la représentation inconsciente qu'il a et qu'il donne ainsi de sa propre histoire psychique et affective. Cette découverte clinique, comme beaucoup d'autres, appartient donc au début de sa pratique, elle deviendra un des thèmes particuliers de son enseignement aux analystes [54].

Ces articles des années 50 rassemblent, pour l'essentiel, tous les axes majeurs de l'éthique qu'elle exposera trente ans plus tard. On y voit l'importance qu'accorde Dolto aux trois générations, donc à la temporalité et à l'histoire familiale dans la transmission de l'inconscient et ses avatars. Elle soutient, la première, qu'excepté les situations traumatiques, il faut trois générations pour faire un psychotique (Lacan met le raisonnement en forme dans un

51. Cf. « Les grands-parents », article cité, p. 27.
52. *Ibid.*, p. 33.
53. *Ibid.*, p. 30.
54. Comme souligné plus haut page 29, note 18, par une citation des *Dialogues québécois*.

de ses séminaires). Toute une clinique du nourrisson n'est intelligible et articulable qu'en ces termes doltoïens : le symptôme du petit enfant, ou du nourrisson, n'est lisible, particulièrement, que dans le déchiffrement d'un oracle de la grand-mère, *via* un fantasme de la mère [55].

Enfin, l'insistance de Dolto sur la sécurité à apporter et à garantir à l'enfant préfigure la fonction primordiale qu'elle va accorder à la sécurité dans l'image du corps. Ce qu'elle commence à élaborer à la fin des années 50 et au début des années 60, dans une série d'articles majeurs [56].

L'image du corps, au sens où l'entend Dolto, est inséparable de la conception qu'elle se fait du rôle positif de certaines régressions. Dans de nombreux cas, le sujet – l'enfant, le schizophrène adulte, le phobique – régresse *à une image archaïque du corps*, parce que c'est là seulement qu'il peut retrouver la notion de sa continuité, le sentiment d'exister. De là vient l'idée d'exploiter cette possibilité de la régression dans un but thérapeutique.

L'exemple princeps [57] est celui d'une petite fille de trois mois qui, tombée des bras de sa mère, souffrait d'une fracture en bois vert de la colonne vertébrale (donc, sans déplacement des os). Depuis, cette enfant avait un sommeil troublé et surtout ne savait plus téter. On la nourrissait par injections d'eau de mer. Sachant que le fœtus tète

55. Je renvoie aux ouvrages du Dr Aldo Naouri, pédiatre, qui illustrent l'incidence décisive de la grand-mère maternelle dans des symptômes parfois spectaculaires ou alarmants du nourrisson. *L'Enfant porté*, 1982, *Une place pour le père*, 1985, Paris, Le Seuil.

56. F. Dolto, « A la recherche du dynamisme des images du corps et de leur investissement symbolique dans les stades primitifs du développement infantile ». Exposé résumé de la conférence faite le 9 octobre 1956 à la Société française de psychanalyse, publié in « Actes de la Société », revue *La Psychanalyse*, t. 3, Paris, PUF, 1957, p. 297-303. Cet exposé est suivi d'une discussion très éclairante à laquelle prennent part J.-P. Valabrega, D. Lagache, J.-L. Lang, F. Perrier, J. Aubry, R. Bargues, W. Granoff, *ibid.*, p. 304-315. – D'autre part, F. Dolto, « Cas cliniques de régression », *Evolution psychiatrique*, t. 3, 1957, p. 427-472. Enfin, F. Dolto, « Personnologie et image du corps », revue *La Psychanalyse, op. cit.*, repris dans *Au jeu du désir, op. cit.*, p. 60-95.

57. Dolto a souvent raconté ce cas. Notamment dans « A la recherche du dynamisme des images du corps... », *La Psychanalyse* n° 3, 1957, *op. cit.*, p. 298 ; dans « Cas cliniques de régression », *Evolution psychiatrique*, t. 3, *op. cit.*, p. 431-432 ; dans *Séminaire de psychanalyse d'enfants*, 2, *op. cit.*, p. 214.

in utero, Dolto eut l'idée de conseiller à l'infirmière qui s'occupait du bébé de lui faire retrouver la position fœtale, et d'accompagner ces séances d'un léger massage de la région ombilicale, en lui parlant d'une voix caressante pendant qu'on lui donnait le biberon. Ainsi, l'enfant guérit en recommençant à téter, grâce à la « valorisation érogène de l'ombilic [58] ». Une régression à une image antérieure du corps – ici une image fœtale –, a donc redonné au sujet une sécurité que le traumatisme lui avait fait perdre au point d'altérer le mouvement même de la succion, indispensable à sa survie.

Dans ce même article de 1956, Dolto expose, en résumé, les éléments cliniques qui l'ont mise sur la voie de cette théorie de l'image du corps. Elle reproduit notamment les dessins d'une petite fille phobique. La première image que celle-ci a d'elle-même est une sorte de serpent avec, à chaque extrémité, une ouverture, un trou : « ses deux yeux – bouche-anus [59] ». La deuxième image est seulement un anneau fermé, ce qui « correspondait à sa phobie de lâcher la mère qu'elle *enserrait* à l'étouffer dans ses moments d'angoisse ».

La prédominance du stade oral chez les phobiques les pousse d'ailleurs à régresser vers le stade fœtal : leur image du corps reste foncièrement aliénée au corps de la mère (ou de la personne qui la remplace). L'accès à la maîtrise et à l'indépendance motrice du stade anal est donc ressentie comme angoissante, puisque séparant du corps de l'autre [60].

Dolto présente d'autres schémas pour illustrer l'aliénation au corps de l'autre. Ainsi la petite phobique dont il est question finit par représenter sa mère et elle-même, mais elles n'ont, sur le dessin, que « trois jambes pour deux personnes [61] » : chacune n'a qu'une jambe, tandis qu'entre elles reste une jambe, sans attribution. Un autre enfant se représente seulement par son bassin, et à l'envers; un troisième, seulement par la moitié supérieure du corps, tête et tronc.

58. « A la recherche du dynamisme...? », *ibid.*, p. 298.
59. *Ibid.*, p. 299.
60. *Ibid.*, p. 299-300.
61. *Ibid.*

Dans cette même conférence, Dolto esquisse les principes d'une clinique de la phobie dont elle avance que l'étiologie type est la suivante : la mère d'un enfant phobique doit elle-même avoir subi le traumatisme d'un abandon par le parent du même sexe que son enfant. Donc, si sa fille devient phobique, c'est que la mère aura souffert d'un abandon par sa propre mère; si c'est son fils qui devient phobique, c'est d'un abandon par le père de la mère qu'il s'agissait. Cette position de l'enfant dans l'inconscient de la mère peut fixer celle-ci dans un comportement attractif ou répulsif à son égard.

Ces remarques sont d'une très grande valeur clinique. Lacan lui-même, au lendemain de l'exposé de Dolto, les relève. Elles viennent corroborer sa théorie de la place du phallus dans l'économie familiale du désir : « Une chose tout à fait frappante, c'est qu'hier soir personne n'a parlé d'un passage majeur de ce que nous a apporté Mme Dolto, à savoir que ne deviennent phobiques, selon elle, que les enfants de l'un et de l'autre sexe, dont la mère se trouve avoir eu à supporter un trouble dans la relation objectale avec son parent, à elle, la mère, du sexe opposé [62]. » Lacan prend argument du constat clinique de Dolto pour montrer qu'il faut toujours supposer autre chose que la seule relation mère-enfant et voir au-delà d'eux la fonction imaginaire et symbolique du phallus : la mère désire le phallus au-delà de l'enfant, et celui-ci le représente plus ou moins, sans le savoir [63].

Dans sa conférence, Dolto développe les premiers éléments d'une théorie de l'image du corps, fondée sur les représentations de ce que ressent l'enfant. Elle fait de nouveau allusion au cas du traitement par la poupée-fleur

62. J. Lacan, « La relation d'objet », séminaire inédit, séance du 5 décembre 1956. Il n'est pas possible, vu l'état défectueux de la transcription, de savoir si c'est Lacan qui commet ici une erreur en parlant du trouble de la relation objectale entre la mère et le parent « de sexe opposé » (qui ne peut être qu'un homme), alors que Dolto parle du parent « du même sexe que l'enfant »; donc, à l'évidence, de la grand-mère maternelle pour la petite fille, du grand-père maternel pour le garçon. Elle décrivait en effet cette condition d'éclosion de la phobie ainsi : « La mère doit avoir été traumatisée par un abandon de son propre géniteur, du même sexe que l'enfant, abandon qui s'est compensé à la naissance de son enfant par sa fixation obsessionnelle (attractive ou répulsive) à cet enfant même... », dans « A la recherche du dynamisme... » (voir plus haut, note 56), p. 300.

63. Cf. Lacan, « La relation d'objet », (*id.* note 62).

et décrit une des premières images orales comme « pince qui pétrit et avance ». Outre cette image de l'incorporation, elle isole la représentation d'un « corps digestif ressenti par le bébé comme celui d'un ver qui avance à travers sa nourriture-mère d'avant en arrière – mère toujours support, et répétitivement *consommée-repoussée*[64]. » Elle privilégie cette représentation archaïque de l'image du corps, celle du corps digestif, animé, ressenti comme reptation péristaltique : « La première représentation modelée et imaginée du corps vivant, assumée par l'enfant, reconnue comme telle par la suite, c'est un long cylindre péristaltique (serpent à renflements) [...] avançant tant à travers l'enfant qu'à travers la mère, la nourriture étant ressentie comme sphérique avant d'être morcelée[65]... » Ce pré-Moi, comme l'appelle Dolto, est un « moi-toi ». Le stade oral ainsi représenté est donc celui d'une relative indistinction mère-enfant : sein-bouche; mère entièrement introjectée comme objet-nourriture et, finalement, repoussée au pôle anal. Cette mère est un corps-masse. Ainsi intériorisée par l'enfant, elle est en même temps vécue et avalée comme *objet*, et *support* de ce qu'il ressent.

Dolto en tire les premiers éléments d'une éthique orale fondée sur le « ressenti bon », qu'elle nomme « l'allant-devenant ». Cette tournure lui servira souvent par la suite comme image de la dynamique du devenir de l'enfant. L'allant-devenant de l'adolescent ou de l'enfant dans la période de latence a donc son prototype dans ce mouvement végétatif qui va de l'œsophage jusqu'à l'expulsion anale.

A cette époque, Dolto conçoit l'image du corps comme l'articulation de deux images : l'une centrée sur la sécurité de base, axe de l'énergie du sujet, l'autre, polarisée en différents lieux du corps par les zones érogènes. Cette seconde image est structurée par des « tensions attractives et répulsives »; sa dynamique lui vient des différents lieux que sont les zones érogènes. « *Le soi-même per-*

64. F. Dolto « A la recherche du dynamisme... », *ibid.*, p. 301.

65. F. Dolto, « Personnologie et image du corps », *Au jeu du désir*, *op. cit.*, p. 82. C'est par de tels dessins que commence *Le Petit Prince* de Saint-Exupéry : dévoration, incorporation, mais c'est d'une époque bien plus tardive puisque le boa avale un éléphant.

manent s'établit en rapport de masses à la mère conçue comme support et sein [66]. » Une telle conception reste étrangère à la pensée de Lacan, même s'il souligne qu'à l'origine la coupure ne passe pas entre l'enfant et le sein, mais entre le sein et le corps de la mère. Il n'y a pas d'allusion chez Lacan au corps maternel comme masse introjectée. Pour lui, tout commence avec le sein comme objet partiel.

On peut faire deux remarques, dès à présent, sur cette esquisse de l'image du corps en 1956.

Dolto fait jouer à chaque âge (oral, anal, génital) la dualité des images : une image du besoin, une image du désir. Elles peuvent s'appuyer l'une sur l'autre, coïncider, convenir ensemble ; ou, au contraire, se trouver décalées, l'une se développant par exemple trop tôt, au détriment de l'autre.

Elle a repris ce même schéma dualiste dans « Personnologie et image du corps », en 1961. Mais, quand elle publie *L'Image inconsciente du corps* en 1984, elle ajoute une référence nouvelle. Elle introduit le schéma corporel, c'est-à-dire une image neurologique de la maturation, telle qu'elle se construit dans l'observation du neurologue, du psychologue, voire du psychiatre. Le schéma corporel serait, selon elle, une détermination universelle : c'est l'espèce en l'être humain. Il peut fonctionner éventuellement hors langage, il est la condition de possibilité du mouvement dans l'espace et de l'expérience actuelle, immédiate. Au contraire, l'image du corps est conçue par Dolto comme inconsciente, elle implique le désir du sujet et son « histoire relationnelle du sujet aux autres [67] ».

Un déplacement très net s'est donc opéré : en 1956, Dolto distingue, voire oppose, une image dynamique corporelle de base (sécurité de base) à une image dynamique érogène. En 1984, elle redistribue les cartes en mettant ces deux images du même côté, en les opposant alors au schéma corporel neurologique. Ce qui aboutit à une complexité dont la raison ne s'impose pas toujours avec évidence, si ce n'est précisément que Dolto, privilégiant partout et toujours le dynamisme, en fait une sorte de vecteur du sujet, au lieu de s'en tenir à la théorie freudienne

66. F. Dolto, « A la recherche du dynamisme... », p. 298.
67. F. Dolto, *L'Image inconsciente du corps*, *op. cit.*, p. 23.

des pulsions morcelées, éventuellement chaotiques. Pour ne pas laisser le sujet divisé par ses pulsions, elle le divise, en fait, en plusieurs images ou plans : image de base, image fonctionnelle, image dynamique autant de registres, d'itinéraires toujours fléchés, selon elle, dans le sens du narcissisme du sujet, même lorsque les vecteurs se croisent en sens contraires.

Une question surgit alors que Dolto ne pose jamais et qu'on peut formuler de diverses façons. Où se trouve, justement, l'unité de ces différentes images ? Qu'est-ce qui les articule entre elles pour le sujet ? Où est le sujet ? Est-ce bien le même dont il s'agit, pour qu'on le localise dans des images qui parfois se contrarient ? Qu'est-ce qui fonde l'identité d'un sujet plus démultiplié qu'il ne le serait dans les plans d'un tableau cubiste ? Plus exactement, la distinction, classique depuis Lacan et reprise par Dolto, du désir et du besoin justifie-t-elle qu'on suppose un sujet du besoin (sécurité) radicalement séparé du sujet du désir ? C'est pourtant l'approche de Dolto dans le cas de la petite fille qui ne pouvait plus téter depuis sa fracture vertébrale.

Chez Lacan, le sujet n'est foncièrement divisé qu'en deux, par un clivage qui lui vient du fait d'être assujetti au langage et ainsi contraint au refoulement. Tandis qu'il y a chez Dolto démultiplication des plans et ubiquité du sujet. Il est partout lui-même, en tous les plans. Sous prétexte de lui conserver en tous lieux sa dynamique, elle fait éclater le sujet en des registres radicalement hétérogènes : neurophysiologique, psychologique, érogène, sans qu'on trouve jamais le principe de leur unité ailleurs que dans le postulat où ils sont réunis. Le sujet sera aussi bien dans le schéma corporel, du reste, que dans l'image inconsciente du corps anale ou orale. Eu égard à la consistance théorique, c'est tout aussi absurde que de situer l'inconscient dans on ne sait quelle région corticale, comme le font encore certains neurophysiologistes.

Cela n'entame en rien la valeur opératoire de la conception de l'image du corps dans la cure analytique. Son efficacité s'est révélée indiscutable dans la pratique de Dolto. Prouver qu'il s'agit d'une théorie cohérente est un autre pari, d'ordre épistémologique. Et s'il est douteux qu'on puisse actuellement y parvenir, c'est pour les mêmes raisons que celles qui laissent au symptôme hystérique le mystère de son effectuation. Car le psychanalyste entend bien, et le patient aussi, que le jeu de mots fait symptôme dans le corps, mais ni l'un ni l'autre, ni aucun neurologue ou biologiste, ne sait encore par quelles voies opère ladite conversion ou somatisation. En revanche, la partition du sujet en plusieurs images, radicalement hétérogènes, rassemblées dans *une* image [68], est une pétition de principe. Cette multiplication de sujets repose sur le postulat implicite d'une substance : tantôt être biologique, tantôt corps-masse, mère-support ; mais aussi bien « continuité spatio-temporelle », « mêmeté d'être », dont Dolto reconnaît que le fondement est peut-être illusoire. Il y a un présupposé métaphysique de l'être, inéclairci chez Dolto, sans lequel sa théorie devient non cohérente. Elle confère à cette notion d'image dont la clinique lui fournit tant d'exemples une sorte de réalité substantielle.

C'est l'un des points soulevés dans la discussion qui fait suite à sa conférence de 1956. Jean-Paul Valabrega et Daniel Lagache s'étonnent qu'on puisse parler d'un stade olfactif comme le fait Dolto, soulignant qu'en psychanalyse la notion de stade n'a de sens que référée à un objet (le sein, pour le stade oral, l'excrément pour le stade anal) et à une région du corps véritablement élue comme zone érogène. Lagache signale, à juste titre, le risque d'un « naturalisme », ou d'une « mythologie anthropomorphisante », dans l'usage qui est ainsi fait de cette notion.

A l'époque, Dolto défend cependant l'idée d'un stade olfactif. Elle abandonnera plus tard l'expression, sans jamais renoncer à l'importance de l'olfaction chez le petit enfant et l'adulte. Dans sa réponse, elle faisait d'ailleurs valoir comme argument discriminant que les psychotiques ont « toujours une hyperolfaction » et qu'en même temps, comme des amibes, ils « refusent l'incorporation ». La prévalence de l'olfactif se lit dans des dessins remar-

68. C'est explicitement la thèse énoncée par Dolto dans *L'Image inconsciente du corps*, *op. cit.*, p. 49-61, « Les trois aspects dynamiques d'une même image du corps ».

quables par l'absence des autres sens : visage sans bouche et sans yeux. (Dans les dessins des psychotiques, il n'y a pas d'yeux mais des trous sans regard).

François Perrier éclaircit le débat en soulignant que Dolto donne à certains termes (objet, sécurité) un sens qui n'est pas alors celui reçu en psychanalyse. (Elle parle de sécurité là où un autre analyste pense à satisfaction auto-érotique ou narcissique, a-t-on objecté.) Il poursuit par ce constat élogieux : « Sa technique est opérationnelle et vraie parce qu'opérationnelle [...]. Ça marche effectivement. Elle trouve pour chaque cas une formule éblouissante qui nous permet une compréhension brusque et globale de quelque chose dont on se dit que c'est vrai... » Reste que la question est de savoir si « l'image du corps préexiste à l'interprétation donnée par Mme Dolto ou (si elle est) comprise parce que verbalisée par Mme Dolto [69] ? » Dolto, elle, se sent comprise par Perrier et déclare : « l'enfant ne verbalise pas, il parle avec ses dessins [70]... » Il ne s'identifie pas à l'objet en tant que tel comme emblème statique : un objet est pour lui l'actualisation de la dynamique d'un fantasme, le lieu d'une relation ; il est symbole parce qu'il condense une relation. Ainsi à un garçon de douze ans, qui dessine une table puis une chaise qui a un visage humain, elle demande : « Voudrais-tu être la table ou la chaise ? [...] – La table, parce que la chaise on s'assied dessus et c'est lourd [71]. »

Laissant de côté les problèmes de terminologie propres à chacun – image ou symbole -, Granoff souligne la fécondité de la démarche de Dolto pour l'abord des psychoses, mais il soulève une difficulté : Dolto parle de l'image du corps archaïque oral, comme chez la petite fille de trois mois qui ne pouvait plus téter, en des termes qui laissent supposer des représentations que l'enfant ne peut évidemment pas avoir puisqu'elles sont consécutives à l'acquisition du langage : l'image de la bouche comme pince suppose la connaissance du mot, ainsi que des

69. F. Dolto, « A la recherche du dynamisme... », « Discussion de la conférence... », *op. cit.*, p. 308.
70. *Ibid.*, p. 309.
71. *Ibid.*, p. 309.

représentations déjà très élaborées, prendre, manger, saisir [72].

L'opinion de Lacan sur la notion d'image du corps nous est connue par ce qu'il en dit, en l'absence de Dolto, à son propre séminaire, au lendemain de cet exposé [73]. Il la formule avec l'élégance de la plus totale mauvaise foi. Convenant qu'il n'en a dit que du bien officiellement et soulignant, par ailleurs, ce qu'il y a d'« extrêmement fascinant » dans ce dont parle Dolto, il dénie à ces images la qualité d'objet, pour, ensuite, souligner que Dolto en use comme de signifiant, alors qu'il s'agit à l'évidence, selon lui, de quelque chose qui ne se situe d'emblée que dans le registre du signifié. Il a raison sur ce point : elle métaphorise les dessins des enfants en modèles théoriques de ce qu'ils éprouvent.

Il tente d'insinuer le doute, aussi radicalement que possible, sur sa théorie, en demandant si quelqu'un d'autre qu'elle a jamais vu dans sa clinique ces fameuses images du corps. A cette objection, Dolto avait répondu par avance : il est « difficile d'étudier sans se projeter [74] ».

Mais la question de Lacan est d'autant moins fondée qu'elle peut être adressée à toute construction théorique, jusques et y compris les siennes propres. Il y a dans plusieurs types de dessins d'enfants d'où Dolto tire sa conception de l'image du corps une parenté évidente avec les sensations qu'elle leur prête : serpent = reptation péristaltique ; boules de nourriture segmentées, etc. Les pénis paternels contenus dans le ventre maternel kleinien n'ont pas toujours cette évidence. Quant aux nœuds borroméens, à la bande de Moebius, au *cross-cap* et autres objets topologiques, on pourrait se demander qui les a jamais vus à l'œil nu de la clinique. Lacan les a importés dans sa théorie. Et, comme par l'effet de cette « vision en Dieu », qui selon le R.P. Malebranche explique notre connaissance rationnelle du monde, peut les contempler qui veut, à condition d'être muni de lunettes lacaniennes. Lacan fait ici à Dolto un mauvais procès dont les enjeux sont ail-

72. Cf. *ibid.*, p. 314.
73. J. Lacan, « La relation d'objet », *op. cit.*, séance du 5 décembre 1956.
74. F. Dolto, « A la recherche du dynamisme... », article cité, p. 305.

leurs. Lui-même lutte alors contre toute forme de biologisme et de psychologisme ; il combat la théorie de Melanie Klein, sous prétexte qu'elle donne tant de « réalité » à l'imaginaire qu'il n'y a pas de place pour le phallus, pour le signifiant. C'est sans doute pourquoi il se refuse à prendre en compte la dimension précisément *symbolique* et signifiante qu'il y a dans l'image du corps, au sens de Dolto. Il lui reproche, à juste titre, de ne pas savoir bien situer ces images du corps dans les registres du Symbolique ou de l'Imaginaire. Mais la fin de non-recevoir qu'il adresse à la théorie de Dolto n'est en réalité que formelle. Il est piqué au vif par une élaboration chaotique, mais cliniquement pertinente, d'un domaine qu'il continuera d'ignorer dans la suite de son séminaire : celui des phases archaïques qui précèdent l'avènement du « je » lors du stade du miroir. Granoff et Perrier, malgré leurs objections, rendaient autrement justice au génie clinique de Dolto et à la valeur de ses intuitions.

La même année, Dolto reprend, de façon mieux articulée cette problématique de l'image du corps dans un article à l'usage des psychiatres. Elle y précise l'idée que le psychotique peut faire retour à un corps imaginaire (qui ne se confond pas avec son corps charnel), pour y retrouver les premiers appuis de son identité. Si le sujet régresse à une image archaïque de son corps, c'est qu'il en attend *inconsciemment* de retrouver le sentiment de sa continuité et de « sa sécurité d'exister ». La régression apparaît alors comme « un processus nécessaire à la conservation de la santé » chaque fois que l'être humain « n'a pas encore acquis les moyens symboliques [75] » pour surmonter une perte : castration ou deuil.

L'un des intérêts de cet article est de proposer des formules plus concrètes de l'image du corps. Ainsi « l'image basale du corps au repos au stade oral : deux boules superposées et stables [76] ». Quant à la relation orale à la masse-mère, elle s'exprime ainsi : « Tout ce qui disparaît est *manger*, tout ce qui demeure est *mère* [77]. » Plus loin : « La

75. F. Dolto, « Cas cliniques de régression », article cité, p. 435.
76. *Ibid.*, p. 436.
77. *Ibid.*, p. 437.

mère qui attend et reçoit les excréments est elle-même, à ce stade une bouche à satisfaire [78]. » Dolto l'illustre par le cas d'une enfant prépsychotique de huit ans qui dessinait le visage sans bouche, alors qu'au contraire le corps n'était que bouches : « aux deux seins, à l'ombilic, au sexe et au bout des pieds et des mains [79] ». Et l'enfant n'était que « ventouse » dans son comportement.

Le stade anal est reconnaissable dans les dessins à l'image d'un corps complet. Dolto note que parfois « le sujet imagine beaucoup de bras par projection de l'idée de puissance [80] ». Elle explique les relations magiques du début du stade anal (donc, avant le plaisir de la maîtrise des objets et l'acquisition de l'adresse manuelle) en ces termes : « Tout ce que l'on aperçoit de nouveau est associé au déféqué[...] Pour l'enfant, et à cause de son vécu digestif, tout ce qui *est* se mange peut-être, tout ce qui *apparaît* vient d'être déféqué pour *lui* – à son intention [81]. »

Enfin, il faut retenir ce qu'elle dit de la verticalité du corps, laquelle joue un grand rôle dans son appréciation clinique de l'image du corps. Elle note ceci, à l'époque du primat du phallus, quand l'enfant, fille ou garçon, l'attribue universellement à l'homme et à la femme : « Il n'en donne pas aux animaux », lesquels ne représentent pour l'enfant aucune idée de bassesse instinctuelle, mais une image du corps motrice, kinétique, « non hiérarchisée par une morale », par opposition au monde socialisé.

L'image du corps est stratifiée : à chaque stade, elle est constituée « de superpositions articulées des images passées [...] et de l'image actuelle [82]... ».

Dolto en fournit la démonstration précise par des cas de régression schizophrénique chez des adultes ou des jeunes gens.

Une jeune fille de dix-huit ans, ne pouvant épouser le jeune homme qu'elle aime, régresse d'abord à l'image

78. *Ibid.*
79. *Ibid.*
80. *Ibid.*, p. 440.
81. *Ibid.*, p. 441. Le délire du président Schreber en est souvent l'illustration pathologique quasi littérale.
82. *Ibid.*, p. 446.

anale de son corps, faute du rapport sexuel attendu. D'abord, elle voudrait être battue, puis elle passe à « la position orale : elle ne veut plus consommer avec sa bouche la nourriture vide de la présence symbolique du jeune homme qu'elle voudrait avaler [83] ».

Exemple symétrique chez « un homme vierge de vingt-six ans mais fiancé depuis l'âge de dix-huit ans [...]. Il a un corps imaginaire mais pas génitalement humain ; son corps investi n'est qu'un corps de stade anal [84] ». De sorte que, lorsque la date du mariage approche, « il devient délirant », ne supportant pas l'idée dangereuse pour lui de pénétrer le corps de cette fiancée, vierge intouchable, jusque-là son support fétichique [85].

Le cas le plus intéressant est celui de Marie-Louise B., détaillé dans ce même article. Il fournit des éléments sur ce que Dolto considère alors comme l'expression de la plus « profonde régression fœtale » qu'elle ait vue à cette époque.

La jeune fille a quatorze ans et demi lorsqu'elle arrive en 1943 à la consultation. On pense alors à une schizophrénie (démence précoce) : inaffective, mutique, atone, elle a perdu tous ses acquis scolaires, elle n'a aucun contact avec ses camarades, etc.

Lorsqu'elle naquit, son père ne voulant pas croire à sa paternité, ne la reconnut pas. Il n'avait pas épousé la mère. Celle-ci, « persécutée », mit d'abord l'enfant en nourrice jusqu'à six ans. Puis, lors de la déclaration de guerre, elle s'enferma avec sa fille qu'elle séquestra, avant d'être internée.

De son côté, le père s'était marié. Sa femme étant stérile, ils adoptèrent un garçon puis, avec l'accord de l'épouse, cette première enfant qu'il n'avait pas reconnue à sa naissance. Depuis, inquiet de voir sa fille le fuir, il se sentait coupable.

Lors d'une séance, Marie-Louise tente de dessiner une maison et un tronc d'arbre, renonce, ensuite parle d'un problème de périmètre de champ auquel elle ne

83. *Ibid.*, p. 445.
84. *Ibid.*
85. *Ibid.*

comprend rien. Dolto lui interprète « qu'elle n'a pas de maison [86] ». Le moment tournant de la cure – à la quatorzième séance – vient d'un incident extérieur. Elle a reçu une gifle de son père. « Elle a souri. » Pourquoi est-elle contente ? « Parce qu'elle se sentait toujours coupable, et quand, en Savoie, elle désobéissait à son oncle, qu'elle aimait bien, il giflait sa fille mais pas elle. Alors, elle a senti qu'elle était la fille de papa avec la gifle ? – Oui [87]. » A partir de cette séance, elle peut faire des dessins témoignant d'une régression très archaïque : l'un, en particulier, représente le père avec son sexe, mais les deux enfants ont un visage très primitif : trois points pour l'un, un seul point pour l'autre.

Marie-Louise ne cesse de progresser à l'école.

Dans sa cure, elle fait état d'un souvenir ou fantasme : lorsqu'elle était petite, un gendarme lui aurait dit qu'on enfermait en prison les enfants qui mettaient quelque chose dans un « trou défendu », alors qu'elle avait introduit quelque chose dans un « trou d'une dalle d'égout [88] ». Or, la mère, intensément coupable d'avoir désiré un enfant, avait condamné la masturbation à l'âge œdipien, l'exhortant à ne voir personne, à ne parler à personne.

Dolto conclut cette cure, riche d'ailleurs de nombreuses autres notations, en soulignant que Marie-Louise avait pu régresser aux différentes images du corps qui s'étaient structurées normalement, tant que l'enfant était restée en nourrice, c'est-à-dire jusqu'à l'âge de six ans. Elle avait vécu en « rivalité œdipienne » avec sa mère, jusqu'à s'identifier à elle au moment où celle-ci se faisait interner (punir) pour le désir qu'elle avait eu d'avoir un enfant.

Marie-Louise avait pu retrouver cette problématique lorsque son père lui avait donné une gifle, parce que, selon l'expression de Dolto, cette « consommation masochique » lui redonnait son identité de fille et réarmorçait l'Œdipe, là où il s'était trouvé interrompu, entre l'âge de six ans et de quatorze ans et demi. Au passage, on peut

86. *Ibid.*, p. 453.
87. *Ibid.*, p. 454.
88. *Ibid.*, p. 454-455.

noter que Dolto dit de cette gifle qu'elle eut l'effet d'une « réalisation symbolique[89] » : c'est le terme même qu'emploie Marguerite Sechehaye, dans le *Journal d'une schizophrène*[90], lorsqu'elle souligne la fonction symbolique du geste qui consista à donner réellement une pomme à sa patiente : offrir le sein comme don, amour et non pas seulement comme objet partiel.

Dolto présentait la cure de Marie-Louise comme la meilleure illustration de sa thèse selon laquelle le psychotique régresse à un « état de santé libidinale » qui s'est conservé malgré les symptômes[91]. Marie-Louise lui a donné plus tard de ses nouvelles, l'informant de son mariage et de ses maternités.

L'article « Personnologie et image du corps », en 1961, marque la fin de la première période d'élaboration théorique de cette notion. Il s'agit d'un exposé synthétique et concret, récapitulant toutes les données de l'observation clinique et de l'analyse des dessins d'enfants. Il présente une succession ordonnée des différentes figures de l'image du corps, selon la temporalité spécifique des stades.

Un des intérêts majeurs de ce texte est de comporter quelques représentations graphiques, sortes de schèmes typiques des différentes étapes structurantes (alors que l'ouvrage intitulé *L'Image inconsciente du corps*, publié près de vingt-trois ans plus tard, n'en fournit pas).

Il convient de resituer cet article dans les circonstances où il fut écrit. Car Dolto appuie une part de son propos sur les éclaircissements que D. Lagache donne alors à propos de notions relativement peu distinguées par Freud : moi idéal, idéal du moi et surmoi. Elle fera par la suite un emploi systématique des notions de moi idéal et d'idéal du moi, y ajoutant celle de moi auxiliaire qui lui sert souvent pour désigner l'autre auquel un sujet délègue une partie des fonctions de son moi (appréciations, jugements, décisions, etc.). Cet autre est d'abord la mère pour l'enfant, puis un ou une camarade, selon le sexe du sujet ;

89. *Ibid.*, p. 456.
90. M.-A. Sechehaye, *Journal d'une schizophrène*, Paris, PUF, 1970. La première édition est de 1950.
91. F. Dolto, « Cas cliniques de régression », *op. cit.*, p. 456.

enfin, pour l'adulte, une personne élue qui est interlocuteur, conseiller, porte-parole, exutoire ou soutien. Il est l'autre moitié de soi, dans la division et la répartition des rôles qui s'opèrent souvent dans un couple. Enfin, pour Dolto, le psychanalyste peut faire office de moi auxiliaire.

En 1961, le structuralisme fait son entrée officielle dans la psychanalyse ; mais par une voie détournée et dans un article de D. Lagache qui tente de maintenir à distance cette notion de structure en l'inscrivant dans une conception encore psychologique de la personnalité [92], alors que, depuis longtemps déjà, Lacan en fait un usage autrement rigoureux et neuf. Lagache, avec une grande clarté de style, réévalue la structure des différentes instances de la seconde topique freudienne : le moi, le ça, le surmoi. Il souligne notamment les insuffisances d'une psychologie qui, comme celle de H. Hartmann, fait du moi le préposé au contact avec la réalité et le fourre-tout de fonctions hétérogènes : maîtrise, perception, anticipation, synthèse, organisation. Cependant, pour rendre compte des contradictions inhérentes au moi, Hartmann mettait en avant la notion de conflit « intersystémique », désignant l'antagonisme des instances entre elles – par exemple, du moi dans sa lutte contre les pulsions venues du ça.

Lagache veut mettre de l'ordre dans une conception des instances psychiques qui, jusque-là, ne rendait pas justice à leur complexité et à leur genèse. Ainsi, comme on le sait depuis Freud, sans se confondre avec le ça, le moi est, pour une large part, également inconscient. D'où la tentative de Lagache pour dégager le statut de chacune des instances psychiques en soulignant l'importance du conflit qu'il nomme « intrasystémique » – donc interne à chacune d'entre elles –, comme l'atteste, en particulier, le fait que « le moi ne contrôle pas les opérations défensives

92. Cet article intitulé « La psychanalyse et la structure de la personnalité », publié dans la revue *La Psychanalyse*, n° 6, Paris, PUF, 1961, est la forme écrite du rapport que fit D. Lagache sur cette question au colloque de Royaumont de juillet 1958. Il est reproduit *in* Lagache, *Œuvres complètes*, t. 4, Paris, PUF, 1982, p. 191-237. La communication de Dolto, « Personnologie et image du corps », lui faisait suite. Elle est reprise dans *Au jeu du désir, op. cit.*, p. 60-95. Enfin, la version définitive du commentaire de Lacan, « Remarque sur le rapport de Daniel Lagache », se trouve dans les *Ecrits, op. cit.*, p. 647-684.

dont il est cependant l'agent [93] ». Lagache s'emploie à montrer que, dans la cure analytique, on ne saurait s'en tenir à la conception naïve du conflit intersystémique entre les trois instances, qui conduit certains à privilégier abusivement une idéologie du « moi fort » et de l'adaptation à la réalité.

En termes encore très psychologiques, il fait correspondre le surmoi à l'autorité parentale intériorisée et « l'idéal du moi à la façon dont le sujet doit se comporter pour répondre à l'attente de l'autorité [94] ». C'est un système reproduisant « à l'intérieur de la personnalité, la relation autoritaire parents-enfant [95] ». Dans cette perspective, il relève l'importance d'une notion encore peu utilisée à l'époque : le moi idéal. Ce moi idéal, « c'est le moi uni au ça », comme le pensait H. Nunberg, mais, plus encore, un idéal narcissique de maîtrise absolue, une sorte d'union à l'être investi primitivement par l'enfant de toute-puissance : la mère [96]. Le moi idéal est une instance par laquelle l'enfant fait face aux refus et frustrations, en cherchant à se prendre, inconsciemment, pour une figure toute-puissante, idéalisée, héroïque. Ce moi idéal est une figure *incarnée* en un autre existant, un personnage prestigieux, alors que l'idéal du moi est une instance abstraite, l'exigence d'une conformité à un commandement inconscient.

Or, dans son article, Lagache soutient que le moi ne saurait devenir autonome sans un passage obligé par ce moi idéal, avatar inéluctable dans la construction de la personnalité à travers ses identifications. Et Dolto va se trouver en accord avec lui sur la façon de concevoir le moi idéal, l'idéal du moi et leurs fonctions respectives.

Je laisse de côté beaucoup d'aspects de l'article de Lagache pour en retenir seulement quelques points. Celui-ci refuse de considérer les pulsions comme totalement sans objet. C'est ce qui lui fait dire : « avant même que l'objet soit donné, la pulsion peut être conçue comme

93. D. Lagache, *Œuvres complètes*, t. 4, *op. cit.*, p. 215.
94. *Ibid.*, p. 223.
95. *Ibid.*
96. Cf. *Ibid.*, p. 227.

une relation d'objet en puissance [97] », rappelant la formule de Max Scheler : « la faim du nourrisson est l'intuition de la valeur nourriture ». Donc Lagache veut introduire la relation d'objet, tel qu'on l'appelle classiquement en psychanalyse, dans la période la plus précoce de la vie humaine.

D'autre part, sa conception des trois instances principales, moi, ça, surmoi, fait porter l'accent sur le rôle de l'intersubjectivité. L'enfant introjecte, intériorise des interdits parentaux; ainsi se forme en lui le surmoi, qui possède un double statut : hétéronome, car il provient des autres, et autonome, puisqu'il va régir une part du fonctionnement psychique de façon indépendante.

Lacan prend, lui, toutes ses distances à l'égard de cette présentation où il ne reconnaît, en définitive, que ce qu'il y retrouve comme sien, sa formule « l'inconscient est le désir de l'Autre » ayant eu un écho dans le propos de Lagache, quand ce dernier écrivait : « avant d'exister en lui-même, par lui-même et pour lui-même, l'enfant existe pour et par autrui; il est déjà un pôle d'attentes, de projets, d'attributs [98] ». Lacan regrette que Lagache ne soit pas assez ferme dans ses formulations. Ainsi l'enfant n'est pas, comme le dit par euphémisme Lagache, un simple pôle « d'attentes et d'attributs », mais de « signifiants »; et ce, non pas seulement parce qu'on parle de lui avant sa naissance, mais parce qu'il va se trouver à son insu le porteur, le messager de désirs inconscients de ses parents, et occuper pour eux telle ou telle place dans la constellation familiale. Lacan en donne pour formule la plus générale que l'enfant est toujours d'abord en position de représenter le phallus pour la mère. Ainsi que le montre toute la clinique psychanalytique, et en particulier celle de Dolto, il peut être imaginairement conçu par la mère comme l'enfant incestueux qu'elle attendait de son père et non de son époux; il peut occuper la place d'un frère ou d'une sœur adoré(e) ou haï(e) de la mère (ou du père), venir compenser la perte d'un enfant mort avant lui, etc. De très nombreux cas de figures sont possibles, qui illustrent

97. *Ibid.*, p. 205.
98. *Ibid.*, p. 200.

la fameuse remarque de Freud : « les enfants sont des revenants ».

Lacan adresse une critique plus fondamentale sur le plan théorique à Lagache dont l'article commençait par cette sentence : « L'anthropologie est aujourd'hui structuraliste [99]. » Car Lagache prétend débarrasser la psychanalyse d'un certain nombre de perspectives qui en obscurcissaient la valeur scientifique : que ce soit le biologisme des pulsions, le « personnalisme », « l'anthropomorphisme » qui assimilaient les instances – moi, ça, surmoi – à des quasi-personnes à l'intérieur de l'appareil psychique ; pourtant, il ne veut pas sortir de ce modèle freudien de la deuxième topique. Il maintient l'idée d'une unité de la structure de la personnalité et postule l'unité de la psychologie à laquelle il subordonne la psychanalyse, tous points de vue que Lacan récuse. Lagache ne fait de la notion de structure qu'un usage psychologique traditionnel [100].

Dans sa « Remarque sur le rapport de Daniel Lagache », Lacan répond par son propre modèle, à la fois véritablement structural et scopique [101]. Il y expose les relations du moi idéal et de l'idéal du moi à travers ses schémas optiques, qui illustrent comment « la relation imaginaire à l'autre et la capture du Moi Idéal » entraînent le sujet à se projeter dans l'idéal du moi, dont la formule de chacun est, comme il le dit ailleurs, de s'imaginer au futur antérieur, héros à venir, dans la phrase qu'on pourra dire de lui : « Il aura été ». Lacan met en place un dispositif structural [102] à partir de ses modèles du stade du miroir pour effectuer une déduction de ces deux instances, moi idéal, idéal du moi, comme résultant d'une translation, d'un changement de places dans un espace, au lieu de les envisager tels que des effets de

99. *Ibid.*, p. 191.

100. Dans la personnologie psychanalytique, « la structure personnelle est un système de relations entre des formations qui ne sont pas directement observables », écrivait Lagache, *ibid.*, p. 192.

101. Cf. notamment J. Lacan, *Ecrits, op. cit.*, p. 672-682.

102. Cela ne signifie pas que Lacan mette en œuvre un modèle structural anthropologique ici, au sens de Lévi-Strauss, mais sa démarche est bien de montrer la production d'une structure psychique à partir d'une combinatoire d'éléments et de positions.

strates identificatoires dans l'évolution de l'enfant. Sans oublier ce que la constitution du sujet doit à son histoire et à ses identifications successives, Lacan subordonne celui-ci à un ordre structural, symbolique, celui du langage. Il indique en quelles places imaginaires le sujet vient s'aliéner et permet de les reconnaître avec rigueur. Lacan rompt avec le psychologisme que Lagache ne peut se résoudre à abandonner complètement.

Entre ces deux positions qui se révèlent antagonistes, Dolto poursuit à la même époque son propre chemin, en introduisant le Symbolique dans l'image et dans le corporel. Ainsi, dans « Personnologie et image du corps », elle accentue plus résolument l'importance de ce qu'elle appelle le « *langage du corps* », langage préverbal ou paraverbal [103], celui du petit enfant dès sa naissance, et dont les *Etudes sur l'hystérie* de Freud, d'autre part, ont donné les premiers témoignages infaillibles.

L'image du corps est ici présentée comme la forme incarnée pour le sujet de son désir.

La « mêmeté d'être », comme elle l'appelait auparavant, ne se constitue que dans l'échange avec la présence de la mère : en premier lieu, avec son visage. Car c'est le visage maternel qui, par ses expressions (assentiment, mimiques diverses), sans compter le rôle de la parole, de la voix et de ses intonations, vient donner sens à ce que l'enfant ressent en lui-même : « l'image du corps se constitue en référence à la vue effective de la face maternelle, et aux repères sensoriels apportés répétitivement par la présence de la mère [104] ». Il ne s'agit nullement d'un échange aveugle entre le nourrisson qui ne peut parler, l'*infans*, et la mère qui, au hasard, lui prodiguerait par exemple des paroles d'attendrissement. « A chaque découverte de sensation que le visage maternel authentifie, l'accomplissement éphémère qui y est lié éveille ou endort le cœur, suivant que le visage de la mère s'anime ou se fige, suivant les mimiques et les sonorisations de paix qui accompagnent les satisfactions ou les frustrations de plaisir sensoriel [105]. »

103. F. Dolto, « Personnologie et image du corps » (1961), *Au jeu du désir, op. cit.*, p. 62.
104. *Ibid.*, p. 65.
105. *Ibid.*, p. 65.

Telle est la véritable source du narcissisme primaire de l'enfant. On voit donc que le narcissisme originaire, pour Dolto, n'est pas purement et simplement assimilé à quelque dyade fusionnelle, à la béatitude d'une indistinction mère-enfant, mais, au contraire, à un échange entre eux de messages signifiants, dont on ne peut dire qu'ils sont à proprement parler verbaux. Faute de mieux, elle parle de communication. La rencontre de la demande de l'enfant avec l'angoisse de la mère qui, à ces moments-là, reconnaît la valeur pour lui de ce qu'il éprouve, voilà ce qui donne sens à son émotion, son affect de chagrin, de colère ou de joie, ses pleurs, ses cris, ses rires. De ce point de vue, Dolto est très proche de ce que décrit Donald W. Winnicott quand il souligne la valeur de l'illusion réciproque entre l'enfant et la mère : l'enfant croit créer le sein qu'il demande, tandis que l'angoisse de la mère va au-devant de celle de l'enfant lorsqu'il crie par exemple, alors qu'elle ignore pourquoi, et qu'elle lui offre à cet instant une possibilité d'échange et de communication, donc de réponse à son angoisse à lui [106].

Dolto observe que, dans le transfert, certains enfants dessinent des corps incomplets. Faut-il en conclure que le surmoi de l'enfant lui ôte alors une partie de son corps (pour le punir de la jouissance qu'il désire en obtenir) ? Que son moi est trop faible ? Ou que l'analyste est alors vécu par lui comme son complément ? Tous ces cas de figures sont possibles. Comme elle l'avait fait remarquer, l'enfant phobique peut représenter un corps avec une seule jambe. Dans « Personnologie et image du corps », elle donne à ce propos le cas d'un enfant qui dessinait sa mère « comme deux êtres humains, tandis que le père était un hémi-homme dangereux, faisant corps avec un

106. Outre le célèbre article de Donald W. Winnicott, « Objets et phénomènes transitionnels. Une étude de la première possession *non-moi* » (1951), *De la pédiatrie à la psychanalyse*, trad. de H. Sauguet, Paris, Payot, 1971, p. 109-125, voir « Psychose et soins maternels » (1952), *ibid.*, p. 98-108, dans lequel Winnicott écrit notamment : « Le potentiel créateur de l'individu, qui prend naissance dans le besoin, le rend prêt à halluciner. L'amour que la mère porte à son enfant, et son identification étroite avec lui, lui font percevoir ses besoins au point qu'elle lui offre quelque chose à peu près au bon moment et à l'endroit voulu », *ibid.*, p. 103.

hémi-arbre [107] ». De tels dessins témoignaient chez cet enfant, dont le père était un grave alcoolique, d'une régression à une image du corps viscérale, végétative. L'enfant lui-même était énurétique et encoprétique. L'image du père à moitié arbre marque ici le désir de l'enfant de « garder ce père comme imago », mais il ne le peut qu'à condition de revenir à une image du corps archaïque, viscérale : d'où son incontinence urinaire et anale. Sinon ce garçon, poussé par une identification œdipienne à défendre sa mère contre ce père parfois effectivement dangereux, aurait été conduit à un comportement agressif et violent à l'égard de son rival. Son symptôme fait office de castration, castration que le père n'a pu lui donner en paroles. Le garçon reste ainsi dans la position d'un enfant aussi repoussant pour la mère que le père alcoolique, et ne risque donc pas de voir se satisfaire son propre désir incestueux à l'égard de celle-ci [108].

Ce cas montre que la fonction de l'image du corps n'est pas toujours, ou pas seulement, de permettre au sujet de régresser à une position de sécurité narcissique antérieure. Car, ici, la régression tient lieu de castration : elle empêche la réalisation des désirs incestueux et l'expression d'une violence ressentie comme meurtrière.

L'image du corps n'est pas, à l'origine, la représentation d'un corps humain. L'enfant se réfère dans ses dessins à une représentation inconsciente qui est celle de son corps, comme « substrat symbolique de son existence ». Cette image de lui se déchiffre aussi bien dans la représentation qu'il peut avoir du corps de la mère – le plus souvent une maison. « Un dessin d'objet, de végétal, d'animal, d'humain est à l'image à la fois de celui qui le dessine et de ce qu'il voudrait, conforme à ce qu'il se permet d'en attendre [109]. » C'est donc tout le contraire d'une imitation fidèle d'une image visuelle, reproduction ou *mimesis* : c'est la représentation d'un ressenti, en relation avec ce qui est perçu de l'autre, la mère. Par opposition au corps matériel du sujet conscient qui, à tout instant, le

107. F. Dolto, « Personnologie et image du corps », *Au jeu du désir, op. cit.*, p. 71.
108. *Ibid.*, p. 71-72.
109. *Ibid.*, p. 74.

situe dans le temps et dans l'espace, l'image du corps est « hors lieu, hors temps [110] ». Mais elle n'est pas simplement « pur imaginaire », puisqu'elle possède toujours virtuellement une fonction symbolique : au-delà des charges érotisées et du narcissisme du sujet qu'elle préserve, elle a la fonction d'un langage, elle est relation à un autre, ou rapport à soi médiatisé par un autre.

L'image du corps humain proprement dit n'apparaît qu'assez tard dans les dessins d'enfants, à l'âge où il se sait lui-même humain et sexué, donc pas avant trois ans. En revanche, les images les plus archaïques sont lisibles comme masse, intensité de couleurs, vitesse, force de trait – expressions graphiques de ce qui a été vécu corporellement. Dolto insiste sur l'importance des altérations de cette image : c'est le cas lorsque la mère fait de l'enfant son objet de plaisir, faute d'une relation sexuelle satisfaisante avec un homme ; ce sont, par exemple, les séductions sexuelles exercées par une mère qui dort avec un enfant, particulièrement un garçon, sous prétexte de se réchauffer en l'absence du père, et qui le force ainsi à supporter une situation incestueuse contre laquelle il ne peut réagir que par une régression [111].

Selon une hiérarchie temporelle ordonnée, Dolto présente dans cet article les images du corps, depuis les plus archaïques jusqu'à celles de l'âge œdipien : à l'époque de la dyade mère-nourrisson, les images sont ovales, ovoïdes ou sphériques. Les premières représentations graphiques de la vie apparaissent ensuite : ce sont des lignes, des sortes de virgules [112]. Puis viennent des formes d'allure ovale avec des lignes qui s'y croisent et en dépassent les limites.

Le premier corps vivant représenté a la forme du serpent, avec des renflements. Image du corps digestif incorporant une nourriture ressentie comme succession de boules. Puis, avant la formation du moi proprement dit, ce sont des images (dessins ou modelages) en forme

110. *Ibid.*, p. 73.

111. C'est la situation dans laquelle s'est trouvé placé par sa mère Dominique, garçon psychotique de quatorze ans, cf. F. Dolto, *Le Cas Dominique*, *op. cit.*, p. 97-98 (Le Seuil, coll. « Points »).

112. F. Dolto, *Au jeu du désir*, *op. cit.*, p. 81-82.

de champignons : un cercle avec une queue. Reliés, ils expriment la sécurité. Au contraire, séparés l'un de l'autre – par arrachement, éclatement, torsion, rupture –, ils sont des représentations angoissantes de disparition, d'engloutissement, de morcellement.

L'image mère-enfant prend ensuite la forme de deux boules (tête et abdomen), dans lesquelles seront bientôt indiquées par des points les « issues intéressantes », dit Dolto : yeux, bouche, nombril. Les membres, à l'âge oral, ne sont pas figurés en tant que tels dans les dessins, puisqu'ils ne servent pas à manger. Ils sont, dit Dolto, comme des « palpes manducants », donc instruments d'un toucher-mordre dirigé vers le corps maternel – lequel, en retour, est ressenti comme tel par l'enfant. Ce n'est que plus tard qu'ils porteront des extrémités : doigts en formes de fleurs d'abord.

Avec la perception de la différence des sexes apparaissent des représentations sexuées : le mâle avec une canne ou une pipe, la fille avec un ballon, un sac.

A l'époque anale se constitue l'image kinétique, image de la motricité : les dessins représentent alors l'autonomie de l'enfant (automobile, train, animal, etc.), tandis que « l'identification à la mère par introjection du comportement de celle-ci a permis au moi de s'investir en tant qu'objet [113] » (à travers des images de maisons, meubles, bateau). Le moi de l'époque anale est contemporain de l'indépendance à l'égard de la mère et de l'autonomie motrice. L'enfant commence à parler à la première personne et, selon Dolto, il se soutient par un moi idéal, projection dans un aîné de même sexe que lui.

Quelques représentations typiques dans les dessins et les modelages renvoient à des significations propres à la pathologie. Si l'image basale du corps, à tout âge, est le bateau ou la maison, en revanche, les pulsions, le ça sont souvent figurés par un animal dangereux ou un paysage inhospitalier. Dolto mentionne particulièrement la guenon pour la fille, le singe pour le garçon. (Réminiscence du cas de la petite Bernadette.)

C'est le modelage de cet animal qui permit également à

113. *Ibid.*, p. 88.

Dolto de diagnostiquer chez une adolescente la relation incestueuse à laquelle l'obligeait son beau-père paranoïaque. Cette jeune fille ne modelait que des guenons accroupies, « présentant leur postérieur [114] ». Et l'expression de souffrance de l'animal, à l'image du visage triste de la jeune fille, avait fait penser à Dolto qu'il ne s'agissait nullement d'une enfant arriérée, mais que son inhibition était récente. Ce qui s'est révélé exact, puisque c'est au moment où elle avait atteint la puberté que le père – dont on ne savait pas s'il était ou non son véritable géniteur – avait commencé à violer quotidiennement sa fille aînée sous son propre toit, la mère n'en voulant rien savoir. Lorsque la seconde fille atteignit la puberté, elle dut subir aussitôt le même traitement de la part de ce père caractériel – néanmoins nullement fruste car il était médecin [115].

Toutes les variétés d'images examinées dans cet article sont nettement indicatives de telle ou telle prédominance pulsionnelle et dynamique. Dolto ne les mentionne d'ailleurs que comme emblématiques de phases du développement et non comme des éléments d'un diagnostic psychologique. On ne saurait lui reprocher son empirisme. Ses observations n'ont pas pour but d'avaliser un parallélisme entre des stades et leurs représentations métaphoriques ou leurs reflets, mais de fournir des repères cliniques. Ainsi, une image du corps avec un indice de l'identité sexuée, et comportant les membres et les mains avec leurs doigts, ne peut renvoyer en deçà du stade anal ; elle est caractéristique d'un affranchissement à l'égard de l'étreinte orale du corps de la mère (laquelle serait signifiée seulement par les palpes manducants, entre autres).

Dolto se garde de dresser une typologie. Son répertoire, sans être exhaustif, n'en a pas moins la plus grande importance pour la pratique clinique.

Il faut faire la part de ce qui reste purement intuitif chez Dolto, et qui risquerait de paraître gratuit, faute de

114. Ce cas est rapporté dans les *Dialogues québécois, op. cit.*, p. 150-153.

115. Le commentaire de Dolto sur ce cas qui, d'après elle, n'eut pas une issue trop défavorable est intéressant à un autre titre : mieux vaut ne pas mêler directement la Justice à de telles affaires, mais, en revanche, prémunir les enfants, particulièrement les filles, contre de tels dangers en les avertissant très tôt, et à l'école éventuellement.

formulations mieux articulées : notamment lorsqu'elle compte, parmi les images les plus archaïques, « une ligne entortillée sur elle-même dans un graphisme de spirale plus ou moins bien exécutée [comme] la ligne du fonctionnement de l'intelligence (intégration perceptive) [116]. » On pourrait demander quelle évidence perceptive atteste qu'il s'agit bien dans ces virgules, ces ébauches de colimaçons, de l'image première de l'intelligence. Ce n'est évidemment pas une analogie de structures entre la faculté intellectuelle et ce type de graphisme très simple. Manifestement, c'est le résultat d'une interprétation, très certainement fondée sur un grand nombre d'observations : ce dessin d'enroulement en train de s'effectuer étant comparable pour Dolto à l'expression même d'un mouvement d'intériorisation, à la différence des images ultérieures, espaces ovoïdes fermés.

Les repères fournis dans cet article sont donc précieux pour ce qu'ils révèlent d'une dynamique en cours chez le sujet. Ils ne valent pas comme un tableau de décodage de symboles, ni comme grille d'analyse. En user ainsi, ce serait aller à l'encontre de la démarche analytique, qui vise toujours la singularité du symptôme et privilégie le commentaire parlé de l'enfant (quand il est en âge de le faire) sur la représentation graphique elle-même.

D'autre part, il faut tenir compte de la fréquence de ces représentations spontanées dans les dessins d'enfants : ce sont toujours maisons, bateaux, chemins, arbres, puis barrières, châteaux, forteresses, combats, plus tard personnages, etc.

Enfin, les quelques illustrations graphiques de ce texte de 1961 permettent de relire les ouvrages ultérieurs de Dolto, particulièrement *Le Cas Dominique*, les *Séminaires, L'Image inconsciente du corps,* les *Dialogues québécois,* à partir des images repères qui sont les siennes.

Dolto reprend dans ce même article la terminologie de Lagache, puisqu'elle mentionne plusieurs fois les conflits intrasystémiques, ce qu'elle ne fait plus guère ensuite. Et elle considère toute la dialectique ascendante de ces

116. *Au jeu du désir, op. cit.*, p. 82. Les graphismes correspondants y sont représentés à gauche, en bas de la page 81.

images du corps, qui, pour l'essentiel, se déroule avant l'Œdipe, en ayant recours aux concepts de moi idéal et d'idéal du moi. C'est pourquoi le surmoi n'y joue pas un très grand rôle.

On remarquera seulement que, à cette époque, ni Lagache ni Dolto ne font allusion aux figures persécutrices du surmoi préœdipien, très précoce, telles que les envisage Melanie Klein. Dolto privilégie la notion de moi idéal, même s'il arrive que celui-ci joue un rôle négatif comme dans *Le Cas Dominique*, parce que, à l'opposé de la perspective kleinienne, il s'inscrit dans une dynamique du sujet.

VII

La question de la sexualité féminine

Le colloque d'Amsterdam (5-7 septembre 1960). Métaphores biologiques et médicales de la sexualité féminine. Complexe de castration et fantasme de viol. La poupée, objet anal. « Il n'y a pas de rapport sexuel ». Un trouble de la fonction paternelle. Mères pédérastes. Une femme vaginique. Le signifiant : « sous terre ». L'éclatement de la Société française de psychanalyse (1963-1964).

En 1960 se tient, à Amsterdam, un congrès qui a pour thème la sexualité féminine. La question a toujours été un problème pour Freud. Lacan souhaite que certains de ses meilleurs élèves y apportent des contributions nouvelles, tant sur le plan clinique que du point de vue théorique. Son texte intitulé « Propos directifs pour un Congrès sur la sexualité féminine [1] » en organisait le programme à leur intention. Il recense les interrogations laissées en suspens par la doctrine freudienne et par les débats qui ont suivi. En voici quelques-unes.

Peut-on croire à la découverte précoce d'un érotisme vaginal chez la petite fille, comme Melanie Klein, par exemple, l'a soutenu contre Freud ?

Quel est le statut exact de la frigidité, dont tout laisse penser – à supposer qu'elle existe véritablement, d'ailleurs – qu'elle n'est jamais symptôme strictement organique, mais toujours consécutif à un trouble psychique, névrotique ou autre ?

Comment peut-on penser même l'existence de la perversion féminine, puisque ce qui sert de point pivot aux perversions chez l'homme est le fétichisme, par lequel il maintient la croyance en l'existence du pénis maternel ?

1. Ce texte avait été rédigé par Lacan deux ans avant le colloque d'Amsterdam, donc en 1958. Il fut publié dans la revue *La Psychanalyse*, n° 7, Paris, PUF, 1964, p. 3-14, et repris dans les *Ecrits*, *op. cit.*, p. 725-736.

Or, ce n'est jamais véritablement le cas chez les femmes. Tout au plus, la femme peut-elle prendre pour l'homme la place du phallus et se trouver « fétichée » (selon l'expression de Granoff et Perrier).

Wladimir Granoff et François Perrier feront une très brillante communication sur la perversion féminine [2], en soutenant un point de vue presque diamétralement opposé à celui de Dolto sur la sexualité féminine, en général. Elle-même rapporte que ce sont eux et Serge Leclaire qui, à l'instigation de Lacan et de Lagache, lui avaient demandé une contribution, dont le titre original était « La libido génitale et son destin féminin [3] ». Elle devait à l'origine y travailler en collaboration avec Marianne Lagache qui, finalement, y renonça. Dolto suppose qu'en réalité son mari l'en avait dissuadée parce qu'il était « machiste [4] ». Cette pointe de ressentiment contre Lagache dissimule à peine la déconvenue de Dolto, regrettant de s'être alors laissé prendre dans un piège dont les enjeux étaient aussi politiques que théoriques ou cliniques. La Société française de psychanalyse était traversée par un conflit interne dans lequel Dolto était la première visée. Car on lui attribuait « à tort », dit W. Granoff, la principale responsabilité d'une dérive de la psychanalyse, sous la coupe du féminin et du maternel, vers « la promotion exorbitante, du couple mère-nourrisson [5] ».

Après son exposé qui, aux dires de Granoff, fut d'ailleurs le seul à avoir quelque retentissement sur l'auditoire, grâce à « sa présence » et « son rayonnement » personnels, Dolto n'obtint jamais de meilleurs compliments

2. W. Granoff, F. Perrier, « Le problème de la perversion chez la femme et les idéaux féminins », revue *La Psychanalyse*, n° 7, Paris, PUF, 1964; repris aux éditions Aubier, sous le titre *Le Désir et le féminin*, coll. « La psychanalyse prise au mot », Paris, 1991.

3. C'est sous ce titre qu'il a paru dans la revue *La Psychanalyse*, n° 7, *id.*, p. 55-139. Il a été réécrit ensuite dans une édition établie par E. Simion et qui a paru successivement sous deux titres différents dont l'un, le second, est manifestement aberrant et n'a pas dû obtenir la caution de F. Dolto. Le premier est *Sexualité féminine* aux éditions Scarabée & Compagnie – A.-M. Métaillé, à Paris en 1983. Le second, aux éditions Carrère, en 1988, est *Libido féminine*.

4. F. Dolto, Entretien avec E. Roudinesco, in *Quelques pas sur le chemin...*, *op. cit.*, p. 31.

5. W. Granoff, postface à l'édition de 1991, *Le Désir et le féminin*, *op. cit.*, cf. p. 114-115.

de Lacan qu'un : « tu es culottée », ce qui la laissa sans le jugement qu'elle attendait de lui.

Pour situer la façon dont Dolto aborde le problème dans sa conférence, il faut rappeler brièvement quelques points fondamentaux de la doctrine freudienne sur la sexualité féminine.

Pour Freud, le complexe de castration joue le rôle essentiel dans l'assomption que font respectivement de leur sexe le garçon et la fille, mais de façon inverse. En effet, l'angoisse de castration pousse le petit garçon à renoncer à son désir pour sa mère, son objet primordial, néanmoins il ne change pas d'objet d'amour. Tandis que, se voyant privée de pénis, donc castrée, la petite fille désire obtenir cet organe de celui qui l'a, le père. Elle change donc l'objet d'amour, puisque son objet primordial était homosexuel.

L'agent de la castration est toujours en dernier ressort le père (ou son représentant), même si celui-ci ne profère aucune menace à l'encontre de l'enfant. Car au titre des théories sexuelles infantiles – ces explications que les enfants se fournissent à eux-mêmes – il y a l'idée chez le petit garçon que, si la mère n'a pas de pénis, lui-même peut donc être privé du sien. (Cette crainte s'accompagne de fantasmes divers, par exemple sur le rôle du père mutilant la mère dans un coït sadique, pour expliquer comment elle l'aurait perdu, etc.) Ainsi, parce qu'il a peur de perdre cette partie de lui-même, d'ailleurs hautement investie de valeur érotique au moment du complexe d'Œdipe vers quatre ans, le petit garçon renonce à l'objet de son désir : sa mère. (Moyennant parfois l'assurance que, plus tard, il sera comme papa et qu'il aura lui aussi une femme.)

En abandonnant la satisfaction masturbatoire et son désir sexuel pour sa mère, il préserve cette partie de lui-même qui prend alors une signification tout autre que celle d'un simple organe. Celui-ci devient le symbole même du désir, le phallus, dans la mesure où l'enfant renonce à en jouir immédiatement et accepte la loi de l'interdit de l'inceste. C'est ainsi que Lacan, de façon plus systématique et formalisée que Freud, fait apparaître dans ses premiers séminaires la signification du phallus comme symbole.

La fonction symbolique du phallus ne s'éclaire véritablement qu'à être située dans l'ordre des générations, comme y insiste Dolto : en se soumettant à l'interdit, le petit garçon cède à une menace d'intimidation dont l'arbitraire peut se tempérer ultérieurement à ses yeux, lorsque la résolution de son complexe d'Œdipe le range du côté de son père, dans une même lignée, et qu'il sait celui-ci soumis à la même loi que lui [6]. C'est en quoi la loi symbolique, l'interdit de l'inceste, peut réconcilier le sujet avec son désir – qui pourtant le divisera toujours. Après l'Œdipe, en tout cas, c'est parce qu'il sait que son père a dû respecter le même interdit vis-à-vis de sa propre mère, que l'enfant peut soutenir son désir sans le satisfaire et se donner des possibilités symboliques de le sublimer : dans le travail, dans ses jeux, en attendant la puberté.

Au contraire, la fille entre dans l'Œdipe à partir du complexe de castration. Elle va désirer le père en espérant qu'il lui donnera l'organe dont elle est privée. Elle se désintéresse de la mère, parce que châtrée, et se lance dans ces manœuvres bien connues de tous : séduction, parade, mascarade, déguisement, secrets, pour prendre la place de sa mère dans l'amour du père. (Elle ne manque aucune occasion de déprécier la mère aux yeux du père, allant même parfois, souligne Dolto, rapporter des ragots ou raconter des mensonges.) Un des motifs habituellement invoqués à l'absence d'un véritable surmoi chez la femme, laquelle n'aurait qu'un idéal du moi, trouve ici son origine : de n'avoir « rien à perdre », puisque son prestige narcissique ne lui vient pas de ce qu'elle possède,

6. Le cas du fils Sèchebœuf par exemple (*in* F. Dolto, *Séminaire de psychanalyse d'enfants*, 2, *op. cit.*, p. 132-141) l'illustre bien. Ce jeune garçon, dont le patronyme évoquait le nom d'un animal, acceptait, dans une position masochiste, d'être le souffre-douleur de ses camarades d'école qui le prenaient précisément à partie pour cela, comme un animal à battre. L'analyse de ses rêves permit à Dolto de l'informer sur la fonction phallique, procréatrice, et donc sur le rôle du père dans l'engendrement. Car au signifiant *bœuf* dans son patronyme était associée pour lui la méconnaissance du rôle génital du sexe masculin. Comme un petit enfant d'avant l'Œdipe, il ne le concevait que comme un « fait-pipi ». Les troubles névrotiques ont rapidement disparu : quand il a pu demander à son père si, au même âge, on se moquait également de lui et s'il était fier ou non d'être lui-même fils de son père.

mais de ce qu'elle n'a pas et dont elle fait mystère. Elle attend de son père le pénis ou son substitut, un enfant, ce pourquoi, elle est portée, au début de l'Œdipe, à se prendre imaginairement pour la mère du dernier-né de la famille.

Pour Freud, la castration est le moment décisif du devenir de la fille et du garçon ; c'est un point de doctrine sur lequel il ne transige pas [7].

L'importance du complexe de castration est inséparable de la croyance à l'existence du phallus chez les êtres des deux sexes, pour le garçon comme pour la fille, avant l'Œdipe. La mère est originairement phallique. Et le plaisir pris à la masturbation pénienne ou clitoridienne est phallique. Il n'y a qu'une libido, dit Freud, elle est phallique, pour les deux sexes. Le débat sur la passivité et l'activité de l'homme et de la femme est trompeur sur cette question. Et Freud lui-même a modifié ses vues sur ce point, convenant que passif n'est pas synonyme de féminin ni actif de masculin. A sa suite, Lacan souligne qu'il n'y a pas d'autre représentation du désir que celle du phallus pour l'homme comme pour la femme, soit celle de l'organe comme insigne visible du désir dans l'érection, symbole non seulement du pouvoir procréateur et de puissance sexuelle, mais également de la parole qui engage le père à l'égard de sa progéniture. Ce n'est pas le symbole que désire posséder une femme mais l'organe. C'est pourquoi l'expression *Penisneid* (envie du pénis) est restée en usage pour caractériser le désir féminin. Le symbole, le phallus, elle se prête éventuellement à l'être, à l'incarner pour l'homme.

Freud, en son temps, s'est opposé aux vues féministes de Karen Horney, à l'hypothèse de Melanie Klein sur l'investissement du vagin comme zone érogène par la petite fille, et même à la conception d'Ernest Jones qui prétendait défendre les thèses de Klein. Comme celle-ci, Jones n'exclut pas l'hypothèse de stades préœdipiens

7. Cf. S. Freud, « La féminité » in *Nouvelles Conférences d'introduction à la psychanalyse*, trad. de R.-Marie Zeitlin, Paris, Gallimard, 1984. Il écrit aussi, transposant le mot de Napoléon : « l'anatomie, c'est le destin » ; cf. par exemple « La disparition du complexe d'Œdipe » (1923), *La Vie sexuelle*, trad. de J. Laplanche, Paris, PUF, 1969.

mais, surtout, il croit à une sorte de naturalité et d'autonomie de la sexualité féminine. Plus encore, Jones attaque le dogme de son maître (le phallocentrisme qu'on reproche naïvement à la psychanalyse), en postulant, au lieu du complexe de castration et de ses incidences différentes sur le garçon et sur la fille, une même peur chez les enfants des deux sexes d'une disparition des désirs incestueux, ce qu'il nommait « aphanisis [8] ».

En 1960, Lacan souhaite donc remettre de l'ordre dans un domaine de l'expérience analytique où la plus grande confusion théorique commence à régner ; c'est l'occasion pour lui de voir réorganiser ce champ à la lumière des catégories qu'il est alors en train de promouvoir : le Symbolique, l'Imaginaire et le Réel. Elles doivent lui permettre de faire reculer toutes les tentatives psychologisantes [9].

C'est dans ce contexte que Dolto aborde la question de la sexualité féminine. Elle est venue apporter à ce colloque ce que lui avait enseigné son expérience clinique avec les enfants, les femmes frigides et les femmes vaginiques. Elle a la conviction que Freud est passé à côté de la réalité de la vie sexuelle et amoureuse des femmes. D'autre part, elle pense qu'il n'a pas exploré véritablement les stades de la sexualité infantile (oral, anal) qu'il a cependant découverts et nommés. Pourtant, aussitôt après le congrès, elle eut le sentiment d'être restée « à côté de la plaque » – c'est son expression –, en déclarant que sa conception de la sexualité féminine avait eu d'abord plus de succès auprès des médecins que des analystes [10].

Le préambule de sa communication [11] prouve que les remarques critiques de Lagache en 1953 l'avaient touchée au vif, puiqu'elle y énonce comme conditions de son approche ce que, précisément, il lui avait fait grief de

8. E. Jones, « Le développement précoce de la sexualité féminine » (1927), « Le stade phallique » (1932), *Théorie et pratique de la psychanalyse*, trad. de A. Stronck, Paris, Payot, 1969.

9. Elles n'ont pas cessé de proliférer, cherchant dans le corps et le biologisme on ne sait quelle énergie psychique (voir l'*orgon* et la prétendue fonction de l'orgasme pour W. Reich) ou, par l'effet d'un autre égarement, des déterminations socioculturelles de la névrose, toujours cumulables à l'infini dans l'éclectisme.

10. F. Dolto, *Sexualité féminine* (éd. 1983), *op. cit.*, p. 11-12.

11. Préambule non reproduit dans l'ouvrage *Sexualité féminine, id.*

négliger pour l'image du corps. Elle énumère donc les éléments constitutifs d'un stade en psychanalyse : « motivation consciente et inconsciente, zone érogène, objet électif, accomplissement subjectif et objectif », puis annonce que c'est dans cette grille qu'elle va envisager la libido de la femme. Dans la version publiée en 1983, *Sexualité féminine*, elle ne se tiendra pas à ce cadre qui se révélera tout à fait inadéquat.

Ce qui demeure aujourd'hui du texte de 1960, dont la version remaniée de 1983 est encore par endroits bien peu lisible [12], n'est sans doute pas l'élaboration théorique de Dolto, mais une description de la sexualité féminine dans laquelle les femmes peuvent certainement retrouver beaucoup de ce qu'elles éprouvent, et les hommes beaucoup de ce qu'ils imaginent du désir et de l'amour tels que les femmes le vivent. Il faut pour cela ne pas se laisser rebuter par la terminologie médicale, anatomique et biologique qu'emploie Dolto, entretenant souvent une confusion entre des plans différents, physiologique et psychique, notamment.

En effet, elle aborde ce domaine avec sa seule expérience clinique, évitant ou ignorant presque tout des travaux des femmes qui l'ont précédée dans cette voie. Elle ne connaît pas à ce moment les textes de Lou Andreas-Salomé, elle ne mentionne pas l'ouvrage d'Hélène Deutsch, *La Psychologie des femmes* [13], peut-être parce que celle-ci est trop fidèle à une doctrine freudienne que Dolto conteste sur plusieurs points, mais certainement en tout cas parce que H. Deutsch n'envisage la sexualité féminine qu'à partir de la prépuberté, c'est-à-dire tardivement. Enfin, elle n'attaque pas nominalement M. Klein bien qu'elle récuse, et à juste titre, sa théorie des stades

12. Ainsi, on cherchera en vain à la page 216 de l'édition de 1983, *Sexualité féminine*, *id.*, à quoi renvoient les « g » dans la règle dite par Dolto des quatre « g ». Pour le savoir, il faudrait que le lecteur se reporte à l'article original, « La libido génitale et son destin féminin », revue *La Psychanalyse*, n° 7 *op. cit.*, p. 109. Il pourrait lire qu'il s'agit de « quatre représentations subjectives » du désir :

« 1. l'objet hétérosexuel ***géniteur***; 2. Pour des relations ***génitales***; 3. A son sexe ***génitalement*** valorisé; 4. Pour un espoir de fertilité ***génétique*** humaine. » Le soulignement est précisément de Dolto.

13. H. Deutsch, *La Psychologie des femmes*, 2 vol., trad. de H. Benoît, Paris, PUF, 1974 (la 1re édition date de 1949).

préœdipiens. Elle pense, par son expérience, pouvoir apporter une contribution originale des stades archaïques de la sexualité. D'autant qu'elle croit que Freud s'en est tenu, dans la question de la sexualité féminine, aux apparences, aux comportements – reproche qu'elle adresse constamment aussi à Anna Freud.

D'un autre côté, Dolto tient à valoriser le sexe féminin en tant que tel, pour les femmes, les adolescentes et les petites filles.

La part contestable de son travail vient du réalisme anatomique de ses descriptions qui empruntent au discours médical. Elle cherche en effet à loger dans les organes et viscères le siège d'une jouissance féminine qui, précisément, ne paraît jamais pouvoir se fixer, se localiser dans telle ou telle région anatomique. Il serait inutilement compliqué d'entrer dans le détail de ses descriptions du plaisir féminin, dont Granoff et Perrier ont montré qu'il ne correspond justement à aucun contour anatomique défini, surtout lorsque l'on cherche un lieu corporel pour la jouissance féminine la plus rare – l'« orgasme utéro-annexiel » dans le discours de Dolto.

En réalité, Dolto met en place pour décrire la sexualité féminine le même dispositif que pour l'image du corps archaïque : ses descriptions des mouvements musculaires, viscéraux des organes féminins, pendant le coït par exemple, reprennent les mêmes métaphores orales et anales de l'image du corps. Au-delà du langage médical (« turgescence orbiculo-vulvaire », « spasme vaginal », etc.), les mots qui décrivaient les relations orales et anales servent ici à représenter les mouvements de préhension, captation, succion, absorption, reptation des divers organes. La nouveauté ne réside pas là, car ces métaphores et déplacements anatomiques de l'oral et de l'anal furent ceux des premiers psychanalystes pour décrire la sexualité féminine. Karl Abraham avait souligné le déplacement bouche-anus [14] et Lou Andreas-Salomé avait intéressé Freud en faisant observer que l'appareil génital chez

14. Il va jusqu'à inférer, à partir de remarques de Freud sur le passage de l'oral à l'anal, un parallélisme psychobiologique, en prenant argument de « la genèse immédiate de l'anus à partir de la bouche primitive », chez les embryons de certaines espèces. Karl Abraham, « Débuts et développement de l'amour

la femme « n'est même guère qu'une partie prise en location » par le cloaque [15].

On peut cependant considérer que Dolto redécouvre à sa manière, et dans son langage, le chemin parcouru par ses prédécesseurs.

Ce qui rend le texte de Dolto presque inintelligible dans le registre théorique, c'est une forme de réalisme qui consiste à prêter à l'organe seul ce qui, à l'évidence, appartient au domaine de représentations psychiques inconscientes, parfois extrêmement élaborées. Je ne m'arrêterai qu'à un exemple. A la première page du texte de 1960, « La libido génitale et son destin féminin », elle écrivait : « La libido de la femme, arrivée au stade génital, doit donc être schématiquement décrite avec *sa motivation* : le désir (au service de la conservation de l'espèce); une *zone érogène* : le sexe dans son réceptacle utéro-vaginal; un *objet spécifique* : le pénis spermatophore; un *accomplissement* : le coït effectif avec l'homme [16]... » Cette perspective normative sur la sexualité féminine semble méconnaître totalement la découverte freudienne de la spécificité de la pulsion sexuelle, qui est précisément de pouvoir se satisfaire d'un objet nullement fixé, et même indifférent. Car si, dans l'érotisme oral, le pouce devient l'objet de substitution du mamelon ou de la tétine (mais d'abord du sein introjecté), rien n'atteste que les pulsions aient d'emblée un objet spécifique qui leur correspond. La difficulté pour Freud et ses premiers élèves est justement de concevoir des pulsions féminines. Or ils n'en trouvent pas. Dolto non plus, d'ailleurs. Le pénis spermatophore n'est l'objet spécifique d'aucune pulsion vaginale ni vulvaire. Il n'est pas le complément naturel d'un désir qui serait plus ou moins assigné à résidence dans la région génitale féminine. Le vagin n'appelle pas le pénis. Du reste, Dolto le sait si bien qu'elle va constamment parler de l'érotisme oral, anal et du développement de la petite

objectal » in *Œuvres complètes*, t. 2, trad. de I. Barande, E. Grin, Paris, Payot, 1966, p. 312.

15. Lou Andreas-Salomé, « " Anal " et " Sexuel " », *L'Amour du narcissisme*, « Textes psychanalytiques », trad. de I. Hildenbrand, Paris, Gallimard, 1980, p. 107.

16. F. Dolto, « La libido génitale... » (voir plus haut, note 12), *op. cit.*, p. 55.

fille en termes phalliques. Elle ne cesse en quelque sorte de contredire son propos déclaré – rechercher les sources, les fondements d'une sexualité proprement féminine – par le constat qu'elle n'en trouve justement pas. Elle est même la première à phalliciser entièrement tout le développement libidinal de la femme.

Françoise Dolto reviendra sur ces formulations intempestives de 1960 lorsqu'elle opposera nettement, en particulier dans les *Dialogues québécois*, la sexualité et la libido : elle donnera à la libido le sens freudien très large d'amour, mobilisant l'ensemble des pulsions sexuelles, mais visant toujours des sublimations pour le sujet ; tandis que la sexualité n'est, selon elle, dans la forme la plus fruste que le rut, le besoin d'une décharge de tension. La sexualité seule, c'est l'espèce qui se perpétue et non l'accomplissement d'un désir humain [17].

En 1960, elle situe le désir du côté de la sexualité – il serait au service de l'espèce –, alors qu'en 1987 le désir est devenu libido pour s'opposer à une sorte de besoin sexuel brut. On peut bien sûr penser qu'il ne s'agit que d'une indétermination de vocabulaire d'une époque à une autre, ou invoquer les difficultés bien connues de Dolto quand elle doit théoriser. Ses contradictions sont toutefois révélatrices de l'embarras où elle se trouve sur la question de l'essence sexuelle du désir humain : il n'y a qu'une libido, phallique, chez les deux sexes. Elle croit le contester et elle ne fait, très freudiennement, qu'en prendre acte, sans s'en apercevoir [18].

On peut supposer que Dolto tente de trouver une solution à un conflit qui est le sien : l'opposition entre le respect qu'elle a pour ce que lui enseigne sa pratique analytique et ses opinions personnelles sur ce que devrait être

17. Répondant précisément à une question portant sur son ouvrage, *Sexualité féminine*, Dolto écrit : « il faut faire immédiatement la différence entre la sexualité et la libido : la libido, qui est le désir, et la sexualité qui fait partie de notre condition de mammifère supérieur, chez lequel la fécondité est le besoin de l'espèce en chaque individu anonyme... » ; et plus loin : « La sexualité sans libido est l'équivalent d'un rut [...]. Au contraire, la relation psychique entre deux êtres a l'intensité d'une conversation d'amour. » *Dialogues québécois* (1987), *op. cit.*, p. 121 et 122.

18. Le titre *Libido féminine* (voir plus haut, note 3), qui, comme souvent, est le fait de l'éditeur et non de l'auteur, est donc un non-sens eu égard non seulement à la doctrine freudienne, mais à la pensée de F. Dolto elle-même.

la vie normale d'une femme. Elle a sa propre échelle de valeurs, un idéal normatif : l'accomplissement de la femme serait l'addition des niveaux d'orgasmes dans une harmonieuse relation génitale à un homme, la maternité en porterait fruit symbolique et charnel. Mais c'est pour mieux reconnaître ce à quoi force l'expérience analytique. Car elle écrit, identiquement dans les deux versions : « Le coït est bien l'acte surréaliste au sens plein du terme, un acte délibéré dans un temps suspendu, dans un lieu où deux corps se déréalisent par la perte de leur commune et complémentaire référence pénienne au phallus [19]. »

Contrairement à ce que l'on pourrait penser, cette formule est très proche de celle de Lacan lorsqu'il dit : il n'y a pas de rapport sexuel. (Il n'a pas dit : il n'y a pas de coït.) L'« acte surréaliste » est synonyme de l'incongruité radicale, de la non-complémentarité des sexes, comme la rencontre d'un parapluie et d'une bicyclette sur une table d'opération. Un homme et une femme ne font jamais *un* dans une jouissance commune, mais seulement dans un rapport à ce qui leur manque pour être tout, pour connaître ce qu'ils ne connaîtront jamais : la jouissance de l'autre. Dans l'acte sexuel, ils ne se complètent pas l'un l'autre, mais tentent de donner à l'autre ce qui leur manque à chacun pour être Tout. Pour aller vite, je dirai que c'est ce signifiant que Lacan écrit avec une majuscule Φ. Désir qui, lui, est incastrable, indestructible. C'est aussi bien le père de « la préhistoire personnelle [20] » auquel l'enfant s'identifie immédiatement (ses deux parents en réalité, également phalliques) ; bref, le désir qu'on présuppose à sa propre existence, à sa propre venue au monde.

Dans *Sexualité féminine,* Dolto s'emploie donc à détruire, sans s'en rendre compte, le mythe auquel elle semble adhérer, celui de la prétendue libido génitale oblative. Il n'empêche que, comme elle l'indique, le coït entre

19. F. Dolto, *Sexualité féminine, op. cit.*, p. 166.
20. S. Freud, « Le moi et le surmoi (idéal du moi) », *Essais de psychanalyse,* nvelle trad., Paris, Payot, 1981, p. 243. Il précise même, « c'est une identification directe, immédiate, plus précoce que tout investissement d'objet » (p. 243-244).

l'homme et la femme, malgré et surtout en raison de la contraception, mobilise toujours chez l'un et chez l'autre un fantasme de puissance génitale, procréatrice et non pas uniquement masturbatoire.

S'il ne faut sans doute guère attendre de révélations nouvelles sur l'orgasme féminin dans l'ouvrage de Dolto, on y trouve en revanche un tableau remarquable – surtout dans ses pointes cliniques et ses observations du comportement – de la contradiction inhérente à la féminité entre le paraître et le ressenti. La féminité se caractérise souvent, du fait même des tentatives de séduction qui la manifestent, par un jeu complexe de feintes qui ne se résument pas à une simple mascarade. Dolto parle admirablement des apparences trompeuses du comportement des jeunes filles [21]. Par exemple, on les croit garçons manqués, sous toutes les apparences vestimentaires, les manières rudes, les déguisements de la parade et de la désinvolture masculine, alors qu'elles cèdent sur cette mascarade, dès le premier véritable amour, à celui auquel elles veulent se donner et qui les rend sinon femmes, du moins féminines.

Pour tenter de montrer que la féminité ne peut se réduire à un paraître pour capter, Dolto exhorte implicitement les parents à ne pas dévaloriser la fille sous prétexte qu'elle n'a pas de pénis. Elle cherche des appuis : la petite fille peut se sentir fière de se trouver à la semblance de sa mère. Toutefois elle-même n'est probablement pas tout à fait convaincue de l'apparente égalité de statut qu'elle veut rétablir entre garçons et filles car elle fait valoir, pour seul argument, que le fait pour la fille d'apprendre qu'elle a été désirée comme fille par son père est un soutien narcissique.

Dolto veut trouver un point de symétrie avec le complexe de castration chez le garçon. Elle croit pouvoir affirmer : « L'angoisse de viol par le père à l'âge œdipien est au développement de la fille ce qu'est l'angoisse de castration au développement du garçon [22]. » Analogie seu-

21. Cf. F. Dolto, *La Cause des adolescents,* Paris, Robert Laffont, 1988, et *Dialogues québécois, op. cit.*
22. *Sexualité féminine, op. cit.,* p. 93.

lement formelle et ponctuelle, ne serait-ce que pour ce motif : l'angoisse de castration a pour point de départ une *perception* de la différence des sexes chez le garçon. L'angoisse de viol n'a pas ce corrélat réel. De plus, cette angoisse est à double face : autant désir que peur. On ne peut en dire autant de la crainte de castration chez le garçon. L'essentiel, pour Dolto, reste la fonction dynamique de l'angoisse de viol chez la petite fille. Car cette angoisse-là authentifie son désir de l'autre sexe, son changement d'objet, en même temps qu'elle fonctionne comme barrière ultime contre l'inceste et toute forme de rapprochement perçue comme érotique ou incestueuse de la part d'un homme.

L'ouvrage de Dolto foisonne d'observations pleines de finesse et d'enseignement sur la psychologie de la petite fille au début de l'Œdipe. Celle-ci, par exemple, acceptera sans difficulté un bonbon d'un homme, mais refusera de recevoir directement celui du garçon dont elle est secrètement amoureuse et ne le prendra que s'il est posé en un lieu neutre, une table, afin d'éviter un rapprochement corporel [23]. La fille, à cet âge, craint le corps à corps comme dangereux pour elle.

Contre bien des idées reçues Dolto, par ailleurs, soutient que la poupée n'est d'abord dans le jeu des filles, avant cinq ans, que le succédané d'un objet anal, puisque au même âge, le plaisir ludique des garçons s'affirme dans le maniement oral des gros mots et des plaisanteries excrémentielles. Toutes ces observations qui éclairent tel ou tel moment du développement de l'enfant restent des plus précieuses pour les cliniciens.

L'autre différence capitale entre l'Œdipe du garçon et celui de la fille, soulignée par Freud le premier, c'est qu'on n'en voit pas de résolution bien nette chez la fille. Idéalement, le garçon trouve sa fin dans le renoncement à ses désirs incestueux et par une intériorisation de la loi, une identification au père et au surmoi des parents. Au moment de ce refoulement secondaire – qu'on appelle ainsi parce qu'il porte sur les désirs œdipiens –, l'enfant

23. *Ibid.*, p. 86.

entre dans la phase de latence qui va durer jusqu'à la puberté. Il abandonne son intérêt pour la sexualité au profit de toutes sortes d'activités de sublimation. Dolto pensait d'ailleurs qu'à la période de latence, si les enfants font preuve de grandes capacités d'apprentissage dans toutes les techniques, c'est qu'ils ne sont pas harcelés par le constant désir de séduire qu'ils avaient dans l'enfance et qu'ils vont retrouver, avec une intensité multipliée, à la puberté. Elle m'a raconté avoir été frappée, lors d'un voyage au Caire, par ce qu'on lui avait rapporté de l'extraordinaire habileté des enfants qu'on choisissait précisément à cet âge pour le travail de tissage et de filage : entre six et neuf ans ils étaient, paraît-il, capables d'apprécier entre les doigts, très vite, les différences d'épaisseur entre cinq ou six brins de fil, alors que les enfants de onze ans ne peuvent plus discerner qu'entre trois brins et que les adultes, eux, sont obligés de prendre leur temps. Durant la période de latence prévaut un narcissisme anal : bien faire; à plus forte raison dans des activités manuelles. Pour Dolto, si les enfants à cet âge apprennent si facilement le fonctionnement des ordinateurs, c'est qu'ils sont dans une situation imaginaire, duelle (moi-l'autre, moi-l'autre, de façon répétée), à l'écart d'une situation triangulaire. La situation œdipienne étant dépassée, le face à face avec les ordinateurs les repose, car ils n'ont pas à affronter, comme à l'adolescence, les hésitations de leur désir envers quelqu'un, ni celles de l'autre en retour.

Pour en revenir à l'Œdipe chez la fille, Dolto pense que sa seule et véritable résolution ne peut advenir que tardivement, à la naissance de son premier enfant. Elle peut alors renoncer à l'enfant imaginaire qu'elle a toujours attendu du père, en même temps que sa position de rivalité à l'égard de sa mère est réordonnée [24]. L'argumentation de Dolto est ici complexe : l'accouchement permettrait à une femme de se déculpabiliser d'avoir elle-même violé sa mère, par l'effraction de sa naissance, ce

24. Cf., notamment, *Sexualité féminine, ibid.*, p. 131. « Ce n'est pas seulement après la défloration désirée, par un homme à qui elle s'est donnée librement et qui a su comment la prendre, mais après une maternité corporelle effective que l'évolution de la sexualité féminine est en situation d'atteindre véritablement à la totale résolution des résidus émotionnels œdipiens... »

que Dolto appelle « le viol centrifuge de la mère [25] ». A chaque instant de son existence, y compris intra-utérine, l'enfant a toujours été phallicisé, quel que soit son sexe anatomique. Et l'accouchement lui-même, dans la description qu'elle en donne ailleurs, est le surgissement phallique de la vie comme réponse à la menace de mort. Ce n'est pas une expulsion anale, mais le redressement propre au vivant : « *D'être menacé de mort, ça fait naître.* D'être menacé de mort par asphyxie, puisqu'il ne reçoit plus assez d'oxygène par le sang de la mère, c'est ce qui fait naître le fœtus : l'opisthotonos faisant travailler l'utérus dont la dilatation va le laisser partir [26]. » On voit jusqu'où Dolto subvertit le biologique par le désir, puisqu'elle y subordonne le processus même de la naissance.

Une femme attend toujours autre chose que du plaisir de la part d'un homme, affirme Dolto. Chez une femme, le plaisir, fût-il « orgasme utéro-annexiel », ne comblera jamais l'au-delà d'une demande qui est une demande d'être. Elle attend son être de l'autre, elle se donne totalement, c'est-à-dire qu'elle engage entièrement son narcissisme dans l'acte sexuel, tandis qu'un homme n'engage qu'un objet partiel, son pénis.

En ce qui concerne la frigidité, Dolto comme nombre d'analystes, pense qu'elle n'existe sans doute jamais véritablement. Elle tient surtout à déculpabiliser les femmes qui se croient mutilées dans leur jouissance de n'être que clitoridiennes, ou exclusivement vaginales. Elle reste elliptique sur les cas de frigidité auxquels elle fait allusion. Le plus utile, d'un point de vue technique, est sans doute le questionnaire préalable à une psychothérapie de la frigidité qu'elle fournit en annexe de *Sexualité féminine.* A propos d'une femme qui avait souffert d'une frigi-

25. *Ibid.*
26. F. Dolto, *Inconscient et Destins, op. cit.,* p. 11. L'opisthotonos est, cliniquement, le raidissement des muscles et le redressement de la tête en arrière qui caractérise les crises hystériques et épileptiques. C'est ce même redressement phallique qu'on voit souvent chez les petits enfants. Je renvoie de nouveau au cas du fils bègue, ce garçon battu par son père (*ibid.,* p. 115-112), car son bégaiement avait commencé alors qu'âgé de deux ans il avait entendu sa mère déprécier son père. L'enfant s'était redressé phalliquement pour protester et défendre ainsi son père, par un langage du corps; et il était tombé par terre. Depuis il bégayait, par identification à son père, lui-même bègue.

dité transitoire, Dolto me raconta une histoire qui lui fut rapportée – ce n'était pas un cas de sa clinique – concernant un trouble de la fonction paternelle chez un homme. Lorsqu'un père n'a pas eu de modèle paternel à tel âge de sa vie, il ne peut pas lui-même assumer la fonction de père quand ses enfants atteignent l'âge où lui-même s'est trouvé sans père : situation très fréquente, selon Dolto, chez ceux qui furent séparés de leur père pendant la guerre ou par le divorce des parents. Donc, lorsque l'âge de leur enfant leur rappelle inconsciemment cette époque de leur vie, ils perdent temporairement le modèle de la relation père-fils.

En témoigne l'histoire de deux cousins, d'un âge à peu près identique qui, pendant la guerre, vécurent avec leurs mères, réfugiés à la campagne, alors que leurs pères étaient au front. Les garçons grandissent ensemble pendant cette période avec, pour seuls modèles, les deux mères cumulant les fonctions maternelles et paternelles. L'un est d'origine rurale, l'autre citadine. La guerre terminée, le premier, ayant retrouvé son père, demeure à la campagne, tandis que l'autre, après avoir achevé des études supérieures, commence à exercer une profession qui, selon Dolto, pouvait avoir été un moyen de compenser ce qu'il y avait de féminin dans son identification au moment de la puberté. Cet homme, à la carrière brillante, se marie, a des enfants, deux garçons. Ceux-ci grandissent jusqu'au jour où leur père, sans doute agacé de traits féminins qu'il remarque chez eux, commence à se montrer violent puis, inexplicablement, devient homosexuel, se prend d'une passion incontrôlable pour un travesti en maillot et pantalon moulants. Bouleversé par ce qui lui arrive, il assure à sa femme qu'il l'aime, que cela ne change rien entre eux, mais lui déclare qu'il ne peut s'empêcher de découcher. Le soir où il lui avoue qu'il est devenu homosexuel, elle, qui avait toujours été frigide, jouit pour la première fois dans ses bras.

Terriblement culpabilisé de son homosexualité, son mari veut se suicider, va consulter un psychiatre qui accepte à contrecœur de le mettre quelque temps sous calmants, en lui conseillant d'entreprendre plutôt une psychanalyse, ce qu'il ne fait pas. Or, se produit un événement. Cet homme, qui n'avait pour ainsi dire jamais revu son cousin depuis la guerre, apprend que celui-ci vient de se suicider. Du jour au lendemain, il a cessé d'être homosexuel, cependant il a changé de métier. L'histoire n'a pas eu d'élucidation psychanalytique.

La thèse de Dolto qui a heurté beaucoup – et sans doute surpris Lacan –, qui reste aujourd'hui la plus incontestable, est celle de l'homosexualité inconsciente de bien des femmes et de mères. A côté de l'homosexualité féminine avérée, Dolto esquisse quelques portraits féminins types chez lesquels l'homosexualité latente le dispute à l'hétérosexualité et, souvent, l'emporte [27]. Sa description est ramassée en langage technique. Là, encore, ce sont les exemples cliniques de ses autres ouvrages qui illustrent le mieux ce qu'elle dit de la relation homosexuelle inconsciente qu'une femme peut avoir avec son mari, sur lequel elle projette bien souvent des traits de caractère de sa propre mère. La relation qu'une femme entretient imaginairement avec le phallus peut l'amener, très souvent, dans l'hystérie – puisque la femme hystérique « fait l'homme » pour séduire les hommes –, à une relation d'objet homosexuelle avec un homme, même si, physiquement, elle connaît une vie heureuse avec lui. Dolto souligne là un trait reconnu avant elle, car la part de l'homosexualité féminine inconsciente dans l'hystérie est, bien entendu, connue depuis le cas Dora de Freud.

Elle veut surtout mobiliser la conscience du public, en tout cas en 1983, à l'égard de faits de société, qui ont un retentissement évident sur le développement des enfants. C'est pourquoi elle dénonce quelquefois avec une certaine véhémence ces mères qu'elle appelle *pédérastes*, c'est-à-dire entretenant une relation érotisée avec tel de leurs enfants, lui donnant la place que devrait avoir un homme pour elles. L'enfant étant mis par la mère dans le lit, parfois jusqu'à en chasser le père. Elle attire l'attention sur toutes ces situations familiales où la mère, dans un fantasme de toute-puissance parthénogénétique, se fait

27. Cf. *Sexualité féminine, op. cit.,* notamment p. 124-127.

faire un enfant par un géniteur dont elle récuse aussitôt la fonction symbolique de père. Ou, au contraire, ces mères qui, ayant renoncé à séduire leur mari ou leur concubin, ont abandonné leur féminité; elles sont phalliques dans leur travail ou éducatrices possessives et exigeantes des enfants qu'elles réduisent à l'esclavage d'une réussite scolaire, ou autre, pour elles seules. Il sera leur phallus anal. Et c'est heureux si l'enfant arrive à se défendre par une névrose obsessionnelle.

Dolto n'a donc pas toujours des mots très tendres pour ces mères, ou ces femmes – assistantes sociales, éducatrices grincheuses –, qui ont renoncé à l'amour d'un homme pour préférer la possession, orale ou anale, de leur fils ou de leur fille. Si elle leur trouve parfois des excuses, elles sont de nature sociologique; ainsi, quand elle rappelle, par une formule empruntée à Simone de Beauvoir, qu'à l'époque de Freud « la femme était dès l'enfance vouée à la prostitution légale ou illégale », à des « compromissions légitimantes », pour avoir des enfants et une sécurité matérielle [28]. Et il n'était pas décent qu'elle affichât son désir pour un homme. Son éthique personnelle lui fait davantage respecter ceux et celles qui assument leur désir et le reconnaissent; d'où ses remarques acerbes sur les homosexuelles ou homosexuels qui se marient par honte. Dolto défend la valeur sublimatoire de l'homosexualité féminine et masculine (le seul vrai drame de l'homosexuel masculin étant la question de la paternité, car il veut des enfants), toutefois elle ne dit rien du sadisme des vrais pervers.

Si les psychanalystes masculins ont mal compris la sexualité féminine, c'est, avance-t-elle, parce qu'ils se sont laissé prendre au préjugé de Freud. Or, pour elle, le mystère du sexe féminin vient de ce qu'il est caché – et pour la femme elle-même –, parce que anatomiquement interne. La femme n'est pas un porte-trou, pense-t-elle. Sur ce dernier point, la plupart des psychanalystes, y compris ses adversaires, sont du même avis.

28. F. Dolto, Introduction à l'étude de Havelock Ellis, « La mère et l'enfant » in H. Ellis, *Etudes de psychologie sexuelle*, t. 3, Paris, Le Livre précieux, 1964; repris *in* F. Dolto, *La Difficulté de vivre*, *op. cit.*, p. 108. Dolto précise que la

Françoise Dolto n'était certainement pas misogyne; bien au contraire, elle ne cesse de vouloir revaloriser le sexe de la femme. Pourtant, il lui arrive de condamner les femmes avec une certaine rudesse. N'est-ce pas de leur faute, dit-elle plus d'une fois, si elles sont trompées par leur mari ? Elles n'ont rien fait pour le retenir. Se sentant exclu à la naissance d'un enfant, le père « fait une sorte de jalousie du puîné », devient dépressif, voire alcoolique : il boit, puisque son enfant tète. « De son côté la femme abandonne son homme : elle trouve des prétextes pour qu'il devienne *pour elle*, voire pour leur enfant, *une deuxième mère* [...]. Le rôle des femmes est énorme dans l'alcoolisme des hommes qui n'étaient pas alcooliques lors de leur première rencontre [29]. » C'est un effet de leur homosexualité inconsciente à l'égard de leur mari.

En revanche, sa très grande honnêteté analytique contraint Dolto à ne jamais déprécier la mère et à faire le plus grand cas de sa souffrance pour le traitement de l'enfant.

L'ouvrage *Sexualité féminine* comporte une annexe sur l'avortement où est relaté un cas démonstratif des effets du non-dit sur l'enfant. Dolto rapporte comment elle a diagnostiqué dans les dessins d'un garçon qui, au premier abord, semblait paranoïaque, l'avortement d'un premier enfant dont la mère n'avait jamais parlé ni au père ni à son fils, de sorte que le premier était au bord du divorce et le second promis à devenir caractériel [30] : il dessinait des parachutistes tombant en vrille avant de se tuer dans une mer noire – symboles d'une naissance (sortie de l'avion) qui tourne à la mort.

A propos du vaginisme, qui est un trouble d'allure psychotique, elle mentionne, dans cet ouvrage, le cas d'une jeune femme qui ne vit disparaître son symptôme qu'après avoir rêvé qu'elle donnait des biftecks à manger à son vagin qui trouvait cela délicieux. Cette patiente,

situation s'est aujourd'hui inversée et que, dans certaines sociétés, c'est le mari qui en vient à accepter cette position et de tels compromis.

29. F. Dolto, *Quand les parents se séparent, op. cit.*, p. 97. Les mots soulignés le sont par moi.

30. *Sexualité féminine, op. cit.*, p. 319-326.

lorsqu'elle était enfant, entendait son père admirer le sourire de sa femme. Lorsque la petite fille perdit ses dents, elle se trouva donc en quelque sorte dénarcissisée, craignant de ne plus pouvoir séduire son père par la beauté de son sourire, comme sa mère. Cette femme ne se révéla nullement frigide, il fallait seulement, selon Dolto, qu'elle accepte le « nécessaire réinvestissement oral de son vagin [31] », pour accéder à une heureuse relation avec son mari, ce qui fut le cas. Cette notation clinique est importante, car Dolto souligne que des rêves ou des contenus fantasmatiques semblables n'ont pas la même signification selon l'âge ou la structure psychique du sujet : ainsi, le fantasme du vagin denté ne provient pas nécessairement du sadisme oral. Souvent, chez des femmes frigides, il révèle la peur de perdre le pénis imaginaire qu'elles veulent conserver et qui, dans l'inconscient, est associé aux dents (elles tombent, comme le phallus imaginaire, objet séparable [32]).

Parmi les cas les plus rares et les plus intéressants de Dolto en ce domaine, je ne peux que renvoyer à celui relaté *in extenso* de la « femme aux chats [33] ».

Cette femme de cinquante-deux ans n'avait jamais été pénétrée par son premier mari ni, après la mort de celui-ci, par son amant de cœur. Elle retrouva sur le divan la terrible culpabilité d'avoir, à la phase phallique, donc dans la petite enfance, désiré cet objet partiel qui lui manquait. Pour la punir d'avoir volé un parapluie à tête de chien (symbolisant le phallus pour elle), son père l'avait contrainte à aller le restituer, et lui avait assigné à table la place de la chienne qui mangeait à côté de lui habituellement. Il avait ainsi destitué sa fille d'une position humaine, culpabilisant son désir. Elle s'était aliénée dans un Œdipe fou, animal : se prenant pour une chienne en présence de chats mâles, lesquels, pour d'autres motifs inconscients, représentaient pour elle son père. De sorte qu'à l'âge adulte cette femme sentait, sans pouvoir dire comment, si elle était ou non en présence

31. *Ibid.*, p. 222.
32. *Ibid.*, p. 223.
33. F. Dolto, *Séminaire de psychanalyse d'enfants 2*, *op. cit.*, p. 28-55.

d'un chat mâle ou femelle : lorsqu'il s'agissait d'un mâle, son cou se mettait à gonfler inexplicablement jusqu'à faire sauter les boutons de son corsage, et elle se serait fait écraser plutôt que d'en approcher. En revanche, la proximité d'une femelle la laissait indifférente.

A l'adolescence, d'autres graves traumatismes l'avaient enfermée dans le vaginisme. Ce fut notamment le cas lorsqu'elle dut s'enfuir de Russie à l'époque de la Révolution, alors qu'elle n'était pas encore pubère. Au moment de lui faire passer la douane, les femmes de la famille lui avaient mis sous une garniture hygiénique, dont elle ne connaissait pas même la fonction, le chèque à ordre du père qui devait assurer la sécurité matérielle de la famille, une fois celle-ci parvenue en Suisse.

Cette femme a si bien guéri qu'elle a découvert le plaisir sexuel à cinquante-deux ans, s'est remariée et a insisté auprès de Dolto pour qu'elle publie le récit de son traitement. Dolto y tenait beaucoup, d'autant que son succès thérapeuthique fut extraordinaire; c'est d'ailleurs par le style et la méthode, le cas le plus freudien qu'elle ait publié.

Je peux apporter quelques très brèves précisions sur ce cas. Dolto prétend que, pour cette femme qui était russe, les signifiants, les mots de sa langue maternelle n'avaient eu aucune incidence sur son destin parce que tout se jouait dans l'image du corps. Or, sa patiente apporte un jour en séance à Dolto un dessin représentant un animal, chien-chat, en lui disant que sa souffrance se tient, en dessous, sous terre. Dolto entend : sous taire, sous le non-dit. Avec raison, sans doute. Mais pourquoi alors exclure que d'autres signifiants, et surtout des mots russes, aient eu une incidence sur le destin de cette femme ? D'autant que « sous taire » est un signifiant isolé par Dolto qu'elle fait jouer dans d'autres de ses cures. Mais surtout, pour mettre en avant la référence à l'image du corps, Dolto, me semble-t-il, commet, une petite confusion. Je connais le nom de femme mariée de cette patiente, peut-être encore vivante aujourd'hui malgré son grand âge. Prénommée Alexandra dans la relation de cas, elle avait en réalité un prénom d'origine juive – ce qui n'autorise d'ailleurs pas à penser qu'elle l'était. Et Dolto me confia, sans s'en rendre compte, non pas son patronyme russe mais celui de son second mari, de consonance tout à fait anglo-saxonne. Dans ce nom associé au prénom, elle entendait la signification : « chien couchant du père », comme si la relation incestueuse à fuir pour cette femme avait été inscrite dans son nom de jeune fille. Petite confusion, qui peut parfois laisser le lecteur de Dolto devant des questions, lorsqu'elle associe sur des noms et des mots, tout en affirmant que seul comptait le registre de la stricte image du corps, donc « hors langage ».

Ce signifiant « sous terre » (« sous taire ») appartient plus à Dolto qu'à sa patiente. En effet, elle me raconta l'avoir relevé une première fois à propos d'un enfant qui était en cure avec Maud Mannoni, alors en contrôle avec elle, dans l'immédiat après-guerre. L'enfant faisait alternativement des dessins positifs et négatifs, qui firent penser à Dolto qu'il représentait graphiquement un boyau. C'était une image du corps-intestin. Elle s'était d'abord demandé s'il ne souffrait pas d'une colibacillose. Toutefois, il se portait bien physiquement. Devant ses dessins qui ne pouvaient représenter qu'un côlon dilaté, un boyau fermé, elle avait donc pensé qu'il faisait une régression au stade anal passif. Exceptionnellement, Dolto prit l'initiative de rompre le secret professionnel – qu'elle respectait toujours vis-à-vis de l'enfant, sur ce qu'il dit ou produit en séance –, et elle eut l'idée de poser des questions à la mère en lui montrant les dessins. Elle affirmait que la mère n'aurait pas osé parler à Maud Mannoni, trop jeune. Elle accepta avec Dolto qui était plus âgée. Les troubles de l'enfant lui venaient de ce que son père, au lendemain de la guerre, était brusquement entré dans une vie clandestine, fuyant son domicile pour des motifs liés aux activités qu'il avait eues pendant l'Occupation. Il ne rencontrait sa femme que furtivement dans des cafés, à la sortie des bouches de métro. L'unique association fournie par l'enfant concernait la proximité café-bouche de métro. En ces endroits seulement, le père sortait de sa cachette, du boyau où il vivait sous terre. Le secret qu'il fallait taire concernant le père avait fait symptôme en image du corps intestinal. Dolto conseilla à la mère de revaloriser le père aux yeux de l'enfant et de l'assurer que, quels que soient les motifs pour lesquels il s'était ainsi caché, il était un homme d'honneur.

La question du « continent noir » de la féminité [34], selon l'expression de Freud, restera longtemps en suspens jusqu'à ce que Lacan la reprenne par un tout autre biais, en interrogeant une jouissance non phallique, la jouissance mystique, cette jouissance dite de l'Autre, dont il fait l'un des thèmes principaux de son séminaire *Encore* [35], et qui alimentera bon nombre de travaux des psychanalystes lacaniens de la dernière génération.

On s'en souvient, la constitution de la Société française de psychanalyse fondée en 1953, le jour même où Lagache, Dolto, Lacan quittaient la Société psychanalytique de Paris, eut pour conséquence – ce que beaucoup de démissionnaires n'avaient pas soupçonné – l'exclusion de fait pour ses adhérents de l'Association psychanalytique internationale, instance qui se proclamait la seule à pouvoir reconnaître comme freudienne telle ou telle association psychanalytique dans le monde [36]. C'est pourquoi, dès cette époque, toute une série de négociations s'engagent pour obtenir l'affiliation de la nouvelle société, la SFP, à l'IPA. Une demande est officiellement enregistrée par celle-ci en 1959. Une procédure est alors mise en œuvre pour vérifier si oui ou non les analystes de la SFP travaillent selon les critères formels de l'orthodoxie freu-

34. C'est dans un article comme « Recherches sur la féminité », de Michèle Montrelay, qu'on peut trouver une des mises en perspective du problème, articulant certaines des remarques de Dolto à la théorie de Lacan, dans *L'Ombre et le nom*, Paris, Ed. de Minuit, 1977, p. 57-81.

35. J. Lacan, *Le Séminaire*, livre XX, *Encore* (1972-73), Paris, Le Seuil, 1975.

36. Selon une communication orale de F. Dolto, D. Lagache et J. Favez-Boutonier étaient membres honoraires de la faculté de Montréal et formaient des psychanalystes canadiens en France (une vingtaine d'après elle). Ces derniers, de retour dans leur pays, ne pouvaient espérer voir leur analyse didactique validée si le responsable, Lagache, appartenait encore à la même Société que Lacan. C'est ainsi que Dolto expliquait l'origine de la deuxième scission de l'Ecole française de psychanalyse.

dienne. Ce n'est pas le lieu de rappeler ici le détail des stratégies déployées de chaque côté, les compromis auxquels furent obligés les membres de la SFP qui voulaient obtenir cette adhésion à l'IPA [37].

Pour résumer la situation : un analyste londonien, le Dr Turquet, est chargé d'une enquête sur les membres de la SFP, qui aboutit à ce qu'on appelle les « Recommandations d'Edimbourg », lors du XXIIe congrès de l'IPA qui s'est tenu dans cette ville, en août 1961. Lesdites recommandations exigent en leur treizième point : « Que les docteurs Dolto et Lacan prennent progressivement leurs distances d'avec le programme de formation et qu'on ne leur adresse pas de nouveaux cas d'analyse didactique ou de contrôle [38]. »

Dolto était plus particulièrement visée par le vingtième point qui invitait « à la plus grande circonspection » à l'égard « des candidats de nationalité étrangère » surtout si, dans leur pays d'origine, ils devaient occuper une « position isolée ou de pionnier [39] ».

Enfin, les recommandations déclarent (onzième point) : « que l'enseignement de la psychanalyse des enfants » doit être « jusqu'à nouvel ordre considéré comme inexistant [40]... » – ce qui est proprement sidérant.

L'affaire n'en reste pas là, et les trois élèves de Lacan qu'on réunit familièrement sous l'appellation de « troïka », Granoff, Leclaire, Perrier, continuent à œuvrer autant qu'ils le peuvent pour la reconnaissance de la SFP, laquelle refuse catégoriquement, dans une motion, d'exclure qui que ce soit pour des motifs de politique interne au milieu analytique [41]. En signe de solidarité,

37. Une bonne part des documents de l'enquête qui fut menée par les représentants de l'IPA se trouve dans le numéro de la revue *Ornicar?* intitulé *L'excommunication. La communauté psychanalytique en France* II. Documents édités par J.-A. Miller, Paris, éd. Lyse, 1977. On trouvera, d'autre part, le récit détaillé de cet épisode dans le chap. III, « Vie et mort de la Société française de psychanalyse » (p. 290-377), de l'*Histoire de la psychanalyse en France* de E. Roudinesco, *op. cit.*, t. 2.

38. « Recommandations d'Edimbourg », cité dans *L'Excommunication, ibid.*, p. 20.

39. *Ibid.*, p. 21.

40. *Ibid.*, p. 20.

41. Cf. par exemple la motion de la SFP du 21 janvier 1963, *L'Excommunication*, p. 39.

d'ailleurs, les membres de la SFP ont élu Lacan pour leur président et Dolto vice-présidente.

La SFP est durant cette période secouée de tiraillements. En 1963 dans un rapport datant du 2 juillet, son président d'alors, S. Leclaire, rappelle le *style* de cette société, en énumérant les lieux de recherche qui font son originalité et sa valeur incontestable : les différents séminaires que tiennent Lacan, Lagache, Favez, Dolto, Jean Laplanche. Quant aux consultations, il nomme en premier celle de « Mme Dolto, à Trousseau, dont je n'ai pas besoin de rappeler la réputation [42] ». Il ajoute une réflexion importante, en forme d'hommage à Dolto, sur le problème de la formation des analystes – pierre d'achoppement dans les négociations pour l'admission de la SFP au sein de l'IPA : « Je vous rappellerai que la pratique et le témoignage de Françoise Dolto, son efficacité thérapeutique dans un grand nombre de cas, absolument étonnante, dominante dans sa pratique, nous amènent forcément à nous poser la question [...] de l'efficacité thérapeutique dans la perspective d'une analyse didactique [43]. » Car le prix à payer pour l'admission de la SFP dans l'IPA n'est maintenant plus rien d'autre que l'exclusion de Lacan et Dolto. C'est pourquoi Maud Mannoni demande, très applaudie, dans la discussion qui suit le rapport de Leclaire, s'il faudrait renoncer aussi à l'héritage de l'enseignement de Lacan et de Dolto.

En août 1963 au congrès de Stockholm, l'IPA fait savoir que « le Dr Lacan ne peut être compté plus longtemps parmi les analystes didacticiens du Groupe d'études [44] », avec toutes les conséquences qui s'ensuivent pour les analystes jusqu'alors en formation avec lui, etc.

En 1964, de la fracture de la SFP vont naître, d'un côté, l'Ecole freudienne de Paris fondée par Lacan en juin, de l'autre, l'Association psychanalytique de France (autour de D. Lagache, W. Granoff, avec également J.-B. Pontalis et J. Laplanche), cette dernière sera affi-

42. « Assemblée générale de la SFP. Exposé du président, Serge Leclaire », cité dans *L'Excommunication*, *ibid.*, p. 51.

43. *Ibid.*, p. 55.

44. « La directive de Stockholm », 2 août 1963, *L'Excommunication*, *ibid.*, p. 81.

liée à l'IPA. Ultérieurement, se constituera autour d'autres élèves de Lacan, Perrier, Valabrega, l'association dite le « Quatrième Groupe ».

Lacan aura donc été non seulement « négocié » mais, comme il aimait à le penser, frappé, tel Spinoza exclu de la synagogue, de l'excommunication majeure ou *kherem*.

Dans la décennie 1953-1963, alors que les dignitaires de l'IPA s'informent indirectement de la pratique de Lacan auprès de ses élèves, Winnicott en personne interroge Dolto. Selon les termes d'un entretien qu'elle eut avec E. Roudinesco, il lui aurait demandé comment elle pouvait analyser chez des enfants abandonnés, l'oral et l'anal, sans réveiller les pulsions agressives. Elle aurait répondu qu'elle se servait de l'analyse des fantasmes et non de la technique du dessin et qu'elle ne visait pas, comme dans la technique de M. Klein, à encourager des fantasmes de réparation, mais qu'elle nommait la perte des parents pour la rendre supportable par l'enfant. Winnicott aurait trouvé le travail de Dolto intéressant et même en avance de trente ans, mais en ce qui concerne sa position de didacticienne, il concluait qu'elle avait trop d'intuition et pas assez de méthode, que ses élèves faisaient sur elle un transfert « sauvage » et qu'il était donc préférable de la tenir à l'écart des jeunes qu'elle risquait d'influencer [45].

C'est S. Lebovici qui avait tendu le doigt accusateur désignant les têtes à couper dans son intervention au congrès d'Edimbourg, en 1961. Il avait déclaré alors, avec assurance : « Il est clair que les docteurs Lacan et Dolto n'auront plus d'activité didactique [46]. »

On comprend que Dolto, peu rancunière par nature, ait gardé malgré tout une pointe d'amertume à l'égard de Lebovici. Pourtant, elle rappelle qu'à ses débuts ils

45. Sur tout cela, cf. E. Roudinesco, *Histoire de la psychanalyse...*, t. 2, *op. cit.*, p. 329. Par ailleurs, Dolto n'avait sans doute pas entièrement tort de penser que si elle fut exclue, pour d'autres motifs que Lacan, c'était peut-être également pour avoir été formée par Laforgue, lequel, comme Hesnard, par les mêmes recommandations, se trouve exclu de la liste des didacticiens. Son procès pour collaboration en 1946, malgré la relaxe, a peut-être joué dans cette mesure de mise à l'écart.

46. Cité dans *L'Excommunication*, *op. cit.*, p. 18.

s'étaient trouvés tous les deux d'accord sur le cas d'un enfant de quatre ans, dont la mère s'était suicidée par défenestration parce que, selon Dolto, l'idée de l'allaiter faisait d'elle un animal [47]. Il s'agissait d'un enfant qui était en traitement avec une élève de Jenny Aubry [48]. Dolto estimait que cette cure n'était qu'une psychothérapie « orthopédagogique », puisque la thérapeute interdisait notamment de tenir un bâton sous prétexte que c'était le phallus, et qu'il ne devait donc pas revenir à un enfant. Elle le frustrait au lieu de le laisser exprimer ses fantasmes. Lebovici pensait comme Dolto que la jeune fille ferait mieux de suivre d'abord pour elle-même une cure analytique, au lieu d'infliger à l'enfant ce simulacre de redressement éducatif [49]. L'entente ne devait pas aller beaucoup plus loin; Dolto s'étonnait que Lebovici, au début de sa pratique, ne se fût pas interdit une attitude de séduction à l'égard des adolescents qu'il prenait en analyse. « Mon père ne veut pas que je prenne de café ni que je fume », disait par exemple un garçon. « Ici, tu n'es pas chez ton père », répondait Lebovici, qui estimait important de débarrasser les jeunes de leur obéissance vis-à-vis de leur père. C'est pourquoi il recevait les adolescents en leur offrant cigarettes et café. Dolto se rappelait l'avoir vivement critiqué; ce n'est pas de l'analyse, disait-elle, mais une « thérapie séductrice ».

Par la suite, Dolto n'a pas davantage perdu son temps à tresser des couronnes de lauriers à Winnicott, et ce pour quelques motifs dont on a vu plus haut l'origine, mais également pour d'autres raisons théoriques qui ont leur importance. Il semble qu'elle soit l'ennemie résolue de toute pratique psychothérapique qui, sous prétexte de se servir du jeu, de l'espace transitionnel, d'une certaine

47. Cf. F. Dolto. Entretien avec E. Roudinesco, in *Quelques pas..., op. cit.*, p. 27-30.

48. Dolto venait parler de cas de psychothérapies à la demande de Jenny Aubry, à la polyclinique Ney, au lendemain de la dernière guerre. Elle l'avait connue chez le Dr Heuyer. Jenny Aubry était la mère d'Elisabeth Roudinesco. Née Jenny Weiss, elle épouse en premières noces Alexandre Roudinesco, en 1928. Elle est nommée médecin des hôpitaux, puis devient directrice d'un service de pédiatrie à l'hôpital Ambroise-Paré, à la Libération. Elle fait son analyse avec Sacha Nacht et ne commence elle-même à pratiquer la psychanalyse que tardivement.

49. Cf. *Quelques pas..., op. cit.*, p. 27-30.

forme de *playing* dans la cure avec un enfant, ne permet pas à celui-ci de se dégager autant qu'il serait souhaitable de l'imaginaire dans lequel il entre avec l'analyste. (Cependant, elle connaissait la prudence de Winnicott d'éviter les contacts physiques avec les patients [50].) En témoigne la défiance de Dolto à l'égard de toute fétichisation de l'objet dans la cure. Elle écrit ainsi dans les *Dialogues québécois* : « Il ne faut jamais construire un objet interne – heureusement pour le sujet ! – car l'objet interne est une folie. C'est le sujet du désir qui doit se construire *pour* quelqu'un, *avec* quelqu'un, *par* quelqu'un [51]. » Si vous voulez fabriquer un enfant psychotique, calez son biberon entre des coussins, allumez la télévision ou la radio et laissez-le seul. Dans un environnement hallucinatoire, faute de la présence d'un tiers, d'une personne humaine, le nourrisson croit que la machine parle, il est privé des repères indispensables à l'humanisation. C'est pour ce motif que, tout en déclarant officiellement admirer Winnicott, elle préfère à son objet transitionnel cet objet subtil qu'est la parole. « Selon moi, le meilleur objet transitionnel c'est, après tout, le mot [...] une comptine est un objet transitionnel au même titre qu'une couverture. On ne perd pas les paroles comme les autres objets, puisqu'en les prononçant on peut les échanger avec les autres [52]. »

50. Elle avait fait cette remarque par opposition à des pratiques en usage chez les Canadiens : le psychothérapeute sortant, les vêtements en charpie, d'un espace thérapeutique où il avait été passablement chahuté par de jeunes patients ; par exemple, une grange aménagée pour recevoir toutes sortes de projections et de projectiles.

51. F. Dolto, *Dialogues québécois, op. cit.*, chap. VII, « Le sujet et non l'objet », p. 203.

52. *Ibid.*, p. 195.

VIII

Dolto et le traitement des psychoses

Le cas Dominique. *Oralité archaïque et rôle pervertissant du moi idéal. Dominique après la cure. Sur la technique de Dolto. Un enfant aboyeur. Un adulte clastique. Une enfant mutique : taire le secret du grand-père.* L'Image inconsciente du corps : *une théorie « sauvage » ? Langage du corps. Fonction symbolique des castrations. Sadisme oral, vertus du stade anal. Le sujet est du langage mais non de la grammaire. Le stade du miroir comme traumatisme. « Carambolages » des images du corps : le cas François et le cas Léon.*

« Le corps est une référence constante
des théoriciens de la psychose. »
Guy Rosolato [1]

En 1964, Françoise Dolto commence une consultation hebdomadaire, ouverte aux analystes ou analysés, au centre Etienne-Marcel [2]. C'est en ce lieu qu'elle mène la cure d'un enfant réputé arriéré, qui sera publiée sous le titre *Le Cas Dominique,* en 1971. Etudié par tous les analystes d'enfants, il est aujourd'hui une sorte de paradigme. La relation du cas est intégrale, ce qui permet de comprendre comment travaillait Dolto, car elle y livre ses propres associations. Il apportait, en son temps, la preuve que l'arriération mentale d'un enfant ou d'un adolescent se double souvent d'une psychose – dont il est possible de le guérir. La psychose se surajoute fréquemment en rai-

1. Guy Rosolato, « Recension du corps » *in* « Lieux du corps », *Nouvelle Revue de psychanalyse* n° 3, printemps 1971, Paris, Gallimard, p. 23.

2. A l'origine, un appartement mis à la disposition de thérapeutes, par Madeleine Casanova, en relation avec un CMPP et un hôpital de jour pour structures administratives. C'est Thérèse Tremblais-Dupré, co-fondatrice du centre Etienne-Marcel, qui rappelle les circonstances de la naissance de ce lieu dans « Mes souvenirs de Françoise Dolto » *in* « Françoise Dolto vue et lue par ses collègues et amis », *Le Coq-Héron, op. cit.*, p. 22.

son de l'accueil de l'enfant dans sa famille, laquelle ne l'a pas forcément rejeté mais ne croit pas toujours à ses possibilités d'évolution, surtout au vu de son retard scolaire, puisque la norme sociale vaut idéal.

Dolto publie cet ouvrage [3] en un moment où la question du traitement psychanalytique ou psychothérapique des enfants arriérés ou débiles occupe le devant de la scène. La possibilité de cures psychanalytiques en milieu hospitalier ou institutionnel ayant toujours été une question délicate, Jacques Lacan et Maud Mannoni, parmi les premiers, ouvrent la porte à l'antipsychiatrie. Des « Journées sur les psychoses [4] » ont lieu en 1967 auxquelles participent de nombreux psychanalystes. Dolto y présente un premier état du « cas Dominique ».

Dans ces mêmes années, M. Mannoni publie une série d'ouvrages consacrés au traitement des enfants débiles ou arriérés, en même temps qu'aux problèmes institutionnels qui l'ont toujours mobilisée [5].

Précédée en ce domaine par M. Mannoni [6], qu'elle a formée à l'analyse d'enfants, Dolto apporte dans la collection « Le champ freudien », dirigée par J. Lacan, un récit de cas propre à dégager des horizons nouveaux pour les psychanalystes et les cliniciens et à défaire chez de nombreux parents et éducateurs quantité d'idées préconçues. L'heure est aux avancées cliniques dans les chemins les plus impraticables. C'est sans doute pourquoi Lacan ne peut que se réjouir de voir Dolto le rallier ouvertement.

3. Dolto a prétendu notamment que c'était pour faire comprendre aux parents qu'on pouvait laisser fabuler librement un enfant, *Dialogues québécois, op. cit.*

4. « Journées d'études sur les psychoses chez l'enfant » (21-22 octobre 1967); parution sous le titre *Enfance aliénée in* « Recherches », CERFI, Paris, 1967; puis aux éditions 10/18, Paris, 1972; enfin, chez Denoël, Paris, 1984. On y évoque entre autres la question du rôle de l'institution dans l'abord de la psychose. Il s'agissait alors, selon Maud Mannoni, d'une « confrontation entre les conceptions " structurales " du groupe français et les conceptions " existentielles " du groupe anglais animé par David Cooper et Ronald Laing », initiateurs du courant antipsychiatrique anglo-saxon. (Cf. *Enfance aliénée, id.*, p. 11.)

5. Il s'agit de *L'Enfant arriéré et sa mère*, Paris, Le Seuil, 1964. *L'Enfant, sa « maladie » et les autres*, Paris, Le Seuil, 1967. *Le Psychiatre, son « fou » et la psychanalyse*, Paris, Le Seuil, 1970.

6. Elle a rédigé une longue préface à l'ouvrage de Maud Mannoni, *Le Premier Rendez-vous avec le psychanalyste,* Genève, éd. Gonthier, 1965. C'est F. Dolto qui, lors d'un colloque à Royaumont, incita Octave Mannoni à s'intéresser à celle qui allait devenir son épouse. Dolto avait une très vive admiration

Je ne peux faire ici qu'un parcours transversal et rapide de quelques points pour tenter de montrer comment Dolto aborde ce cas.

Dominique Bel, garçon de quatorze ans, est amené à la consultation pour des troubles scolaires. Il semble évoluer vers la schizophrénie. Ses dessins d'automobiles sont des monoblocs stéréotypés. Il se révèle désorienté dans l'espace et le temps par une phobie généralisée qui lui fait craindre toute intervention extérieure et tout contact, alors qu'il peut emboîter le pas à des inconnus à la sortie de l'école.

Pour son retard scolaire, il a d'abord suivi, vers sept ou huit ans, une psychothérapie incolore. Jaloux de sa sœur Sylvie, plus jeune que lui de près de trois ans, il avait fait des crises de rage ainsi qu'une régression (encoprésie, etc.) lorsque, après avoir passé quelque temps chez ses grands-parents, il avait retrouvé son lit d'enfant occupé par celle-ci. Ses crises ont inquiété les parents. Dominique a traversé des périodes d'insomnie et de mutisme. Il était constamment énurétique. Depuis qu'il a atteint l'âge de huit ans, il passe pour gentil et de caractère égal. A cet âge, il sait lire. Mais, de nouveau, placé chez ses grands-parents pendant un an, il perd tous ses acquis scolaires quand, de retour dans sa famille, il voit que Sylvie, à cinq ans, va à l'école.

La famille a un fils aîné, Paul-Marie, qui a deux ans et demi de plus que Dominique.

Le père, Georges Bel, à cinq ans, a perdu un frère plus jeune, mort d'avoir avalé une pièce du train avec lequel jouait l'aîné, et a gardé le souvenir frappant d'un berceau vide. Il n'a jamais voulu laisser un berceau vide dans sa maison, ce pourquoi Dominique a pris aussitôt la place de Paul-Marie, dans le lit d'enfant, avant d'y voir sa sœur Sylvie prendre la sienne. Pas de place pour le manque.

De plus, M. Bel a une sœur qui a perdu un enfant. Et il avait, d'autre part, un frère de douze ans plus jeune que lui qui disparut en montagne, l'année de la naissance de Dominique. On n'a pas pu le déclarer mort. Le prénom

pour Octave Mannoni dont elle appréciait autant l'intelligence et la finesse analytique que l'immense culture.

Sylvie *(s'il vit)* est donc venu éterniser un doute dans la famille Bel et a laissé en suspens au-dessus de la tête de Dominique un deuil inaccompli.

Ce qui se révèle pathogène dans la situation de Dominique tient à des facteurs d'ordres différents. Le plus immédiat est que sa mère, restée infantile, « pédéraste », dira Dolto, donne à ses enfants la place de son mari absent dans son lit. Sous prétexte de se réchauffer, elle en fait des calorifères, les érotisant et suraiguisant leurs défenses contre la relation incestueuse où elle les installe ainsi. Paul-Marie ne veut plus faire office de bouillotte et Dominique se défend inconsciemment de ce corps à corps intrusif avec la mère, par son comportement phobique généralisé : il vit aux aguets, dans la terreur. La mère, frustrée de rapports sexuels avec un mari qu'elle ne voit guère, maintient donc ses enfants dans une relation qui les pousse à régresser.

Bien entendu, rien n'a jamais été dit aux enfants sur l'interdit de l'inceste. Ce pourquoi Dolto l'énonce clairement à Dominique à la cinquième séance : « La loi des humains, c'est que le sexe du fils ne doit jamais rencontrer le sexe de la mère. » A la séance suivante, Dominique a considérablement progressé puisqu'il commence, sans accepter encore l'interdit de l'inceste, à reconnaître la différence des sexes [7]. Il aborde ce que Dolto nomme la « castration primaire [8] ».

7. La castration primaire est antérieure et d'une autre nature que le renoncement au désir œdipien. Pour le garçon, « la castration primaire » est la reconnaissance du fait que « les garçons sont porteurs de pénis mais pas de mamelles », *Séminaire de psychanalyse d'enfants*, 1, *op. cit.*, p. 85. Mais souvent à cet âge, le garçon méconnaît le rôle du pénis dans l'acte sexuel et la procréation. Il confond le coït avec l'action d'uriner. « Pour un garçon avant l'Œdipe, à l'époque de la castration primaire, ce n'est pas le mâle, le père, quoique pénien, qui a valeur phallique, procréatrice, c'est la mère. Le petit garçon peut considérer le pénis comme un objet pénétrant ou un fouet tant qu'il n'en connaît pas le rôle fécondateur... », *Séminaire de psychanalyse d'enfants*, 2, *op. cit.*, p. 136. Après cette castration primaire, la seconde étape, castration primaire *bis*, consiste pour le garçon à accepter le fait que les garçons n'ont pas d'enfants. Pour la petite fille, la castration primaire *bis* est d'accepter de ne pas avoir de seins comme sa mère, ce qui peut induire chez elle, si on ne lui donne aucune explication, des fantasmes de nature orale : elle peut imaginer inconsciemment que les enfants sont conçus par une consommation orale magique et naissent de façon parthénogénétique ; cf. *Séminaire de psychanalyse d'enfants*, 2, p. 141. Dolto développe ces questions dans le chapitre intitulé « La castration primaire », dans *L'Image inconsciente du corps*, *op. cit.*, p. 164-185.

8. F. Dolto, *Le Cas Dominique*, *op. cit.*, p. 105 (coll. « Points »).

Aux fantasmes de cette mère séductrice s'ajoute pour Dominique l'impasse où il se trouve dans la constellation familiale. Sa petite sœur Sylvie y occupe la place du phallus attendu par le père et par la mère.

Le père déclare à Dolto que sa propre sœur a été la première fille dans sa famille depuis cent cinquante ans [9]. Il a donc accueilli avec joie la naissance de Sylvie qui, dit la mère, ressemble beaucoup à son père. Dominique s'est trouvé complètement dénarcissisé en voyant que cette enfant, quoique dépourvue de pénis, prenait pour la mère la place d'un objet partiel, d'un fétiche magique, jusqu'à être le phallus en personne [10]. Car Sylvie est la première fille de la mère, et a été manifestement désirée par celle-ci. Mme Bel n'a pas été désirée elle-même comme fille : « Mes parents n'auraient pas voulu de fille [11] », dit-elle. Elle a vécu seule, sans amie, pensionnaire en Afrique. Elle était si dépressive à dix-huit ans qu'elle voulait mourir et était devenue réellement obèse. Devenue professeur de langue, elle a épousé Georges Bel car ils étaient tous deux « jumeaux de misère de jeunesse [12] »; ils semblent l'être restés l'un pour l'autre puisque c'est avec son fils Paul-Marie qu'en réalité elle forme couple. Cette mère a donc investi sa fille Sylvie comme l'être phallique valorisé qu'elle n'avait pas été elle-même pour ses parents. Elle dira, en revanche, de Dominique, qu'à sa naissance elle le trouvait laid (or, son patronyme est Bel).

Dolto la décrit comme « phobique de la solitude ». Elle a toujours besoin d'un de ses enfants comme objet partiel dans une relation de corps à corps [13], comme pour se compléter elle-même. Cette femme déclare n'avoir été heureuse qu'en pension lorsqu'elle vivait en Afrique. Or, elle est venue consulter Dolto pour lui demander une indication de placement scolaire pour Dominique en internat spécialisé.

9. *Ibid.*, p. 40.
10. Cf. *Ibid.*, p. 140.
11. *Ibid.*, p. 28.
12. *Ibid.*, p. 25.
13. F. Dolto, contrairement à l'usage qui confère à cette expression une signification agressive, l'emploie souvent dans un sens positif, pour qualifier par exemple la relation au sein maternel. Mais l'expression peut garder son ambiguïté, car il y a des embrassades qui étouffent.

M. Bel est presque toujours absent de chez lui pour des raisons professionnelles. C'est un homme qui n'a jamais pu parler avec son propre père, un officier en retraite qui n'aime pas être contrarié. Lui-même, très solitaire, n'a qu'un ami, une relation d'affaires qu'il rencontre lors de ses fréquents voyages à l'étranger. Dolto le décrit comme uniquement « maternant » avec ses enfants, trop doux, et se réfugiant dans son travail. Dominique est « fixé » à son père, aux dires de Mme Bel qui, répondant à une question de Dolto, précise qu'il ignore tout de la masturbation.

Plus âgé que Dominique de deux ans et demi, Paul-Marie, également traumatisé par la naissance de cette petite sœur dont il fut terriblement jaloux, ne semble l'avoir acceptée qu'en se mettant dans la position imaginaire d'en être le père : « Paul-Marie était en effet confirmé dans son illusion œdipienne fantasmatique d'avoir un enfant de sa mère par la naissance de sa sœur : cet enfant que, resté seul avec la mère, hors les passages éclairs de son père, ils attendaient tous les deux [14]. » Paul-Marie est donc, selon Dolto, engagé dans le devenir d'un homosexuel passif, ne pouvant prendre pour modèle un père absent dont la mère dévalorise implicitement le rôle phallique. Celle-ci a en quelque sorte donné à Paul-Marie sa petite sœur Sylvie telle la fille dont il doit s'occuper en l'absence du père [15]. Voilà le traumatisme pour ce garçon dont le fantasme reçoit la caution maternelle. Or, c'est lui qui par sa position d'aîné était appelé à jouer le rôle d'un moi idéal viril pour son frère Dominique. Au lieu de quoi, il n'apparaît que comme un « mauvais maître, adynamique [16] », incapable d'incarner un modèle pour l'identité sexuée de Dominique.

C'est pourquoi Dolto consacre dans son livre un chapitre spécial à cette instance du moi idéal : « La relation des deux frères et le rôle pervertissant possible du Moi idéal. » Elle souligne en particulier comment Dominique se venge en délirant, en « déparlant [17] », de ce frère aîné dont le discours s'aligne sur celui de la mère. Surprotec-

14. F. Dolto, *Le Cas Dominique, op. cit.*, p. 140 (coll. « Points »).
15. *Ibid.*, p. 142.
16. *Ibid.*, p. 143.
17. *Ibid.*, p. 185.

teur, « policier sans pouvoir », persécutant Dominique, Paul-Marie méprise le sexe féminin et n'aime que les petits enfants, hors de sa famille. Car, chez les Bel, la valeur phallique est confisquée par le féminin : non seulement la fille accapare l'admiration de ses parents, mais la mère est auréolée de toutes les vertus virginales par le père. Cette femme n'est que mère et a imposé à tous son idéal homosexuel passif.

La puberté est l'actualisation d'une situation pathogène pour Dominique, dont les antécédents sont situés plus lointainement, dans la situation œdipienne de ses parents. A cet âge où la réactivation des pulsions sexuelles est considérable, Dominique est dans une double impasse : son devenir phallique est entravé par une mère séductrice et un frère aîné, complice inconscient de celle-ci. La schizophrénie que l'on craignait de voir se développer chez Dominique, et à laquelle Dolto a donné un coup d'arrêt, était en réalité une tentative de guérison de sa part, une défense contre le modèle incarné par son frère aîné.

La cure est exemplaire de bien des traits de la clinique de Dolto : au premier rang, la manière dont elle la *construit*, en particulier avec l'un des auxiliaires techniques qui sont les siens depuis toujours, l'anamnèse, telle qu'elle peut la conduire dans le dialogue avec les parents.

Dolto reconstitue l'histoire œdipienne de Dominique – bien qu'il n'ait pas de véritable Œdipe – et celle de ses parents. L'important n'est pas seulement l'image qu'il a de son père, de sa mère, des collatéraux et grands-parents, mais le trajet du désir inconscient qui a circulé entre eux, dans les lignées et entre les parents, jusqu'à venir faire symptôme en lui. Dolto reconstruit en amont, non pas une névrose familiale mais les itinéraires, l'histoire du désir inconscient. Et il devient clair que la psychose proprement dite trouve son origine chez les grands-parents ou dans l'Œdipe des parents : donc, à la première de trois générations.

Le seul homme incarnant une valeur phallique pour Dominique est un oncle, éleveur de bétail, mari de sa tante du côté paternel. Toutefois dans la lignée paternelle, personne n'occupe une pareille place si ce n'est un mort : l'oncle paternel qui disparut au cours d'une randonnée en montagne, alors que Mme Bel était justement enceinte de Dominique. Dolto signale la signification symbolique de cet accident : il a eu lieu alors que ce frère de M. Bel recherchait un couteau (« arme virile ») que venait de perdre le fiancé de sa sœur [18].

Aussi n'y a-t-il pas parmi les ascendants de Dominique, de moi idéal véritablement phallique. Et la castration ne lui a jamais été signifiée, de sorte que s'est installée chez lui cette « structure paranoïaque passive [19] » où se télescopent fantasmes oraux et œdipiens, dans une totale confusion sur la sexualité et l'ordre des générations.

Une interprétation inaugurale de Dolto ouvre le jeune Dominique au transfert. Ce garçon de quatorze ans, au « sourire stéréotypé », qui semblait n'avoir pas mué et qui se tenait un peu comme un « primate », lui dit à sa première séance : « *Voilà, moi, je ne suis pas comme tout le monde, quelquefois en m'éveillant, je pense que j'ai subi une histoire vraie* [...] – *Qui t'a rendu pas vrai* [20] », lui renvoie Dolto.

D'où lui venaient ces interprétations fulgurantes qui suscitent un transfert immédiat, permettant au sujet d'entrer en relation avec l'autre ? Une part de la réponse vient à la suite. Dominique lui demande comment elle peut le savoir ? « *Je ne le sais pas, je le pense en te voyant* [21]. » Car comme elle me l'a dit, en termes plus imagés : « Il avait une tête pas possible, une tête pas vraie. » Ce qui, par parenthèse, montre une fois de plus l'importance du regard dans le travail de Dolto. Elle se sert pour amorce de ce qu'elle voit du corps, de la physionomie ou de l'expression. Ce n'est pas comparable avec un dessin (ou un *squiggle* à la Winnicott) qui garde le statut d'un objet tiers. Au contraire, Dominique ne sait pas ce qui se lit figé sur son visage.

En revanche, Dolto n'approfondit pas toutes les réflexions dont la profusion enrichit le récit de la cure. Ainsi note-t-elle que durant une séance Dominique fait

18. *Ibid.*, p. 189.
19. *Ibid.*, p. 189.
20. *Ibid.*, p. 33.
21. *Ibid.*

un modelage en forme de bande de Moebius [22], cet espace topologique qui n'a qu'un bord (ou dont la face interne se prolonge en face externe). C'est un des modèles que Lacan propose de l'Imaginaire. Pourtant Dolto ne commente pas ici le geste de Dominique en lui-même, ni ce qu'il peut exprimer ou compléter de la séance [23], ni ce à quoi il réfère dans la structure de Dominique.

Sa manière très directe d'interpréter ne signifie pas qu'elle analyse invariablement à l'étage des pulsions ni qu'elle néglige les résistances. Au contraire, elle laisse délibérément dans l'ombre certains aspects du discours de Dominique. Elle ne cherche pas à comprendre ou à traduire ses propos franchement délirants. Parfois, elle se retient d'interpréter.

L'essentiel est de faire en sorte que le patient entre en relation avec elle. C'est pourquoi elle lui dit la vérité de ce qu'elle ressent. Dès cette première séance, lorsque Dominique dit que parfois ça ne va plus, qu'il déraisonne, elle authentifie son propos : « Mais *c'est vrai que tu déraisonnes* », mais c'est pour lui ouvrir aussitôt un espace par l'interprétation : « *Peut-être t'es-tu déguisé en toqué pour ne pas être grondé* [24]. »

Dolto caractérise elle-même son style d'écoute en ces termes : « C'est l'écoute de l'analyste qui, dans la relation transférentielle, appelle le discours véridique, à travers les nécessaires résistances transitoires et, à mon avis, *ce n'est pas l'interprétation des résistances qui libère le langage véridique,* d'autant plus que, je le pense, *les résistances sont toujours du côté du psychanalyste quand celles du patient ne peuvent être surmontées* [25]. »

22. *Ibid.*, p. 95-96.

23. Ce qui ne signifie pas que ce soit une simple concession de circonstance à la doctrine de Lacan. Peut-être à cette époque se trouve-t-elle aux prises avec les signifiants de Lacan qui la font réfléchir. Dans ce même cas, elle fait allusion plusieurs fois à la forclusion, terme qui n'est pas d'usage chez elle, et en lui donnant un sens qui n'est pas toujours celui de Lacan, malgré ce qu'elle semble croire.

24. *Ibid.*, p. 33. Interprétation qui fit des remous chez la mère, laquelle se déclara bouleversée; cf. p. 36 (*Le Cas Dominique*, coll. « Points »).

25. Dolto se fait ici l'écho de la pensée de Lacan, pour lequel les seules véritables résistances dans l'analyse sont celles de l'analyste lui-même. Ferenczi est le premier à avancer cette idée quand il écrit dans « Confusion de langue entre les adultes et l'enfant », à propos de l'identification du patient à l'analyste : « C'est là que nous nous heurtons à des résistances non négligeables, non pas

Dès les premières séances – et il n'y en eut que douze –, Dolto interprète, sans le communiquer à Dominique, le geste d'une sorcière qu'il a vue en rêve et qui ne lui disait « pas autre chose que crac, crac, crac [26] ». Si Dolto se reconnaît facilement dans le transfert comme la sorcière qui attendrait de Dominique qu'il soit un crack à l'école – comme sa sœur, Sylvie –, elle l'entend aussi et à un niveau bien plus archaïque, oral : « pour moi, ce crac, avec mimique d'écrasement [car Dominique a accompagné le mot d'un geste d'écrasement d'une main sur l'autre] est la seule dynamique qui soit une représentation de corps formel : être mis entre des mâchoires broyeuses [27] ». Dans le transfert, Dominique ressent tout sur le mode oral, comme rapprochement dangereux, parce qu'il a régressé à la naissance de sa sœur à ce moment que Dolto appelle le « s'entre-manger et (...) s'entre-boire (l'enfant prend le lait à la mère qui lui prend les fèces et l'urine [28]) ». N'ayant pas de moyens pour symboliser cette relation ni la transposer, il est terrorisé par tout ce qui bouge et vit : « Toute image dynamique semble être la signalisation de l'existence de Dominique en tant qu'*il est encore vivant, donc pouvant être annulé, tué* (s'il vit, Sylvie [29]) ». Il a peur « d'être regardé, de voir et d'être vu », il a la phobie d'entendre, la peur d'être mordu [30].

Dolto interprète la régression de Dominique comme un cas de cette jalousie du puîné qu'elle avait observée dès 1947 [31]. Il est revenu à ce qu'il était lui-même à l'âge de sa

celle du patient, mais nos propres résistances » in *Psychanalyse*, t. 4, trad. franç. par l'équipe du *Coq-Héron*, Paris, Payot, 1982, p. 127. D'autre part, Dolto est souvent très proche de certaines intuitions de Ferenczi concernant les enfants, notamment la précocité de l'intelligence et de la maturité des psychotiques, ou, comme dans *Le Cas Dominique*, du fait que la tendresse des adultes n'est souvent que le masque de leur tendance incestueuse refoulée. Dans « Principe de relaxation et néo-catharsis » (1929), Ferenczi écrivait : « Aujourd'hui, je suis de nouveau tenté d'accorder, à côté du complexe d'Œdipe des enfants, *une importance plus grande à la tendance incestueuse des adultes, refoulée et prenant le masque de la tendresse* », *ibid.*, p. 93.

26. *Le Cas Dominique*, *ibid.*, p. 43.

27. *Ibid.*, p. 47-48.

28. *Ibid.*, p. 73. C'est cette relation qu'elle a décrite dès ses premiers articles sur l'image du corps : l'enfant se sent donner à la mère ce qu'il en a reçu.

29. *Ibid.*, p. 74.

30. *Ibid.*, p. 72.

31. *Ibid.*, p. 76-77.

petite sœur Sylvie, incapable de parler, et il s'est maintenu dans cet état précisément pour n'être pas comme elle, pour s'en distinguer : c'est l'une des significations de sa phobie de la vie. Il ne veut pas être non plus un *s'il vit*, comme l'oncle disparu. Ce signifiant condense deux possibilités contradictoires (comme toujours dans le symptôme) : ici, être et ne pas être ce vivant qui prend la place d'un mort. Du reste, il aimait jouer à faire peur en se déguisant en *fantôme*.

Dolto n'a d'oreilles que pour ce qui témoigne d'une dynamique du sujet : ont survécu à la catastrophe de la jalousie les éléments d'une dynamique orale. En même temps, elle remarque le bouleversement – presque l'interversion – des pulsions orales et anales : Dominique était précoce, il a parlé très tôt, avant même d'être sevré et d'avoir la maîtrise sphinctérienne [32]. La perspective des stades permet de comprendre comment un enfant qui anticipait sur son développement, par des acquisitions orales précoces, n'avait pas encore assez d'indépendance anale à l'égard de la mère, ni, par ailleurs, de soutien phallique suffisant, pour éviter une régression qui fut massive et le laissa dans cet état psychotique jusqu'à quatorze ans.

La place que Dolto accorde aux modelages et aux dessins donne une idée de l'usage qu'elle fait de la notion d'image du corps à l'intérieur d'une cure. Ils forment le matériel d'une séance complexe, la quatrième [33], dans laquelle Dominique se pose la question de son identité sexuée et de celle des autres.

Il modèle tout d'abord un arrière-train de chien, plaçant la queue tantôt en haut, tantôt en bas; puis il fait un chien entier, mais avec le museau fendu; il lui coupe ensuite la tête. Cette série de représentations témoigne d'un fantasme : celui « de perdre la tête au moment de se mettre à marcher [34] ».

La confusion de Dominique concernant la différence des sexes et sa méconnaissance radicale de la fonction

32. *Ibid.*, p. 78.
33. *Ibid.*, p. 59-71.
34. *Ibid.*, p. 68.

phallique se manifestent à travers une succession de figures animales, depuis ce chien jusqu'à une « vache qui rêve qu'elle est un bœuf, lequel bœuf, dans le rêve de la vache, rêve qu'il est une vache [35] ».

Dans le transfert, Dominique en vient à identifier sa maîtresse d'école et Dolto à des vaches « sacrées » mais asexuées par association avec le bœuf Apis (« à pisse »). Elle explique alors à Dominique rougissant le sens du mot « béguin » : à cause du béguin qu'il a pour elle, il veut « la tourner en sacrée [36] ». Elle interprète donc le transfert dès les débuts, pour désamorcer la force éventuelle des pulsions phalliques dont elle est l'objet.

Dominique commence à évoquer une scène d'enfantement. Cependant la séance se termine sur son identification à une pauvre vache-biquette, « *alias* quéquette [37] », qui doit être vendue pour qu'il puisse avoir de l'eau à boire, donc pour vivre. Il s'agit d'un fantasme de mutilation. Il raconte de manière allégorique sa propre histoire : il n'a jamais été qu'un objet partiel de sa mère. Et depuis la naissance de Sylvie, n'étant plus investi par le désir de sa mère, il est perdu, égaré. Il n'a jamais pu accéder véritablement à la position phallique, car il a tellement peur d'être privé de l'objet du besoin, le seul qu'il connaisse, qu'il est prêt à se mutiler, à donner son objet le plus précieux, son pénis, pour avoir du lait. Ou bien il est le pénis, l'objet partiel de sa mère et il n'a aucune initiative, il est robotisé, à l'image de ses premiers dessins d'automobiles; ou bien il donne son pénis « à un méchant maître » qui ne lui donnera plus de quoi vivre [38], ce qui est un non-sens.

Ainsi, dès la quatrième séance, l'une de celles où il délire manifestement, Dolto perçoit les éléments d'un fantasme de mutilation, caractéristique de la psychose. Elle note à cet endroit qu'il a connu dans son histoire infantile une période où il n'avait plus de semblable, « plus personne à qui s'identifier » : son corps n'est pas à lui comme le montre un dessin de dépendance fœtale,

35. *Ibid.*
36. *Ibid.*, p. 63.
37. *Ibid.*, p. 69.
38. *Ibid.*, p. 70.

auquel renvoie Dolto à la fin de cette quatrième séance [39].

La cure d'un enfant provoque toujours des remaniements considérables pour les parents et alimente leurs résistances. Dans ce cas, le père, qui a toujours voulu croire à une origine organique des troubles de son fils, ne veut plus payer pour le traitement de Dominique. Celui-ci a fait beaucoup de progrès dans sa vie scolaire, sociale et familiale ; il est parvenu à ce point de maturité qui lui permet de dire à sa mère, devant Dolto, qu'il veut poursuivre son analyse et qu'il attendra d'être grand pour gagner sa vie et reprendre son traitement. La cure, qui s'est déroulée sur plus d'un an, est interrompue par la volonté du père, volonté contre laquelle il n'est pas cohérent, selon Dolto, d'entreprendre ou de poursuivre une thérapie d'enfant. Seul à pouvoir s'autoriser de lui-même vis-à-vis de ses enfants, le père n'a à demander de permission à personne. Il connaît la responsabilité et les devoirs qui sont les siens envers ses enfants. Quel que soit au demeurant le bien-fondé des exigences thérapeutiques, l'analyste ne peut donc à la fois s'en remettre à la parole du père comme référence dernière pour l'enfant et la contester.

Si on relit aujourd'hui la postface de Dolto [40], on s'aperçoit qu'elle avait un pronostic mesuré sur l'avenir de Dominique. Elle le pensait seulement « guéri de sa régression psychotique [41] ».

Or, huit ans après son analyse, Dominique revient au centre Etienne-Marcel après un coup de téléphone de sa mère qui, cette fois, demande à Dolto qu'on interne son fils parce qu'il est devenu homosexuel.

Depuis la fin de sa cure, Dominique, après avoir obtenu son certificat d'études, avait montré des dispositions pour la poterie ; il était devenu un excellent ouvrier mais, trop naïf, avait accepté de satisfaire les demandes sexuelles d'ouvriers espagnols et portuguais qui obtenaient de lui une fellation en échange d'une

39. *Ibid.*, p. 71 et dessin p. 65.
40. *Ibid.*, en particulier p. 175-176.
41. *Ibid.*, p. 175.

indulgence – dans leur langage, « une charité chrétienne[42] ».

Dominique avait alors l'allure d'un hippie, les cheveux longs, portant un énorme 5 en métal au bout d'une chaîne de cou (un « cinq » ou un « sein » ? se demandait Dolto). Son frère aîné s'était marié. Le père, prétextant « un cancer au cœur » avait le jour même du mariage disparu pour aller courir le jupon et ne jamais revenir au foyer.

Dolto explique au jeune homme que la charité chrétienne n'implique pas qu'il se laisse ainsi manipuler, qu'il n'a pas à devenir victime de pratiques perverses, et elle l'adresse à un éducateur dans le Midi. Elle décidera même d'allouer une part de ses droits d'auteur sur la première édition de l'ouvrage relatant son cas pour l'installation d'un four lui permettant de se perfectionner dans le métier de potier qu'il avait choisi[43].

Lorsque la mère, Mme Bel, découvrit l'existence du livre, elle se rendit chez l'éducateur pour lui faire une scène, menaçant Dolto d'un procès. Il sut la calmer en lui faisant valoir que, d'une part, personne ne reconnaîtrait sa famille puisque ceux mêmes qui lui avaient conseillé de lire l'ouvrage ne l'avaient pas identifiée comme telle et, d'autre part, qu'il eût mieux valu permettre à Dominique d'aller au bout de son traitement.

Plus tard, Dominique travailla comme potier en Belgique, avec succès ; mais on exigeait qu'il opte pour une nationalité, aussi sa mère le persuada-t-elle de rentrer

42. F. Dolto, « Questions de transfert. » Propos recueillis par F. Peraldi et C. Maillet, *Etudes freudiennes* n° 23 ; « Au-delà du temps des séances », Paris, Evel, 1984, p. 104-109.

43. Il semble bien qu'il n'y ait pas d'autre motif que la culpabilité personnelle de Dolto. Dans le même ordre d'idées, on peut se souvenir de la curieuse décision de Freud d'organiser une collecte auprès des analystes pour l' « homme aux loups » – lequel avait perdu pendant la guerre de 14 toute sa fortune personnelle –, sous prétexte que ce patient avait fait faire à la psychanalyse des progrès considérables. Celui-ci fit une rechute paranoïaque. Au nom de quoi publier ou ne pas publier des cas ? C'est un débat éthique impossible à trancher pour une analyste comme Dolto, dont toutes les avancées sont cliniques.

en France, et, selon Dolto, elle en fit un « boy à faire la lessive [44] ».

La première fois qu'il revint au centre Etienne-Marcel, comme les très jeunes enfants, il ne se souvenait nullement de sa thérapie ni de Dolto. Il la reconnut la seconde fois. Il avait gardé une naïveté de psychotique d'après elle, ayant à peine ébauché un complexe d'Œdipe : il s'était réjoui d'apprendre qu'il y avait un roi en Belgique, déclarant tout d'abord que, quand il serait fort, il irait le tuer, pour se féliciter ensuite qu'il existât un pays avec un roi.

Le destin de Dominique ne s'est donc pas écarté sensiblement de ce que laissaient prévoir les réflexions de Dolto, tout l'espace de la cure s'étant déployé entre le fantasme d'autodévoration orale et l'aliénation dans le moi idéal d'un frère aîné, homosexuel latent. Dolto regretta légitimement que le traitement n'ait pas été mené à son terme. Rien ne dit d'ailleurs que le métier de potier choisi par Dominique n'était pas le prolongement de l'intérêt qu'il pouvait croire porté à ses modelages par Mme Dolto pendant sa cure.

En préambule au *Cas Dominique,* Dolto rappelle une des singularités de sa technique. Aussi bien à l'hôpital Trousseau qu'au centre Etienne-Marcel, elle a toujours conduit des cures psychothérapiques devant une assistance de personnes désirant se former à l'analyse d'enfants, elles-mêmes déjà analystes ou analysées. Elle semblait le souhaiter comme une garantie à sa propre écoute analytique, éclairant son orientation [45], donc comme une sorte de garde-fou à son contre-transfert [46]. Il semble évident qu'elle a conservé cette pratique emprun-

44. Signifiant qui n'est certainement pas venu fortuitement dans la bouche de Dolto à ce moment puisque, on s'en souvient, la mère de Dominique avait été élevée en Afrique.

45. *Le Cas Dominique, op. cit.*, p. 10 (coll. « Points »).

46. B. This, « Françoise Dolto », *in* « La vierge des brumes », *Le Coq-Héron, op. cit.*, p. 13-14, souligne ce fait : « Jamais aucun analyste n'avait, dans ce colloque singulier de l'analyse, osé introduire d'autres personnes », p. 14. Il dit plus loin qu'elle « acceptait d'être en contrôle » et qu'elle faisait ainsi sa « passe à sa façon », *ibid.*, p. 11. L'allusion à la passe concerne le dispositif mis en œuvre par Lacan à l'intérieur de l'Ecole freudienne, procédure par laquelle un analyste en formation répondait de son désir d'être analyste devant un praticien presque aussi novice que lui, lequel en référait à un jury d'agrément. Ce n'est pas le même dispositif qui est à l'œuvre dans les deux situations. Car Dolto n'était pas dans une situation de demande d'habilitation à l'égard de l'assistance.

tée à la consultation médicale de ses premières années, à Bretonneau et à Trousseau. Elle ne travaillait pas sous le poids d'un regard mais dans l'espace d'une écoute [47]. Elle prend soin de préciser que ce mode de travail ne gênait le sujet que lorsqu'elle-même se sentait gênée de la présence de l'assistance [48].

Il existe dans son *Séminaire* des cas pour lesquels elle reconnaît que la présence de l'assistance a pu troubler l'enfant et entraver la cure, sans qu'elle s'en soit alors aperçue elle-même.

Ainsi d'un enfant phobique aboyeur [49], psychotique, inapprochable lors des premières consultations à Trousseau, dont le traitement, là encore, fut malheureusement interrompu par les responsables de l'institution dans laquelle il était placé. Ce garçon n'avait fait qu'un dessin au début de sa cure : un voile presque incolore avec une ligne. A partir de là, il avait seulement pu dire qu'il avait été tué en rejoignant son père. Or, cet enfant portait une terrible cicatrice à la jambe. Il avait donc subi un accident réel et ce n'était pas d'un fantasme qu'il parlait. Il avait été renversé par une voiture alors qu'il se précipitait à la rencontre de son père, un ancien boxeur qui avait abandonné sa carrière. Par l'ambiguïté du signifiant, l'homophonie *boxeur*, *boxer* (le chien), cet enfant s'était depuis fixé dans une identification à un chien écrasé – ce qu'il était, de fait, puisqu'il avait été élevé comme un chien par sa grand-mère paternelle. Ce n'est qu'un élément de son histoire beaucoup plus complexe dans laquelle, outre un premier abandon des enfants par les parents, la brutalité maternelle à leur égard et l'image d'un père dévalorisé, la jalousie à l'égard d'un puîné avait confirmé ce garçon dans son destin de chien errant, phobique du toucher, parce qu'il croyait que son père boxeur avait renoncé à ce métier par peur de recevoir des coups. L'enfant, c'est manifeste dans le récit, sort de son état psychotique grâce au traitement. Restait cependant une séquelle, une compulsion à voler, dans l'institution. Mais, comme le

47. Cf. F. Dolto, *Le Cas Dominique, op. cit.*, p. 9 *(id.)*
48. *Ibid.*, p. 9-10. *(id.)*
49. F. Dolto, *Inconscient et Destins, op. cit.*, p. 180-192.

souligne Dolto, il s'agissait moins de voler que de « rapter », puisqu'il ne faisait rien de ses larcins et les gardait comme des fétiches précieux – il ne dépensait pas l'argent, par exemple [50]. Dolto emploie d'ailleurs une image très parlante pour montrer comment chez ce garçon l'oralité avait contaminé sous forme compulsive le stade anal (caractérisé par la préhension et l'habilité manuelle) : « il avait toujours la main comme une gueule de chien prête à rapter quelque chose ».

La cure s'interrompit avant que ce symptôme ne fût analysé, et le garçon devint plus tard un délinquant. Dolto précise qu'elle avait d'abord dû le prendre seul en traitement, puis qu'il avait fini par accepter des séances en consultation publique. Or, elle ajoute à la fin du récit : « Mais je crois que ça l'angoissait tout de même un peu cette consultation publique. C'est peut-être aussi cette situation qui le retenait de parler de ces vols dont il avait été l'auteur [51]. »

Quant aux libertés que Dolto pouvait prendre même s'agissant d'adultes avec la technique classique, on ne peut qu'y trouver la marque d'une inventivité géniale. Ainsi de cette inspiration subite qui lui vint avec un patient adulte qui lui avait été adressé, aucun de ses précédents psychanalystes ne voulant plus de lui, car il était sujet à des accès clastiques. Il avait besoin de casser des objets et surtout des bibelots chers à ses analystes. Dolto accepte de recevoir cet homme jeune, extrêmement brillant, ancien élève de Normale supérieure, qui avait des responsabilités directoriales. Son précédent analyste se refusait à le considérer comme psychotique, étant donné son intelligence et sa réussite professionnelle; il avait pensé que, peut-être, une analyste d'enfants telle que Dolto pourrait quelque chose pour lui.

Lorsqu'il entre la première fois dans le cabinet de Dolto, il lui dit en substance que c'est parce qu'il casse des objets auxquels les gens tiennent que le Dr Untel lui a conseillé de venir la consulter. Il précise que s'il n'a rien brisé dans sa salle d'attente, c'est qu'il trouve que tout est

50. *Ibid.*, p. 187.
51. *Ibid.*, p. 191-192.

moche et qu'il ne sait pas quels sont ses objets préférés. Puis il s'assied dans le fauteuil de Dolto en lui disant, sur un ton qui ne devait pas admettre de réplique : « Allongez-vous et dites-moi à quoi vous pensez. » Elle s'étend sur le divan et balbutie à peu près ces mots : « Dire à quelqu'un qu'on ne connaît pas... tout ce qu'on pense, y compris les grossièretés... des choses sexuelles..., ce n'est vraiment pas facile... » Elle ne termine pas sa phrase que le jeune homme, assis derrière dans le fauteuil, part d'un fou rire inextinguible jusqu'au moment où il parvient enfin à lui dire : « Je crois qu'avec vous je vais pouvoir travailler. » Son analyse a été un succès. Je dirai seulement qu'elle s'est terminée d'une façon aussi imprévue qu'elle avait commencé. Ayant pris conscience qu'il n'avait plus véritablement besoin de poursuivre son analyse, cet homme ne pouvait pourtant se résoudre à y mettre un terme. Dolto, de son côté, pensait comme lui qu'il était temps d'y mettre fin. Elle saisit l'occasion des bonnes vacances qu'il lui souhaitait pour lui offrir, en remerciement, un petit animal en peluche auquel il pourrait parler en son lieu et place, si la nécessité s'en faisait sentir pour lui à tel ou tel moment de ses journées de travail. Et c'est avec ce semblant, ce quasi-objet transitionnel que cette psychanalyse trouva sa conclusion.

Il n'y a pas eu de changement considérable dans l'approche clinique et théorique de Dolto. Dès ses débuts, elle met en place un certain nombre de repères sur lesquels elle ne reviendra jamais. Elle peut emprunter ici ou là des concepts, reprendre passagèrement des notions à d'autres analystes, comme pour les essayer ; en définitive, elle revient à ses mots et délaisse ceux qui lui restent étrangers. Il est incontestable, cependant, que la théorie de Lacan lui donne des assises théoriques : le primat du langage, du Symbolique ; et, d'autre part, le rôle essentiel du désir, constitutif du sujet et ressort de la cure.

Quoi qu'il en soit, si pendant quarante années Dolto multiplie les trouvailles cliniques, elle développe une conception de la psychose, des stades archaïques, de la structuration psychique et une idée de l'éthique qui, pour l'essentiel, ne varient pas. Cela est vrai d'autres démarches psychanalytiques – celles de Freud, de Melanie Klein, peut-être aussi celle de Lacan : on assiste plus souvent à un remaniement après coup de ce qui était déjà présent dès les premières esquisses théoriques, à l'accentuation de certains thèmes plutôt qu'à un bouleversement ou une rupture.

Il est artificiel de suivre scrupuleusement un ordre chronologique dans la lecture des principaux textes cliniques et théoriques de Dolto publiés après *Le Cas Dominique,* en 1971. *L'Image inconsciente du corps* paraît en 1984, et les trois *Séminaires de psychanalyse d'enfants* entre 1982 et 1988. Mais le matériel clinique sur lequel s'appuient ces ouvrages est souvent ancien. Beaucoup de cas datent de la Seconde Guerre mondiale ou des années 50.

Il ne reste rien, en dehors sans doute de notes prises çà et là par des participants, du séminaire d'analyse comparée de dessins d'enfants que Dolto mena jusqu'en 1978 à l'amphithéâtre de l'Institut océanographique à Paris [52].

Celui qu'elle a tenu à l'Ecole freudienne de Paris, pendant près d'une quinzaine d'années et qui s'est poursuivi quelque temps dans un autre lieu [53] proche de son domicile – après la dissolution de l'école par J. Lacan en janvier 1980 –, était réservé à des psychanalystes, éventuellement encore en formation. Ce sont des extraits qui en ont été publiés sous le titre *Séminaire de psychanalyse d'enfants.*

Le bulletin interne de l'Ecole freudienne a publié peu de cas cliniques et d'interventions de Dolto. Là encore, il s'agit souvent d'une casuistique bien antérieure au moment de l'exposé oral qui en est fait. En témoigne, par

52. Situé rue Saint-Jacques, à quelques pas du domicile de F. Dolto. Il y eut jusqu'à cinq cents inscrits à ce séminaire qui était ouvert à des non-analystes : médecins, instituteurs, éducateurs, pédiatres, bref tous ceux qui ont à voir avec les problèmes des enfants dans leur développement. Cf. F. Dolto, E. Roudinesco, Entretien in *Quelques pas... op. cit.*, p. 36-37.

53. A l'Institut des jeunes sourds, également rue Saint-Jacques à Paris. Les fenêtres du cabinet de F. Dolto donnaient sur une cour de cet établissement.

exemple, un cas de mutisme chez une enfant de quatre ans, paru dans les *Lettres de l'Ecole freudienne*, en 1973, d'après des notes prises à la consultation de Dolto à Trousseau, une quinzaine d'années auparavant par B. This [54]. Ce cas mérite d'être évoqué à cet endroit parce qu'il est à la charnière entre la technique usant de la poupée-fleur et la théorie de l'image du corps.

Une jeune femme vient consulter avec sa petite fille de quatre ans, mutique et anorexique. De prime abord, le symptôme apparaît sans gravité : l'enfant refuse de manger à table, le soir, en présence du père et de la mère, satisfaisant ainsi un désir régressif : être le centre des préoccupations des parents. Bref, il s'agit d'un caprice hystérique : séparer les parents, capter pour soi l'attention du père, etc.

Dolto fait confectionner par la mère une poupée-fleur à l'intention de l'enfant. Lors de la deuxième séance, à la question de Dolto, cette poupée est-elle gentille ou méchante ? est-elle oui, ou est-elle non ? l'enfant répond non. La séance est courte. Dolto choisit de ne pas « bombarder [55] » l'enfant d'associations, elle respecte ses résistances et celles de la mère, présente pendant la séance.

A la séance suivante, la petite fille vient sans apporter de modelage [56], elle se retranche derrière un « Maman veut pas », dont la portée est manifestement beaucoup plus générale : elle se tait à la place de sa mère. Elle mobilise une énergie aussi considérable que sa mère pour ne pas parler du secret qui fait souffrir celle-ci.

A la troisième séance, elle fait non de la tête mais *oui* des lèvres, pour signifier qu'elle a apporté sa poupée. Dolto, qui l'observe pendant ce temps-là, remarque que l'enfant, bien que négative en apparence, se trémousse sur sa chaise. Son derrière dit oui aussi. La séance a pour effet de produire la séparation suivante : la petite fille a

54. Il s'agit de « L'exposé clinique d'un cas de mutisme infantile suivi par F. Dolto, à l'hôpital Trousseau. Notes prises par B. This », *Lettres de l'Ecole freudienne* n° 11, septembre 1973, p. 417-451. Ce cas date de la fin des années 50.

55. Le mot est d'elle, dans un contexte analogue, pour expliquer comment, avec certains enfants mutiques, elle cherche ainsi à établir la relation.

56. Dolto demandait toujours comme préparation à la séance un modelage ou un dessin.

une poupée-non, pourtant elle-même peut dire oui par le langage de son corps et par la parole. Tout se passe donc comme si, avec sa poupée, elle apportait en séance à l'analyste la maman qui dit non. La poupée-fleur est donc autre chose qu'un exutoire projectif; elle permet à l'enfant de commencer à se distinguer de cette mère qui tait un chagrin, de cette maman-non.

Dans l'intervalle qui sépare la troisième de la quatrième séance, la dernière, la mère et le père raconteront l'histoire qui est à l'origine du symptôme de l'enfant.

Alors que la jeune femme est enceinte, son père résidant en Afrique la convainc de venir avec son mari, son fils aîné et l'enfant à naître (la petite fille) le rejoindre là-bas, prétextant qu'il a découvert une situation intéressante pour son gendre. Le jeune couple prend toutes dispositions pour ce départ : le mari prévient son employeur qu'il va quitter son travail. On vend tous les meubles, on informe le propriétaire et on donne congé. Suivant le conseil du médecin-accoucheur, on retarde seulement le départ de quelques semaines, jusqu'à la naissance de la petite. Les billets de bateau que le père avait envoyés depuis l'Afrique sont ajournés : il est prévu qu'il en fera parvenir d'autres quelque temps après.

Dès la naissance de la petite fille, on écrit au grand-père, dans l'attente de ces billets de bateau. Il ne donna jamais plus signe de vie.

Inutile de dire dans quelle situation matérielle le couple se trouva du jour au lendemain, ni quelle fut la souffrance de la jeune femme, qui n'obtint d'ailleurs aucune explication sur le silence de son père.

L'enfant vient à la quatrième séance, toujours muette, mais dévorant Dolto du regard. Cette fois, pour amorcer la relation, Dolto fait rouler une boule de pâte à modeler vers l'enfant puis, devant son mutisme persistant, une autre et lui dit : « il faut coller le bébé-boule à la maman-boule [57] ». L'enfant, silencieusement, en fait une poupée la tête en bas, avec des trous pour les yeux; ensuite, elle la transforme en un champignon dans lequel elle enfonce un crayon. Dolto lui interprète que c'est une langue qui

57. « ... Notes prises par B. This », *op. cit.*, p. 432.

passe à travers le visage (et non, dans un style kleinien, que c'est le pénis du père qui rentre dans la mère [58]). Mais c'est aussi un bateau, pense Dolto, ce bateau qui a joué une si grande importance dans les derniers mois de la vie fœtale de cette petite fille et, ensuite, à sa naissance, puisqu'il n'était question que des billets de bateau entre les parents. Elle le verbalise à l'adresse de l'enfant.

Dans les derniers instants de cette séance, l'enfant, qui commence maintenant à parler, évoque l'existence du « fait-pipi » des hommes, c'est-à-dire qu'elle aborde une problématique qui n'est plus celle du symptôme hérité des parents, mais la sienne propre sur la différence des sexes. Elle devait revenir en séance après les vacances. Ce ne fut pas nécessaire, elle s'était mise depuis à parler un langage intelligible.

Les remarques après coup de Dolto sont aussi révélatrices que précieuses sur le plan clinique et sur sa démarche. Elle dit avoir été frappée, au premier abord, par le fait qu'il ne manquait à cette enfant, qu'on lui présentait comme mutique, que le langage verbal ; en effet, elle avait conservé toute son expressivité, sa mimique, dévorant Dolto des yeux. D'autre part, si elle évitait les autres enfants, elle jouait, aimait les animaux, les plantes, etc. Elle était devenue propre à neuf mois. Ces observations ont permis de localiser le symptôme et d'en fixer l'étiologie, donnant à penser qu'il s'agissait d'un trouble hystérique et non pas d'autisme ou de psychose : l'enfant mimait la volonté de sa mère de ne pas parler de son propre père.

Ce serait un raccourci abusif de conclure que l'enfant est le symptôme de sa mère. Car, si c'est par l'oralité (la bouche cousue) que semble se répercuter transitivement de la mère à la fille une même consigne, garder le secret, taire quelque chose concernant le père, ce n'est pas par une simple complaisance de l'enfant. Le mutisme de cette enfant montrait qu'elle ne pouvait s'humaniser, advenir à son propre Œdipe par rapport à son père à elle, tant que sa mère se taisait sur la blessure narcissique que

58. Elle s'en explique, du reste : elle n'exclut pas ce registre symbolique, mais préfère interpréter au niveau oral où s'exprime le symptôme.

lui avait infligée le sien en ne donnant plus signe de vie, ne se taisant définitivement. Donc, la dynamique du développement de cette petite fille était entravée par la souffrance de l'autre (la mère), par la question restée sans réponse à l'étage de la relation mère-grand-père maternel.

C'est une preuve de plus que la conception que se fait Dolto des stades dans sa théorie de l'image du corps s'articule à la conception du Symbolique et de l'Imaginaire : ce qui est dit ou, au contraire, non dit, fantasmé ou non, possible ou non. Elle n'a plus avec la vision psychologique et médicale [59] de K. Abraham ou de M. Bonaparte qu'un rapport formel. Il y a un ordre dans la structuration du développement de l'enfant; selon Dolto, il n'est pas strictement biologique ni psychophysique. C'est un avènement de part en part symbolique, c'est-à-dire fondé sur ce que la parole, en donnant l'interdit nécessaire à la vie en société, libère de possibilités chez le sujet. Cette scansion symbolique ne peut cependant méconnaître les moments décisifs du développement physique de l'être humain. C'est en quoi il y a malentendu entre Lacan et Dolto et mécompréhension chez ceux qui prennent à la lettre un de ces fameux grands secrets de la psychanalyse, dont Lacan faisait la confidence publique pour aiguillonner son auditoire : « Il n'y a pas de psychogenèse [60]. » Car nul mieux que Dolto ne l'aura illustré, elle qui est convaincue qu'on peut tout dire à un enfant – à condition qu'il soit en situation de demande – au point de lui parler comme ici des signifiants qui agitaient ses parents, tandis qu'il n'était encore que dans le ventre de sa mère. Pour elle, l'enfant comprend mieux que l'adulte, ne serait-ce que parce que chez lui tout est tendu vers l'autre dans le désir de communiquer.

A propos de la communication, aussi décriée par Lacan que la psychogenèse, on peut préciser qu'elle est pour Dolto d'abord au service de la conservation narcissique de l'enfant, du maintien de sa continuité d'être et de sa

59. Cf. par exemple K. Abraham, « Débuts et développement de l'amour objectal », in *Œuvres complètes,* tome 2, *op. cit.*, p. 298-313; et M. Bonaparte, *La Sexualité de la femme*, Paris, PUF, 1957, p. 24-25.

60. J. Lacan, *Le Séminaire,* livre III, *Les psychoses* (1955-1956), Paris, Le Seuil, 1981, p. 15.

sécurité dans les échanges constants avec sa mère ou en son absence. L'enfant est un être qui ne cesse d'appeler et de répondre aux possibilités nouvelles qui se découvrent dans la relation qu'il a avec l'autre (la mère). Dolto pense que l'enfant est entièrement dans l'attente du langage : le langage psychosomatique de son corps n'est souvent qu'anticipation de ce désir d'être bien avec l'autre, dans ce « moi-maman-le monde » initial, comme elle le dit aussi. Il naît dans le langage, précédé par les fantasmes, les discours le concernant, arrimé au symbolique par son nom et relié à l'imaginaire, au roman familial par son prénom. Dans son état d'impuissance, de détresse originelle, il en appelle à l'autre par ses rires, cris et pleurs pour se mettre au diapason de l'échange linguistique, mais d'abord pour maintenir son équilibre narcissique à lui.

On se tromperait donc lourdement – c'est encore la maladresse des titres – à croire que, lorsque Dolto affirme *Tout est langage*, elle pense que n'importe quoi peut devenir signe déchiffrable par un sujet – ce qui serait la marque distinctive du délire d'interprétation paranoïaque [61]. En revanche, Dolto pense que tout ce qui précède chez l'enfant l'accès à la parole témoigne déjà de son désir d'entrer dans le langage. L'enfant désire le langage.

61. A certains égards, on peut cependant penser à l'analogie entre la paranoïa, le narcissisme absolu par lequel le sujet croit que tout se rapporte à sa personne, et ce noyau psychotique dont Dolto suppose qu'il existe originairement chez tout un chacun. Que ce soit dans une dramaturgie terrifiante comme chez Melanie Klein avec les fantasmes de persécution, d'abandon, les craintes de retaliation, ou dans l'espace transitionnel beaucoup plus *cosy* de Winnicott, il y a toujours supposition que l'enfant nourrisson, *infans*, traverse des périodes analogues aux états psychotiques. Un des points de divergence entre Dolto et Winnicott tient peut-être en ceci. En simplifiant : Winnicott défend une conception de la cure analytique qui souligne l'importance du *holding*, du maintien du patient, presque parfois comme enfant porté, soutenu dans sa cohésion par un analyste occupant la position d'une mère « suffisamment bonne » (*good enough*). Dolto va encore en deçà, plus en amont : elle cherche constamment à assurer à l'enfant qu'il a en lui-même les éléments de cette cohésion et que c'est à lui de les retrouver et de les consolider. C'est le sens de beaucoup de ses déclarations : l'enfant qui a survécu est plus fort qu'un autre ; ce qui compte, ce n'est pas sa relation avec son père réel, si celui-ci est trop défaillant ou se montre franchement carent, mais le père symbolique qu'il imagine en lui-même ; celui qu'il aurait voulu avoir. « Tu as un père idéal, fais-en ton père symbolique », pourrait résumer ses formules. Autant de manières, pour elle, d'assurer le sujet qu'il doit trouver en lui une part de ce qu'il attend de l'autre ou lui demande. Dolto responsabilise le sujet *jusqu'à la racine*, ce que peu d'analystes d'enfants semblent avoir fait avant elle.

C'était à peu de choses près la formule de Pichon. Et il ne pourrait parler s'il ne l'avait depuis le premier moment désiré. Il fait donc, en quelque sorte, flèche de tout bois pour y parvenir. C'est pourquoi l'enfant souffre parfois de l'excès de son intelligence et de son désir de trouver dans l'Autre maternel les appuis qui lui sont nécessaires, en regard de l'impuissance de ses moyens pour exprimer ce qu'il ressent et désire. Le langage parlé est humanisation parce qu'il est la loi commune à tous. Comme le démontre *L'Image inconsciente du corps*, il n'y a pas d'accès possible à la langue de tous sans renoncement au langage du corps, sans la castration orale qui, par l'acceptation du sevrage, va permettre à l'enfant de symboliser sa relation d'amour à la mère par la parole. Embrasser est une symbolisation de l'amour, selon Dolto, c'est déjà du langage et non un mime chez l'enfant.

On peut même dire que pour Dolto, le langage parlé auquel l'enfant finit par accéder n'est pas le terme d'un processus d'acquisition, de mémorisation, d'accumulation – même si c'est également cela –, mais l'effet d'une série de renoncements. Renoncement en premier lieu à un langage qui, par la suite, sera foncièrement refoulé, ce langage du corps qui subsiste à l'état de symptôme hystérique, psychosomatique, hypocondriaque, etc.

De ce point de vue, Dolto est proche de la conception lacanienne du langage. Chez Lacan, le sujet est divisé du seul fait d'être un sujet parlant; il ne peut jamais tout dire, car son assujettissement au langage, son passage obligé par le « je » universel, indifférent, l'empêche de communiquer la singularité de ce qu'il veut, ressent, éprouve, aime, hait, croit être, etc. L'acte de parole comporte une perte irréductible chaque fois. Lacan en fait une doctrine qui tourne parfois au dogmatisme, car il veut assigner le sujet à résidence comme effet du langage. Il remercie Descartes d'avoir radicalement séparé l'âme et le corps et veut, lui, séparer l'âme et le sujet pour ne faire de celui-ci qu'un effet du langage : hors de la cure analytique, le sujet de l'inconscient ne se rencontre que fugitivement, dans l'étrangeté de son rêve pour lui-même, ou dans ce que lui renvoie sa bévue, son lapsus, lorsque sa parole dément, contredit son intention et vient le surprendre lui-même.

Cette visée de Lacan ne lui vient pas directement de la clinique, mais semble lui être davantage dictée par le combat qu'il a mené contre l'*ego psychology*, contre la réduction du freudisme à une psychologie du moi. La désubstantification, la dépsychologisation du sujet de l'inconscient est une des grandes entreprises de Lacan; elle fait écho à la démarche de Kant. Un Kant mettant de l'ordre dans la théorie freudienne, c'est une des figures de Lacan. La tentative de Lacan est, sur ce point, plus philosophique que psychanalytique. Par excès de rigueur, elle méconnaît peut-être une dimension du sujet que, maladroitement, mais avec une insistance qui donne à penser, Dolto réinscrit dans le corps [62]. Car, en définitive, le sujet découvert par la psychanalyse est celui qui, debout et non plus sur le divan, peut encore soutenir une parole devant l'Autre, alors qu'il n'a cessé de bredouiller dans ses bévues, associations, lapsus, rêves, bref quand tout lui démontre que, justement, sa parole ne tient pas sans lui et que, foncièrement, elle l'engage [63].

Pour en revenir au langage du corps chez l'enfant, Dolto donne de nombreux exemples, de niveaux différents, du désir que l'enfant peut exprimer dans un langage qui n'est jamais perçu comme tel par la mère et, moins encore, par l'entourage. Ainsi du mérycisme fréquent chez les nourrissons, cette régurgitation, dont Dolto a observé qu'en l'absence de tout malaise organique elle traduisait le désir de l'enfant de se mêler à la conver-

62. Je laisse de côté ce débat pour rappeler seulement que Freud, lui, n'avait pas besoin d'une théorie du sujet pour faire tenir la psychanalyse. Tandis que Lacan, probablement parce que de tradition française, catholique et cartésienne, est perdu sans le *cogito*, la substance et les causes. Il a su les faire jouer avec génie dans un espace conceptuel qui a renouvelé complètement la manière de lire et de comprendre Freud, mais aussi parce qu'il séduisait l'intelligentsia française en lui servant ses mets favoris. On nous rebat aujourd'hui les oreilles de Lacan lecteur de Hegel, *via* Kojève, néanmoins ses empoignades avec Descartes sont plus ardues : voir les torsions qu'il veut faire subir au *cogito* grâce à l'apport de la linguistique structurale, saussurienne, etc.

63. Ce que souligne Lacan dans le chapitre XVIII « L'ordre symbolique » du *Séminaire* livre I. *Les Ecrits techniques de Freud* (1953-1954), Paris, Le Seuil, 1975. C'est du reste ce qui, selon lui, distingue la parole de l'enfant de celle de l'adulte : la parole de ce dernier l'engage dans la relation symbolique d'un pacte avec les autres.

sation des parents ou des adultes. Comme il n'a pas encore de moyens vocaux pour le faire, ni la capacité de distinguer le pharynx du larynx, cette régurgitation lui sert à exprimer son désir d'avoir un échange subtil de paroles. En la circonstance, il est, chez l'enfant, substantiel. C'est aussi bien une manière d'intervenir dans la dispute entre les parents[64].

De même, Dolto interprète fréquemment l'encoprésie de nourrissons abandonnés comme un moyen de faire revenir la mère qui les langeait[65]. C'est un langage du corps : en l'absence de besoin l'enfant émet une selle, espérant faire venir la mère ou la personne qui la remplace, puisque pour lui l'odeur est associée aux soins corporels qu'il reçoit.

Dolto donne souvent en exemple le cas d'une petite fille de cinq jours qui refusait de téter depuis que sa mère avait dû être hospitalisée. Elle repoussait tétine et cuiller. Sa vie était en danger. Face à l'urgence, Dolto conseilla au père d'aller chercher à l'hôpital un linge de corps de la mère et d'en entourer le biberon de l'enfant pour lui restituer les perceptions olfactives habituellement associées à la tétée. Aussitôt l'enfant retrouva les mouvements de succion et put s'alimenter[66]. Voilà un exemple type de l'incidence de l'image inconsciente du corps sur l'image fonctionnelle. En l'absence de la stimulation érotique habituelle, l'enfant perd la fonction : les mouvements de succion.

La mère n'est donc pas seulement ce corps-masse auquel est primitivement accolé le nourrisson. Elle est cet objet constitué très tôt par l'ensemble des relations sensorielles, perceptives que l'enfant entretient avec elle, en particulier par ces associations de contiguïté : odeur-présence, odeur-sein, voix, regard, etc.

L'Image inconsciente du corps qui a exigé, je le rappelle, une quinzaine d'années de travail et le concours de plusieurs analystes et rédacteurs est d'abord et surtout la

64. Cf. entre autres textes, F. Dolto, *Séminaire de psychanalyse d'enfants*, 2, *op. cit.*, chap. xv, « A propos de l'anorexie ».
65. Cf. F. Dolto, *L'Image inconsciente du corps, op. cit.*, p. 69.
66. *Ibid.*, p. 66 sq. (« cas d'Agnès »).

reprise par Dolto d'un même questionnement, poursuivi pendant près de quarante ans de pratique analytique, et une tentative pour lui donner une cohérence. Il est, dans une large mesure, la description et l'histoire des liens subtils qui se tissent entre l'enfant et la mère, témoignant que le sujet parle avant même d'avoir accès à la parole.

Cet ouvrage peut se lire à des degrés différents : synthèse didactique de ce que la structure du sujet doit aux stades archaïques, antérieurs à l'Œdipe ; théorie originale, mais pourtant difficile à manier, puisque Dolto elle-même préfère laisser le dernier mot à la clinique. Une préoccupation évidente sous-tend son propos : la visée prophylactique ; car Dolto ne veut pas seulement faire état de ce que lui révèle l'observation et l'analyse, dans une perspective qu'elle veut aussi scientifique et objective que possible : il s'agit également pour elle de convaincre les parents. D'où parfois sa tentation normative. Elle a beau se défier de la généralisation, contraire à la singularité du cas clinique, elle procède pourtant à une description d'un développement type, ponctué des accidents pathologiques, névrotiques, psychotiques les plus graves.

On ne peut pas lire cet ouvrage autrement que dans cette tension entre la visée de l'universel qui porte à un scénario idéal et la singularité des cas cliniques qui, à la fois, fondent ce projet et l'excèdent. D'autant que nombre d'affirmations, tout à fait avérées ou justes dans le cadre d'une observation précise, risquent de prendre une signification impérative, prescriptive, car Dolto est évidemment par tout un chacun supposée savoir et donc dire vrai. Ainsi, lorsqu'elle affirme que l'enfant comme tout mammifère parvient de lui-même à la continence au terme d'un processus biologique, le propos risque de tourner vite à la parole d'Evangile dans l'esprit du lecteur. Elle glisse, çà et là, des souhaits sur l'éducation qui ne sont pas de même niveau que ce que livre la psychanalyse d'un sujet. On ne peut donc lire cet ouvrage qu'en gardant présent à l'esprit qu'il entrelace différents discours, apparemment articulés entre eux, alors qu'ils sont parfois hétérogènes.

L'ouvrage prend toute sa portée, sa plus grande valeur

opératoire à être constamment référé à la clinique qui le fonde, c'est-à-dire éclairé par les cas exemplaires qui l'encadrent au début et à la fin, et par ceux des *Séminaires*, par *Le Cas Dominique*, les *Dialogues québécois*, etc.

Comme je l'ai précédemment souligné, dans tous ses articles sur l'image du corps, Dolto postule l'unité, jamais démontrée, d'un hypothétique sujet réunifiant toutes les différentes images qu'elle distingue à chaque stade : l'image de base (ou image de sécurité), l'image fonctionnelle (contenant les schèmes de la motricité, du fonctionnement des organes, des orifices du corps), enfin l'image érogène qui polarise les représentations de plaisir éprouvés ou recherchés en liaison avec une zone érogène élective – la bouche au stade oral –, mais aussi bien, de façon plus diffuse, la motricité musculaire, kinétique, préhensive, manuelle, au stade anal.

Ces trois images sont réunies dans l'image dynamique. Celle-ci n'est pas une représentation, mais une « tension d'intention [67] », et ce à chaque stade. Il faut donc se représenter qu'au stade oral, puis au stade anal, par exemple, l'enfant est mû par une image dynamique, elle-même synthèse des trois images plus haut mentionnées, ce qui fait de lui, dans le seul registre de l'inconscient, un être à la poursuite de son propre développement, constamment poussé vers l'advenir. Je laisse de côté les problèmes philosophiques et métaphysiques que contient une telle conception [68], car il est évident qu'il y a là les éléments d'une téléologie implicite – ce que refusent Freud et Lacan. Rien ne prouve que cette finalité (ou « tension d'intention ») soit à la fois inscrite dans la maturation du schéma corporel, du corps biologique et dans les vecteurs

67. *Ibid.*, p. 58.

68. Gérard Guillerault pense que l'œuvre de Dolto est pour une part essentielle une « philosophie clinique » *in Le Corps psychique. Essai sur l'image du corps selon Françoise Dolto*, coll. « Emergences », Paris, Editions universitaires, 1989, p. 16. Pour intéressante que soit sa relecture de l'œuvre de Dolto, je ne vois pas qu'il fasse autre chose, de ce point de vue, qu'y injecter une métaphysique moniste. Guillerault introduit la confusion. Qu'est-ce donc que ce « cogito corporel d'avant le Je parlé » (*ibid.*, p. 11) ? Il paraît préférable de laisser aux mots encore un peu de leur sens et aux concepts leurs limites. On a vu un émule de Dolto garder le plus métaphorique de l'image du corps (verticalité, horizontalité) pour en faire les axes cosmiques d'un ciel étoilé par les figures de la chapelle Sixtine. Dolto comme apothéose d'une réconciliation christiano-bouddhique, avec un petit hommage à la sublimation, *via* Michel-Ange ?

de la représentation inconsciente. Bien plus, si l'inconscient n'est que dynamique, c'est que le corps ne suffit pas à assurer la croissance. (D'autre part, l'enfant ne rêve pas de grandir mais d'être grand. C'est l'être qui l'intéresse, non le devenir. Le devenir passe par l'acceptation du principe de réalité, donc du discours social.)

L'analyse d'enfants implique le respect de quelques balises normatives, éducatives, qui n'ont pas lieu d'être dans l'analyse d'adultes. Mieux vaut donc entendre l'image du corps comme outil, articulation de repères dans le discours, les fantasmes, modelages et dessins de l'enfant, plutôt que comme une théorie consistante du sujet. Il est certain que l'analyste a besoin, pour se représenter l'inconscient, d'une image du conscient. Dolto l'assigne au schéma corporel, principe de la croissance et de l'achèvement anatomique, biologique, neurophysiologique. Pourquoi y loge-t-elle les représentations de l'espace et du temps ? Cela n'a pas de sens, on l'a vu. Le schéma corporel est, chez elle, l'agglomérat de schèmes moteurs d'un programme de développement et de maturation du corps, ainsi que le siège de fonctions habituellement dévolues au moi ou à la conscience. Il sert donc de fourre-tout et de repoussoir par rapport à l'image du corps inconsciente. Il est principalement la représentation fantasmée que le psychanalyste se fabrique du corps biologique, dont il ne sait jamais s'il faut le penser comme radicalement différent de la psyché ou en continuité avec celle-ci [69].

La théorie de Dolto, en un sens, est « sauvage » : moins théorie que transport en un autre lieu. Le corps devient à lui-même la représentation de ce qui se passe en lui et

69. Dolto a une conception de l'être humain qui, à certains égards, rappellerait la représentation psychophysique des rapports du corps et du sujet chez Spinoza, mais elle laisse le parallélisme dans le vague, le psychique étant pour elle la métaphorisation d'un ressenti. Elle use parfois de formules empruntées à Spinoza, lequel définit le *conatus* comme effort pour persévérer dans l'être. Chez Spinoza, il s'agit d'une conception physique (issue du principe d'inertie) qui se trouve étendue au domaine de l'être et de l'ontologie. Dolto partage la vision physicaliste, métaphorique de la dynamique de l'être. Le sujet est tendu vers son devenir par toutes les possibilités qui sont en lui, y compris lorsqu'elles sont contradictoires et régressives comme dans l'inhibition, principe de l'inertie psychique, si l'on peut dire.

hors de lui, dans un psychisme impensable autrement que comme effet et reflet du corporel [70].

La démarche de Dolto est inverse de celle de Lacan et de Freud, lesquels font dériver le sujet d'un fondement symbolique et non pas corporel : théorie des pulsions chez Freud, du signifiant chez Lacan. L'un et l'autre pensent le psychique comme un espace (topique ou topologique) créé soit par le refoulement, soit par le langage, mais non comme une émanation directe du corps. Tandis qu'avec Dolto on a toujours l'impression que le sujet sort du ventre de la mère. Toutefois, son insistance sur le corps sert de limite à un fonctionnement en roue libre de la doctrine lacanienne, en rappelant que la théorie, c'est beau mais « ça n'empêche pas d'exister [71] » (sous-entendu : ça n'empêche pas le symptôme d'exister).

L'Image inconsciente du corps reprend et systématise l'histoire de la castration commencée par *Psychanalyse et Pédiatrie*.

La castration, renoncement à une satisfaction érogène et à un objet de plaisir, est symboligène, c'est-à-dire qu'elle ouvre (sans les impliquer nécessairement) des possibilités de métaphorisation, de sublimation. L'enfant ne peut pas accéder véritablement à la parole, tant qu'il attend encore des satisfactions érogènes du sein maternel et, donc, de la succion. Il faut qu'il renonce à un objet partiel, le sein, un objet du corps de l'autre, qu'il prend initialement pour sien. D'ailleurs, écoutez-le, s'il n'a pas renoncé encore, il zozote un peu, il a un cheveu sur la langue, bref il a dans la bouche la nostalgie du suçotement (ou sa voix est « nasonnée », comme celle de Dominique).

La castration est nécessairement donnée en paroles. Sevrer l'enfant sans le lui dire, sans lui donner des mots pour symboliser la perte, c'est lui infliger une séparation

70. Cf. Freud, « La psyché est étendue, n'en sait rien » in *Résultats, idées, problèmes II* (1938), trad. franç. de J. Altounian, A. Bourguignon, P. Cotet, A. Rauzy, Paris, PUF, 1985, p. 288.

71. C'est le mot célèbre de Charcot à Freud, dont Octave Mannoni a fait le titre d'un de ses ouvrages. Dans la même veine, Dolto rapportait ce mot qui circulait selon elle à l'Ecole freudienne (elle devait se tromper, c'était probablement du temps de la SFP) : « Lacan sait tout et ne guérit personne, Lagache ne sait rien et ne guérit personne, Dolto ne sait rien et guérit tout le monde. »

brutale, traumatisante, abolir ses repères de sécurité sensoriels et érogènes qui accompagnent d'ordinaire l'allaitement. L'enfant comprend tout ce qu'on lui dit, pourvu qu'on s'adresse à lui comme à une personne, sans bêtifier, ni parler « babyisch ». Du moins, il saisit qu'on s'adresse à sa personne et est pris dans ce transfert. Dès l'époque des séparations de l'âge oral et anal, il faut toujours dire à l'enfant la vérité, dans les mots qu'il peut comprendre, pour que la séparation soit supportée : la nommer signifie qu'elle est représentable également pour l'autre qui la lui dit. C'est pourquoi Dolto dit la vérité à l'enfant : même s'il s'agit de la mort de ses parents – dont la maternante, ou des personnes de l'institution, lui ont dit qu'ils étaient partis, etc. La perte de l'autre, sans les paroles qui la nomment, condamne l'enfant à une spéculation imaginaire névrotique. Le silence, le mensonge sont parfois plus traumatisants que la perte. C'est particulièrement vrai pour les enfants abandonnés, les orphelins.

Rendre à l'enfant la possibilité d'exprimer sa souffrance et non pas la lui ôter par des discours dissimulateurs, lénifiants, tel est le commencement de la thérapeutique. Ce qui ne signifie pas qu'il faut lui dire à brûle-pourpoint une vérité qu'il n'a pas encore demandé à entendre, fait qui ne peut s'apprécier qu'à l'intérieur de la relation analytique ou psychothérapique.

Mais alors si la castration est la parole qui vient nommer la perte, la séparation ou le renoncement – nommer, parce qu'il n'est pas toujours possible d'expliquer ou de rationaliser, on n'explique pas la différence des sexes, on n'explique pas la mort –, qu'est-ce donc que la castration ombilicale ? Quelle parole vient effectuer la fermeture du corps de l'enfant sur lui-même, du sac de peau, et sa séparation d'avec la mère ?

Dolto parle dans *L'Image inconsciente du corps* du « cataclysme [72] » de la naissance et la représente comme une lutte contre la mort. Emergence des pulsions de vie, raidissement phallique contre l'angoisse de mort. En revanche, elle ne fait guère allusion dans cet ouvrage à la vie fœtale elle-même, elle se contente de la caractériser

72. D'un mot grec qui signifie littéralement « inondation ».

comme une éthique vampirique – sucer, aspirer – qui va se prolonger, après la naissance, au stade oral.

La castration ombilicale n'est pas la perte de la mère mais du premier objet, le double, le placenta. Le cataclysme est suivi d'un bouleversement radical du fonctionnement corporel : le fœtus n'entend plus les battements de son cœur ni de celui de sa mère ; ses poumons s'ouvrent à l'air ; et le péristaltisme va s'inaugurer par l'expulsion du méconium. Le premier cri est un frayage de la voie orale, différent du passage de la colonne d'air pénétrant les poumons.

Il est inutile de souligner toute l'importance que Dolto accorde à l'odeur de la mère pour le nourrisson, c'est, d'ailleurs, bien à regret qu'elle abandonne l'idée d'un stade olfactif.

Où est l'opération symbolique de la castration, l'acte décisif de la parole dans cette césure ombilicale ? Tout simplement dans la nomination de l'enfant. Appelé par son prénom, il y répond par un mouvement. Au-delà, c'est l'inscription à l'état civil qui donne place à cet enfant dans l'univers symbolique des humains.

Pas plus que pour les autres stades, il ne faut arrêter ce moment à un instant mythique. L'enfant a déjà une vie fœtale de neuf mois – s'il ne naît pas prématuré – durant laquelle beaucoup d'événements ont pu l'affecter à travers ce qui a touché ses parents, sa mère en premier lieu.

Ce traumatisme de la naissance – Dolto reprend une fois l'expression d'Otto Rank – n'est pas complètement identique aux autres castrations, même si elle le subordonne au langage. La castration ombilicale est autrement plus marquée dans le corps, par la césure du cordon, la fermeture du sac de peau, l'ouverture de ses orifices sensoriels, le changement de vie biologique que ne le seront les autres castrations.

Les deux autres castrations majeures de l'enfance avant l'Œdipe, celles de l'âge oral et anal ne sont pas comparables entre elles du point de vue temporel.

La castration orale (le sevrage) quel que soit le moment où elle a eu lieu – et même quand il s'agit seulement du passage du sein au biberon – doit être, selon Dolto, verbalisée à l'enfant par la mère : elle doit lui signifier en paroles qu'elle lui retire le sein, faute de quoi il risque de conserver la trace fantasmatique d'une bouche terrorisante qui voudrait le dévorer (loup, tigre dans les dessins).

Aucune norme ne peut être édictée, d'autant qu'on sait que l'allaitement au sein a une durée variable selon les cultures. La relation au corps de la mère n'est pas non plus identique selon les cultures : Dolto le remarquait à propos des enfants africains, portés par la mère dans le dos. La mère fait glisser l'enfant le long de ses jambes lorsqu'il a besoin d'uriner ou de déféquer. Outre l'élégance de ce geste maternel, elle soulignait ce qui la surprenait : l'enfant donne ses excréments directement à la terre et non à la mère (bien que la première soit le symbole de la seconde) ; la relation fantasmatique associée à la satisfaction du besoin n'est pas la même que lorsqu'elle s'accompagne des soins donnés par la mère. L'enfant africain ne restitue pas à la mère ce qu'il croit en avoir pris.

La castration orale a lieu habituellement vers neuf mois, un an, et coïncide avec les premières tentatives de l'enfant pour marcher. Les effets de la séparation de l'objet partiel sur la dynamique du corps sont lisibles dans des indices de la croissance saine ou dans les signes d'un retard : on l'a vu à propos de la mimique, de l'expressivité du visage de l'enfant, de son attention à tout ce qui l'entoure et à la parole. La verticalité est, à l'évidence, une des manifestations de l'humanité du sujet ou de son humanisation. Et non pas uniquement pour les anthropologues et les paléontologues [73], mais dans l'imaginaire de l'enfant comme de l'adulte, puisque marcher à quatre pattes rappelle toujours un élément d'animalité, un retour à des pulsions non castrées, encore prévalentes chez le sujet.

Dans la chronologie idéale, mythique, le stade oral n'a pas une durée aussi longue que celle du stade anal. Les fantasmes de l'analité peuvent se prolonger jusqu'à l'âge œdipien, et même bien au-delà quand la mère ne veut pas renoncer à s'occuper de l'enfant, pourtant devenu parfaitement capable de s'occuper lui-même de son corps :

73. Ils parlent, eux, du processus d'hominisation.

s'habiller, se laver, se nettoyer, etc. Cela montre à l'évidence que la castration n'est pas seulement celle de l'enfant, mais toujours aussi et d'abord celle de la mère. C'est un point capital sur lequel Lacan a toujours insisté et qui fait comprendre quelle est la fonction du père réel comme agent de la castration : le plus difficile pour le père n'étant pas d'amener l'enfant à abandonner ses satisfactions masturbatoires orales, anales et génitales, mais de faire renoncer la mère à son phallus, à son enfant, réduit au statut d'objet partiel. *Le Cas Dominique* en est une illustration. Et les *Séminaires* en fournissent maints exemples cliniques selon les âges.

Dolto raconte dans les *Dialogues québécois* qu'elle observa comment une mère cannibalisait, sadiquement et masochiquement, son enfant pendant qu'elle l'allaitait : en le pinçant constamment, lui tripotant les mèches de cheveux, sans lui dire un mot. Et Dolto de lancer à son auditoire : « Imaginez-vous en train de manger pendant que, sans arrêt, votre mère vous crée des bouches partout [74]. » Car il s'agissait bien d'une relation d'entre-dévoration : l'enfant au sein, lui-même tété par sa mère tactilement (par ses « palpes manducants »).

Pour contourner une confusion entre l'oral et l'anal, Dolto avait tendu un jour de la pâte à modeler à une enfant de cinq-six ans, qui n'avait plus jamais rien pris avec ses mains depuis deux ans, et elle eut l'inspiration de lui dire : « *Tu peux la prendre avec ta bouche de main* [75]. » Cette enfant dont les mains se rétractaient à la vue d'un objet et qui mangeait à même l'assiette saisit immédiatement avec ses mains la pâte à modeler. Ce fut une intuition géniale de remettre ainsi en circuit une image du corps oral, la seule qui avait survécu chez cette enfant, dont la motricité anale, préhensive, était totalement inhibée : « Tandis qu'elle n'avait de mains que dans sa bouche, je lui ai mis par la parole une bouche dans sa main [76]... » Voilà à l'œuvre l'efficacité opératoire, psychanalytique de l'image du corps. Elle réside dans la parole

74. *Dialogues québécois*, *op. cit.*, p. 71.
75. *L'Image inconsciente du corps*, *op. cit.*, p. 36.
76. *Ibid.*, p. 37.

de l'analyste, celle du tiers, qui réunit le sujet à lui-même – alors que le geste manuel d'une aide quelconque aurait été voué répétitivement à l'échec. Il s'agissait là d'une enfant morcelée dans son corps. Ses pulsions n'avaient pu s'unifier dans un « je » et se contenir dans l'image d'un « moi ». Elle avait perdu l'image du stade anal, de sorte que tout son corps et son intentionnalité, dans sa relation à l'objet ou à l'autre, ne pouvaient plus fonctionner que dans le registre antérieur, oral. Par la parole et une métaphore la ramenant à l'oralité, Dolto lui restitua, grâce à une régression éclair, une image fonctionnelle de la préhension.

Tantôt dans le trouble psychotique, il y a « carambolage » – c'est le terme qu'elle utilise fréquemment – des pulsions de stades différents, tantôt comme ici il n'y a pas eu accès véritable à une étape structurante, en l'occurrence le stade anal.

A propos de la nécessaire castration de la mère, Dolto a raconté plusieurs fois qu'elle avait assisté, à la Maison verte, à ce qui aurait pu créer rapidement une schizophrénie chez un nourrisson. Sa mère lui donnait des tapes à tout bout de champ et dans des situations exactement inverses par rapport à ses rythmes naturels : en lui ôtant le sein ou en le lui donnant, ou pour l'empêcher de prendre le moindre objet, etc. L'enfant ne peut plus alors se fier à aucun repère stable par rapport à ces émotions. L'identité de perception qu'il attend est constamment déroutée. Aucun principe de réalité ne peut se mettre en place, uniquement une soumission terrorisée à l'intrusion maternelle. Il acquiert un code aberrant par rapport à celui des autres. Il est livré à un surmoi maternel capricieux et sadique, à une toute-puissance imprévisible, phobogène, en l'absence des références à une parole qui nomme et stabilise les perceptions en leur donnant un sens [77].

Dolto a mentionné de nombreuses situations-limites où la mère sadise son enfant par amour, sans aucune référence à une parole interdictrice venant d'un représentant

77. Ce surmoi maternel archaïque ressemble à celui que décrit M. Klein dans les stades préœdipiens. Il est d'autant plus persécutif qu'aucune parole acceptée et reconnue par la mère comme par l'enfant ne vient mettre une limite à la violence de celle-ci.

paternel. C'était le cas d'une mère qui ne pouvait voir sa petite fille, laquelle manifestement l'adorait, sans commencer par la cajoler avant de s'énerver contre elle, comme elle l'aurait fait avec une poupée, pour finir chaque fois par lui donner une fessée. Cette mère demandait, d'ailleurs, qu'on lui retire l'enfant, sachant qu'elle ne pourrait s'empêcher de la battre. Elle aimait sa fille imaginaire, mais ne pouvait lui imposer aucune castration, aucune éducation, puisque elle-même n'avait pas renoncé à sa maîtrise homosexuelle sur cette enfant-poupée-excrément [78].

Par opposition à une tradition qui remonte à Freud et à K. Abraham, Dolto exalte les vertus de la maîtrise anale. Elle relativise considérablement la portée du sadisme anal : « Le sadisme est oral, il n'est pas anal [79]. »

Il est vrai que la clinique des psychoses la conduit à privilégier l'incidence considérable des troubles de l'âge oral non seulement chez l'enfant, mais d'abord et surtout à l'étage de l'Œdipe de ses parents.

On peut ajouter qu'avec le stade anal l'excrément, objet tiers investi de valeur phallique, va jouer un rôle d'enjeu, et, également, de médiation dans la relation à une mère parfois très exigeante, obligeant trop tôt l'enfant à aller sur le pot selon l'horaire qu'elle a elle-même fixé et à lui donner ce qui pour lui a valeur de cadeau, surtout quand on l'en remercie ou le félicite. L'objet anal se détache du corps de l'enfant. Il en est propriétaire sur un mode différent de celui par lequel il introjectait le sein de sa mère. On le remarque dans la langue française par l'usage même des prépositions. L'enfant schizophrène qui, un jour, dit en réponse à Dolto : non, je n'ai mal à aucune partie de mon corps, « j'ai mal à mon père [80] », signait là, en fait, une relation d'inclusion orale ainsi qu'une inclusion de corps réelle, comme si son père était une partie de lui. De même, dans l'usage courant, la relation orale à quelqu'un s'entend chez les personnes qui disent : « j'ai

78. Cf. *Dialogues québécois, op. cit.,* p. 137-139.
79. *L'Image inconsciente du corps, op. cit.,* p. 142.
80. C'est un cas emblématique de la clinique de Dolto. Elle l'a cité souvent; voir notamment *Dialogues québécois,* p. 200-201, *Solitude,* Paris, Vertiges, 1985, p. 117-127.

rêvé à toi », au lieu de « j'ai rêvé de toi » – expression qui n'est pas réductible simplement au trait d'un parler populaire.

Sans minimiser les aspects connus de l'analité, qu'elle avait déjà soulignés dans *Psychanalyse et Pédiatrie*, Dolto vante donc ici les bienfaits du stade anal : maîtrise corporelle, autonomie, indépendance à l'égard du corps maternel, respect de l'autre, respect du bien et de la personne d'autrui comme de soi-même, c'est-à-dire de l'interdiction de détruire : « La castration anale est cet interdit de nuire à autrui [81]... »

Là encore, la clinique des psychoses fournit la clé : l'enfant n'aura jamais de devenir génital, de stabilité œdipienne s'il n'accède pas au stade anal. En témoignent de nombreux exemples précédents, comme celui de la petite fille incapable de prendre quoi que ce soit avec ses mains. C'est la même chose au niveau de l'intelligence. D'où le retard scolaire : le calcul, les mathématiques requièrent un mode de manipulation intellectuelle héritée de l'analité [82].

Dolto ne s'attarde pas ici, autant qu'elle l'a fait ailleurs, aux relations magiques aussi caractéristiques de l'analité que les aptitudes bien connues au classement et au rangement, la propension à l'opiniâtreté, à la pédanterie et à toutes formes de rétention. Elle envisage les aspects positifs du stade anal – l'échange, le commerce, la relation à l'autre – parce qu'ils sont une étape des plus structurantes dans les possibilités qu'a le sujet d'accéder aux relations sociales et, donc, de sortir d'un enfermement psychotique ou d'une relation duelle à sa mère. La relation de domination – « subjuguer » l'autre, disait-elle déjà dans *Psychanalyse et Pédiatrie* – apparaît comme une séquelle de peu d'importance, eu égard aux ravages éventuels de la violence orale : s'assimiler l'autre ou le rejeter.

Il est indéniable que Dolto apporte un éclairage nou-

81. *L'Image inconsciente du corps, op. cit.*, p. 143.

82. Se reporter au cas, cité plus haut, d'une femme de structure hystérique, institutrice de formation, amoureuse d'un matheux et qui avait elle-même perdu toutes ses capacités en mathématiques, pour en laisser imaginairement le monopole à son mari. Rappelons-le, sa fille, à huit ans, se révélait à son tour incapable des moindres progrès en calcul, faute d'avoir pu intégrer les pulsions anales maternelles indispensables à la moindre manipulation intellectuelle de

veau sur les fonctions positives du stade anal dans le développement de l'enfant, par opposition aux aspects destructeurs qui lui étaient classiquement attribués dans la clinique freudienne, depuis l'homme aux rats, pervers et obsessionnel, et l'homme aux loups, obsessionnel et paranoïaque. La perspective, selon qu'il s'agit d'une régression chez l'adulte ou l'enfant, n'est pas la même : toute une clinique de la psychose, d'inspiration kleinienne notamment, a attaché la plus grande importance à l'analité dans la schizophrénie adulte [83], alors que Dolto impute l'étiologie des psychoses infantiles pour l'essentiel à l'oralité.

A un autre niveau, on peut se demander si Dolto ne confond pas deux types de pulsions, plus ou moins bien distinguées par Freud dans les *Trois Essais sur la théorie sexuelle* : la pulsion d'emprise (*Bemächtigunstrieb*) qui n'est, chez le petit enfant, que l'exercice de la motricité musculaire sur les objets du monde environnant – quand ce n'est pas sur les cheveux ou le nez de sa mère –, sans jouissance érotique, sans plaisir pris à faire souffrir, à la différence du sadisme proprement dit [84]. Cette pulsion d'emprise n'a donc pas les caractères de la pulsion en tant que tels : le retournement sur la personne propre et la composante érotique, sexuelle.

Or, il est clair que c'est souvent de cette pulsion d'emprise que parle Dolto lorsqu'elle fait allusion à la maîtrise musculaire de l'enfant et à son indépendance de mouvement, bref à tout ce qui touche à l'extension de son territoire.

Encore ceci à propos du stade anal : l'enfant a atteint la maturité anale et donc l'indépendance motrice à l'égard de sa mère, dès qu'il devient capable de monter et descendre tout seul les marches d'un escabeau ou d'une

concepts. Cf. F. Dolto, *Inconscient et Destins, op. cit.*, p. 48-53, où se trouve décrit cet échec de la sublimation des pulsions anales.

83. Entre autres exemples, on peut penser au récit de cette cure de schizophrène, accompagné de nombreuses productions graphiques, que fit paraître Marion Milner, sous le titre *Les Mains du Dieu vivant*, trad. de R. Lewinter, Paris, Gallimard, coll. « Connaissance de l'inconscient », 1974.

84. Outre les travaux de J. Laplanche qui ont dégagé la spécificité de la pulsion comme sexuelle, par opposition au besoin, dans *Vie et mort en psychanalyse*, Paris, Flammarion, 1970, cf. J. Laplanche, J.-B. Pontalis, *Vocabulaire de la psychanalyse*, Paris, PUF, 1967, à l'article : « Pulsion d'emprise ».

échelle. Critère simple, à la portée de chacun. C'est la preuve qu'il possède la maîtrise non seulement de ses membres, mais du périnée et par conséquent de la musculation anale. Il est alors inutile, voire dangereux, contraire aux possibilités de croissance et d'exploration qu'il ressent en lui, de continuer à l'assister pour toutes opérations d'habillage et de déshabillage pour ses besoins, ce qui risque d'induire chez lui une dépendance obsessionnelle à la mère : tel un enfant de sept ans demandant encore à la mère s'il peut aller faire pipi, signe d'une domination surmoïque maternelle propre à l'inhiber.

La revalorisation du stade anal à laquelle procède ici Dolto se comprend dans la perspective de la structuration du sujet, contrairement à la clinique des adultes qui met en évidence l'aspect régressif du stade anal dans la névrose obsessionnelle où le sujet s'identifie si souvent à l'objet, qu'il croit que la mère attend de lui l'excrément.

Lacan donne la formule générale pour la névrose en ces termes : « Le névrosé en effet, hystérique, obsessionnel ou plus radicalement phobique, est celui qui identifie le manque de l'Autre à sa demande [...]. Il en résulte que la demande de l'Autre prend fonction d'objet dans son fantasme [85]. » Le petit garçon peut par exemple imaginer qu'il se dédouane à l'égard de cette demande de la mère, en lui donnant toujours le même objet anal et tout autre équivalent symbolique (généreusement ou agressivement), à la place de celui qu'il pense qu'elle convoite : son phallus. Il s'agit donc de donner le change dans une relation où il se piège lui-même, à croire que la mère attend de lui un excrément comme preuve d'amour, ou plus tard, du travail scolaire, de l'argent, etc. Sur le mode régressif, il peut s'identifier à cet objet anal ; sur le mode dépressif, il le dit tout haut ou l'exprime dans ses comportements : je ne suis qu'une merde – hautain constat de l'obsessionnel sur lui-même.

Dolto privilégie les effets de sublimation chez l'enfant, la libération des possibilités chaque fois qu'une étape a été franchie. Elle a en vue la continuité de l'être, du devenir,

85. J. Lacan, « Subversion du sujet et dialectique du désir... », *Ecrits*, *op. cit.*, p. 823.

le maintien du narcissisme du sujet, lisible dans ses changements de comportement, de caractère, ses progrès scolaires, etc. C'est toujours le progrès de la *relation*, la manière dont est supportée la séparation, l'augmentation de l'autonomie par rapport à l'autre qui prévalent pour elle. Lacan fait porter l'accent sur l'*objet* de la pulsion. Rien de tel chez Dolto.

Dans la période de transition du stade oral au stade anal, marquée par le passage à la verticalité, Dolto observe que l'enfant commençant à marcher est incapable de se retourner. Il fait ses premiers pas toujours tout droit, puis s'arrête sur le derrière, comme un skieur débutant en quelque sorte. L'interprétation qu'elle en propose dans *L'Image inconsciente du corps* est aussi singulière que vraisemblable. Voilà, dans l'espace extérieur, la continuation immédiate du péristaltisme oral de l'enfant, dit-elle en substance. Il se déplace dans l'espace extérieur sur le mode où la nourriture qu'il ingérait traversait son corps : d'une extrémité à l'autre, en ligne droite, comme de la bouche à l'anus. Aucune autre possibilité de mouvement ne lui est encore connue avec son propre corps. Il opère donc une translation comme celle dont il était le lieu à l'âge oral. Façon pour Dolto d'enchaîner d'un stade à l'autre, d'établir une continuité en soulignant les métaphorisations. La marche debout, métaphore de la digestion. Le chemin droit obligé, image du trajet intestinal de l'objet oral.

Du reste, elle employait un dispositif inspiré de cette conception dans ses cures d'enfants à Trousseau. Il s'agissait, comme le rappelle Jean Lauff, d'un « tunnel innominé », « cylindre de trois mètres » de long, tenu par des cerceaux où passaient les enfants. Lauff évoque le tube digestif, la filière génitale – négligeant le conduit anal – et rappelle ce mot de Dolto : « Tout en nous est tuyau [86]. »

Dans les étapes de la structuration psychique, Dolto fait une place au stade du miroir, omettant de rappeler que

86. « Table Ronde. Autour de Françoise Dolto. Sur les effets de transmission de la psychanalyse par l'assistance de psychanalystes en formation à la consultation de Trousseau » *in Lettres de l'Ecole freudienne*, n° 25, vol. 2, « La transmission », juin 1979, p. 239-278. La citation de J. Lauff se trouve à la p. 265.

c'est Lacan [87] qui l'a introduit dans la théorie psychanalytique. Pour elle, on l'a vu, l'imaginaire commence bien avant le stade du miroir. De plus, il est très différent de celui promu par Lacan.

Pour Lacan, l'imaginaire du sujet humain se constitue précisément à partir de la rencontre de son image avec le miroir : elle lui donne forme, unifie ses pulsions en les rapportant à cette image à laquelle il s'identifie et qui sera le prototype de son moi. Le moi est foncièrement imaginaire, trompeur, leurrant. Pourtant, dans cette expérience du miroir, il y a reconnaissance symbolique, car l'enfant entend de sa mère ou saisit à son acquiescement que l'image qu'il voit est bien la sienne. C'est donc la parole de l'Autre qui garantit la signification de cette perception et qui confirme l'identité du sujet. Enfin, il y a pour Lacan une troisième dimension, celle du Réel, celle d'un objet qui, justement, n'a pas d'image dans le miroir, objet détachable du corps : la voix, le regard, le sein, l'excrément, le phallus imaginaire (en tant qu'il est attribué primitivement aux deux sexes). Cet objet partiel se détache du corps non seulement parce qu'il est lié aux orifices, sièges des pulsions, aux trous de l'image, mais parce qu'il possède pour le sujet une valeur élective. La jouissance l'excepte, le prélève sur l'image du corps. L'originalité de Lacan est de penser ces objets partiels comme trouant l'image, à la fois par le plaisir et la perte qu'ils représentent, car ils sont les signes mêmes de la vie et de l'échange [88].

87. Cf. J. Lacan, « Le stade du miroir comme formateur de la fonction du *Je* telle qu'elle nous est révélée dans l'expérience psychanalytique » (1949), *Ecrits*, *op. cit.*, p. 93-100. La première communication de Lacan sur cette question date du congrès de Marienbad, en 1936. On sait qu'il s'est inspiré des remarques d'Henri Wallon sur l'image spéculaire, lequel avait déjà pris note des réflexions de Darwin sur le comportement de l'enfant devant son image dans le miroir : cf. Henri Wallon, *Les Origines du caractère chez l'enfant*, Paris, PUF, 1949 (d'après ses conférences prononcées dans les années 1930 à la Sorbonne), et, en particulier, le chapitre intitulé « Le corps propre et son image extéroceptive ».

88. L'objet partiel chez Lacan a toujours été conçu à partir d'une perception de l'autre comme intrus. Il l'appelle d'abord le « petit autre », c'est le semblable possédant la mère : il est l'objet d'amour puis de haine que voit l'aîné en train de téter sa mère : le petit autre est le puîné, objet de cette *invidia* dont parle saint Augustin, comme le soulignait Lacan dans *Les Complexes familiaux*. Plus tard, dans ses séminaires, ce petit autre qui s'écrira a(utre), puis (a), puis *a* devient ce qui se détache du corps – lettre *a*, au sens privatif. Cet objet a donc été d'abord imaginaire avant de devenir réel dans la théorie lacanienne.

Cet objet partiel, réel est, pour Lacan, cause du désir et non l'objet d'une visée consciente : à son insu, le sujet est poussé à retrouver une expérience, à poursuivre un fantasme gouverné par cet objet, insituable, toutefois en deçà de lui, en arrière et non à l'horizon de ses projets. (Ce qui vaut bien sûr pour l'envie du pénis de la part de la femme, qui croit toujours désirer autre chose.)

On a parfois reproché à Lacan sa théorie du réel sous prétexte qu'elle serait fondée sur l'observation des psychoses, comme s'il avait voulu expliquer le phénomène hallucinatoire par la voix ou le regard revenant trouer l'écran de la réalité pour le sujet. Ce n'est sans doute pas complètement faux, cependant l'essentiel n'est pas là. Lacan veut organiser une théorie cohérente du sujet de l'inconscient, ce pourquoi il subordonne la reconnaissance de soi non à l'image, mais à la parole d'un tiers, tandis que les objets de la jouissance, le plaisir lié aux zones érogènes sortent du champ de l'image. Donc, l'objet de la pulsion sexuelle, dans la théorie de Freud, se trouve situé par Lacan dans un lieu spécifique. Il appelle cet objet réel, en tant qu'il ne peut manquer, bien qu'il ne soit pas accolé à l'image de l'autre ou de soi.

Lacan distingue nettement les trois dimensions constitutives du sujet, liées entre elles, le Symbolique, l'Imaginaire et le Réel. Dérivé de l'image de soi dans le miroir, l'Imaginaire lacanien n'est pas l'imagination ni l'image du corps au sens de Dolto. Celle-ci condense les trois dimensions que distingue Lacan. Elle les fond ensemble, les mêle en leur prêtant une « tension d'intention ».

Dolto, tout en reconnaissant la valeur structurante du stade du miroir, se refuse à le considérer comme une sorte de moment premier et fondateur. Pour elle, l'image du corps est structurante dès les premiers instants de la relation à l'autre maternel. Cette image du corps n'est pas d'essence scopique, tant s'en faut, puisqu'elle est organisée autour de perceptions olfactives, auditives, cutanées dans la relation au corps de la mère, puis centrée autour de zones érogènes, dans l'oralité et l'analité. Ces perceptions sont représentables graphiquement par la suite, mais leurs traces et rythmes s'inscrivent chez l'enfant en dehors du registre scopique. Les sourds et les aveugles de naissance possèdent eux aussi une image du corps; elle est différente, pourtant sa fonction est structurante.

Le sujet, selon Lacan, est un effet du langage. Le stade du miroir en est la preuve, puisque c'est au regard d'assentiment de sa mère et à sa parole que l'enfant comprend qu'il voit sa propre image et qu'en même temps il ne l'est pas. La parole de l'Autre lui fait admettre que son identité ne peut se faire reconnaître que dans le langage et non dans une image de lui-même.

Chez Dolto, l'enfant est d'abord *parlé* par ses parents. Cependant, même si c'est dans la dimension de la parole que le sujet peut reconnaître sa vérité, il ne se réduit jamais au « je » grammatical, au sujet de la langue, à l'entre-deux qui sépare et articule sujet de l'énonciation et sujet de l'énoncé. Il est toujours pris dans une relation que, faute de mieux, Dolto appelle communication, concevant un pré-moi, d'avant la première personne, qu'elle nomme aussi un « moi-toi » (moi avec l'autre).

Elle en a donné un exemple en analysant une séquence d'un film tourné par le Pr Montagnier, destiné à illustrer la thèse qu'elle a toujours défendue sur l'incidence de l'odeur de la mère sur les enfants – ici de sexe masculin [89]. Dans un groupe d'enfants de quatre-cinq ans tout à fait capables de dire je, au sein duquel un petit garçon prend une position de *leader* par son activité, on a introduit, sans que celui-ci s'en soit aperçu, un linge avec l'odeur de sa mère. Aussitôt cet enfant, jusque-là très dynamique, a quitté le groupe, rasé le mur, est parti sucer son pouce en position fœtale dans un coin de la salle.

Or, la même expérience répétée avec un enfant plus passif, « suiveur » – qui sait dire je également –, a produit un tout autre effet. Lorsqu'on a déposé dans la pièce un linge avec l'odeur de sa mère, celui-ci a cherché intensément des yeux quelque chose, s'est mis à chanter, s'est agité, etc.

Le premier, le *leader,* est resté manifestement identifié

89. Cf. F. Dolto, « L'apparition du " je " grammatical », colloque de Royaumont (1985), *Sur l'individu*, Paris, Le Seuil, 1987, p. 73-87. Cet exemple figure également dans *La Cause des enfants, op. cit.*

à sa mère puisque son odeur l'a fait retourner à un état fœtal. Pour Dolto, cela signifie que « le groupe est donc bien pour lui sa mère, quand l'odeur de celle-ci n'est pas là [90] ». Pour le second, en revanche, l'odeur de la mère a joué un autre rôle : lui permettre justement de se connaître dans ce groupe, de n'y être pas perdu et de s'y intégrer.

Donc, chez ces enfants de classe maternelle, le sujet n'est pas réductible au « je » de la grammaire ou de la linguistique. Et l'humanisation ne le conduit pas à devenir un pur « je », trace écrite, nom d'un corps qui n'aurait jamais été lui-même habité par un sujet. Dolto a toujours refusé cette dichotomie. Sa théorie de l'image du corps dynamise l'imaginaire, au contraire de celle de Lacan qui en fait, dans la cure analytique, le plan mobile d'un miroir pivotant. Bien plus, Dolto attribue au sujet un désir de communiquer, de se représenter soi-même, que Lacan n'authentifie pas comme tel [91].

La manière dont Dolto rend compte de cette expérience du miroir est très enrichissante, aussi bien sur le plan clinique que sur le plan théorique, parce qu'elle souligne à la fois la fécondité et les limites de l'approche de Lacan. Cette expérience où l'enfant découvre son image, dans une « assomption jubilatoire », disait Lacan, est selon Dolto la rencontre d'un inconnu et le contact avec une « surface froide ». Il croit aller vers un autre enfant et il tombe sur un mur. Seule la présence d'un autre, à côté de lui, lui permet d'« avaliser l'image scopique comme la sienne, puisqu'elle lui donne à voir, côte à côte à la sienne, celle de l'autre [92] ». Jusqu'alors, il pouvait croire qu'il était lui-même cet autre [93]. La rencontre avec cette image est d'abord une *blessure irrémédiable*, car elle

90. *Sur l'individu*, *ibid.*, p. 77.

91. La formule lacanienne : « le signifiant, c'est ce qui représente le sujet pour un autre signifiant » ne postule, de la part du sujet, aucune volonté qui serait extérieure au fonctionnement de l'inconscient et de la langue. Dolto, elle, suppose l'existence d'un tel désir comme nécessaire à la stabilité du nourrisson. Elle n'exclut pas une transcendance du désir, puisqu'elle parle du désir de l'enfant de s'incarner et du choix qu'il fait de ses parents.

92. *L'Image inconsciente du corps*, *op. cit.*, p. 151.

93. C'est ce que Lacan appelle la « connaissance paranoïaque », par laquelle ordinairement d'ailleurs on pense : « l'autre à qui je parle, c'est moi – comme l'attestent toutes les mimiques de son visage qui ponctuent mon propos ».

constitue pour l'enfant « *le choc de saisir que son image du corps ne suffisait pas à répondre pour les autres de son être connu d'eux*[94] ».

D'autre part, son image scopique ne répond pas davantage de lui. Il n'est pas cette image. Et, antérieurement, « il ne savait pas que son image est visible pour autrui comme l'est pour lui le visage des autres[95]. » C'est donc, selon Dolto, une expérience traumatique, puisqu'elle révèle une distance infranchissable de soi à soi. L'image du corps viscéral, pense-t-elle, assurait une cohésion; or, voici un plan sur soi-même qui est nouveau, différent du ressenti; une identification leurrante, trompeuse à l'image spéculaire : tout mouvement du sujet est mouvement de l'image, selon un parallélisme qui peut susciter agressivité, déception, etc.

Ce qui est unificateur pour Lacan est séparateur et traumatisant pour Dolto.

Apparaît un nouveau narcissisme, que Dolto appelle, dans sa terminologie, narcissisme primaire[96], pour le distinguer du narcissisme secondaire, consécutif à l'Œdipe. Elle ne développe pas ici une clinique de l'image du miroir, bien que celle-ci soit très importante dans la psychose. Elle la rend lisible à un autre niveau : ne serait-ce que dans l'angoisse de l'enfant qui, devant cette image, peut chercher à combler le trou de sa bouche en y fourrant son poing.

Elle relève surtout que ce narcissisme du paraître est perturbant dans la mesure où non seulement il peut brouiller les repères, pour le sujet, comme en témoigne l'exemple des jumeaux[97], mais également parce que lui

94. *L'Image inconsciente du corps, ibid.* Souligné par Dolto.
95. *Ibid.,* p. 157.
96. Mais, antérieurement à ce narcissisme primaire, Dolto postule un narcissisme qu'elle appelle fondamental, celui de la cohésion du continuum ressenti dans la relation à la mère. (Le choix des mots est un peu malheureux, parce que l'on comprend mal que le primaire puisse succéder à quoi que ce soit.)
97. Dans *L'Image inconsciente du corps* (p. 154-156), elle cite l'exemple d'un enfant qui parlait à son image spéculaire croyant s'adresser à son jumeau univitellin, physiquement son exacte réplique. Dans ses *Séminaires* publiés comme dans les inédits, Dolto est souvent amenée à répondre à des questions cliniques concernant les jumeaux ou jumelles. Elle insiste sur la balance qui inconsciemment s'établit entre l'un et l'autre : l'un réussissant sur le plan scolaire, tandis que l'autre est en retard. A l'inverse, quand le jumeau ou la jumelle en retard sur l'autre se libère de la sujétion imaginaire, l'autre commence à marquer le

manque la dimension du volume et donc du ressenti, de l'éprouvé.

L'expérience de l'image spéculaire ne contient pas en elle-même la possibilité de savoir que l'autre est un corps en volume, éprouvant des affects. Dolto en donne un exemple clinique dans un article à propos d'un enfant qui, demeuré à cette expérience traumatique du miroir ne pouvait, d'après elle, que devenir homosexuel. Il s'agissait d'un enfant d'environ dix-huit mois qui, en présence de ses semblables, ne savait faire autre chose que de leur lancer des objets au visage, jusqu'à les blesser parfois. Il ne voyait les autres enfants que comme des images à deux dimensions. Une fois, ayant blessé l'un d'entre eux auquel il avait jeté un jouet quelconque, il était resté figé, absent, peut-être pour ne pas ressentir la douleur de l'autre, pensait Dolto. Elle expliqua alors à la mère du petit qu'il ne se savait pas lui-même vivant et lui donna pour conseil de lui dire, en présence de son image spéculaire, non pas bien sûr « c'est toi », mais c'est « l'image de toi ». Faute de quoi, l'enfant s'identifie à une pure surface et prend les autres pour des ectoplasmes sans épaisseur ni intériorité, sans émotion [98]. L'homosexualité, selon Dolto, peut donc se fixer bien avant le stade génital et l'Œdipe : au moment où le sujet échoue à rencontrer un autre, un semblable exprimant ce qu'il éprouve.

J'ai mentionné plus haut l'importance dans sa clinique de ce qu'elle appelle castration primaire, c'est-à-dire la découverte non seulement de la différence des sexes par l'enfant, mais aussi du fait qu'il n'appartient qu'à ce sexe

pas avec des symptômes divers. Cf. notamment *Séminaire de psychanalyse d'enfants*, 1, *op. cit.*, p. 90-92, p. 227-228 et *Inconscient et Destins*, p. 174-179. Dans ce dernier ouvrage, elle cite le cas de deux jumelles qui faisaient des dessins complémentaires : l'une dessinait un corps sans tête, l'autre un corps sans bras; seul le tronc était commun aux deux types de dessins. D'autre part, elle a raconté l'exemple de jumelles qui, échangeant constamment leurs vêtements, ne parvenaient à les identifier et donc à se reconnaître l'une par rapport à l'autre qu'en les reniflant pour y retrouver leur odeur.

98. F. Dolto, « Image de soi dans le miroir. Lecture et écriture », *in Le Bloc-Notes de la psychanalyse* n° 7, *op. cit.*, Paris, Buchet-Chastel, p. 223-236. Dans ce même article, Dolto signale les dangers d'un autre renversement courant de la logique de l'image du corps. Il est absurde d'apprendre à lire et à écrire à des enfants qui n'ont pas encore la connaissance claire de leur être sexué; toute acquisition intellectuelle ne pouvant être référée alors qu'à leurs sensations anales, ils n'en sont pas sujets.

qui est le sien [99]. Corollaire pour le garçon : admettre que les garçons n'enfantent pas; pour la fille : se consoler provisoirement de n'avoir pas de seins comme sa mère.

A propos de l'Œdipe, Dolto rappelle ici ce qu'elle a longuement développé dans ses articles précédents [100]. Il lui importe plus de faire comprendre aux éducateurs et aux parents quels en sont les accidents possibles et par quels moyens, par quels dires aider l'enfant puis l'adolescent – car la puberté n'est rien d'autre qu'un Œdipe généralisé et surchauffé qui exacerbe et dramatise toutes les relations du sujet avec ses parents et les moi idéaux du moment, etc. Sa perspective est ici prophylactique. Mais elle a depuis longtemps ses marottes, ses chevaux de bataille. Ainsi, elle déplore qu'on dévalorise le travail rémunéré pour les jeunes, les adolescents, estimant que dans une société qui prolonge inutilement la situation d'adolescence pour certains – d'autant que les parents sont responsables mais n'ont plus d'autorité –, il serait souvent une excellente solution à des psychodrames familiaux interminables [101].

On peut se demander pourquoi Dolto tient à étendre la notion de castration aux stades les plus archaïques, tout comme, dans un autre registre, M. Klein voyait du préœdipien dès le stade oral. Lorsqu'elle déclare à Lacan qu'elle ne voit pas comment on pourrait se passer d'une théorie des stades pour « la formation de l'intelligence avant trois ou quatre ans », il lui répond : « L'angoisse de castration est comme un fil qui perfore toutes les étapes antérieures du développement. Elle oriente les relations qui sont antérieures à son apparition proprement dite – sevrage, discipline anale, etc. [102]. » (Merci Hegel, de cette

99. Cf. *L'Image inconsciente du corps*, p. 184. Pichon exprimait sa nostalgie en ces termes : « Aussi paradoxal que cela paraisse, accepter d'avoir un sexe et un seul et d'être exclu de toutes les possibilités de l'autre est un des sacrifices les plus difficiles que l'imagination et l'espoir doivent faire à la réalité », *Le Développement psychique de l'enfant et de l'adolescent*, *op. cit.*, p. 116. La clinique doltoïenne des psychoses en produit de multiples exemples.

100. Cf. notamment l'article de 1968, remanié en 1973, intitulé « Le complexe d'Œdipe, ses étapes structurantes et leurs accidents », *Au jeu du désir*, *op. cit.*, p. 194-244.

101. Point de vue qu'elle développe dans *Quand les parents se séparent*, *op. cit.*

102. J. Lacan, *Le Séminaire*, livre XI. *Les quatre concepts fondamentaux de la psychanalyse* (1964), *op. cit.*, p. 62.

dialectique providentielle!) Lacan refuse l'idée d'une psychogenèse, pour mettre au premier plan, de façon très freudienne, la contingence et l'irruption tout à la fois du sexuel dans le psychisme humain. En cela, il est freudien : la sexualité humaine n'est pas instinctuelle, d'autant qu'elle est biphasée : sexualité infantile jusqu'à l'Œdipe, puis reprise à la puberté après une période de désintérêt sexuel, la phase de latence. Mais, et on le voit dans ce passage du même *Séminaire* où il qualifie l'irruption du sexuel de « mauvaise rencontre », il accentue le caractère traumatique de la sexualité humaine, effraction dans une psyché fragile, seulement défendue par des pare-excitations, comme le disait Freud. Il craint de voir Dolto déraper dans la psychogenèse et oublier cette dimension d'irruption et d'imprévisibilité du sexuel. La biologie, même métaphorique, est un épouvantail pour Lacan. En revanche, Dolto ne partage pas la conception tragique de la sexualité qui est celle de Lacan.

Toute la richesse des observations et des hypothèses cliniques de *L'Image inconsciente du corps* vient se condenser dans les cas cliniques qui encadrent le propos didactique. Parmi eux, il faut citer celui de François [103], qui montre comment, chez un garçon de treize ans, la castration primaire, la reconnaissance de la différence des sexes, en était restée à un niveau purement formel, sans avoir été suivie d'une identification masculine.

Dolto vient un jour à l'hôpital au chevet de cet adolescent qui sortait du coma après une tentative de suicide évoquant un hara-kiri. Il s'était ouvert l'estomac avec un couteau de cuisine. Il demandait pourquoi on l'avait ranimé puisqu'il allait être obligé de recommencer. Le traitement, en cinq séances, l'a complètement sorti d'un processus d'identification gauchi. En effet, ce garçon, qui voulait très normalement devenir un homme, déclara à Dolto : « Le premier étage pour devenir comme mon père, c'était d'être ma sœur [104]. »

Depuis la petite enfance, il se sentait complètement fusionné à sa sœur aînée, de quatorze mois plus âgée que

103. *L'Image inconsciente du corps, op. cit.*, p. 114-118.
104. *Ibid.*, p. 114.

lui. Petit garçon, il avait acquis la maîtrise anale, à l'instar de cette sœur, son moi auxiliaire. Mais lorsqu'elle commença d'être courtisée par des garçons, il se sentit perdu.

Par ailleurs, il était devenu anorexique jusqu'à s'évanouir de faim et de constipation, parce que, voulant devenir un homme, il refusait d'avoir « du gras qui devienne un bébé [105] ».

Il y avait chez ce garçon une confusion de tous les orifices et tuyaux du corps et de leur sens, sans parler du fantasme archaïque de grossesse. En effet, il avait fantasmé que les sandwiches qu'on voulait lui faire avaler avaient la forme de suppositoires. Il était persuadé d'avoir le tube digestif bouché. C'est ainsi qu'il avait voulu extirper de lui un « fantôme », nom qu'il donnait à sa petite sœur dernière-née, dont il ne se sentait pas le frère. Jumelé à l'aînée, il croyait désormais ne pouvoir être frère que d'un garçon. Du coup, la naissance de cette petite fille avait fait de lui à son tour un « fantôme », car il ne retrouvait plus dans sa famille les repères de son identité.

Voilà quelques-uns seulement des traits significatifs de ce cas bien plus complexe, aux symptômes d'apparence spectaculaire par la conviction délirante et la tournure hystérique qui les sous-tendent. Dolto les dénoue avec une admirable netteté en repérant la fonction essentielle du moi auxiliaire que jouait pour ce garçon sa sœur aînée. Lui-même ne souhaitait nullement être fille, et même s'en défendait, puisque, au moment où il avait été élu chef de classe par ses camarades, peu de temps avant sa tentative de suicide, il s'était dit : « ... mais je ne suis pas une fille, pourquoi les gars veulent-ils de moi ? » Il vivait si intensément à travers la personne idéalisée de sa sœur aînée qu'il pensait qu'il plaisait aux garçons comme elle [106]. Or, il ne s'agissait nullement chez ce jeune garçon de choix homosexuel, mais d'une réaction induite par ce jumelage.

Dolto ne livre pas tous les éléments de ce cas dans *L'Image inconsciente du corps*, pourtant elle a fourni ulté-

105. *Ibid.*, p. 116.
106. *Ibid.*, p. 118.

rieurement des précisions qui éclairent d'un autre jour le geste suicidaire de ce garçon. Le père du jeune François, elle l'apprit par la suite, avait lui-même quand il était adolescent sauvé son propre père d'une tentative de suicide. L'homme, déprimé depuis longtemps parce que sa femme le trompait, avait décidé de se tuer d'un coup de fusil lorsque son fils aurait atteint une maturité suffisante. Or, ce dernier surprend son père à l'instant où il va mettre son projet à exécution. Il lui arrache le fusil et lui flanque une mémorable correction qui aura pour effet bénéfique de remettre cet homme d'aplomb. Selon Dolto, le grand-père, trompé par sa femme, avait donc vécu dans une homosexualité latente vis-à-vis de son fils, pendant assez longtemps.

Quant au geste suicidaire de François s'ouvrant le ventre, Dolto n'en fait pas état dans son ouvrage; il s'agissait, selon elle, d'un geste tout à fait viril par lequel il s'était créé une vulve. Cette tentative de suicide n'était pas, comme celle du grand-père, dictée par un mobile dépressif, elle ne correspondait pas plus à un chantage hystérique, c'était un vrai désir de mourir.

Le père s'est rendu une fois au chevet de son fils François qui, très intelligent et cultivé, s'intéressait, depuis le début de son traitement, à la psychanalyse. Il déclarait d'ailleurs vouloir devenir ou psychanalyste ou chirurgien. Voici donc le père et le fils s'entretenant, durant cette dernière séance, en présence de Dolto, du complexe d'Œdipe. Le fils résumait les choses ainsi, d'après les explications que lui avait données son père : « Oh, c'était l'histoire d'un type, [...] embêté par un autre qui faisait tout le temps des laïus (*sic*) et il l'a bousillé [107]. » Le père intervient alors et surenchérit : c'était parce que le père (Laïos donc) « était amoureux de la même femme que le fils [108]... » – ce qui fournit quelques lueurs sur l'Œdipe de ce père qui avait empêché le sien de se suicider et sur l'inversion de sens qui avait retenti sur les fantasmes de son fils.

On voit par quel détour, son devenir ayant été de sur-

107. *Ibid.*, p. 116.
108. *Ibid.*

croît « gauchi » par la fusion avec sa sœur aînée, le jeune François ne pouvait devenir homme que par cet acte de signification inverse, en apparence féminisante.

Dolto lui a ouvert la possibilité de parler et de guérir en répondant simplement à son affirmation : « J'ai jamais été comme les autres », par un « ça ne m'étonne pas, puisque les autres, c'est des filles » (elle faisait allusion à ses deux sœurs [109]).

A l'autre extrémité de cet ouvrage qui est une anthologie tout à fait extraordinaire de la clinique de Dolto avec les enfants psychotiques, on peut s'arrêter au cas de Léon [110].

Je n'en retiens ici que quelques éléments dans la perspective qui est celle de Dolto concernant le « carambolage » des images du corps.

Ce garçon de huit ans, présenté comme débile, presque incapable de marcher sans s'appuyer aux murs, s'affalant sur sa chaise comme s'il était complètement mou, les bras allongés sur la table lorsqu'il fait des modelages, se révèle pourtant d'une extraordinaire dextérité puisqu'il a des aptitudes reconnues pour le piano. Illettré, il est capable, bien que ne sachant pas le nom des notes, de déchiffrer un morceau de musique et, qui plus est, dans le *tempo*.

Pour l'essentiel au sujet de sa famille : son père, juif polonais naturalisé français, était obligé de se cacher la nuit dans le jardin lorsque les Allemands venaient fouiller la maison (c'était pendant la guerre de 40). Il porte un nom polonais qui, comme souvent, est abrégé par la prononciation des Français. Sa femme, Bretonne, en ignore même l'orthographe exacte. Elle ne savait pas ce qu'était la circoncision; et, bien que mère de deux enfants, elle prête si peu d'intérêt aux rapports sexuels qu'elle n'a jamais vu le sexe de son époux. En revanche, elle joue souvent dans le lit avec sa fille et son garçon Léon, à être la maman chien avec ses chiots, à quatre pattes. Et elle jappe [111].

109. *Ibid.*, p. 115.
110. *Ibid.*, p. 288-314.
111. Cf. *ibid.*, p. 296. Dolto ne manque jamais l'occasion d'informer l'enfant sur la réalité de la différence des sexes et de la procréation – ce dont elle avertit

Léon a toujours été ficelé, la journée durant, à une chaise d'enfant qui fait également office de pot, dans l'atelier où travaillent ses parents.

Dolto s'aperçoit que cet enfant, extrêmement lent dans ses gestes et sa diction, est tout à fait intelligent, mais qu'il ne répond aux questions qu'elle lui pose qu'à la séance suivante.

La séance capitale de cette cure a lieu le jour où l'enfant ayant fait plusieurs modelages, dont un personnage qu'il assied sur une chaise, s'entend demander par Dolto : « La chaise est-elle contente ? » Et lui de répondre, avec un petit sourire : « Elle est plus contente que le bonhomme [...] quand il s'en ira, elle gardera son dos, au bonhomme, et il n'aura plus de dos [112]. »

Ce « dossier de la chaise qui veut garder l'enfant » est la représentation d'un inceste imaginaire de nature orale avec la mère : la chaise représente cette mère chienne qui, en l'absence du père, voudrait garder Léon. Tel est le fantasme de l'enfant.

D'autre part, sa motricité et son équilibre physique – à l'exception des mains, puisqu'il est très agile – ont été inhibés par son immobilisation sur la chaise où on le laissait attaché.

La mutilation de son patronyme avait dû contribuer à entamer son image inconsciente du corps déjà passablement altérée, car c'est à l'école seulement qu'il avait entendu pour la première fois prononcer correctement le nom de son père, ce qui avait été une révélation et lui avait en même temps fait un effet étrange.

Dolto, enfin, note que Léon savait pourtant se défendre d'une identification féminine; en effet il avait une élocution bizarre qui ne ressemblait ni à l'accent du père ni à la manière de parler de la mère et de la sœur.

De la cure de cet enfant, parasité par une image animale du corps, et qui n'avait pas une connaissance claire de son identité sexuée, le tournant fut la séance avec la chaise. Dolto avait remarqué alors le sourire « sadique »,

la mère ou les parents – afin de lui permettre de se situer lui-même comme sujet sexué. Elle le fait ici comme dans ses autres cures.

112. *Ibid.*, p. 299.

« sarcastique » de l'enfant parlant du plaisir d'une chose – la chaise – à rapter un vivant, donc la prévalence d'une jouissance liée à une relation inhumaine; un inceste déplacé sur une chose et le sujet, l'enfant, réduit à être l'objet partiel de sa convoitise orale. Comme dans beaucoup de ses cures, le regard de Dolto joue ici un grand rôle.

IX

Ethique et technique

Les Séminaires. *L'éthique est du sujet, la morale du moi. Un enfant sourd qui passait pour débile. Enfants abandonnés psychotiques. Le paiement symbolique. Traiter le petit enfant en présence de sa mère. Les entretiens préliminaires. Un père qui prenait sa fille pour sa sœur. « Donner la scène primitive. » L'Œdipe se fait sur les parents non sur le psychanalyste. Indices de la structuration du sujet dans les dessins. Le rôle des pulsions de mort dans la cure d'une enfant épileptique.*

> « Le pouvoir de l'analyste sur les symptômes est en quelque sorte comparable à la puissance sexuelle; l'homme le plus fort, capable de créer un enfant tout entier, ne saurait produire dans l'organisme féminin, une tête, un bras ou une jambe seulement, il n'est même pas capable de choisir le sexe de l'enfant[1]. »
>
> Sigmund Freud

Ce qui a été publié des séminaires de Françoise Dolto n'est que la partie visible de l'iceberg. Le choix des textes n'a jamais obéi à la contrainte chronologique, car celle-ci ne pouvait être significative d'une évolution théorique. En revanche, il avait valeur anthologique et exemplaire.

Les *Séminaires de psychanalyse d'enfants* sont à lire d'abord comme des illustrations cliniques, souvent extraordinaires, de son ouvrage didactique, *L'Image inconsciente du corps*. Ils le complètent, en exposant les principes et les singularités de la technique de Dolto. Enfin, on y retrouve tous les éléments d'une éthique

1. S. Freud, « Le début du traitement », *in La Technique psychanalytique*, trad. de A. Berman, Paris, PUF, 1967, p. 89; cf. Freud, *Gesammelte Werke*, VIII, p. 463.

inséparable de sa conception de la psychanalyse depuis les débuts de sa pratique.

Bien avant Lacan, dès les années 50, elle parlait d'une éthique du développement de l'enfant, en insistant pour qu'on respecte chez lui la dynamique du désir.

Comme tout psychanalyste, elle est au service du sujet et non d'une morale, dont elle ne cesse de dénoncer l'hypocrisie. Elle dit, par exemple : « L'éthique de l'humain, au fur et à mesure de son développement, l'amène à s'identifier à tous les êtres de la création. L'éthique n'est pas la morale. La morale est un code de comportement ; l'éthique, elle, soutient une intention dans sa visée, elle est le désir et le sens qui en découle. La morale [...] provient des pulsions. L'éthique est affaire de sujet, la morale est affaire de moi ; le sujet se fonde sur le symbolique, tandis que le moi est dans l'imaginaire [2]... » On ne saurait formuler plus clairement la distinction entre éthique et morale.

Pourtant elle n'a pas cherché, comme Lacan, un fondement théorique à une éthique de la psychanalyse. Tout au plus a-t-elle exploré, à titre personnel, un parallèle entre le désir tel qu'il s'incarnerait chez le Christ et une éthique respectant ce que le désir a de sacré pour chacun car, selon Dolto, on ne se sent coupable que par rapport à son désir.

Le point de vue de Lacan est différent, en apparence, puisqu'il met au principe de cette éthique de la psychanalyse que « le sujet ne doit pas céder sur son désir ». Du moins – et cette restriction est capitale – dans la cure analytique. Or, cette formule est celle-là même que Lacan donne pour celle du désir pervers : le pervers ne renonce jamais à la satisfaction de son désir qu'il fait passer avant tout, sans respect de l'autre. Cependant, rapporté à la cure analytique, cela signifie que le patient doit aller au bout de ce qu'il a entrepris et tirer les conséquences de la vérité qu'il découvre – ce qui n'implique pas qu'il puisse se donner droit de commettre des passages à l'acte.

D'autre part – et c'est indéniablement une ambiguïté – Lacan a privilégié non seulement le modèle du désir per-

2. F. Dolto, *Dialogues québécois*, *op. cit.*, p. 129-130.

vers, voire incestueux, mais le désir tout court. Ce n'est pas le lieu ici d'exposer tous les termes du débat [3]. Je ne peux que renvoyer le lecteur à l'ouvrage de P. Guyomard, *La Jouissance du tragique* [4], qui montre très clairement le privilège exorbitant accordé par Lacan au désir, à un désir pur dont il fait, contre l'éthique même qu'il prétend fonder, une valeur en soi.

Lacan énonce plus d'une fois que la Loi – c'est-à-dire l'interdit de l'inceste –, celle qui est au fondement de toute société, vient du désir. Ce sont les humains qui imposent et s'imposent la loi. La loi morale kantienne et la volonté pure du pervers comme chez Sade [5], sont pour Lacan des figures qui peuvent être considérées comme l'avers et le revers d'une seule et même proposition : le désir est à l'origine de la loi, ne serait-ce que parce qu'on décide d'obéir à celle qu'on s'est donnée ou que l'on reconnaît pour sa valeur de commandement, dans la forme de l'universel.

L'éthique de Lacan a aussi une autre provenance. Lacan emprunte au structuralisme de Lévi-Strauss l'idée que la prohibition de l'inceste est bien issue du désir : elle met en œuvre des lois symboliques réglant la parenté et l'échange entre les groupes humains par les systèmes d'appellations, de prescriptions et d'interdits matrimoniaux, bref une combinatoire qui ne se réduit pas seulement aux avatars du complexe d'Œdipe individuel. Là s'arrête l'accord de Lacan avec Lévi-Strauss : l'interdit de l'inceste, condition de possibilité de toute société, est l'effet d'un désir par lequel la loi se fonde dans le langage. Lacan pense qu'il n'y a, en définitive, qu'une seule struc-

3. Jean Clavreul, par exemple, souligne que la rigueur de la logique psychanalytique fait de l'analyse une discipline « antiprescriptive ». Elle n'a pas à proposer d'idéaux au sujet ; cf. Jean Clavreul, « Les enjeux de la psychanalyse. Une éthique du sujet », *Encyclopædia Universalis, Symposium, Les Enjeux*, 1984, p. 455-461, et la première partie de son ouvrage, *Le Désir et la loi, op. cit.*, intitulée « L'éthique psychanalytique en question ». François Roustang, lui, a soutenu dans des articles parus dans la presse que Lacan ne parvenait pas à dégager une éthique spécifique issue de la psychanalyse. Roustang n'estime pas, du reste, qu'il y ait une limite fondée entre morale et éthique.

4. Patrick Guyomard, *La Jouissance du tragique. Antigone, Lacan et le désir de l'analyste*, Paris, Aubier, coll. « La psychanalyse prise au mot », 1992.

5. Cf. J. Lacan, « Kant avec Sade » (1963), *Ecrits, op. cit.*, p. 765-790, et *Le Séminaire*, livre VII, *L'Ethique de la psychanalyse* (1959-1960), Paris, Le Seuil, 1986.

ture, modèle ou paradigme de toutes les autres : le langage [6].

Avant d'aborder le contenu des *Séminaires* de Dolto, voici quelques précisions sur les circonstances et les conditions de leur rédaction.

Dolto voulait donner une idée représentative de ce qui se passait dans son séminaire à l'Ecole freudienne. Elle a confié à son premier collaborateur pour ce travail, Louis Caldaguès, le soin de faire un choix et de rédiger les textes sous son contrôle et avec son accord. Elle a procédé de même ensuite avec moi en me donnant pour tâche d'effectuer un tri, dans une masse considérable de textes, de documents, parfois en mauvais état, car les transcriptions n'étaient pas toujours littérales. De sorte que les *Séminaires* sont des montages, il n'y a pas de meilleur mot, parce que le choix et l'assemblage des textes ont été effectués *a posteriori*, avec un souci de cohérence ou une prise en considération de la figurabilité, pour reprendre une expression freudienne, qui ne respectaient pas nécessairement la chronologie ni le contexte de leur énonciation par Dolto.

Ainsi, il arrive fréquemment qu'un cas soit présenté sans ses attaches, isolé de la situation où il a été raconté dans un séminaire, alors qu'il est en réalité une réponse à une question posée par un participant, lequel a préalablement exposé les difficultés qu'il rencontrait dans une psychothérapie. Dolto n'en détaillait donc pas nécessairement toutes les articulations, conservant seulement les arêtes saillantes.

Bon nombre des ouvrages de Dolto, et pas seulement ceux qui portent le nom d'un coauteur, ont été rédigés de cette manière. Il n'y a donc pas d'original, pas même un texte de référence tout à fait fiable. Un « rewriter » n'avait-il pas déjà remanié des transcriptions d'enregistrements plus ou moins fidèles que celles-ci étaient à nou-

6. Il n'est d'éthique que du bien dire, souligne Lacan, faute de pouvoir, Kant l'a montré, dire le Bien. Il y a une parenté entre la perspective de Lacan de fonder une éthique sur le langage et celle de Wittgenstein. L'un et l'autre soutiennent, avec conséquence, qu'il n'y a de vérité que du langage et, d'autre part, que la cohérence d'une science dépend de l'usage qu'elle fait du langage.

veau réécrites par un autre. Seule véritable garantie : l'aval final de Françoise Dolto. Chacun s'étant toujours efforcé de respecter la lettre de ses signifiants à elle, mais non celle de son style parlé, toutes les allitérations, les assonances, les lapsus, les néologismes, je ne parle pas des mots grossiers, etc., sont perdus ou gommés. Ils furent souvent censurés par elle ou par l'éditeur. Et c'est regrettable [7].

Il n'est donc pas possible d'*écouter* la parole de Dolto dans sa littéralité, comme on peut tenter de le faire encore avec celle de Lacan dans les versions inédites – et déjà très fautives – de son Séminaire. Cela ne saurait mettre un terme à un débat infini, celui de la fiabilité d'un texte qui n'aura jamais eu d'autre original qu'une parole, perdue – laquelle fut écoutée et entendue différemment, bien sûr, par un auditoire très vaste – et dont les transcriptions sont inévitablement lacunaires, erronées sur des points de détail, des mots, des noms. Les rapports que Dolto entretenait avec l'écriture de ses propres textes, qu'elle confiait à d'autres, clôt le débat pour ce qui concerne les ouvrages qu'elle a publiés de son vivant.

Elle a détruit avant sa mort toutes ses archives personnelles concernant ses cas, à l'exception des notes qu'elle avait prises sur des enfants de Trousseau, considérant qu'elles faisaient partie de leurs dossiers à l'hôpital. Subsistent dans la mémoire de ceux qui suivirent son enseignement des relations de cas tout à fait extraordinaires.

Une part importante de son séminaire n'a pas été éditée, parce que ses interventions lui apparaissaient comme redondantes ou trop peu significatives pour être retenues ; ou encore pour d'autres motifs, la question d'une publication éventuelle n'ayant par exemple pas été réexaminée. C'est ainsi qu'un séminaire consacré aux problèmes des enfants mongoliens et un autre à ceux des enfants sourds ne furent pas retenus.

Dolto estimait qu'un travail auprès des mères pouvait

7. Un exemple parmi tant d'autres : à propos d'un procès qui avait eu lieu au Québec concernant un frère aîné accusé d'avoir eu des pratiques homosexuelles avec son cadet, elle expliquait : « Le second prétendait qu'il l'avait pédéré. »

pallier les difficultés que rencontre l'enfant sourd de naissance. Elle-même avait alloué des sommes à une fondation qui devait travailler dans ce sens en permettant aux mères de communiquer le plus tôt possible par un langage gestuel avec un enfant dont l'infirmité était décelée très tôt.

Elle m'a raconté l'histoire d'un enfant sourd qu'elle avait eu en traitement et qui n'avait pas été à l'origine dépisté comme tel : on le prenait pour un arriéré et, même, pour un grand débile. Or, ce garçon a été capable d'une prouesse extraordinaire pour sauver sa mère. En pleine nuit, en pyjama, il a traversé à la nage un cours d'eau glacial, pour rejoindre le lieu où, habituellement, travaillait son père. Parvenu là, il a fait tous les signes qu'il pouvait pour faire comprendre quelque chose aux collègues de son père. Ceux-ci n'ont rien compris, bien sûr, si ce n'est qu'il fallait qu'ils se dépêchent d'aller au domicile de leur collègue. Ils ont emmené l'enfant en voiture et se sont rendus sur les lieux, pour y découvrir leur camarade en train de menacer sa femme avec une hache. Cet homme, au demeurant très brave, traversait alors une dépression grave pour des motifs liés à son épouse, mais également parce qu'il se rendait compte que son fils, considéré comme arriéré, n'allait pas pouvoir rester chez eux et qu'il allait être placé en institution.

L'homme a finalement entrepris une cure analytique. De son côté, son fils a suivi avec Dolto un traitement couronné de succès, puisqu'il est parvenu à faire des études secondaires. Cet enfant jugé débile alors qu'il était seulement sourd, était devenu caractériel : faute de pouvoir s'exprimer, tantôt il boxait sa mère, tantôt il restait seul dans un coin à déchirer des papiers comme un schizophrène.

Au moment de la scène dramatique entre ses parents, croyant que le père allait tuer la mère, il n'avait pensé qu'à une chose : chercher de l'aide au plus vite, donc aller en ligne droite, puisque, pour lui, toutes les relations dans l'espace ne s'établissaient que référées à son corps, dans l'immédiateté, selon Dolto; le plus rapide était de franchir la rivière à la nage, parce qu'il ne pouvait encore concevoir qu'il serait plus simple de faire un détour à pied, en passant par un pont. Il avait *agi*, et selon la voie la plus directe dans son espace de représentation, bien qu'elle ne le fût sans doute pas dans la réalité. Quoi qu'il en soit, devant cette initiative, on fit remarquer aux parents qu'à l'évidence cet enfant était intelligent, qu'il ne fallait pas le laisser ainsi. Aussi l'adressa-t-on à Dolto.

Sans raconter le traitement, elle m'a dit avec bonheur que ce jeune sourd « lui en avait fait voir de toutes les couleurs » : « Il me prenait la tête tout le temps, me secouait, me tirait les cheveux pour que je l'écoute. C'était merveilleux! car il n'avait que le corps pour me signifier qu'il avait quelque chose à me dire. » Cet enfant a pu apprendre à dessiner et à exprimer ainsi toute sa relation transférentielle à Dolto par de véritables bandes dessinées. Il acquit une manière de symboliser, alors qu'auparavant il ne disposait d'aucune autre expression que celle de son corps pour exprimer des affects, parfois intenses, de joie ou de chagrin. Dans ces moments-là, les enfants sourds ont les mêmes rires et les mêmes pleurs que les entendants, mais ils ne le perçoivent pas eux-mêmes. Selon Dolto, la névrose qui peut résulter pour un enfant sourd, comme pour un autre, de celle de sa famille se double d'une névrose à la fois phobique et obsessionnelle du corps à corps, consécutive à son état. En effet, les sourds ont connu dans la petite enfance des expériences d'impuissance radicale par rapport aux autres, et ils en ignorent la raison, puisqu'alors le langage n'était pas là pour nommer ni ce qu'ils voyaient « agi » par les autres, ni ce qu'ils ressentaient eux-mêmes.

Pour en revenir à la transcription des séminaires, des passages furent écartés parce que jugés par Dolto trop peu psychanalytiques. C'est ainsi que beaucoup de digressions et de commentaires très intéressants [8] ne furent pas

8. Par exemple, elle avait animé un débat public en présence de Luigi Comencini sur son film *L'Incompris*, parce qu'il était soucieux de connaître la réaction des enfants. La transcription existante comportait trop de lacunes. Loin de traduire en pulsions la situation de cet enfant qui, ayant perdu sa mère, se laisse mourir devant un père qui ne comprend que trop tard de quoi il s'agit, Dolto avait observé les réactions des enfants durant la projection du film et noté, en particulier, qu'ils ne s'identifiaient pas du tout aux mêmes personnages que les adultes.

publiés. Enfin, certains développements n'ont pas paru parce que le franc-parler de Dolto s'y donnant libre cours autrement qu'elle ne l'aurait fait devant un public différent, il pouvait sembler choquant de l'entendre proférer des sentences à l'emporte-pièce comme celles-ci : « Les Bretonnes sont des vaches », ou encore : « La prostitution, c'est déjà très bien, il y a un échange, du commerce, c'est déjà une sublimation. » Ou des jugements tranchés sur les difficultés à assumer la fonction paternelle pour les hommes dont toute l'éducation a été dirigée par des prêtres, parce que ces derniers ne sont pas des modèles phalliques crédibles pour des adolescents. Il aurait été trop compliqué d'édulcorer des séances qui avaient cependant toute leur force dans le contexte de leur énonciation.

Si Dolto pouvait être brutale et déconcertante, ce n'était pas par désir ostentatoire de jouer du paradoxe ou de l'énigme. Je ne cite que pour mémoire sa réponse à J.-B. Pontalis qui, en 1963, lui demandait – donc bien avant que Marguerite Duras n'accorde à l'infanticide l'épithète de sublime dans un quotidien – ce qu'elle pensait d'un événement qui avait alors défrayé la chronique : le meurtre d'un « enfant-monstre » par sa mère. Dolto, réagissant à chaud, répond : « Il fallait un amour fantastique pour arriver à donner la mort à son enfant », ajoutant aussitôt qu'il « eût mieux valu condamner » cette mère déclarée non coupable, puisque « c'eût été pour elle » qui avait risqué la prison « le signe qu'elle avait agi par amour [9] ».

L'éthique de Dolto se fonde sur un principe : il faut considérer l'enfant comme un sujet; et comme un sujet parfaitement capable d'entendre la vérité dont dépend son être et son devenir. Sujet à respecter entièrement dans les droits de sa personne non pas en vertu d'on ne sait quelle morale égalitaire, mais – c'est la conviction de Dolto – parce que seule une parole vraie peut lui permettre de retrouver son désir, d'exprimer sa souffrance et

9. F. Dolto et J.-B. Pontalis. Entretien, « Les Mères », revue *Les Temps modernes*, n° 200, janvier 1963, p. 1272-1282.

d'y prendre appui, donc de régresser éventuellement à une image de base d'où il retrouvera sa dynamique, au lieu de se laisser piéger dans le mensonge du roman familial. Le sujet est présent au jour de sa naissance, et on peut s'adresser à lui comme tel, dès ce moment [10].

Cet enfant sujet n'est pas le citoyen des droits civiques. Il ne s'agit pas de céder à tous ses caprices, c'est même tout le contraire. Néanmoins il est sujet en tant que personne, dans l'état d'immaturation motrice et de dépendance où le tient son incapacité originelle à s'exprimer par des paroles, mais par des cris, des gestes, des mimiques et un langage du corps. Il est sujet de plein droit, capable d'entendre la vérité – ce pourquoi Dolto affirme qu'il faut la lui dire, mais seulement dans le cadre d'une relation analytique ou psychothérapique, ou lorsque sa vie est en danger.

Or, il faut aux parents vaincre là une résistance presque insurmontable. Tous les parents, bien sûr, parlent au nourrisson, les mères accompagnent l'allaitement, les soins corporels, de paroles. Cependant la plupart des adultes refusent l'idée qu'on puisse lui parler sans enfantillage et, à plus forte raison, qu'on lui dise une vérité dramatique sur ses origines, son abandon par ses parents, etc.

L'audace extraordinaire de Dolto a été de le faire et, systématiquement, avec d'innombrables enfants de l'Assistance publique, abandonnés, orphelins, placés dans des familles nourricières : enfants auxquels souvent des parents adoptifs ont caché le secret de leurs origines, enfants placés temporairement par la DDASS et dont les nourrices veulent se considérer comme les mères. L'enfant, privé de ses véritables origines, ne peut pas avoir accès aux traumatismes dont il a souffert, puisqu'on lui arrache ses racines et qu'on efface son histoire personnelle sans laquelle il ne peut se construire. On en trouve de nombreux cas dans les *Séminaires*. Ainsi, celui d'un garçon de quinze ans à qui ses parents adoptifs n'avaient pas voulu révéler le secret de sa naissance. Il le découvre en analyse. Mais la première fois qu'il en parle à

10. On se souvient de Dolto disant à une enfant de quelques jours qui ne tète plus qu'elle veut peut-être retrouver sa grand-mère morte avant sa naissance.

sa mère adoptive, elle lui fait – c'est en ces termes qu'il le raconta ensuite à Dolto – « le coup de la robe de grossesse », sortant d'une armoire, comme preuve de bonne foi, la robe qu'elle était censée avoir portée en l'attendant [11].

Autre exemple, celui d'un garçon placé en institution qui retrouva en analyse le traumatisme de ses origines. Dolto l'assura qu'il pouvait retrouver dans ses souvenirs ce dont il avait souffert, à partir d'un dessin qui ressemblait à une carotte coupée; rien de plus. Au cours des séances lui revint effectivement le souvenir de la table (ronde comme la carotte coupée) où l'on parlait de sa mère lorsqu'il était enfant, placé dans une famille à la campagne, pendant la guerre. On disait d'elle qu'elle était une « putain », mot dont il avait toujours ignoré le sens mais qu'il n'entendait pas sans honte, à en juger par le ton de moquerie et les rires des autres quand sa mère venait lui rendre visite. L'amnésie infantile fut complètement levée en cure chez cet adolescent [12].

Les cas de ce genre – enfants abandonnés, d'allure paranoïaque, refusant le traitement, disant non à tout – amenèrent Dolto à une invention technique tout à fait féconde, une de ses trouvailles géniales qui n'opèrent qu'à condition que l'analyste soit persuadé de son bien-fondé. Il s'agit du paiement symbolique qu'elle institua systématiquement avec les enfants en traitement avec elle, dans les quinze dernières années de sa pratique d'analyste.

Elle demandait aux enfants, parfois âgés de quelques mois seulement, encore dans les bras d'une maternante, de lui apporter à chaque séance un paiement symbolique qui consistait, le plus souvent, en un caillou. Ce pouvait être aussi un ticket de métro usagé, une capsule, ou pour ceux qui avaient un peu d'argent de poche, une pièce de monnaie, voire une somme très modique pour un adolescent. C'est l'analyste qui détermine ce paiement symbolique, toujours de même nature de séance en séance. Ce paiement ne doit surtout pas avoir la valeur d'un cadeau offert à l'analyste, d'être un bel objet ou d'excéder

11. F. Dolto, *Séminaire de psychanalyse d'enfants*, 2, *op. cit.*, p. 97-98.
12. F. Dolto, *Inconscient et Destins*, *op. cit.*, p. 83-87.

le cadre du contrat conclu. On n'interprète jamais la signification de l'objet lui-même, pas plus que l'état d'un billet de banque chiffonné ou crasseux, dont la valeur est celle du chiffre qu'il porte. Si l'enfant n'apporte pas le paiement, on se contente de le lui faire remarquer, en lui disant que, ce jour-là, il ne veut sans doute pas de sa séance. Peut-être ne veut-il pas parler pour lui cette fois, mais pour quelqu'un de sa famille ? etc.

Dolto n'a pas inventé cette médiation à l'aveuglette, par simple analogie avec la rémunération financière du métier de l'analyste d'adultes, mais pour la fonction libératrice qu'il assure à l'égard de la personne sur qui l'on fait un transfert : que ce soit pour lui demander de l'amour ou pour avoir la possibilité d'exprimer toute la haine éprouvée à l'égard de parents qui sont morts ou qui n'ont jamais fait signe de leur existence [13], etc. C'est pour l'enfant le moyen d'assumer son analyse, moins par l'effort que représente la recherche d'un caillou ou d'un objet analogue que parce qu'il témoigne ainsi de son désir – positif ou négatif –, au lieu d'être un paquet porté par les bras d'une maternante, au nom de la bonne conscience d'une institution ou d'un fonctionnement administratif quelconque. Car, chez l'enfant comme chez l'adulte, il n'y a d'analyse possible que fondée sur la demande du sujet. La trouvaille de Dolto le confirme. Les résistances les plus fortes à cette innovation technique sont venues des psychothérapeutes d'enfants eux-mêmes, hésitant à reconnaître l'enfant comme un sujet à part entière.

Un certain nombre de précautions techniques qui furent dictées à Dolto, par l'expérience et par la logique même de sa pratique, sont aujourd'hui reconnues et adoptées par la plupart des thérapeutes d'enfants et sont des acquisitions irréversibles.

Parmi celles-ci [14], l'une qui paraît de simple bon sens et qui est indispensable à la mise en œuvre d'une relation analytique était souvent négligée avant qu'elle n'en soulignât l'importance : le thérapeute, à plus forte raison s'il

13. Outre le chapitre cité du *Séminaire de psychanalyse d'enfants*, 2, « Le paiement symbolique », voir également p. 143-144.

14. On les trouve énoncées au fil de ces trois *Séminaires* et dans les *Dialogues québécois* (*op. cit.*)

travaille dans une institution, doit se présenter comme tel à l'enfant et lui demander s'il sait pourquoi il vient en traitement. Faute de quoi, l'enfant peut se rendre à des séances comme il irait à des cours de piano ou de danse ou dans un centre de loisirs : pour satisfaire ses parents; imaginant qu'il a à faire plaisir à un monsieur ou à une dame en jouant avec eux, avec de la pâte à modeler ou des dessins. Dolto avait été frappée du cas de ce garçon dissocié, qui lui avait déclaré « j'ai mal à mon père », car il l'avait assurée qu'il n'avait jamais auparavant été en psychothérapie, alors qu'il avait suivi un traitement pendant deux ans. Il croyait qu'on lui demandait d'aller jouer chez quelqu'un.

L'une des autres grandes originalités de Dolto par rapport à beaucoup d'autres thérapeutes consiste à prendre en séance l'enfant, en tout cas les premières fois, avec sa mère s'il refuse d'en être séparé, si l'arrachement lui est insupportable. Elle se fonde sur la logique même qu'elle a mise au jour : donner la castration n'est pas imposer une frustration parfois mutilante à l'enfant et à la mère. S'ils sont encore dans une relation fusionnelle, mieux vaut en prendre acte, les écouter à tour de rôle, jusqu'au moment où l'enfant, voulant parler pour lui-même, mettra spontanément sa mère ou la personne qui l'accompagne à la porte de la salle de séance. Le petit enfant vit le monde à travers sa mère. C'est si vrai que, selon Dolto, il n'entend jamais mieux ce qui le concerne lui-même que lorsqu'il dort dans les bras de sa mère à qui parle le thérapeute. Elle pensait, du reste, qu'il n'y avait pas de psychoses infantiles, pas de troubles psychotiques précoces – donc avant le sevrage – chez les enfants africains, parce qu'ils ont une relation au monde entièrement médiatisée par le contact de corps à corps qu'ils ont avec leur mère [15].

15. C'est une idée qu'elle évoque passagèrement dans les *Dialogues québécois*. Elle se fondait sur une étude qui avait été menée notamment par Solange Faladé, psychiatre et psychanalyste elle-même d'origine africaine, en Ouganda. Dolto en avait retenu que le véritable moment traumatisant pour les enfants était celui du sevrage, qui a lieu bien plus tard qu'en Europe, vers l'âge de dix-huit mois, deux ans. L'enfant est alors séparé autoritairement de sa mère par un tiers, un homme de la tribu, et confié à une autre femme. Le petit enfant doit venir lui-même prendre sa nourriture au milieu du cercle des adultes et des jeunes, et il lui faut dépenser toute son énergie pour y parvenir. C'est une épreuve de lutte pour la vie. Dolto m'en a parlé en ces termes, tout en remar-

Dolto insiste sur l'importance des entretiens préliminaires avec les parents et l'enfant. Il n'est pas utile de les multiplier exagérément, pourtant ils sont indispensables à la réflexion des parents comme de l'analyste. Ils permettent de s'assurer surtout que l'enfant a bien une demande pour lui-même, ce qui se vérifiera ultérieurement dans les premières séances. C'est pour parler de lui qu'il vient, non pour faire faire aux parents l'économie d'un traitement personnel. Très fréquemment, c'est l'un des parents qui aurait besoin d'un traitement pour lui, tandis que l'attention se porte sur l'aspect plus ou moins spectaculaire ou bruyant des symptômes de l'enfant. Des mères viennent demander une thérapie pour leur enfant, alors que ce sont elles qui souffrent d'un problème névrotique. Un conflit dans un couple survient, alors qu'un enfant atteint un âge qui a une signification symbolique inconsciente pour l'un des parents : peut-être celui où son père ou sa mère ont perdu eux-mêmes un parent. Certains refusent de voir leurs enfants accéder à la puberté, craignant imaginairement d'être délogés d'une position névrotique, pressentant une rivalité. La naissance d'un enfant peut raviver un conflit, une situation traumatique refoulée.

Voici les éléments d'un cas de ce genre, celui d'une enfant mutique que son père allait voir dormir tous les soirs dans son lit, en cachette de sa femme [16]. La petite fille avait un mutisme d'origine psychogène; elle était prise, à son insu, dans un secret du père – secret dont elle était l'objet et l'enjeu déplacés. Cette enfant se trouvait observée dans son sommeil par son père, dans une intimité émouvante. Il avait un besoin compulsif d'aller voir sa fille lui-même avant de se coucher et de la regarder ainsi dormir, ce qui, d'après Dolto, maintenait l'enfant dans des pulsions de mort. C'est ainsi qu'elle caractérise le sommeil : des pulsions sans objet, quand le moi n'a plus à

quant que la situation avait sans doute beaucoup changé depuis l'époque où l'enquête avait eu lieu.

16. Je rapporte ce cas tel que Dolto me l'a raconté. Elle en a fait un récit plus détaillé dans un article intitulé « Visées et buts de l'action rééducative dans les troubles du symbolisme », revue *Pratique des mots*, numéro spécial, 4e trimestre 1973, p. 58-61.

faire valoir ses exigences ni à répondre aux sollicitations et aux problèmes de la vie réelle. Inconsciemment, cette petite fille était ainsi entretenue dans une relation très érotisée à son père. Elle était en traitement ailleurs pour son symptôme jusqu'au jour où Dolto, l'ayant reçue avec ses parents, s'était étonnée de voir ceux-ci refuser catégoriquement de la placer dans un internat spécialisé. Ils préféraient garder l'enfant chez eux plutôt que de la voir aller à l'école – en réalité, le père ne voulait pas renoncer à contempler sa fille tous les soirs. Intriguée, Dolto chercha l'explication de cette attitude singulière en menant séparément l'anamnèse avec les parents.

A ses questions, la mère répond que son mari a huit frères et sœurs. Puis Dolto interroge ensuite le mari de son côté et s'aperçoit que tout en lui déclarant, comme l'avait fait son épouse, qu'il avait huit frères et sœurs, elle-même n'en compte que sept, à reprendre son énumération. L'homme se trouble, fond en larmes et avoue à Dolto ce qu'il n'avait jamais dit à sa femme. Lorsqu'il avait quatre ou cinq ans, une petite sœur plus jeune que lui (âgée peut-être de deux ans) était morte.

Persuadé qu'elle ne le comprendrait pas, cet homme n'avait jamais pu confier à sa femme qu'en allant regarder sa propre fille dormir dans son lit, c'était sa sœur morte qu'il allait voir. Il était resté inconsolable et fixé, par une jalousie érotisée et extrêmement archaïque, à cette petite sœur morte.

Sa fille elle-même n'a pas eu besoin de traitement. Dolto précisait que l'une des rares fois où elle vit cette enfant, celle-ci bavardait comme une pie, à la grande déconvenue des parents qui trouvaient qu'elle était devenue mal élevée. Le père était d'un naturel taciturne et la mère, standardiste dans une poste, ne supportait pas qu'on lui parle quand elle rentrait chez elle. De sorte que l'enfant vivait les repas dans le silence. Sur le conseil de Dolto, la petite fille, toujours mutique, se mit à écouter des chansons à la radio. Or, un jour, invitée par un chanteur – parce qu'elle connaissait les paroles de ses chansons – à monter sur un podium installé pour Noël dans son école, elle fit un duo avec lui. Depuis sa mère trouvait qu'elle « faisait la mijaurée ».

Le dénouement du symptôme de l'enfant s'est effectué en quelques séances avec le père, lorsqu'il a laissé exploser en séance une terrible colère. Une colère contre Dolto, à qui il fit cet aveu : « Il n'y en a que pour Mademoiselle. » (Mademoiselle désignant alors, en complète équivalence, sa sœur morte et sa fille.) « Mademoiselle a tous les droits. C'est comme ça que je n'ai pas eu de draps brodés pour mon mariage, parce que, Mademoiselle, on lui a mis un linceul. » Tels étaient les effets d'une jalousie à l'égard d'un enfant puîné qui n'avaient jamais trouvé d'issue. Cette histoire clinique illustre bien un fait souvent relevé par Dolto : les parents peuvent attribuer inconsciemment à leur enfant la place d'un frère ou d'une sœur aimé(e) ou haï(e), etc. Dans ce cas, le père n'avait jamais fait le deuil de sa sœur. L'histoire trouva sa conclusion provisoire dans le fait suivant. Cette famille ne prenait jamais un jour de congé. Le père consentit à faire une exception et emmena sa femme, un dimanche, à la crypte de la cathédrale de Chartres, parce qu'il s'y trouvait une vierge dont il avait entendu raconter, enfant, qu'elle accomplissait des miracles. Il s'y était rendu avec ses parents lorsque la petite sœur était malade. Mais la vierge ne l'avait pas guérie. C'est pourquoi il n'y était jamais retourné. Il y revint, sans doute pour la remercier d'avoir guéri sa fille. Or, on appelle la crypte de la cathédrale de Chartres Notre-Dame-dessous-terre. « De sous taire », entendit une fois de plus Dolto [17].

L'insistance de Dolto sur les entretiens préliminaires a d'autres motifs. Ils permettent en obtenant une réponse à la question « qui souffre ? » – le parent ou l'enfant ? – d'éviter un traitement à l'enfant en lieu et place du parent. Dolto avait trop de respect vis-à-vis des enfants et d'expérience de la psychanalyse pour se faire prosélyte. Dans les dernières années de sa pratique, elle met en garde contre l'abus du recours à la psychothérapie dans une société qui tend de plus en plus à décharger les parents du peu d'autorité qu'ils veulent bien conserver, sur toutes sortes d'auxiliaires d'éducation et autres réparateurs d'enfances malmenées par les divorces, ou contre les

17. *Ibid.*, p. 61.

efforts désespérés des parents pour essayer de jouir comme des adolescents avant qu'il ne soit trop tard [18].

Elle préconise que les entretiens préliminaires aient lieu en présence des parents, tant que l'enfant n'a pas atteint sept ans [19], autrement dit l'autonomie corrélative à la fin de l'Œdipe. Le plus souvent, ces entretiens ont un effet résolutoire aussi rapide que suffisant, car ils permettent que s'effectue le plus important : la castration des parents. L'enfant est agité de fantasmes multiples parce qu'on le laisse encore dormir à tel âge dans la chambre, voire dans le lit parental. Ce sont les parents qui n'ont pas eux-mêmes renoncé à leurs propres fantasmes. Très directe, Dolto demande au père qui se plaint par exemple d'une telle situation : « Ça vous dirait de coucher avec votre fils jusqu'à ce qu'il ait vingt-cinq ans [20] ? » En général, le père n'a pas besoin de plus ample démonstration pour reprendre un peu de son autorité.

C'est un aspect essentiel de la prévention des troubles névrotiques : redonner au père sa parole dans sa famille, ce qui ne signifie pas lui fabriquer une image idéale ou idéalisée pour l'enfant, bien au contraire. Dolto demande toujours que la parole du père soit respectée dans la vie familiale, même lorsque la psychothérapie va à contre-courant. Pas question pour le thérapeute qui travaille dans un espace imaginaire, fantasmatique avec l'enfant de donner des directives au père, seul maître chez lui dans la réalité. Et si le père continue à battre l'enfant comme plâtre, l'analyste ne peut qu'aider celui-ci à ne pas provoquer de façon névrotique, érotique, le père pour être aimé ou rejeté par lui. Dolto reconduit la mère et l'enfant face à l'autorité paternelle et, quand celle-ci a trop fait défaut, à ses représentants. La fonction paternelle est organisatrice du développement de l'enfant, car le père sépare l'enfant de la mère. Le but d'une psychanalyse n'est pas

18. Dolto remarquait les changements introduits par les prothèses (dentaires et autres) qui permettent aux adultes de garder une apparence de jeunesse, bien au-delà de ce qui était possible à leurs parents ou ancêtres du début du siècle. Ce qui a pour effet des rivalités sexuelles entre parents et enfants, courantes dans certains milieux aujourd'hui, et qui étaient exceptionnelles autrefois.

19. Cf. notamment F. Dolto, *Séminaire de psychanalyse d'enfants,* 2, chap. I, « Entretiens préliminaires ».

20. *Ibid.,* p. 13.

de rembourser d'une demande d'amour jamais satisfaite ni de réparer un dommage subi. De nos jours, sinon à l'époque de Freud, elle semble avoir plutôt pour fonction de donner de l'interdit.

Dolto et Lacan ont soutenu, contre certaines lectures de la clinique du Freud des *Cinq psychanalyses,* que le psychanalyste ne devait pas prendre une position de père [21]. Ce point fait aujourd'hui l'unanimité chez les psychanalystes qui se réclament du nom de Freud. L'Œdipe est le fantasme structurant, à partir de l'âge de quatre, cinq ans, par lequel le sujet va assumer son être sexué. La triangulation, selon Dolto, est bien antérieure et la dyade fusionnelle mère-enfant un mythe : « En fait, la dyade est toujours une triangulation. La mère est pour l'enfant " bivocale ". Dès la vie fœtale, il perçoit mieux la voix de son père parlant à sa mère que la voix de celle-ci. Et sa mère est pour lui une mère encore plus vivante si le père lui parle [22]. »

Dolto ne tient jamais en analyse le rôle d'un père tout-puissant, non plus d'ailleurs que celui d'une mère attendrie. Elle est, comme la plupart des analystes, dans l'entre-deux qui ouvre le patient à l'Autre, sans s'identifier à cet Autre, lieu d'où revient au patient son propre message sous une forme inversée, comme le dit Lacan. Il

21. Et encore moins de père tout-puissant, comme le souligne Lacan dans « La relation d'objet », séminaire inédit, à propos de la position de Freud dans l'analyse du petit Hans. Freud, on le sait, dit à l'enfant venu avec son père un jour en consultation : « Bien avant qu'il ne vînt au monde, j'avais déjà su qu'un petit Hans naîtrait un jour, qui aimerait tellement sa mère qu'il serait ensuite forcé d'avoir peur de son père... » La réponse de Hans devant cette divination insolite ne se fait pas attendre puisque, sur le chemin du retour, il demande avec une pertinence admirable à son père : « Le professeur parle-t-il avec le bon Dieu, pour qu'il puisse savoir tout ça d'avance ? », *in* S. Freud, *Cinq Psychanalyses,* trad. de M. Bonaparte, R. Loewenstein, Paris, PUF, 1981, 10ᵉ édition, p. 120. Le texte allemand prête à Hans une question, presque en forme de conclusion « *Spricht denn der Professor mit dem lieben Gott... ?* » (Le professeur parle donc avec le bon Dieu...?); cf. S. Freud, *Gesammelte Werke* VII, p. 278.

Dolto adresse au Freud du « petit Hans » une critique de nature différente. Elle lui reproche de confondre pénis et phallus, soulignant que lorsque Hans demande à sa mère : « As-tu, toi aussi, un fait-pipi ? », il lui pose une question sur l'organe, le pénis, et non sur le signifiant, le phallus. Le petit Hans ainsi relu par Dolto est situé dans une problématique de la castration primaire, antérieure à l'Œdipe, malgré l'âge de l'enfant. Et Freud, par ignorance de la valeur des stades prégénitaux en tant que tels, se serait en la circonstance laissé abuser par sa vision exclusivement orientée par l'Œdipe.

22. F. Dolto, *Quand les parents se séparent, op. cit.,* p. 9.

n'empêche qu'elle analyse selon une asymptote qui mène du père idéal au père symbolique. Comme on l'a remarqué en maints exemples, ou bien elle restitue au père réel sa parole et son autorité, ou bien elle incite l'enfant à se construire d'après le père qu'il voudrait avoir, surtout s'il n'a plus de père réel, géniteur ou père légal. Elle cherche pour l'enfant l'accès au père symbolique, représentant de la loi de l'interdit de l'inceste, en explorant toutes les voies imaginaires qui peuvent y conduire. Elle va jusqu'à dire que le traitement se déroule bien plus vite et de façon beaucoup plus efficace pour des enfants qui n'ont pas été adoptés après la mort de leurs parents. Ils ne rencontrent pas ainsi les écueils de l'attachement et de la culpabilité envers un moi idéal qui les empêcherait d'exprimer leur colère contre leurs parents morts et de retrouver l'axe symbolique de leur vie, lequel pour Dolto s'exprime dans le commandement du Décalogue : « Honore tes parents ». Honorer ses parents, ce n'est pas leur ressembler par mimétisme ni leur obéir par peur ; ce peut être aller à l'encontre de leurs vœux et des pressions qu'ils exercent [23].

D'autre part, Dolto affirme qu'aux enfants abandonnés, orphelins particulièrement, il faut donner leur scène primitive. Que signifie-t-elle par là ? Qu'il faut leur dire la vérité sur leurs origines et leur permettre éventuellement de rencontrer leurs géniteurs s'ils le souhaitent. Ce qu'elle appelle scène primitive est l'inscription dans une histoire personnelle qui est celle du désir, plutôt que le

23. Françoise Marette utilisait déjà ce terme d'honneur en ce sens lorsqu'elle écrivait à son père en 1938, dans la mise au point de ses rapports avec ses parents : « Il n'y a rien dans ma vie qui ne puisse honorer mes parents, mes amis, mon milieu et il n'y a jamais rien eu. » Copie de la lettre du 15 juin 1938, à son père, *Correspondance, op. cit.*, p. 562. On peut rappeler ici que Freud lui-même déclarait qu'il avait des principes moraux, qu'il n'y pouvait rien, sans laisser supposer qu'il les ait acquis ou modifiés par la psychanalyse. D'autre part, on connaît ce fameux passage d'une de ses lettres au pasteur Pfister le 9 octobre 1918 : « Pour être franc [...] l'éthique m'est étrangère [...] Je ne me casse pas beaucoup la tête au sujet du bien et du mal, mais en moyenne je n'ai découvert que fort peu de " bien " chez les hommes. D'après ce que j'en sais, ils ne sont pour la plupart que de la racaille, qu'ils se réclament de l'éthique de telle ou telle doctrine – ou d'aucune. [...] S'il faut parler d'une éthique, je professe pour ma part un idéal élevé, dont les idéaux qui me sont connus s'écartent en général d'une manière des plus affligeantes. » *Correspondance de S. Freud avec le pasteur Pfister*, trad. de L. Jumel, Paris, Gallimard, coll. « Connaissance de l'inconscient », 1966, p. 103.

fantasme. L'enfant peut bien sûr fantasmer une scène primitive orale, anale, génitale, sadique, masochiste. Mais ce n'est pas ce qui intéresse Dolto ici, contrairement à M. Klein, intarissable sur les mécanismes imaginaires complexes – projectifs notamment – qui la constituent. Elle n'est pas à entendre comme le fantasme terrorisant de la scène originaire (toute de regards dévorants) reconstituée dans l'analyse de « l'homme aux loups » par Freud. On peut analyser les fantasmes liés à la scène primitive telle qu'elle se révèle dans les productions inconscientes de l'enfant. Mais il serait erroné de croire que Dolto donne une scène primitive « réelle » à l'enfant. Elle lui dit qu'il est le produit d'une réalité. La rencontre de deux désirs a eu lieu entre deux humains et lui a donné naissance. Ce n'est pas plus que cela, pourtant c'est aussi capital que de lui énoncer la différence des sexes. Parce que cela lui permet de ne pas exister comme un être fantomatique, dissocié, vivant dans une autre planète, les yeux dans le vague, comme l'enfant qui avait « mal à son père », parce qu'il n'avait – pour reprendre un mot que Lacan utilisait dans un autre contexte – d'autre choix que de « parier du père au pire » : il ne savait pas s'il était le fils de son père, mais moins encore, si c'était souhaitable, puisque son père était atteint d'une maladie mortelle, héréditairement transmissible seulement par les hommes, une myélite ascendante.

La scène primitive dans la pratique de Dolto, est un schème symbolique qui ouvre le sujet à son histoire : « Un enfant peut mourir parce qu'on ne lui a pas donné sa scène primitive, et donc sa fierté d'être au monde. Ce n'est pas dévalorisant d'avoir des parents qui n'ont pas pu aller plus loin que d'assumer un enfant jusqu'à sa naissance, puis de l'abandonner. Mais l'enfant est l'objet de projections dévalorisantes de la part des autres. On pourrait presque dire qu'ils sont jaloux qu'un enfant puisse vivre en se passant de ses père et mère [24]. » Voilà une des exigences techniques et éthiques constantes de Dolto. Elle-même ne croit pas possible de mener le traitement d'un enfant sans lui rendre son narcissisme, en lui disant

24. F. Dolto, *Séminaire de psychanalyse d'enfants*, 1, *op. cit.*, p. 18.

la vérité de ses origines, réalité à partir de laquelle il peut exprimer sa souffrance, sa colère, mais également son désir de vivre. Le terme de scène primitive, tel que Dolto l'utilise, peut prêter un peu à confusion, notamment par rapport à la tradition kleinienne, qui fait du fantasme de l'enfant la seule matérialité psychanalytique. Dolto part d'un constat : si l'enfant a survécu à la mort de ses parents, c'est qu'il a plus de force qu'un autre ; il faut le lui dire en ces termes et l'en féliciter. Bien peu d'analystes sans doute auront eu cette audace avant elle.

Comme critères ou plutôt signes de la fin d'une psychothérapie, elle indique que l'enfant doit être parvenu à une représentation fantasmatique de la mort – car la mort signifie la fin de la relation que l'on a avec une personne [25]. On ne sait pas jusqu'à quel point un enfant peut fantasmer sa mort [26] et, de ce fait, guérir d'une psychose, disait-elle [27].

Tout aussi éclairante est la position de Dolto concernant l'Œdipe : « Je pense vraiment que l'Œdipe de l'enfant doit se faire sur ses parents ; nous, psychanalystes, nous pouvons seulement aider l'enfant à passer l'Œdipe, mais c'est quelque chose de si important dans sa vie que nous n'avons pas à prendre la place du père qui interdit que la vie imaginaire et fantasmatique de l'enfant, ou ses cauchemars même, envahissent la vie de la maison, cassent les pieds de toute la famille. C'est au père de prendre lui-même l'autorité, non au psychanalyste [28]. »

Dolto tranche ainsi dans le débat qui opposait M. Klein et A. Freud sur la question de savoir si les enfants font un

25. Cf. notamment F. Dolto, *Séminaire de psychanalyse d'enfants*, 2, *op. cit.*, chap. XIV, « Les signes de la fin d'une analyse d'enfant ».

26. Elle interprétait comme mort fantasmée l'expérience de transe quasi chamanique de la petite Bernadette avec sa poupée-fleur, demandant à son père de l'aider à tuer la guenon qui symbolisait sa psychose. On se souvient aussi du petit garçon qui avait mimé sa propre mort en séance en se jetant par terre, montrant comment il avait été foudroyé par la mort du vieillard qui s'occupait de lui. Fantasmer sa propre mort signifie là tuer l'enfant fou que l'on a été.

27. Il n'empêche que « F. Dolto pense qu'il y a aussi de très bons analystes qui n'ont pas été jusqu'à l'acceptation de la mort, en commençant par celle de leurs parents, et même de leurs enfants ». Ce sont les termes d'un compte rendu de discussion à l'Ecole freudienne, paru dans *Les Lettres de l'Ecole freudienne*, n° 8, janvier 1971, p. 142.

28. F. Dolto, *Séminaire de psychanalyse d'enfants*, 2, *op. cit.*, p. 203.

transfert. Pour elle, c'est l'évidence. Dans le même chapitre, elle indique qu'avant l'Œdipe, « on fait de la psychothérapie de l'oral et de l'anal [29], en soutenant le rôle castrateur du père chez lui. En revanche, une fois que l'enfant a atteint sept, huit ans, s'il a dépassé l'Œdipe, il faut le prendre seul en séance, puisqu'il est de fait autonome.

Ce chapitre montre combien Dolto, en particulier avec des enfants en période de latence, fait fonctionner le principe de réalité. J'ai déjà dit qu'il était dans sa technique un dérivé du Symbolique. Elle confronte l'enfant à son propre dire et à sa capacité ou non à réaliser ses projets. Toutefois tant qu'il n'est pas en mesure de dessiner un vélo aux proportions correctes, c'est qu'il n'est pas encore capable de monter dessus [30].

Une des caractéristiques de la technique de Dolto, qui surprenaient certains des analystes qui travaillaient avec elle, est l'importance qu'elle accordait justement à des éléments extérieurs au discours de l'enfant, à des éléments empruntés à la réalité. Elle admet la pertinence des questions qui lui ont été adressées à ce propos par ceux mêmes qu'elle a formés à Trousseau. Elle les récapitule elle-même ainsi : « Est-ce que Dolto ne privilégie pas trop des faits historiques réels, datés, plutôt que des signifiants de l'enfant et de sa famille, tels qu'ils apparaissent dans l'*ici* et le *maintenant* de la relation transférentielle ? – Ils ont raison, mais ils l'ont bien remarqué, c'est au départ des traitements une manière de poser à l'enfant en lui parlant comme sujet tous les signifiants qui ont entouré son être dans l'espace chaque fois qu'il a été devant un médecin ou une personne qui lui posait des questions sur son habitus bizarre [31]. » Elle prend soin de le souligner : elle ne parle jamais elle-même des faits, cependant elle pose des questions sur la façon dont ils ont été ressentis. Ce qui importe n'est pas le fait qu'une mère ait voulu avorter de

29. *Ibid.*, p. 204.
30. *Ibid.*, p. 205.
31. « Table ronde sur les effets de la transmission de la psychanalyse... Autour de Françoise Dolto », *Lettres de l'Ecole freudienne* n° 25, vol. 2, juin 1979, p. 245. La liste de ceux qui lui rendent hommage à cette Table ronde est trop longue pour pouvoir être citée.

son enfant, mais ce qu'il a ressenti lorsqu'il l'a appris, ce qu'il a pensé de la manière dont sa mère lui en a parlé, l'âge où il l'a su, etc. D'autant que toute la force et la vitalité du sujet lui viennent sans doute de s'être construit contre ce désir mortifère. Le fait n'est rien en lui-même en psychanalyse, laquelle ne consiste qu'en dires sur d'autres dires.

Dans ce même chapitre du *Séminaire 2*, il est également question de la valeur diagnostique des dessins d'enfants. Certains ont une signification fondamentale dans l'analyse. Les différents états de la représentation de la maison que l'on trouve dans le *Séminaire 1*[32] le révèlent. L'enfant capable de représenter géométriquement une maison – un carré surmonté d'un triangle – peut lui donner aussi bien les proportions d'une « niche à chien » que celle d'un « minaret » ou du « clocher d'une église », selon qu'il se ratatine ou qu'il est porté par une éthique mégalomane. Dolto notait que même chez des enfants d'une civilisation qui ignore les maisons, par exemple celle des Bédouins qui vivent dans des tentes, le thème de la naissance est toujours représenté par des fenêtres à croisée.

D'une façon générale sont typiques les dessins dans lesquels « le toit n'est pas dans l'axe de la maison[33] ». C'est l'indice d'une relation non stabilisée entre le moi et l'autre – ce qu'elle appelle le « moi-toi » ou pré-surmoi. Quand un enfant écorne dans son dessin la forme trapézoïdale d'un bateau ou d'une maison, il fait signe, répétitivement, que dans son image du corps, dans sa représentation de lui en rapport avec l'autre quelque chose a été « entamé » précocement, toujours à cette époque du pré-surmoi, c'est-à-dire à l'âge oral, avant l'accès à la parole.

Aussi bien, Dolto fait ressortir comme élément caractéristique d'une structure équilibrée, chez un enfant ayant dépassé l'Œdipe, un dessin comportant trois plans différents avec trois roues « bien centrées » et trois personnages bien « campés[34] ». La registration en trois niveaux, bien

32. *Séminaire...*, 1, *op. cit.*, p. 133-134 et 229-232.
33. *Ibid.*, p. 230.
34. *Séminaire de psychanalyse d'enfants*, 2, p. 207.

qu'elle ne l'explique pas, renvoie naturellement à la triangulation œdipienne.

Le chapitre XII des *Dialogues québécois,* intitulé « Le dessin en psychanalyse d'enfants », donne une idée de la manière dont Dolto lisait, comme à livre ouvert, la structure psychique d'un enfant d'après le code des couleurs qu'il utilisait et la dynamique des formes dessinées.

A propos du cas d'un garçon de sept ans et demi, Christian, qui lui est présenté comme obsessionnel par son thérapeute, elle remarque que la répartition des couleurs indique tout autre chose dans ses dessins : il colorie la queue, le cou des oiseaux, en vert. Elle conclut : « bien qu'obsessionnel dans son comportement, cet enfant ne l'est pas du tout dans sa vie intérieure. Un véritable obsessionnel ne mettrait pas du vert à des endroits aussi importants que les racines, la queue, le cou ». Poursuivant son déchiffrement, elle y voit la confirmation de son intuition : ce garçon aurait été désiré comme fille par sa mère. Du reste, il a dessiné une coquille de couleur violette, « c'est-à-dire sans sexe », car « c'est la couleur préférée des enfants des deux sexes au premier âge [35] ». Encore à propos du même dessin, elle relève que Christian a représenté avec une exactitude mathématique la spirale de cette coquille d'escargot, ce qui témoigne « d'une dynamique de départ formidable » : « l'escargot est la première image motrice dans le dessin d'enfant [36]. »

Dolto a inventé pour elle-même un style d'analyse freudien – elle disait, par modestie, psychothérapie analytique –, ajusté à la particularité de la relation avec les enfants. D'où parfois ses traitements en très peu de séances [37], même étalés sur une longue période. A l'inverse, elle pouvait aussi bien, pour permettre à une personne résidant en province de suivre une analyse avec elle à Paris, programmer des suites de séances intensives, une par jour, pendant deux ou trois semaines, pour éviter des déplacements aussi longs que coûteux.

Quant à la durée des séances, elle disait qu'avec les

35. *Dialogues québécois, op. cit.*, p. 282.
36. *Ibid.*.
37. Elle dit même franchement qu'il n'est pas utile, selon elle, de multiplier les séances avec les psychotiques, car beaucoup sont inutiles.

adultes elle était chez elle de cinquante minutes. Cependant Dolto a toujours procédé comme semblaient l'exiger à la fois le cas et ses possibilités à elle. Elle ne s'est jamais sentie tenue à des standards formels; l'essentiel était que le cadre de la relation instaurée fût maintenu, avec les accommodements qu'elle jugeait appropriés. Ainsi, elle a raconté un cas intéressant à plus d'un titre, notamment par le fait que la patiente, psychotique semblait-il, marmonnait de telle façon que son discours était inintelligible, ce que Dolto respecta pendant des mois. Elle n'entendit que trois rêves qui purent être interprétés. Cette jeune fille était jumelée à sa sœur et avait besoin de castrer l'Autre femme. Dolto avait noté : « Je n'entends rien. Il faut croire qu'il faut que je n'entende rien [38]. » Elle avait accepté mais avec précaution, par crainte d'être manipulée par la patiente, de modifier les horaires des séances.

Elle mentionne également un cas pour lequel elle fit exception à la règle de l'horaire, aussi stricte que celle du paiement. Il s'agissait d'une femme, à la limite de la psychose et qui devint, grâce à son analyse, une très bonne psychanalyste. Cette patiente n'est jamais venue à l'heure à ses séances. Dolto avait fixé neuf heures, elle vint à neuf heures et demie, puis à dix heures. De sorte qu'à la fin du traitement, à la séance fixée à neuf heures du matin, elle arrivait à six heures du soir. Dolto s'était contentée de noter chaque fois le décalage, sans jamais rien dire, sans chercher à l'interpréter. (L'analyste n'est jamais où l'on croit.) Et la patiente finit par poser elle-même la question à la fin de sa cure, observant : « J'arrivais en retard en espérant que vous ne me prendriez pas. Mais vous m'avez toujours prise [39]. » Cette femme était née un mois trop tôt, à la suite d'un accouchement provoqué à la demande des parents, sous prétexte que « la grand-mère maternelle n'ayant pas eu ses règles longtemps avant d'être enceinte, on avait craint que le même phénomène ne se reproduise pour sa mère et qu'elle n'ait une grossesse prolongée [40]. »

38. F. Dolto, *Inconscient et Destins, op. cit.*, p. 172.
39. F. Dolto, *Dialogues québécois*, p. 100.
40. *Ibid.*, p. 100-101.

Le traitement des enfants psychotiques suscite parfois chez l'analyste un endormissement, un sommeil pendant la séance, qui n'est en rien imputable à sa fatigue personnelle. Là encore, c'est une manière pour l'enfant de castrer l'analyste et d'accroître sa propre vigilance puisque l'analyste lui fait ainsi confiance : « Ce qui est curieux [...] c'est que, par exemple, les psychotiques qui sont des " casse-tout " sont le plus souvent ceux qui vous endorment. Or, quand ils ont endormi le psychanalyste, ils ne font jamais de déprédations [41]. » Alors, le psychanalyste accepte d'être dans les pulsions de mort et de prendre à son compte cette vie végétative, laissant l'enfant plus libre dans la part active de sa libido.

Dolto a une conception très particulière de la pulsion de mort, je l'ai indiqué précédemment. D'une part, contrairement à Freud, elle utilise toujours cette expression au pluriel comme par symétrie avec les pulsions de vie. C'est d'autant moins justifié que Freud a une conception biologisante et radicale de la pulsion de mort, comme retour à l'inorganique; elle désigne le fond essentiellement répétitif qu'il y a dans toute pulsion. Dolto admet que la pulsion de mort puisse être destructrice au sein même de la vie, notamment c'est le cas dans l'anorexie mentale. Néanmoins, le plus généralement, elle désamorce cette expression de son contenu destructeur et lui cherche un corrélat biologique ou corporel concret. C'est pourquoi elle appelle le sommeil pulsions de mort, pulsions sans objet : « Les pulsions de mort se caractérisent d'être sans représentation résiduelle de relations érotiques à l'autre. Elles sont le fait d'un corps non alertable par le désir. » Elles « incitent régulièrement le sujet à se retirer de toute image érogène, comme dans le sommeil profond, comme dans l'évanouissement [42]... ». Cette conception neutralise en quelque sorte le potentiel négatif de la pulsion de mort. Dolto se démarque ainsi nettement de l'acception du même terme chez M. Klein, qui commettant un contresens sur la pensée de Freud, finit par appeler pulsion de mort l'agressivité en général.

41. *Séminaire de psychanalyse d'enfants*, 2, p. 154.
42. F. Dolto, *L'Image inconsciente du corps, op. cit.*, p. 34.

La conception de Dolto présente pour elle un double avantage : elle met entre parenthèses la mort réelle et fait de la pulsion de mort un régulateur, un facteur d'équilibre quotidien, le repoussoir et le tremplin des pulsions de vie. Elle intègre ainsi une fonction biologique comme limite du fonctionnement psychique. C'est pourquoi les pulsions de mort doltoïennes se retrouvent dans toutes les formes où le sujet s'oublie, depuis l'incontinence (énurésie, encoprésie) jusqu'à la pathologie grave, l'autisme, les absences épiléptoïdes, etc.

Dolto m'a raconté un cas dont je peux donner certains éléments, illustrant pour elle le fait qu'on ne saurait mener une psychanalyse si l'on ne croit pas à la pulsion de mort freudienne – ce qui est légèrement paradoxal, vu l'usage qu'elle en fait.

Il s'agissait d'une petite fille qui avait un nombre effarant d'absences épileptiques à la minute. Le nombre se réduisit considérablement à la fin du traitement. Cette enfant présentait, entre autres symptômes, un gonflement du cou lorsque le temps était humide. Elle avait alors le cou « proconsulaire » – le mot est de Dolto –, comme la « femme aux chats » – j'ai rappelé le cas plus haut.

Le médecin qui traitait l'enfant d'autre part pour des séquelles d'une affection ORL refusait l'idée qu'il pût y avoir une origine non organique à ses troubles et se montrait farouchement opposé à la psychanalyse. Pourtant, la mère voyant son enfant incapable de progresser à l'école, et suivant peut-être les conseils de l'institutrice, se décida à l'amener à Dolto qui la guérit de ses troubles psychotiques.

La constellation familiale se présentait ainsi : la mère de cette enfant était la fille d'un intellectuel de valeur. Elle avait une sœur cadette. Leur père recevait souvent à dîner des élèves et, parmi eux, un jeune homme en position de disciple. Un jour d'orage et de pluie battante, ce jeune homme tente de violer la fille aînée qui se refuse à lui avec la dernière énergie ; il répand son sperme sur elle sans la déflorer. Quelque temps après, elle se trouve pourtant enceinte. Pour respecter les convenances, le père la marie à son disciple. Cette femme s'est ensuite toujours refusée à cet homme qu'elle avait dû épouser à son corps défendant. Qu'à cela ne tienne, il jeta ensuite son dévolu sur sa belle-sœur, sans non plus consommer l'acte sexuel avec elle (il se bornait à des attouchements et à des caresses) et resta dans une relation d'homosexualité avec son maître.

Dolto n'apprit une bonne part de l'histoire familiale que de façon indirecte et après la cure de l'enfant.

Celle-ci vivait dans plusieurs mondes, sept planètes, disait Dolto, correspondant à des lieux de vie stratifiés. Dolto essayait de capter son attention entre deux absences, en lui disant : « Tu viens de rêver. Essaie de dessiner ce que tu viens de rêver. » C'est ainsi qu'au cours d'un traitement qui fut long, se sont dégagés peu à peu les différents mondes imaginaires de l'enfant. Elle parlait par exemple d'un monde où tout était en pierre : les gens, les maisons, les arbres. Quand il pleuvait, les gens sortaient de niches en pierre et se promenaient comme l'auraient fait en quelque sorte des stèles. Ils étaient contents quand il pleuvait, car ils pouvaient sortir. Dès que la pluie cessait, ils rentraient.

Le moment tournant de la cure fut l'approche d'un souvenir-écran, rêve ou fantasme – Dolto ne se souvenait pas –, lié à l'équivoque d'un signifiant. Cette enfant décrivit une scène comme ayant réellement eu lieu : elle était dans le jardin de son grand-père, dans une sorte d'appentis où l'on rangeait pelles et râteaux, une niche à chien, comme celle d'où sortaient ses personnages de pierre. Elle avait la conviction d'avoir vu, de cet endroit-là, au fond du jardin, un paquebot se couper en deux et s'effondrer dans la mer. Ce rêve (ou ce fantasme) apparut lorsque le travail analytique se concentra sur les absences de l'enfant, ses chutes en arrière. Il apparut que le bateau, un *transatlantique*, était tout simplement une chaise longue de jardin. Or, l'enfant avait dû voir son père y embrasser sa belle-sœur (la tante de l'enfant) et la renverser.

Dans les séances suivantes, il fut question de cette tante, laquelle avait voulu faire le portrait de sa nièce. Or, l'enfant ne comprenait pas pourquoi elle l'avait peinte portant un panier de cerises alors qu'elle avait posé avec des fleurs. Dolto associa avec l'enfant sur la différence entre fruits et fleurs, l'amenant à des questions sur la procréation et se fit, par-devers elle, la remarque suivante : si la tante n'avait pas peint sa nièce avec des fleurs mais avec des cerises, c'est que son beau-frère ne lui avait pas pris sa fleur à elle et qu'il ne lui donnait que des baisers (les cerises).

Le fantasme du transatlantique était pour l'enfant comme un point de butée, puisqu'elle dit à Dolto qu'elle le revoyait chaque fois qu'elle allait dans la petite cabane du jardin. Dolto associait que les pelles et râteaux sont comme pénis et vagins, d'autant qu'ils servent à travailler la terre (représentation commune de l'acte sexuel). Et avec la terre, une fois de plus, le « taire ».

Certains éléments de ce cas n'ont pas été élucidés par Dolto. Pourtant, elle soulignait que la pluie, l'orage renvoyaient à quelque chose du viol sans pénétration de la part du père, décidément homosexuel, comme son beau-père, alors que, de leur côté, la grand-mère, la mère et sa sœur n'avaient pas de vie génitale satisfaisante. L'enfant avait été élevée par deux hommes et trois femmes, cinq personnes dont aucune n'avait eu une vie génitale véritable.

Le gonflement du cou chez cette petite fille était lié à une érotisation de son corps, en rapport avec le jour d'orage, la pluie, la scène primitive insolite dont elle était née, et qui l'avait laissée pendant un temps dans ce symptôme animal et végétatif à la fois, mais à signification humaine : il s'agissait d'un langage. Le symptôme, inscrit dans le corps, était un début de métaphorisation de l'énigme de son origine.

Cette petite fille a guéri, c'est-à-dire qu'elle a pu suivre une scolarité normale et prendre en charge elle-même le problème de ses absences, demandant seulement à ses camarades de la pousser un peu quand elle se figeait dans une pose photographique. Elle oscillait en permanence entre des pulsions de vie et des pulsions de mort : elle s'endormait, se réveillait, s'endormait, etc., constamment. C'est un de ces cas princeps dont Dolto savait que, même dans cet état brut, il avait une grande valeur d'enseignement pour les jeunes psychanalystes. Il lui avait beaucoup appris, disait-elle, et d'abord à être prête à tout entendre, sans mettre en doute la parole de l'enfant, au lieu de se hâter de comprendre.

Lacan a fait prévaloir dans l'explication des psychoses une forme particulière de rejet, la forclusion. Dans sa lecture de « l'homme aux loups » de Freud, il postule un mécanisme à l'origine de la psychose qui est un défaut de symbolisation primordial : des représentations n'ont pas été admises dans l'inconscient, notamment celles qui concernent la reconnaissance de la différence des sexes. Plus généralement, ce qui rend compte de la psychose pour Lacan est l'absence d'une fonction symbolique qui organise tout le champ des significations pour le sujet. Cette fonction, le « Nom-du-Père », est le principe qui donne sens en particulier à l'ordre des générations. La génération est symbolique puisque l'identité du sujet humain, marquée par l'interdit de l'inceste, s'inscrit dans le langage. Le Nom-du-Père est la référence qui demeure pour le sujet, une fois le père mort. Pour reprendre une formulation de Dolto, ce père mort, c'est le père du passé pour le sujet, celui de son Œdipe. L'Œdipe est précisément le fantasme structurant qui échoue à s'élaborer dans la psychose. D'où les délires généalogiques, par exemple.

Or, Dolto ne marque son accord avec la conception de Lacan que pour mieux la refuser, en définitive. Selon elle, l'existence de traces dans l'inconscient permet, en principe, au sujet d'y avoir accès par la psychanalyse, tandis que, pour Lacan, la psychose provient du défaut d'inscription symbolique de ces traces. Dolto maintient fermement la possibilité du transfert et d'une levée de l'amnésie infantile chez des sujets psychotiques, refusant que la psychose reste inaccessible à l'analyse. Enfin, dans le droit-fil de Freud, elle postule que la psychose, « la forclusion est peut-être hyper-hystérique [43] ». Freud dit en effet, dans un de ses textes ultimes sur la psychose et le mécanisme du déni : « Je pourrais appliquer au délire ce que, jadis, j'ai

43. Voir F. Dolto, *Séminaire de psychanalyse d'enfants,* 2, chap. XI, « De la forclusion », en particulier p. 177-178.

énoncé pour la seule hystérie : le malade souffre de ses réminiscences [44]. » Dolto se fondait en particulier sur des cas comme celui d'un adolescent de treize ans, schizophrène qui, lors d'une séance, avait répété les paroles entendues « lors du drame de son adoption », alors qu'il était âgé de deux jours seulement. « Il s'est mis à parler en double voie, une voix aiguë et une voix grave ; une voix geignarde et une voix agressive : "Mais si je veux le garder. – Non salope ! Salope ! Tu ne l'auras pas [45] ". » C'était le dialogue qui avait opposé sa grand-mère et sa mère – sa génitrice. La grand-mère, après avoir tenté de faire avorter sa fille, l'avait obligée à faire adopter l'enfant à sa naissance, dans une clinique, au terme de violentes disputes qui avaient duré deux jours entre elles. Comme une bande magnétique, la mémoire de l'enfant avait enregistré ces paroles où se jouait son destin.

Dolto use du terme de forclusion comme synonyme de rejet au sens large et non dans l'acception spécifique que lui donne Lacan [46]. Elle emploie volontiers dans un sens voisin le mot « scotomisation [47] » (qui vient de Laforgue et de Pichon), sans doute parce que ce terme appartient au registre visuel, prévalent chez elle [48].

Lacan et Dolto ne parlent pas du même ordre de faits, semble-t-il. Lacan cherche un mécanisme unique au principe des psychoses d'origine non organique. Certaines représentations n'ont pas été admises dans l'inconscient, une symbolisation première (la *Bejahung*, dans le langage de Freud) n'a pas eu lieu. Il ne s'agit pas de pures traces. Quoi qu'il en soit, la conception lacanienne de la forclusion du Nom-du-Père s'est révélée très féconde pour la recherche analytique qui l'a adoptée comme principe uni-

44. S. Freud, « Constructions dans l'analyse » (1937), *in Résultats, idées, problèmes II,* trad. de J. Laplanche, *op. cit.*, p. 280. Un des commentaires les plus serrés de ce texte de Freud est celui de Claude Rabant, *Inventer le réel. Le déni entre perversion et psychose*, Paris, Denoël, coll. « L'espace analytique », 1992.

45. F. Dolto, *Séminaire...* 2, *op. cit.*, p. 167.

46. On trouve dans *Le Cas Dominique* par exemple l'expression « forclusion du moi », ce qui n'a pas de sens dans la théorie de Lacan.

47. Elle parle ainsi du frère aîné de Dominique, Paul-Marie « scotomisant obsessionnellement » le sexe des filles et donc le sien. F. Dolto, *Le Cas Dominique, op. cit.*, p. 140.

48. « Scotome » dans le langage médical vient du grec *skotos* qui signifie « obscurité ».

ficateur d'un point de vue théorique. Elle n'est pas en elle-même un levier thérapeutique.

Au contraire, Dolto n'a pas cherché à élaborer une théorie unifiée de la psychose : on a pu voir, entre autres, l'importance des troubles de l'oralité, le rôle décisif de la jalousie à l'égard du puîné et la complexité d'un mécanisme de répercussion des troubles, qui implique nécessairement trois générations. Elle n'excluait pas l'incidence d'autres facteurs étiologiques encore [49].

Elle a exposé lors de congrès [50] de l'Ecole freudienne des cas de psychose parmi les plus démonstratifs. Certains seront repris dans *L'Image inconsciente du corps* et ses *Séminaires*. Elle n'a pas fait figurer parmi ces derniers les cas d'adultes dont elle avait parlé alors. C'est dommage car c'est souvent à propos de l'adulte qu'elle fait des remarques extrêmement précieuses et pénétrantes sur la psychose en général. Elle affirme que les psychotiques, « héros de notre société », souffrent de ne pas trouver le « moi auxiliaire » qu'ils cherchent comme tout un chacun : « Ils haïssent leur image, tant leur visage que leur présentation de silhouette et de corps [51]. » Ils « ont perdu la possibilité de trouver un moi auxiliaire dans un humain [52] ». C'est à l'analyste de se hâter de trouver le moyen d'être ce moi auxiliaire pour eux.

Une autre remarque clinique de portée générale, très importante, est la suivante : il n'y a pas de psychose d'adultes dans laquelle elle n'ait pas vu, dit-elle, l'incidence d'un idéal du moi familial incarné par un infirme ou un vieillard sénile : il suffit que toute la famille révère un ancêtre plus ou moins gâteux ou délirant, qu'un infirme serve de modèle à un enfant, pour que celui-ci se sente appelé inconsciemment à ressembler à ce modèle

49. Ainsi, elle s'interrogeait sur le changement de la relation au sein maternel, observant que l'usage du biberon depuis deux générations l'avait certainement modifiée : la mère et la grand-mère n'ayant pas connu elles-mêmes la sécurité procurée par la relation au corps de la mère.

50. En particulier, F. Dolto, « A propos d'enfants psychotiques » *in* « Journées de novembre 1975 », *Lettres de l'Ecole freudienne* n° 24, juillet 1978, p. 233-241, et « Psychothérapie des enfants et des adolescents » *in* « Journées de Lille (23-25 septembre 1977), *Lettres de l'Ecole freudienne* n° 22, mars 1978, p. 486-498.

51. F. Dolto, « A propos d'enfants psychotiques », *ibid.*, p. 235.

52. *Ibid.*, p. 241.

pourtant régressif. Il est « attracté à involuer [53] », dit-elle, par analogie avec la jalousie à l'égard du puîné.

C'est par de telles observations et par ses nombreuses guérisons de psychoses infantiles que Dolto a apporté une promesse pour la psychanalyse.

53. *Ibid.*, p. 240.

X

A l'Ecole freudienne. Médiatisation et religion

Dolto comme objet a. L'Evangile comme espace projectif. L'inconscient du Christ. Jésus comme métaphore de l'histoire du désir. Une résurrection comme abandon de l'homosexualité fusionnelle. « Le désir n'est jamais coupable. » « Dieu est un aspirateur. » « Dieu est d'abord féminin. »
Société, loi, éducation, rééducation : Dolto médiatisée, prophylaxie radiophonique ? « Le divorce n'est pas traumatisant en soi. » « Les parents n'ont que des devoirs. » La place du père. La Maison verte. Nourrisson consolant la mère. Un fœtus qui louchait pour ne pas entendre parler de sa mort. Les tentatives de suicide d'une enfant de dix-huit mois.

Dolto participe activement à l'Ecole freudienne de Paris, fondée par Lacan, en 1964. Elle y tient séminaire, et elle-même a apporté une large contribution à l'achat, en 1971, du local de la rue Claude-Bernard à Paris, siège de l'Ecole.

Elle a assisté un certain temps au séminaire de Lacan. « Quand je suivais ses séminaires, dit-elle, Lacan me demandait ensuite : “Alors, qu'est-ce que tu en penses ?” Je n'en comprenais même pas la moitié. Et la moitié, c'est beaucoup ! Mais, il me disait : “ Toi, tu n'as pas besoin de comprendre, puisque ce que je dis, tu le fais. ” » Et elle ajoutait : « Lorsque je comprenais, je trouvais cela génial ; et quand je ne comprenais pas, je me disais : “ le reste doit être aussi bien ”. Ce que je trouvais navrant, c'était que les gens prennent exemple sur lui, parce qu'il n'était pas un exemple ; il avait sa nature. Comme à son séminaire il permettait à ses analysants d'entendre sa parole pendant deux heures, et que chacun l'écoutait en son for intérieur, il pouvait très bien ne les recevoir que cinq ou dix minutes sur son divan. » D'après Dolto, Lacan ne voulait nullement être imité – pas plus qu'elle d'ailleurs. Cela provenait « du besoin des jeunes qui voulaient un modèle pour pouvoir le calquer, au lieu de faire, pour leur compte, le travail de souffrance qui avait été celui de Lacan ».

Ce témoignage montre la réelle admiration de Dolto pour un Lacan qu'elle reconnaît dans sa singularité, bien qu'elle se révèle quelquefois plus ambivalente à son égard. Après un voyage en Argentine, où elle avait constaté, comme la plupart des analystes français qui s'y sont rendus, que le lacanisme avait succédé sans transition au kleinisme, elle avait eu ce mot : « Lacan leur a posé plus de problèmes que Melanie Klein. Il aurait fallu non seulement qu'ils analysent sa théorie mais également le bonhomme. »

Dolto tenait des propos parfois contradictoires sur Lacan, laissant entendre ici et là qu'il ne fallait pas trop jouer du masochisme des patients en leur imposant des séances courtes, alors qu'elle l'avait défendu lorsque l'IPA ne jugeait de sa pratique qu'avec un « taximètre » (le mot est d'elle).

Un jour que je lui posais une question sur les rapports de sa théorie avec celle de Lacan, peut-être sur le Nom-du-Père, elle m'avait répondu sur le nom de Lacan : « Je crois que cela pose un gros problème d'avoir pour nom " espace-temps [1] " et de s'entendre appeler comme cela constamment. »

Peu avant sa mort, Dolto racontait que Lacan lui téléphonait, en pleine nuit parfois, pour lui dire : « Ecoute, j'ai un patient dont je ne me sors pas, je n'en peux plus; d'autant que cela fait des mois qu'il ne me paie pas. Est-ce que tu peux le prendre ? »

Rien ne fait mieux comprendre le rapport complexe de Dolto à Lacan que ces deux déclarations. La première à l'adresse des participants de son séminaire de l'Ecole freudienne : « Lacan vous dit des choses justes dans l'ordre symbolique, dans un registre d'abstraction qui recouvre un nombre de cas considérable; c'est un travail de métaphore et de théorie, au sens où il vise des concepts. Je conçois mon rôle comme une manière d'illustrer son tra-

1. D'autres, bien sûr, avaient souligné le jeu des significations : là, quand ?

vail. C'est pourquoi je crois que ceux qui, parmi vous, comprennent les formulations de Lacan sur le Nom-du-Père y retrouveront ce que j'ai dit de l'archaïque avant la phonématisation et l'écriture [2]. » Le second propos résume la manière dont Dolto concevait la transmisson de la psychanalyse et, donc, la spécificité de son enseignement : « C'est très curieux, ce travail, cette transmission de la psychanalyse : ça ne se fait pas par le " ciboulot ". C'est pour cela que je donne des exemples cliniques. Parce que les exemples font travailler les gens à travers leur propre manière de comprendre, à la fois eux-mêmes quand ils sont encore en analyse et ceux qui leur adressent une demande quand ils sont analystes. Je crois que la théorie sans exemple peut ne servir à rien, tandis qu'un exemple sans théorie, ça peut servir. Bien sûr, les deux ensemble sont préférables [3]. »

Durant ces années à l'Ecole freudienne, Dolto a en quelque sorte mis à l'épreuve sa théorie de l'image du corps, soit par des récits de cas cliniques, soit en donnant la parole à des analystes qui en exposaient les bases [4].

Elle est intervenue sur le problème de la pratique de la psychanalyse en institution, notant en particulier de façon plaisante que même si le « psychanalyste n'est pas payé [...] ça marche, à condition que tous les clients croient qu'il l'est et qu'il l'est même très cher [5] ».

Les tensions internes de l'Ecole freudienne ne tarderont pas à mettre Dolto dans cette position de l'objet *a* occupée par l'analyste, comme dit Lacan : déchet, objet d'injure pour l'analysant. De fait, au sein de l'institution,

2. F. Dolto, *Séminaire de psychanalyse d'enfants*, 2, *op. cit.*, p. 132.

3. F. Dolto, *Inconscient et Destins, op. cit.*, p. 8.

4. Mariane Lieberherr avait mis en valeur les rapports de l'image du corps, selon Dolto, et le stade oral *in Lettres de l'Ecole freudienne* n° 11, sept. 1973, *op. cit.*, p. 440-444. Irène Roublef avait fait un exposé sur « L'image du corps et le signifiant » *in Lettres de l'Ecole freudienne*, avril-mai 1967, p. 56-64. Maud Mannoni relevait alors que la théorie de Dolto prenait sa source dans « une conception médicale du développement de l'homme », et qu'en tant que descriptive « elle n'avait rien à faire avec un fait de structure », d'où « le danger de l'entreprise de conciliation Dolto-Lacan » (*ibid.*, p. 72). Le débat tournait autour de la différence de conceptions de l'imaginaire chez Dolto et chez Lacan.

5. F. Dolto, « De l'éthique de la psychanalyse d'enfants en institution », VIIe congrès de l'Ecole freudienne, Rome, 31 oct.-3 nov. 1974, in *Lettres de l'Ecole freudienne* n° 16, nov. 1975, p. 163.

et parce qu'elle est tout sauf une femme de pouvoir, Dolto sera bientôt conspuée par les jeunes loups de la dernière génération formée à l'Ecole freudienne. Elisabeth Roudinesco a écrit l'histoire des vicissitudes de l'Ecole freudienne et relaté presque heure par heure certains épisodes [6].

Dolto est élue avec Michèle Montrelay au jury d'agrément de l'Ecole freudienne, en 1978. Elle dit bientôt ce qu'elle pense du fonctionnement de l'Ecole. Elle ne partageait pas les vues de Lacan sur la transmission de la psychanalyse ; elle ne croyait pas à l'efficacité du dispositif qu'il avait instauré, la *passe*, qui finit par n'être plus qu'un système de cooptation déguisé. Lacan est lui-même convenu que la passe était un échec. Pour son compte, Dolto était exigeante sur la formation des analystes. Elle n'admettait à son inter-contrôle que des analystes qui avaient déjà une pratique en cabinet privé et avaient suivi de leur côté plusieurs contrôles individuels. Elle voulait ainsi éviter le risque qu'un jeune analyste ne se serve d'un contrôle collectif pour se masquer des difficultés dans son cheminement personnel et dans son travail avec d'autres contrôleurs. Il n'empêche que, lorsque l'on téléphonait à Dolto pour lui demander l'adresse d'un psychanalyste, elle consultait l'Annuaire de l'Ecole freudienne ou son carnet personnel et demandait à son correspondant où il habitait lui-même. Et elle donnait une réponse en fonction de la proximité géographique, sachant que sa recommandation avait la force propulsive d'une fusée pour le transfert, puisqu'il n'y a de transfert que de transfert. Au moment de la dissolution de l'Ecole freudienne, certains lui proposeront de prendre la succession de Lacan – ce qui, à son avis, n'aurait eu aucun sens.

L'Ecole freudienne est partagée entre ceux des grands élèves de Lacan qui, comme Jean Clavreul, Moustafa Safouan ou Claude Conté, l'ont suivi dans l'aventure et les jeunes philosophes, normaliens, gauchistes et doctri-

6. E. Roudinesco, *Histoire de la psychanalyse en France*, t. 2, *op. cit.*, troisième partie : « La France freudienne dans tous ses états. »

naires à la tête desquels Jacques-Alain Miller, qui fait alors alliance avec l'un des derniers élus de Lacan, Charles Melman, psychiatre de formation et clinicien reconnu.

Lacan a toujours usé ses troupes. Depuis les premières années de son enseignement, il a suscité le transfert de psychanalystes, analysés par lui ou non, en contrôle avec lui ou non, dont on peut dire qu'ils se sont consumés au feu du lacanisme et qu'ils ont souvent eu du mal à faire œuvre en leur propre nom. A l'Ecole freudienne, Lacan n'a plus autour de lui autant de grands analystes de talent. C'est pourquoi il fera tout pour essayer de garder Dolto qui, refusant finalement de le suivre, votera contre lui et contre la dissolution de l'Ecole freudienne, déclarant que l'enseignement de Lacan pouvait être poursuivi sans lui.

Lacan n'hésite pas à sacrifier certains de ses meilleurs élèves ou à les désavouer publiquement, tout en les assurant en particulier de son soutien. Jusqu'où s'est-il lui-même laissé manipuler ou influencer dans ces affaires de stratégie politique de la psychanalyse est une autre question, à propos de laquelle on trouvera une fois de plus quelques lumières dans l'ouvrage de E. Roudinesco.

Quoi qu'il en soit, il oblige le vice-président de l'Ecole freudienne, Denis Vasse, à démissionner, sous prétexte qu'il aurait dérogé à sa fonction en participant à un colloque du groupe *Confrontation* [7], animé par René Major, un ennemi du moment pour les lacaniens. Michèle Montrelay et Dolto soutiennent Denis Vasse ; en vain. Et c'est le début d'une offensive des lacaniens durs contre un vestige du lacanisme qu'ils veulent anéantir à tout prix : la branche catholique. Il n'y a pas de doctrine sur ce point chez Lacan : il a toujours attiré des catholiques, particulièrement des jésuites. Il a conseillé à certains de ses permiers élèves philosophes de devenir psychiatres, et s'appuiera ensuite sur les universitaires philosophes qui restent avec lui. Le courant qui, par exemple, fait de l'œuvre de Freud un épiphénomène du judaïsme et de la

7. Qui avait une revue du même nom.

pratique talmudique n'a pas eu moins à souffrir du maître.

Haro sur Françoise Dolto, accusée par C. Melman de détourner la psychanalyse et de la transformer, par ses émissions radiophoniques et ses ouvrages sur la religion, en « bonne nouvelle [8] ». J.-A. Miller à l'époque encore allié de Melman, dont il deviendra un ennemi juré, croit bon d'appuyer davantage et déplore les « lamentables bondieuseries » de Dolto [9]. Il n'était pas le seul de cette génération de lacaniens, qui avaient troqué la veste de tweed pour les blue-jeans et les baskets, à agresser Dolto en toute impunité. Certains l'apostrophaient par des : « Tais-toi la vieille. Tais-toi la grand-mère. »

A cette époque (1976-1977) paraissent les ouvrages reprenant les émissions radiophoniques de Dolto à la radio.

D'autre part, Gérard Sévérin, psychanalyste qui a travaillé avec elle à Trousseau, l'aide à donner forme à ses réflexions sur les Evangiles [10]. Il ne s'agit nullement d'une exégèse des textes mais d'une projection [11] de Dolto sur l'Evangile : elle y injecte des éléments de sa théorie et donne un sens nouveau, insolite mais humain à l'histoire du Christ. C'est Alain Didier-Weill qui résume le plus clairement le propos de Dolto en soulignant que, pour elle, Jésus « ne serait plus le support d'une demande d'amour absolue mais l'annonciateur du désir inconscient [12] ». Les théologiens et les catholiques ont cer-

8. Cf. E. Roudinesco, *Histoire de la psychanalyse*, 2, *op. cit.*, p. 652. Dans le même élan, C. Melman s'en prend à S. Leclaire et à M. Montrelay en raison de leur « engouement pour le féminisme », cité *in* Roudinesco, *ibid.* Il attaque aussi Xavier Audouard, un lacanien très estimé par Dolto. Elle disait que les élèves de Lacan, bien que souvent dépourvus d'expérience clinique avec les enfants, devenaient parfois avec elle d'excellents analystes d'enfants, parce qu'ils disposaient d'une formation théorique qui les y préparait mieux que d'autres.

9. Cf. E. Roudinesco, *ibid.*, p. 655.

10. F. Dolto, G. Sévérin, *L'Evangile au risque de la psychanalyse*, 2 tomes, Paris, éd. Jean-Pierre Delarge, 1977, repris en coll. « Points », Paris, Le Seuil, t. 1, 1980, t. 2, 1982 (cité dans cette dernière édition). F. Dolto, G. Sévérin, *La Foi au risque de la psychanalyse*, Paris, éd. Jean-Pierre Delarge, 1980, repris également aux éd. du Seuil « coll. Points », 1983 (cité dans cette dernière édition).

11. Dolto y parle comme l'analysant dans son travail de découverte sur le divan. C'est ce que souligne Philippe Julien, « Autour de *L'Evangile au risque de la psychanalyse* de Françoise Dolto » in *Le Coq-Héron* n° 74, 1979, p. 3.

12. *Le Coq-Héron, ibid.*, p. 49.

tainement des appréciations diverses du traitement que Dolto fait subir aux Ecritures. Elle-même assurait que, pour beaucoup d'entre eux, elle « sentait le fagot », car elle tirait le Christ du côté de la perversion.

D'aucuns n'ont pas manqué de penser qu'il s'agissait d'une récupération pure et simple de la psychanalyse par le christianisme [13]. C'est peut-être aussi bien l'inverse : une tentative de Dolto pour donner à sa théorie de l'image du corps son mythe fondateur, en jouant sur le registre métaphorique de l'incarnation et de la résurrection. Par l'Evangile elle fait parler sa théorie. Il n'est pas plus fou de soutenir que le Christ est le maître du désir que de chercher, comme Lacan, ce maître chez le Socrate du *Banquet* de Platon, et le ressort du désir dans le désir pervers.

Dolto humanise le Christ, mais pas seulement suivant la tradition : Dieu serait chacun de nous. Elle lui donne une histoire, une destinée humaine, évacue toute notion d'exemple moral. Elle lit les Evangiles comme un « psychodrame [14] », n'hésite pas à inventer une signification conflictuelle, sexuelle, voire névrotique, aux moments décisifs de l'existence du Christ et les réinterprète comme autant de castrations [15]. En voici quelques exemples.

Dans le chapitre intitulé « La Sainte Famille », se découvre l'essence de la famille, structure symbolique et non pas naturelle de la société humaine : une femme, Marie, peut désirer avoir un enfant du dieu de son peuple et son époux, Joseph, accepter la paternité dans sa dimension la plus humaine, strictement symbolique : il élèvera son fils en tant qu'homme seulement. « Les puissances phalliques, créatrices féminines du désir de Marie, commente Dolto, sont éveillées [...] tandis que les puissances passives du désir de Joseph sont au maximum [16]. » C'est ainsi qu'elle explique le désir d'enfant chez Marie, en

13. Elle n'est pas moindre alors du côté d'une tradition juive athée.

14. F. Dolto, *L'Evangile au risque de la psychanalyse*, 1, *op. cit.*, p. 14.

15. F. Dolto : « ces textes de deux mille ans ne sont pas en contradiction avec l'inconscient des hommes d'aujourd'hui », ils « illustrent et éclairent les lois de l'inconscient découvertes au siècle dernier » *ibid.*, p. 15.

16. *Ibid.*, p. 23.

l'opposant à l'essence de la paternité qui n'est pas désir charnel mais reconnaissance symbolique de l'enfant et soumission au mystère du désir. Marie, elle, hallucine son désir charnel.

Le mythe biblique pose la situation pure ou idéale de toute relation de désir entre un homme et une femme : le désir est impossible à satisfaire. « Ces évangiles, affirme Dolto, décrivent que l'autre, dans un couple, ne comble jamais son conjoint, que toujours il y a une déchirure, un manque, une impossible rencontre, et non pas une relation de possession [17]... » Elle ajoute : « en Joseph rien n'est possessif de sa femme [...] rien en Marie n'est *a priori* possessif de son enfant [18] ». Voilà donné, dès le début, le style de cette lecture.

Les étapes de la vie de Jésus sont comprises comme mises en acte du désir, et non pas révélation d'un dieu par la souffrance. Dolto s'est surtout intéressée à la structuration de Jésus s'affranchissant des liens charnels du désir. Ainsi lorsque, ayant atteint l'âge de douze ans (la puberté, l'indépendance), il fausse compagnie à ses parents pour « être aux affaires » de son Père : « C'est lui qui castre alors ses parents de leur possessivité [19]. »

Les résurrections donnent lieu aux commentaires les plus longs. Dolto interprète celle du fils de la veuve de Naïm [20] comme l'arrachement à une relation incestueuse mortifère entre une veuve et son fils obligé de se consacrer à elle. En mourant, ce fils voulait rejoindre son père, son moi idéal de l'enfance, mais aussi le seul rempart défensif contre un amour maternel stérilisant [21] : « ce fils était devenu pervers par son désir voué au faire-plaisir à la femme qui [l'avait] engendré [22] ». En le ressuscitant, Jésus relance donc le désir là où il n'y avait plus que mort psychique, il réamorce le désir en

17. *Ibid.*, p. 24.
18. *Ibid.*
19. *Ibid.*, p. 34.
20. Evangile selon saint Luc, VII, XI-XVI.
21. F. Dolto, *L'Evangile au risque de la psychanalyse*, 1, *op. cit.*, en particulier p. 84-85.
22. *Ibid.*, p. 84. On peut noter que Dolto emploie spontanément, semble-t-il, le mot « engendrer », habituellement réservé à l'homme dans la procréation, alors que l'on dit « enfanter » pour la femme.

l'autre, sans lui assigner un contenu; c'est au sujet qu'il appartient de le trouver.

Au pied de la Croix, s'il dit à Marie « Femme, voilà ton fils », désignant Jean, et à celui-ci « voilà ta mère », c'est parce qu'il connaît la dimension charnelle du désir maternel : « Elle a besoin d'un fils afin de rester mère. C'est pourquoi Jésus lui donne Jean [23]. »

Selon Dolto, Jésus ne fait au fond jamais rien d'autre que de rendre à qui l'avait perdue la possibilité du désir. Et lui-même l'éprouve en tant qu'homme lorsqu'il va ressusciter Lazare. A contrecœur, au premier pas : en effet, Lazare était son ami personnel. Lazare avait une amitié homosexuelle pour Jésus : loin de lui, il s'était cru délaissé, avait dépéri [24]. C'est plus que cela même : Jésus était le placenta, le cordon ombilical de Lazare [25]. Jésus va rendre Lazare à lui-même et accomplir par sa résurrection leur séparation : « dans la résurrection de Lazare, le Christ se castre aussi lui-même. Il se sépare de ce qui reste de charnel dans l'amour qu'il éprouve pour cet homme et de [la part de] ces femmes [26] qui l'adorent et dont la maison était pour lui un foyer chaleureux [27] ».

Dans la logique et l'audace de sa construction, Dolto invente au Christ l'inconscient qui rend compte de son geste : « Son inconscient partage quelque chose de la mort de Lazare [...]. Il doit régresser dans sa propre histoire, retourner là où se trouve Lazare. Jésus doit se dégager de son placenta [...]. Il faut qu'il souffre de ce que Lazare a souffert pour comprendre ce qu'il y a encore de narcissique en lui [28]... » Et quand Lazare sort du tombeau, Jésus ne reçoit un merci ni de lui ni de ses sœurs. Dolto dit qu'alors « Jésus, l'homme, est bon pour la mort [29] ».

Voilà quelques aperçus d'une interprétation qui donne à ce Jésus « maître du désir » une cohérence interne, dès

23. *Ibid.*, p. 62.
24. *Ibid.*, p. 123.
25. *Ibid.*, p. 126.
26. Il s'agit de Marie de Béthanie et de Marthe, sœurs de Lazare.
27. *Ibid.*, p. 128.
28. *Ibid.*, p. 129.
29. *Ibid.*, p. 131.

lors qu'elle se confond avec les repères analytiques de Dolto.

Le dialogue entre G. Sévérin et Dolto ne proposait pas une lecture exhaustive des Evangiles. Dolto éclaire des moments qui l'intéressent personnellement. On peut bien sûr y entendre un écho de l'appel à la résurrection de sa sœur, que sa mère Suzanne la pressait d'obtenir lorsque Françoise avait douze ans.

Parfois Dolto sollicite beaucoup les textes. Ainsi, quand elle traduit le « laissez venir à moi les petits enfants » en une sorte de « laissez advenir chaque enfant à son moi, à sa liberté [30] », par un calembour sur le moi, s'autorisant de la célèbre formule de Freud *Wo Es war, soll Ich werden* [31]. Ou encore lorsqu'elle traduit la parole du Christ à ses disciples : « Je vous ferai devenir pêcheurs d'hommes [32] », en lui mettant dans la bouche ces termes : « Allez chercher les hommes jusque dans les eaux amniotiques et ainsi révélez-leur qu'ils sont, avec leur pesanteur, des hommes faits pour une autre respiration et une autre lumière [33]. » Elle renverse le commentaire traditionnel en supposant que, dans la parabole du Samaritain, le prochain qu'il faut aimer comme soi-même, c'est justement le Samaritain, l'étranger à l'égard de qui on reste en dette.

L'essentiel pour Dolto est de manifester un dieu réconciliant le sujet du désir et la loi : « Jésus n'annule pas la loi, il est venu lui donner sens. » Il « veut que non seulement une loi soit en mesure d'être appliquée mais qu'elle aille dans le sens du désir de chacun. Il met de l'humain dans tout [34] ».

Dolto attend un « progrès dans la spiritualité », pour reprendre une expression de Freud, et maintient que le désir vise toujours un au-delà de lui-même et de l'objet de plaisir. Pourtant, en des termes voisins de ceux de Lacan lorsqu'il met en exergue le désir pervers, elle affirme : « il n'y a qu'une sorte de péché à mon sens : le péché contre

30. *Ibid.*, p. 44-45.
31. S. Freud, *Neue Folge der Vorlesungen zur Einführung in die Psychoanalyse. Gesammelte Werke*, XV, p. 86. Formule qui devient intraduisible en français à force d'empoignades entre les traducteurs.
32. Voir Evangile selon Marc, I, 16-20.
33. F. Dolto, G. Sévérin, *La Foi au risque de la psychanalyse*, *op. cit.*, p. 54.
34. F. Dolto, *L'Evangile au risque de la psychanalyse*, t. 2, *op. cit.*, p. 96.

son désir[35] ». Elle appelle péché : « ne pas se risquer pour vivre son désir[36] ».

Mais pourquoi alors appeler le désir Dieu et maintenir le pouvoir de la croyance[37] ? Dolto répond que si la religion est une illusion, ce n'est pas une illusion comme les autres[38]. On ne trouvera pas d'argumentation en forme dans l'article où elle soutient cette idée contre le Freud de *L'Avenir d'une illusion*, mais des remarques diverses. Elle fait à Freud le même procès que Paul Ricœur lorsqu'il prétendait que Freud s'en était tenu à une vision superficielle de la religion. Dolto pense qu'il réduit la religion à des « habitudes obsessionnelles » et affirme que *L'Avenir d'une illusion* est le plus mauvais de ses livres, parce qu'il s'y analyse « en projetant le père et la mère sur la religion et la civilisation[39] ». Elle l'attribue à la névrose de Freud : « C'est le livre de quelqu'un qui n'a pas été respecté, et qui met ça sur le compte de la religion[40] », un Freud incapable de reconnaître en son père un égal et se reconnaître égal à son père : « Cette féminité, cette homosexualité d'amour pour son père, il aurait pu la voir, au lieu d'être toujours sur la défensive, et de se dire : non ! quand il approche, je le tue[41]. » Dolto décerne à Freud la stature d'un « prophète de la Bible[42] » (humour inconscient, peut-être, puisque la tradition judaïque ne saurait admettre d'autre statut que celui-ci). C'est une manière de le faire reculer dans la genèse de la psychanalyse comme si on pouvait en dater l'avènement au dieu des chrétiens. Point de vue qui n'engage qu'elle.

Elle relève par ailleurs que « les religions monnayent la culpabilité et s'en servent[43] », alors que « le sentiment de culpabilité n'a rien à voir avec la religion[44] ». « Le désir

35. *Ibid.*, p. 75.
36. *Ibid.*
37. Question posée à F. Dolto par Isabeau Beigbeder, Pierre Kahn, André Sénik, dans un entretien autour de l'ouvrage de Freud, *L'Avenir d'une illusion*, in revue *Espaces* n° 13-14, printemps 1986, p. 84-103.
38. C'est le titre de son article, *ibid.*, p. 84 : « Si c'est une illusion, ce n'est pas une illusion comme les autres. »
39. *Ibid.*, p. 84.
40. *Ibid.*, p. 85.
41. *Ibid.*, p. 95.
42. *Ibid.*, p. 95.
43. *Ibid.*, p. 89.
44. *Ibid.*, p. 88.

n'est jamais coupable [...]. C'est notre impuissance que nous ne nous pardonnons pas[45] ». Dolto en oublie de démontrer ce qu'elle avançait sur la spécificité de l'illusion religieuse.

Elle présente le christianisme comme une réforme du judaïsme : le moment où la loi est effectivement vécue et donc où le sujet de la loi, dieu, s'incarne. En ce qui concerne la loi précisément, on peut remarquer ceci : dans *L'Evangile au risque de la psychanalyse*, référence est faite le plus souvent à l'Evangile selon saint Luc. Ce n'est sans doute pas un hasard, puisque c'est celui des Evangiles où il est le plus question des pharisiens. Ceux-ci, tantôt au premier rang, tantôt à l'arrière-plan des entretiens de Dolto avec G. Sévérin, font office de repoussoir : image de la mauvaise foi, de l'obéissance à la lettre, sur le fond de laquelle la parole christique ressort comme vérité, désir en acte, exemple qui parle au cœur.

On remarquera aussi que Dolto ne peut s'empêcher d'éradiquer la violence et la haine du message biblique. Pour elle, Caïn, qui sera le fondateur des villes, donc de l'espace social, après avoir tué Abel, ne sait pas en se jetant sur son frère qu'il va lui donner la mort. Son geste ne peut comporter cette dimension qui ne vient qu'après coup, la culpabilité, puisque « c'est la première fois qu'un être humain a vu un autre être humain mort[46] ». Il est porté par une dynamique. S'il est coupable, ce n'est pas devant un père sévère, mais devant son propre désir conçu comme transcendant, ce que Dolto appelle Dieu. Tout recours à une théodicée devient donc inutile car, pour elle, le mal n'est qu'impuissance humaine, comme

45. *Ibid.*, p. 89. C'est un thème très ancien chez Dolto puisqu'elle fait remonter la culpabilité à la confusion du code des adultes, et leurs jugements de valeur bien-mal, avec ce qui est ressenti intérieurement par l'enfant comme seulement bon ou mauvais pour lui. D'autre part, la culpabilité est associée chez tout être humain « à la crainte d'un mal à subir »; cf. F. Dolto, « Les sensations coenesthétiques d'aise ou de malaise, origine du sentiment de culpabilité » (1948), *Au jeu du désir, op. cit.* p. 18-59. Pour Freud, l'origine du sentiment de culpabilité, avant la formation même du surmoi, est « l'angoisse devant l'autorité ». Il écrit : « on renonce à des satisfactions pour ne pas perdre son amour » (*Malaise dans la civilisation*, trad. de Ch. et J. Odier, Paris, PUF, 1983, p. 85, et S. Freud, *Gesammelte Werke*, XIV, p. 487).

46. F. Dolto, « Si c'est une illusion... », *op. cit.*, p. 88.

par exemple chez Descartes, pour qui il est néant, limitation intrinsèque aux créatures finies que nous sommes.

De la même façon, le dolorisme est évacué de cet *Evangile au risque de la psychanalyse.* La Passion du Christ, le chemin de croix sont absents de ces entretiens. Le désir est exalté, mais non la souffrance. C'est comme si, pour Dolto, la plus grande souffrance était celle d'être abandonné du Père, et d'attendre une parole qui ne vient plus. Là encore, elle est plus proche de la perspective lacanienne que d'une vision théologique. Dans un de ses séminaires, Lacan disait : il n'y a d'amour que du père. A entendre en tous sens.

L'éthique de Dolto diffère de celle de Lacan sur deux points : outre la transcendance du désir à laquelle elle croit, elle défend explicitement une conception de la pratique analytique comme processus d'« humanisation » du sujet, ce qui n'est pas la finalité explicite de la cure selon Lacan ; d'autre part, elle n'envisage pas le désir comme pure affirmation de lui-même et donc, finalement, désir de mort, comme celui de l'Antigone dont Lacan fait le symbole [47].

Elle partage avec Lacan une certaine conception du désir, mais en lui sauvegardant ses dimensions transcendantes, spirituelles (qu'elle distingue du religieux). Lorsqu'elle dit : « Dieu est un aspirateur [...] nous sommes aspirés vers un " ailleurs ", vers Lui [48] », elle semble proche de la conception d'Aristote, lequel pensait que l'amour pour le premier moteur, lui-même immobile, était le ressort du mouvement des sphères célestes. Tantôt elle en accentue le versant chrétien : le Verbe s'est fait chair, ce qui signifie pour elle que l'homme est né de la parole et du désir. L'amour est « rencontre de l'autre » et désir manifesté dans l'élément de la parole. Tel l'amour chaste des parents pour l'enfant.

Enfin, un autre aperçu sur le dieu de Dolto, dont on trouvera d'ailleurs les formulations analogues mais plus châtiées dans *La Foi au risque de la psychanalyse.* Elle me dit un jour : « C'est curieux, je pensais ce matin que, dans

47. Cf. P. Guyomard, *La Jouissance du tragique, op. cit.*
48. F. Dolto, *La Foi au risque de la psychanalyse, op. cit.* p. 104.

la Bible, on parle toujours de Dieu sous la forme du masculin. Or c'est seulement parce que, pour l'enfant, l'adulte est phallique, une sorte de stèle ambulante, mais Dieu ne peut être que féminin. » Un peu interloqué, je cherche des appuis et lui dis : « Vous voulez sans doute dire, comme Lacan, que le féminin serait l'autre face de Dieu ? – Non, ce n'est pas l'autre face, il est d'abord féminin mais on le prend pour masculin. Il est d'abord pénien en haut et ensuite pénien en bas, mamelé. Quel est le mieux : avoir deux pénis [49] en haut ou un en bas ? » Semblable à un totem bisexué, le dieu de Dolto apparaît singulièrement incarné. Elle enchaîne alors sur les pères qui mettent un enfant plus en sécurité que la mère en le prenant dans leurs bras, tandis que d'autres, bien qu'aimant les enfants, sont maladroits avec eux – ce que les bébés sentent. Ceux-là ont mal intégré leur propre féminité : tenir un enfant réveillerait en eux l'aspect féminin.

Un autre aspect de la foi de Dolto : elle parlait sur son lit de mort de l'inconnu dans lequel elle allait entrer, assurée qu'il s'agirait d'un « commencement ». Je ne l'ai pas entendue prononcer d'autres mots, ni mentionner d'autres représentations, alors qu'elle m'avait parlé en d'autres circonstances des anges : « ce sont peut-être des fourmis de deux mètres de haut, et nous deviendrions complètement fous tous les deux sur-le-champ, s'ils venaient à se matérialiser brusquement comme des martiens », avait-elle dit. Plus rien de cette imagerie effarante à la Jérôme Bosch dans ses derniers moments. Elle ne parlait pas davantage du paradis mais, simplement, de sa certitude de retrouver son mari Boris; surtout après une nuit épouvantable, dans laquelle elle s'était sentie ballottée comme une coque de noix, au milieu d'un cyclone sur la mer.

49. C'est une des premières visions de la mère phallique par l'enfant, dans ses dessins et ses fantasmes. Dolto dit par exemple dans le *Séminaire de psychanalyse d'enfants,* 2, *op. cit.*, p. 126 : « Le petit enfant a du père une image partielle qui porte le nom de sein : *le sein de la mère, c'est le père dans la mère.* Voilà quelque chose d'archaïque chez l'être humain : le sein de la mère est phallique. »

En 1969, à la demande de Lucien Maurice, directeur de *Europe n° 1*, Dolto répond aux enfants et aux adolescents dans une émission radiophonique qui fit scandale, puisque *L'Ecole des parents* [50] voulut la faire rayer de l'Ordre des médecins. Le conseil de l'Ordre, à qui elle avait demandé l'autorisation, ne lui avait pas permis de parler sur les antennes en son nom, c'est pourquoi elle devait répondre aux questions sous le nom de *Docteur X*. Des médecins téléphonaient à son domicile pour lui faire avouer qu'il s'agissait d'elle, ce qu'elle démentait ; certains prétendaient qu'elle leur retirait le pain de la bouche en donnant ces consultations de quatre minutes à la radio [51]. L'émission, l'une des premières du genre, eut beaucoup de succès. Son originalité était de permettre aux enfants de prendre la parole pour exposer leurs difficultés.

Dolto n'eut pas le droit de disposer des enregistrements de ces émissions, propriété de celui qui les enregistre. De sorte que l'ouvrage qui en a été tiré en 1976, par les soins d'Aïda Vasquez et de Fernand Oury, parut sans nom d'auteur, sous le titre *SOS Psychanalyste* [52] !

Par la suite elle accepta, en 1976, à la demande de Pierre Wiehn, directeur de France-Inter et de son adjoint Jean Chouquet, le principe d'une émission dans laquelle elle répondrait à des questions écrites. Elle répondait à des lettres préalablement sélectionnées pour ce qu'elles pouvaient toucher de général dans la préoccupation des parents, éducateurs, etc. Une anthologie de ces émissions fut éditée ensuite successivement en trois volumes sous le titre *Lorsque l'enfant paraît* [53]. L'ouvrage connut un succès de librairie considérable et la fit connaître du grand public.

50. Association et nom d'une revue dans laquelle Dolto avait écrit plusieurs articles.

51. Cf. F. Dolto, entretien avec E. Roudinesco, in *Quelques pas...*, *op. cit.*, p. 35.

52. L'ouvrage est signé *Docteur X*, préface et postface d'Aïda Vasquez, et s'intitule *SOS psychanalyste ! Des consultations par les ondes*, éd. Fleurus, Paris, 1977.

53. F. Dolto, *Lorsque l'enfant paraît*, *op. cit.* Je n'ai pas pu savoir si l'idée de prendre pour titre ce vers de V. Hugo était de F. Dolto.

Beaucoup l'écoutaient sur les ondes aussi fidèlement que Madame Soleil, tandis que pleuvaient les sarcasmes du milieu analytique. La médiatisation n'a jamais eu bonne presse chez les psychanalystes et toutes les infractions au tabou étaient vigoureusement stigmatisées. Serge Leclaire ne fut pas moins critiqué par nombre de ses confrères ou élèves lorsqu'il participa à l'émission télévisée *Psyshow*. On se voilait la face, on se détournait devant tant d'impudeur ou l'on déplorait l'errance. Il est vrai que le nom de l'émission, par sa connotation exhibitionniste et « show-biz », avait de quoi inquiéter même les esprits dénués de préjugés. Dans l'un et l'autre cas, ce furent des expériences risquées peut-être, mais non ridicules *a priori*.

Dolto déclare avoir accepté l'entreprise parce qu'il y avait une demande considérable de la part du public. C'est un fait incontestable. Les années 60-70 furent celles de la prééminence de la psychanalyse dans l'idéologie régnante. Cette proposition rencontrait aussi son désir personnel. Pourquoi faudrait-il lui en faire grief ? A-t-elle galvaudé l'image de la psychanalyse ou accéléré son déclin plus que ces psychanalystes des années 50, rancis dans la hiérarchie de leurs vénérables institutions, et que Lacan avait d'une plume voltairienne épinglés sous les appellations de « Bien-Nécessaires et Petits Souliers », avec, au sommet de leurs synodes et conclaves, les « Suffisances » dont les « Béatitudes » étaient les porte-parole [54]. Lacan lui-même n'a-t-il pas abandonné une part de son enseignement à la langue de bois de thuriféraires ? Pourtant, son œuvre, par son insistance sur le Symbolique et la primauté du langage dans la structuration du sujet, mais aussi bien par le raffinement de son écriture, y compris sa préciosité, son archaïsme, son maniérisme, est l'un des plus forts remparts qui aient été dressés à notre époque contre l'envahissement de l'imaginaire et le déferlement de l'image dans notre société. Il a joué, de ce point de vue, un rôle peut-être plus important que beaucoup d'écrivains. Ce n'était certainement pas sa visée, cependant on

54. J. Lacan, « Situation de la psychanalyse et formation du psychanalyste en 1956 », in *Ecrits*, *op. cit.*, p. 459-491.

peut le compter comme un effet de résistance positive à l'obscurantisme de la civilisation des écrans.

D'un autre côté, force est de reconnaître que, si la psychanalyse consiste dans la cure exclusivement, l'émergence de symptômes dans le social, si l'on peut s'exprimer ainsi, ne peut laisser le psychanalyste indifférent. Il n'est donc pas étonnant que Dolto ait accepté d'être questionnée sur l'éducation, l'école, la sexualité des adolescents, la drogue, le Sida. Ses réponses l'engagent d'ailleurs plus souvent comme simple citoyenne, comme femme ou comme mère, que comme psychanalyste.

N'était-ce pas être de son temps que de prendre en compte la demande d'enfants ou de jeunes qui n'auraient jamais consulté un psychothérapeute ? Lorsqu'elle pensait que le problème de l'enfant était sérieux, elle recommandait une thérapie. L'esprit des émissions était de dédramatiser les conflits, déculpabiliser les personnes. Il ne s'agissait pas de traiter quiconque à la radio ni de faire disparaître des symptômes; simplement d'illustrer et de rendre sensible le pouvoir de l'analyse. Le « parler vrai » de Dolto, sa franchise ont toujours convaincu. Elle avait du reste le sentiment de démystifier l'image que se font les gens du psychanalyste. Sa simplicité personnelle a surpris et séduit lors de ses derniers entretiens télévisés. Cela ne l'empêchait pas de manifester sa déconvenue face à la manière dont les médias traitent et la personne et le discours. Ainsi, elle regrettait que les organisateurs d'une émission télévisée [55] eussent censuré la fin d'un des rares et brefs exemples cliniques qu'elle avait donnés, celui d'un petit garçon de trois ans qui avait dit à la consultation : « j'ai mal à la tête ». Dolto avait été frappée de cette expression car, généralement, un enfant de cet âge dit : « j'ai mal à ma tête ». Celui-ci était encore aliéné à sa mère qui avait des migraines lors de ses règles. Il s'était servi inconsciemment des paroles de sa mère pour ne pas aller à l'école et demeurer avec elle un jour qu'elle était restée à son domicile en raison de ses migraines.

55. Cette émission diffusée sur Antenne 2, le 24 décembre 1986, existe en vidéo-cassette, Vision-Seuil, intitulé *Apostrophes. Bernard Pivot rencontre Françoise Dolto.*

SOS psychanalyste montre sur quel ton Dolto répondait aux questions des mères : très directement et, même, de façon quelquefois un peu abrupte, mais sans faire appel aux ressources de la psychanalyse. Il ne s'agit pas – et cela vaut également pour *Lorsque l'enfant paraît* – de recettes, même si elle en a parfois donné à son insu. Ainsi lorsqu'elle recommandait de ne pas forcer les enfants anorexiques et de les laisser s'alimenter à leur convenance – ce qu'ils font d'ailleurs souvent en cachette ; quand elle préconisait contre le « pipi au lit » que la mère laisse un verre d'eau à portée de l'enfant pendant la nuit.

Généralement Dolto s'interdisait de hasarder une interprétation sur des symptômes ou des comportements similaires, en apparence, mais déclenchés par des motifs différents : pour le cas, par exemple, de l'enfant qui se réveille et va par curiosité sexuelle dans la chambre des parents. Elle incite seulement les parents à reconnaître le désir de l'enfant comme tel, à lui accorder sa valeur, sans le satisfaire. C'est du reste le meilleur moyen d'éviter à l'enfant de se laisser prendre au piège de ses caprices – ce qu'il fait souvent par impuissance, et parce qu'il a le sentiment que sa demande n'est pas comprise.

Permettre à un sujet, même le plus petit, l'expression de son désir, c'est le reconnaître dans son humanité. Il n'est pas de l'essence du désir de se satisfaire mais de se dire. En tout cas, il n'a pas à s'anéantir dans un plaisir régressif, masturbatoire, c'est-à-dire sans l'autre. Le désir est toujours une sublimation, fût-elle rudimentaire. C'est ainsi que Dolto interprète l'agressivité des petits à l'égard de leurs congénères, jusque vers trois ans. A cet âge, l'agressivité d'un enfant n'est le plus souvent que « la recherche d'une prise de contact [56] » avec les autres enfants. On peut toujours faire remarquer à l'enfant que s'il en agresse un autre, c'est qu'il ne parvient pas à lui dire ce qu'il veut. Ou bien lui demander pourquoi il agit comme si l'autre n'existait pas. L'enfant ne se sent plus coupable de son agressivité lorsqu'il en comprend les motifs, et sa violence chute.

56. F. Dolto, « L'agressivité chez le jeune enfant », Exposé suivi d'un débat, in revue *Pratique des mots* n° 37, décembre 1981, p. 23.

Dolto préconise que l'on fasse l'éloge de l'agresseur quand l'enfant qui en a été victime se plaint : on lui explique que l'autre a voulu ainsi entrer en relation avec lui, parce qu'il avait de l'intérêt pour lui.

Il faut apprécier les observations et les conseils de Dolto dans le contexte précis où elle les donne. Si elle est chronique, l'agressivité des enfants a d'autres motifs : ils réagissent contre l'inhibition à laquelle les accule une mère dépressive, par exemple. On se souvient de ses formules : l'enfant agressif est l' « électrochoc » de la mère dépressive, etc. L'agressivité de certains enfants peut les conduire jusqu'au suicide, non qu'ils veuillent exercer un chantage sur les parents en les privant de leur objet d'amour – car c'est bien d'objet qu'il s'agit alors –, mais parce qu'ils sont poussés par la curiosité, la jalousie : « Il est mort, moi aussi je voudrais être mort, pour voir comment c'est [57]. »

C'est ainsi que l'on peut entendre les interventions radiophoniques de Dolto, non comme des préceptes éducatifs infaillibles, garantis par son expérience d'analyste, sans avoir à être mis à l'épreuve, mais comme des réponses proportionnées à une situation schématisée : la peur de s'endormir, les jalousies entre frères et sœurs, l'exhibitionnisme des parents, les gros mots, la mort, les parents adoptifs, la puberté, la sexualité, l'absence ou non du père, etc.

Sur la foi de son expérience analytique, elle peut rappeler des mesures de bon sens. On ne range pas les jouets de l'enfant avant que lui-même soit couché, tout simplement parce que ses jouets sont comme des parties de lui-même, ils sont vivants pour lui. Il vaut donc mieux le faire, jusqu'à ce qu'il ait atteint un certain âge, une fois qu'il est couché. Lui donner des calmants sous prétexte qu'il ne s'endort pas facilement est une de ces précautions qui calment la mère, jamais l'enfant. Sauf cas exceptionnels, il s'endort quand il en ressent le besoin ; il est préférable de respecter ses rythmes biologiques plutôt que de le forcer à des siestes *a priori* à l'école. Elle incite toujours à retrou-

57. *Ibid.*, p. 31.

ver les circonstances du petit symptôme, de l'angoisse nocturne, etc.

Pour l'essentiel, on ne trouvera pas dans ces ouvrages à destination du grand public de conseils qu'elle n'ait auparavant explicités dans les termes cliniques qui fondent son éthique. Ces livres-là ne sont pas la menue monnaie de son expérience. Ils participent du vœu très réel chez Dolto de faire profiter chacun des acquis les plus incontestables de la psychanalyse d'enfants en modifiant ce qui, dans l'éducation, peut l'être sans recours à l'analyse ou à la psychothérapie.

Il est difficile aujourd'hui d'apprécier, faute d'un recul suffisant, l'incidence des préoccupations éthiques de Dolto sur les manières de vivre. C'est une chose de les admettre intellectuellement, une autre, par exemple, de vaincre sa résistance personnelle et de parler sérieusement à un enfant comme on le ferait à un adulte. Dolto ne se faisait pas d'illusion sur la difficulté du chemin à parcourir. Il n'est pas sûr que, en ce domaine, la société aille aussi vite qu'elle pouvait l'espérer, ni qu'elle souhaite dissiper l'écran de fumée derrière lequel elle cache croyances, peurs, etc. Pour le confirmer, je renvoie à l'ouvrage cité plus haut de Ginette Raimbault qui montre que l'horreur des parents de voir souffrir leur nourrisson est si grande que, souvent, ils préfèrent se réfugier dans la consolation « qu'à cet âge-là, ça ne souffre pas », très certainement, parce que « ça ne parle pas ».

L'éthique de Dolto vise non pas à déguiser l'enfant en adulte mais, dès sa naissance, à le structurer dans le monde humain qui n'est lui-même organisé que par le langage.

Un fait est certain : bien que n'étant nullement militante, et plutôt solitaire dans son aventure, elle a espéré, surtout à la fin de sa vie, pouvoir influer sur la législation, dans la mesure où elle fut sollicitée par les équipes qui l'interrogeaient sur les problèmes posés par le divorce et la maturité des enfants et des adolescents [58].

Ainsi, est-elle amenée dans *La Cause des enfants*, à des

58. En particulier dans *La Cause des enfants, op. cit., La Cause des adolescents, op. cit.*, et *Lorsque les parents se séparent, op. cit.*

considérations générales sur l'histoire de l'enfance, à la lumière des travaux de Philippe Ariès. Dans *La Cause des adolescents*, elle doit faire en compagnie de ses interlocuteurs une visite panoramique des mythes et poncifs sur la puberté depuis les Grecs. Aussitôt quittées les figures imposées par le genre, elle revient aux questions qui la mobilisent : ce n'est pas parce que la société moderne semble accorder une grande place à l'enfant qu'elle le respecte mieux, tant s'en faut. Elle constate par exemple que « depuis des siècles le discours sur l'enfant met beaucoup plus l'accent sur son immaturité que sur son potentiel, ses capacités propres, son génie naturel. Le discours scientifique a le même parti pris [59] ». Elle a toujours soutenu que l'enfant, le nourrisson, était beaucoup plus intelligent que l'adulte et qu'il souffrait du manque de moyens de s'exprimer, de se faire comprendre. De même, elle dit des enfants psychotiques, autistes, qu'ils sont des intelligences pures, doués seulement de la fonction symbolique mais sans avoir accès au code commun de l'expression des affects et des pensées qui est celui de la communication socialisée.

Dolto veut faire entendre que la société devrait globalement changer d'attitude à l'égard des enfants : cesser de s'attendrir sur leur supposée impuissance et les respecter dans tout ce qu'ils expriment car c'est ce qui les mènera à devenir des humains, et non quelque engeance nouvelle qui prendrait pour moi idéal l'ordinateur, selon son expression.

Parce qu'elle est convaincue qu'à neuf ans, et même à sept ans, un enfant est autonome, qu'il sait comme elle le dit s'autopaterner et s'automaterner, qu'il reconnaît déjà son propre désir sans avoir à l'inféoder à celui de ses parents pour leur faire plaisir, elle souhaite que l'on « responsabilise » les enfants, au lieu de les assister abusivement et de prolonger leur dépendance. Elle insiste pour que les enfants reçoivent une éducation qui ne soit pas strictement livresque, car négliger de cultiver leurs possibilités manuelles, motrices, c'est limiter leur pouvoir d'autonomisation.

59. *La Cause des enfants, ibid.*

D'autre part, elle suggère de « remplacer l'instruction obligatoire jusqu'à seize ans par l'obligation d'apprendre à lire et à écrire dans le secteur public sans limites d'âge », de « supprimer les cours d'assises » et « la vie carcérale pour les mineurs », de dépénaliser la consommation des drogues douces [60], etc. Utopie relative, eu égard à l'état de la législation et des mœurs, puisque fondée sur des propositions concrètes, non dénuées de bon sens et de réalisme.

Opposée pour des motifs personnels au divorce, elle prend acte de l'ampleur du phénomène social et soutient qu'il faut tout mettre en œuvre afin que les parents « réussissent » leur divorce. La société doit éviter aux enfants la dramatisation d'une séparation qui n'est jamais par elle-même un traumatisme, sauf si elle vient alimenter une névrose antérieure chez eux. Dolto songe aux médiations nécessaires par la parole, au recours à un tiers, lorsque la relation entre les parents est trop conflictuelle et qu'ils se disputent les enfants, notamment. Elle recommande donc que les parents parlent de leur désir ou de leur volonté de divorcer aux enfants, qu'ils les préviennent et expliquent, autant que la chose est possible, leur décision. C'est d'autant plus important qu'un enfant, petit, croit souvent que, si son père s'en va, il n'aura plus de père. Il est donc nécessaire de lui confirmer que sa relation à chacun de ses parents n'est nullement modifiée par leur séparation qui ne les concerne eux qu'en tant qu'adultes. Elle préconise que dans les cas les plus difficiles – obligeant au placement d'un enfant – celui-ci soit informé de l'évolution de la situation éventuellement par un auxiliaire de justice, un psychologue. Il ne s'agit nullement, dans son esprit, de concéder aux enfants ou aux adolescents un pouvoir de pression sur la décision de leurs parents, mais d'empêcher que l'événement ait lieu sans qu'ils puissent exprimer et leurs affects et leur désir : faute de quoi, ils risquent d'éprouver une souffrance qui leur semblerait imposée par la loi.

Dans cette situation, une exigence reste pour elle prioritaire : la place à accorder au père, une fois les parents séparés. Ce n'est pas pour sacrifier au mythe de la famille,

60. *La Cause des adolescents, ibid.*, p. 230.

pilier de la société. L'usage veut d'ailleurs que la garde de l'enfant soit confiée à la mère, et il n'est pas rare que celle-ci disqualifie le père, jusqu'à souhaiter parfois que l'enfant l'oublie. Or, il est contraire à la dynamique de son développement qu'il soit privé de la relation symbolique à celui qui en est le représentant. Que le père s'occupe ou non de l'enfant, qu'il paie la pension alimentaire ou non ne change rien à l'exigence que soit maintenue la place de son père dans la vie de l'enfant. C'est pourquoi Dolto souhaitait que fussent créés des lieux où les mères amènent leurs enfants le jour de visite prévu pour le père, et qu'elles les laissent à cet endroit, éventuellement à la garde de personnes responsables, pour que les enfants sachent bien qu'ils attendent leur père – que celui-ci vienne ou non. Dolto veut lutter contre la mainmise de certaines mères qui les conduit à préférer que le père ne paie pas de pension, ou à le laisser croire, pour garder seule leur objet, dont elles sont fantasmatiquement la mère parthénogénétique, toute-puissante, excluant le phallus et l'autre du même coup. Elle développe ses vues dans *Quand les parents se séparent*. A ce propos me revient une petite anecdote significative concernant ce titre. Alors qu'on lui avait proposé divers titres sur ce thème du divorce, elle me dit : « Oui, mais il faut bien préciser qu'il s'agit du divorce des parents, n'est-ce pas. » Sur le coup, je n'ai pas compris son insistance. Comme s'il pouvait y avoir un autre divorce. Or, une fois le titre adopté, j'ai fait un lapsus que j'ai entendu ensuite chez d'autres : « Quand les enfants se séparent. » En dépit de la réalité, les enfants, même devenus adultes, ne renoncent pas au fantasme de voir leurs parents réunis, puisque la relation qu'ils ont avec l'un implique l'autre.

Dans ce même ouvrage, elle reprend un thème qui lui est cher : les parents n'ont que des devoirs à l'égard de leurs enfants. Il n'est pas besoin de les énumérer ici, ils ramènent tout à la nécessité de respecter l'enfant comme sujet à part entière.

Par tempérament Dolto n'est pas une réformatrice ; elle n'a pas élaboré de programme éducatif idéal ; en revanche, elle a soutenu certaines entreprises pédagogiques, psychothérapiques ou rééducatives lorsqu'elle y voyait des avantages indiscutables pour le développement de l'enfant. Elle était favorable à des expériences comme celles de Maria Montessori ou de l'école Freinet.

Dans son article consacré à l'« image de soi dans le miroir », elle montrait qu'il est contre-indiqué d'apprendre à lire ou à écrire à un enfant qui ne se connaît pas encore comme sujet sexué [61]. Elle n'approuvait pas la propension – grandissante – à expédier les enfants en rééducation : beaucoup de dyslexies ne relèvent pas de la compétence de l'orthophoniste mais devraient mener l'enfant en psychothérapie. Cependant, elle a soutenu la méthode d'Antoinette Muel qui utilisait avec des enfants retardés sur le plan scolaire ou prépsychotiques, voire autistes, une méthode de « reconnaissance sensorielle », aidant à la discrimination des perceptions par des exercices simples. L'enfant prend conscience de ce qu'il ressent, apprend à le nommer : c'est le préalable à une psychothérapie qui, elle, est une analyse des pulsions et implique le transfert sur la personne du thérapeute. Dans la préface qu'elle a écrite à l'ouvrage d'A. Muel, Dolto rappelle les difficultés particulières de l'analyse d'enfants [62]. Celle-ci exige une formation beaucoup plus poussée de l'analyste, car le traitement provoque des réactions en chaîne, plus ou moins bouleversantes chez les parents : l'analyste doit savoir les écouter et aider les parents à les maîtriser.

La psychothérapie, en revanche, n'a en vue que les difficultés actuelles du sujet : c'est notre bavardage quotidien

61. F. Dolto, « Image de soi dans le miroir. Lecture et écriture » *in* le *Bloc-Notes de la psychanalyse* n° 7, *op. cit.* Dans ce même article, Dolto dénonce les méfaits de la méthode de lecture dite globale et montre combien la méthode dite analytique est plus conforme aux possibilités de l'enfant et aux exigences du symbolique : le global ne permet pas de reconnaître les différences. D'autre part, Dolto regrettait la disparition du calcul au profit de la logique ensembliste, parce que l'une et l'autre ne mobilisent pas les mêmes opérations mentales : le comptage restant lié au corporel et à des objets concrets, références nécessaires au petit enfant.

62. La distinction entre psychothérapie et psychanalyse est explicitée un peu partout dans l'œuvre de Dolto, en particulier dans ses trois *Séminaires*, dans un texte intitulé « Le travail psychothérapique » (1959), *in* F. Dolto, J.-D. Nasio, *L'Enfant du miroir*, Marseille, Rivages, 1987, et dans « Psychothérapie des enfants et des adolescents » in *Lettres de l'Ecole freudienne* n° 22, mars 1978, *op. cit.*

avec le marchand de journaux au kiosque du coin de la rue, disait Dolto. Au contraire, la psychanalyse remonte l'histoire du désir inconscient, elle ne prend pas en compte le présent de la vie : « La psychanalyse n'est pas une adaptation à la société actuelle de l'enfant. Elle est une adaptation [...] à son [...] bien-être, à son potentiel libidinal propre [...] et une initiation au parler vrai, concernant ses demandes vraies touchant un désir et une affectivité authentiquement en rapport avec l'âge du sujet [63]... »

Les questions de pédagogie et de rééducation n'intéressent Dolto que dans la mesure où elles peuvent être articulées à une prévention des troubles névrotiques ou psychotiques chez les enfants. Or, c'est la prophylaxie des troubles, graves ou non, du petit enfant d'âge préscolaire, qui va captiver toute son énergie une fois qu'elle aura pris sa retraite de psychanalyste. Elle va se consacrer alors prioritairement à cette non-institution qu'est la Maison verte et, d'autre part, à une consultation de nourrissons, rue Cujas.

La Maison verte [64] s'est ouverte officiellement le 6 janvier 1979, place Saint-Charles, dans le XVe arrondissement de Paris. Plus tard, elle sera transférée rue Meilhac, encore dans le XVe arrondissement. On y accueillait des enfants de moins de trois ans, accompagnés de leurs parents. Elle s'appelait à l'origine la Boutique verte, ainsi nommée par les enfants d'après la couleur de la façade mais, très certainement, en résonance avec cette prédilection pour une couleur qui, selon Dolto, est celle de la vie pour les petits.

La loi autorise un médecin à la retraite à donner un peu de son temps comme conseiller et pour une rétribution tout à fait modique : indemnité symbolique pour un bénévolat déguisé. C'est à ce titre que Dolto a travaillé

63. Françoise Dolto, Antoinette Muel, *L'Eveil de l'esprit*, Paris, Aubier, 1988, p. 40.

64. Dolto en parle souvent : *Séminaire de psychanalyse d'enfants, 2, op. cit.; La Cause des enfants, op. cit.; Tout est langage*, Paris, éd. Vertiges-Carrère, 1987; *Enfants en souffrance*, ouvrage collectif de F. Dolto, Danielle Rapoport, Bernard This, Paris, Stock-Laurence Pernoud, 1990, et revue *Esquisses psychanalytiques* n° 5, printemps 1986, article intitulé « La Maison verte », p. 7-21.

dans ce lieu qu'elle a fondé avec une équipe [65] et fait reconnaître comme association.

Les analystes avaient leur jour. Dolto, le lundi.

Quelqu'un a comparé la Maison verte à un kibboutz. Ce n'était pas du tout l'esprit dans lequel Dolto avait conçu ce lieu. Il ne s'agissait pas de donner corps à une fiction sociale, ni à une communauté d'enfants du rêve. Les règles de fonctionnement du lieu obéissaient à des exigences minimales dans un but préventif. Selon Dolto, il visait à éviter les traumatismes qui marquent l'entrée à l'école maternelle, à conforter l'enfant dans la sécurité qu'il avait acquise à la naissance, « jusqu'à ce que, son identité intégrée, il n'ait plus besoin du retour au giron maternel et sache dans " un espace ", se méfier de la violence d'autrui [66] ». Depuis, de vraies Maisons vertes ont surgi en France sous d'autres noms, en même temps que des contrefaçons [67].

Elle définissait le projet en ces termes : « *socialiser l'enfant en présence de ceux grâce à qui il sait " qui " il est* ». Elle ajoutait : « Je trouvais absolument sadique, cruel et imbécile que des institutions, qui acceptent de prendre les enfants pour leur assurer aide, tutelle, protection, hygiène, etc., quand la mère travaille, ne le fassent qu'à condition de séparer l'enfant de ce qui conditionne sa sécurité et constitue le référent de son identité [68]. » Elle précise que l'enfant est reçu « prioritairement en première personne » : c'est le moment pour une mère de s'apercevoir, entre autres, qu'elle parle *de* son enfant, et pourtant qu'elle ne lui parle jamais.

65. Parmi les premiers, Bernard This, Pierre Benoit, Colette Languignon, Marie-Emmanuelle Didier-Weil, Marie-Noëlle Rebois, Michel et Marie-Hélène Malandrin.

66. F. Dolto, « La Maison verte », *ibid.*, p. 9.

67. On proposa à Dolto de filmer des séquences à la Maison verte. Pendant un temps, on songea même à tirer un livre de cette expérience originale. Certains avancèrent le nom d'une amie de Dolto qui était écrivain. Le projet n'aboutit pas. Selon Dolto, il y avait en réalité trop de tiraillements entre certains des analystes de la Maison verte pour qu'on la laissât mettre son seul nom sur un livre. De son côté, elle leur faisait valoir qu'ils n'y venaient pas pour y pratiquer la psychanalyse en leur nom ou y poursuivre une recherche personnelle, mais seulement pour respecter les objectifs qui étaient ceux d'un lieu de vie.

68. F. Dolto, « La Maison verte », p. 8.

Les analystes ou les personnes chargées de l'accueil jouent le rôle d'« éponge à angoisse », selon son expression. L'un des premiers effets positifs de la Maison verte est de soulager la mère d'une angoisse dont son enfant souffre parce qu'il a encore une relation fusionnelle avec elle. Dolto dit ceci : « nous avons pu l'observer [...] lorsqu'une mère prend un bébé dans ses bras, il croit imaginairement que c'est *lui* qui la porte pour l'embrasser [69] ». Lorsque la mère est fatiguée, l'enfant le ressent, veut la consoler et la prendre dans ses bras, mais c'est elle qui le fait et s'épuise ainsi à le porter. Telle est l'origine de ce qu'on appelle l'« insomnie de l'enfant ».

Dans ce lieu de libre parole sont instaurées des limites. Le règlement ne permet pas qu'on entre avec des engins à roulettes dans une certaine pièce, interdit figuré par la « ligne rouge » d'un simple ruban. L'autre prescription est de mettre « le tablier de caoutchouc pour jouer à l'eau [70] ». Ce qui est intéressant, ce n'est pas seulement la fonction d'intégration sociale pour l'enfant d'un interdit valable pour tous – puisque, bien sûr, son père n'est pas autorisé lui non plus à ranger sa moto dans la pièce, par exemple –, mais également la manière dont la règle est comprise par les adultes. Ainsi les mères ne voient-elles pas de prime abord la nécessité pour l'enfant de porter un tablier puisque, chez elles, elles lui permettent de se mouiller. Or, comme le note Dolto, « les mamans reconnaissent très vite qu'un règlement est intégrable lorsqu'il est localisé dans un endroit [71] ». Il favorise un « processus de sociabilisation ».

La Maison verte était aussi pour Dolto un extraordinaire laboratoire d'observation sur les processus psychiques des enfants. Dans le même article, elle s'interroge sur le sens du comportement fréquemment observable qui est le suivant. Un enfant plus grand ou plus fort qu'un autre et qui veut à tout prix le jouet qu'il tient s'en désintéresse et l'abandonne une fois qu'il le lui a arraché des mains. Pourquoi ? Peut-être croit-il alors qu'il est rede-

69. *Ibid.*, p. 11.
70. *Ibid.*, p. 14-15.
71. *Ibid.*, p. 15.

venu lui-même petit en prenant le jouet du petit, comme elle l'interprète, un jour, à un petit garçon, lequel n'a jamais recommencé ce geste par la suite ? En fait, le jouet est mort dans les mains de celui qui le tient; il ne devient « vivant que lorsque quelqu'un s'en saisit. L'enfant ignore qu'il détient le pouvoir de donner *vie* au jouet, mais l'accorde à son semblable [72] ».

La Maison verte est le contraire d'un centre de psychothérapie collective. Les analystes sont présents pour remettre en circuit une parole étouffée chez une mère ou pour aider à dénouer un symptôme chez l'enfant, sans jamais que ce symptôme focalise l'attention. C'est dans le cours des échanges entre les enfants, et parfois à son insu lorsque sa mère parle un peu de lui, que ce symptôme disparaît.

Dolto décrivait ainsi l'attitude analytique à l'égard des enfants à la Maison verte comme dans sa pratique : « En adressant des paroles vraies à un nourrisson ou à un enfant, nous lui signifions que sa santé, sa mimique, son comportement traduisent, ou du moins incitent à supposer ce qu'il en est de sa sensibilité inquiète ou pacifiée et de ses émois mis en éveil par une perception insolite. Par ces dires, nous établissons ou rétablissons le lien humain vivant et nuancé entre la connaissance qu'il fait au jour le jour de lui-même et celle du monde qui l'entoure. Il perçoit tout de suite qu'on cherche à le comprendre et à l'aider à se comprendre [73]. »

La Maison verte a pour but de prévenir une dichotomie, une division qui peut s'installer très précocément chez un enfant et que Dolto appelle « névrose expérimentale », trouble qui n'est ni héréditaire ni organique, mais qui survient dès les premiers jours de la vie si on ne le prévient pas. L'enfant peut sembler s'adapter relativement bien à la société, malgré des difficultés, mais il est en réalité dépourvu de sens critique à l'égard de tout ce qui se passe hors de sa famille. De tels enfants restent alors collés à leur mère, incapables de s'occuper tout seuls, « toujours alertés par la moindre relation de leur

72. *Ibid.*, p. 17.
73. *Enfants en souffrance*, *op. cit.*, p. 147-148.

mère à quelqu'un d'autre, ou du danger d'être séparé d'elle [74] ». Tels sont certains des écueils que tente d'éviter la Maison verte.

Voici, parmi bien d'autres, l'exemple d'une brève intervention de Dolto à la Maison verte. Il s'agissait d'une enfant, « une superbe petite qui louchait » et dont la mère affirmait qu'elle était née ainsi. Dolto fait remarquer à cette femme : « Votre fille a l'air d'écouter, mais ses yeux sont à l'intérieur [75] . » Et elle lui demande s'il ne s'est rien passé vers le troisième ou quatrième mois de sa grossesse, songeant que c'est le moment de la vie fœtale où s'installent simultanément les paires crâniennes auditives et optiques (en la circonstance, il ne s'agit pas d'une intervention analytique stricte, puisqu'un savoir médical intervient). La mère répond non sur le coup; puis, la fois suivante, elle reconnaît qu'elle ne voulait pas d'enfant, qu'elle avait du reste subi trois avortements et qu'ensuite craignant d'avoir un enfant mongolien, elle avait été traversée par un désir mortifère à l'égard du fœtus; elle s'était finalement mariée et avait très bien porté sa grossesse.

Après l'intervention éclair de Dolto, l'enfant n'a plus louché. Pourquoi était-elle née ainsi ? Parce qu'elle « avait entendu [dans sa vie fœtale] la menace de cette mort, et elle s'était cramponnée à elle-même. Elle ne voulait pas écouter le danger qui était dehors [76]. »

Dolto consacrait une autre part importante de son énergie à la consultation des nourrissons de la rue Cujas. Elle devait souvent travailler « en rapproché », selon son expression, c'est-à-dire en très peu de séances pour éviter par exemple à un tout jeune bébé, abandonné par ses parents, un placement en institution psychiatrique. Avec une audace extraordinaire, elle interprétait à certains de ces tout jeunes enfants leur désir de mourir : « Le nombre d'enfants dépressifs qui veulent mourir est plus considérable qu'on ne pense car ils n'ont jamais l'occasion de le

74. *Ibid.*, p. 149.
75. *Séminaire de psychanalyse d'enfants*, 2, *op. cit.*, p. 196.
76. *Ibid.*, p. 197.

dire[77]. » Comme dans le déterminisme de la psychose, c'est le terme d'un processus qui se joue sur trois générations. Une mère mélancolique qui se déprécie, se sent coupable et destructrice à l'égard de ses enfants, est souvent une femme qui se méprise, parce qu'elle-même n'a pas été désirée ou qu'elle a été rejetée par sa propre mère. « Devenue mère à son tour, il ne faut pas qu'elle veuille d'elle. C'est sa manière de sauver ses enfants, sans qu'elle le sache. Quant au petit enfant, c'est sa manière de sauver sa mère que de se mépriser : puisqu'elle ne voulait pas de lui, il ne faut pas qu'il survive. S'il survit, il est un salaud qui fait du mal à maman[78]. » La mère dépressive, comme dans le processus décrit par Freud dans « Deuil et mélancolie », vise par ses auto-accusations la part d'elle-même identifiée à cette mère qui l'a rejetée. L'identification impossible à sa propre mère est réactivée à la naissance de ses enfants. Elle désigne la mère qui, en elle, n'a pas pu assumer la maternité. L'enfant, lui, parce qu'il a été le plus souvent abandonné, ne connaît pas sa mère de « maintenant », « c'est la mère d'autrefois qu'il essaie de sauver[79] ». La prévention, dans de tels cas, consiste à nommer à l'enfant son désir de mourir en lui disant qu'il a le droit d'avoir un tel désir, qu'il n'est pas coupable de vouloir mourir, mais que, pour le moment, il n'en a pas les moyens, car il y a des barreaux dans la pouponnière. L'enfant esquissant alors un sourire signifie que, pour la première fois, il a été compris, qu'il n'est plus seul[80].

La cure d'une petite Fatima qui était arrivée à l'âge de dix-huit mois à la consultation de nourrissons de la rue Cujas est un cas de ce type[81]. Elle avait été adressée à Dolto par la pouponnière d'Antony, où de nombreux enfants étaient placés, souvent après des mesures de justice.

Fatima était alors inapprochable, hurlant d'une voix monocorde dès que quelqu'un esquissait un geste ou une

77. F. Dolto, *La Cause des adolescents, op. cit.*, p. 111.
78. *Ibid.*
79. *Ibid.*
80. *Ibid.*, p. 112.
81. Je dois à l'obligeance de Danièle Broda, psychanalyste qui a travaillé longtemps avec Dolto et participé notamment à son intercontrôle et à sa consultation de nourrissons, les précisions concernant cette cure.

parole à son égard. Elle poussait des cris qui ne s'adressaient à personne. Affligée d'un strabisme très prononcé, elle se cabrait constamment par terre, en opisthotonos, en arc de cercle. Elle semblait promise à une évolution inexorable vers la psychose et à un internement en hôpital. A la fin du traitement, cette enfant faisait des modelages, parlait normalement et était devenue scolarisable.

Le dossier mentionnait peu d'informations. Les parents, très jeunes, avaient dû se connaître dans un foyer de la banlieue parisienne. Le père devait être en prison et la mère, encore adolescente, placée alors dans un foyer. Elle avait souhaité avorter. Elle-même avait été retirée dès l'enfance à ses parents.

Fatima, née prématurée à sept mois et demi, avait aussitôt été séparée de sa mère et confiée à une nourrice, une maternante. Il n'y avait pas eu de déclaration de grossesse pour cette enfant qui portait le nom de sa mère. Dolto pensait qu'effectivement la mère ne voulait pas d'elle, mais que le père, lui, l'avait désirée – et elle insista beaucoup dans ses interventions auprès de l'enfant pour l'en assurer. Le transfert de Fatima s'établit peu à peu sur Dolto qui, lors des premiers contacts, lui nommait les objets et leurs qualités pour donner sens à ses perceptions et les lui rendre tolérables. Elle lui disait, par exemple : « Voilà, c'est du métal, c'est froid, ce n'est pas dangereux. » Les cris de Fatima trouvaient enfin un destinataire.

Le premier signe indiscutable de transformation fut la disparition de son strabisme (à la fin du traitement, elle ne portait plus de lunettes). Dolto lui interpréta le fait qu'elle louchait comme l'expression de sa colère contre sa famille qui ne s'occupait pas d'elle. Les yeux de Fatima retrouvèrent leur parallélisme.

Un jour, à la consultation, elle se laissa tomber dans les escaliers. Dolto lui interpréta ce mouvement comme un désir de se suicider. Puis, peut-être trois mois après le début du traitement, sa mère revit Fatima, l'emmena dans un café. Elle y oublia purement et simplement l'enfant. Elle la confia à une personne comme si elle allait aux toilettes et ne revint pas. C'est la police qui ramena Fatima à la maternante. Cette fois, l'enfant glissa des bras de celle-ci dans le trou des W-C. Dolto lui interpréta qu'elle avait voulu mourir, disparaître, parce que c'est ainsi que sa mère l'avait traitée en l'oubliant.

L'analyse dura plus d'un an. Elle exigea beaucoup de Dolto qui, à cette époque, vivait et travaillait en permanence avec un appareil respiratoire. Dolto était, paraît-il, bouleversée par cette cure, angoissée même puisque, à certains moments elle demandait aux assistants de l'aider, de proposer une interprétation, une relance. A la différence de sa consultation à l'hôpital Trousseau, la présence de ce « chœur antique », pour reprendre son expression, permettait d'éviter que de tout petits enfants, séparés de leurs parents dès la naissance, ne fissent un transfert trop massif, trop érotisé sur sa seule personne.

Outre l'effet incontestablement positif que provoquèrent ses interprétations, le tournant décisif pour l'enfant – et mémorable pour les assistants, eux-mêmes très éprouvés par cette cure – fut une séance qui lui redonna symboliquement naissance. Un jour qu'elle était arc-boutée en opisthotonos – ce redressement phallique de tout le corps qui prélude à la naissance, et qui laissait penser que l'enfant en revivait alors quelque chose – elle resta dans un coin de la salle. Dolto alla la prendre, non pas avec le geste d'une mère s'apprêtant à bercer son enfant, mais comme on porte un nouveau-né, à bout de bras et elle la présenta aux assistants en prononçant son nom : Fatima. Chacun à son tour se nomma en la saluant. Par ce geste de portée symbolique, elle la fit entrer dans la société humaine en lui permettant d'être reconnue et accueillie, comme un enfant humain : attendu et accepté.

Par la suite, Fatima, qui avait toujours refusé par des cris de voir sa mère, finit par mieux supporter sa présence lorsque celle-ci revint la voir quelquefois. De son côté, le père écrivit pour demander des nouvelles de l'enfant.

Dolto vivace

Mozart pervers et le surmoi de Salieri. Un père homosexuel, un fils paranoïaque. A propos de Melanie Klein, Frances Tustin et quelques autres. Il n'y a pas d'enfant-symptôme. Un prince de Galles analysé. Le père qui volait ses enfants. Un adolescent qui voulait rester en prison. Une surdité hystérique. La naissance de la psychiatrie dans l'Antiquité grecque. L'avenir de la psychanalyse.

Au cours des entretiens que j'ai eus avec Françoise Dolto à propos de la rédaction de ses *Séminaires*, il y avait parfois des pauses, plus ou moins longues, durant lesquelles elle associait librement sur telle ou telle nouvelle de l'actualité qui avait retenu son attention. Elle pouvait aussi bien parler d'un film qu'elle avait aimé que d'un trait qui l'avait fait réfléchir chez un personnage, ou raconter ses impressions de voyage – en Amérique latine, en Pologne, etc. Il était rare que la digression s'écartât vraiment du champ analytique. Tout l'y ramenait, et le plus souvent un détail observé chez un tel ou une telle la portait à raconter un exemple clinique, voire un cas entier.

Parmi les nombreux souvenirs de ces moments, voici celui d'une fin de journée de travail.

Françoise Dolto était très musicienne. Et elle était une psychanalyste qui pouvait écouter en parlant.

Elle m'explique un jour que la forclusion du Nom-du-Père – selon Lacan, le manque radical du signifiant qui ordonne le sens de tous les autres – n'est peut-être qu'une variété particulière de refoulement. Pour le redire dans ses termes à elle : si, dans sa famille et son entourage, un enfant n'a jamais entendu parler de son père comme d'un être de valeur, il n'a personne à tuer. L'Œdipe, c'est tuer le père du passé, le père de son enfance, non celui de son présent. Il n'y a pas de petit garçon qui ne dise à son père ou à un homme adulte : « je te tue ». Il ne songe pas à passer à l'acte dans la réalité, c'est un dire qui soutient sa structuration, son devenir, une parole qui donne de la valeur à l'autre, et donc à son désir propre.

Or, comme le sujet a besoin de tuer l'image originelle qu'il s'était faite du père, faute de pouvoir fantasmer ce meurtre sur une personne réelle, il est obligé de tuer sa propre idéation – ce qui était lisible, selon Dolto, dans le *Don Giovanni* de Mozart. Elle prend pour exemple le film de Milos Forman, *Amadeus*, me disant qu'elle est allée le voir trois fois et en fait alors l'analyse suivante : c'est le film de la jalousie de Dieu, dit-elle, entièrement centré sur le personnage de Salieri, ce musicien qui dit de son père : « Il est mort d'apoplexie. Quel bonheur ! » Salieri est jaloux de Mozart parce qu'il ne comprend pas que celui-ci n'ait pas un surmoi aussi exigeant et terrible que le sien. En effet, Salieri désirait devenir compositeur, ce que son père n'admettait pas. Il a donc prié pour que son père meure et son vœu a été exaucé au repas qui a suivi. Il a pu enfin commencer à faire de la musique. Or, plus tard, il découvre ce garçon qui, lui, a été « fait » par son père, cet insupportable Wolfgang, grossier, ribaud, qui écrit une musique divine et le sait. Mozart est un pervers mais qui s'est complètement donné à la musique. C'est surtout dans le regard de Salieri qu'il est un pervers, poursuit Dolto. Il est mal élevé plus qu'autre chose. De son côté, Mozart admire Salieri, plus âgé que lui ; il le respecte, bien qu'il reconnaisse que la musique de celui-ci est loin de valoir la sienne.

Dans le film de Forman, Salieri comprend que *Don Giovanni* représente l'histoire de Mozart avec son père, sans se rendre compte que c'est également la sienne propre. Salieri n'a jamais reconnu en son père un homme valable. Voilà la forclusion : il n'avait personne à dépasser. Il ne trouvait personne pour incarner la valeur spirituelle qu'il attendait d'un père, bien que le sien fût très présent, comme celui de Mozart. Lorsqu'on n'a personne de valeur à tuer symboliquement, il n'y a que deux issues : *vivre* ces pulsions œdipiennes, agressives, ou les *transformer* grâce à des sublimations extraordinaires.

J'ai écouté Dolto sans dire un seul mot, en opinant parfois du bonnet, d'autant que je n'avais pas vu ce film à l'époque. Puis j'apprends, sidéré, qu'elle a déclaré ensuite à une personne qui travaille avec moi que j'étais très musicien. Sidéré, parce qu'elle avait raison.

Pour revenir au destin des pulsions en jeu chez un musicien, Dolto pensait notamment que Wagner avait su exploiter son noyau psychotique pour faire œuvre [1] puisque, à l'origine, il n'écrivait pas sa musique avec des notes mais qu'il la dessinait. Il ne disposait pas du code commun aux musiciens ; du reste, sa famille n'en comptait aucun. Dolto dit qu'il « s'est trouvé comme l'halluciné auditif d'une musique inconnue [2] » qu'il voulait écrire, sans savoir comment y parvenir. Selon elle, la musique, la peinture sont des avenues d'autant plus ouvertes à la sublimation que personne dans la famille du sujet n'a pratiqué aucun art. C'était le cas pour Wagner, dont elle soulignait d'ailleurs qu'il ne parlait jamais de sa mère.

Je n'ai jamais – du moins consciemment – vu en Françoise Dolto une grand-mère [3] ou une mère ; elle était plutôt pour moi une psychanalyste et une femme qui n'aurait jamais renoncé à l'intensité de son questionnement d'enfant. Il y avait quelque chose de totalement dépouillé d'apprêt ou de séduction dans son discours et dans sa voix ; elle avait une assise corporelle tranquille, pacifiante, beaucoup d'aplomb et de disponibilité mais rien qui laissât supposer chez elle la moindre complaisance ou pitié. Elle m'avait raconté brièvement quelques éléments de l'histoire clinique d'un garçon qu'elle avait guéri parce que, justement, elle avait refusé d'avoir pitié de lui.

Il s'agissait d'un enfant âgé de neuf ans à l'époque qui avait été placé à l'OSE, une institution juive chargée d'accueillir, au lendemain de la dernière guerre, les

1. Cf. « Le " cas " Wagner », *Dialogues québécois, op. cit.*, p. 210-211.
2. *Ibid.*, p. 210.
3. Ce qui n'empêche pas que beaucoup d'adultes ou de parents aient pu ainsi projeter une telle image dans une situation de demande ou de transfert. Notamment, une personne fit un don important au centre Etienne-Marcel, un appareillage médical, parce qu'elle avait projeté sur Dolto, du fait seulement de ses cheveux blancs, l'image d'une de ses grand-mères, infirme.

orphelins juifs, puis ensuite d'autres enfants, jusqu'à l'âge de quatorze ans. Après quoi, ces jeunes risquaient souvent de se retrouver en hôpital psychiatrique.

Ce garçon vivait « cul par-dessus tête », pour reprendre l'expression de Dolto : il n'était pas fou, il jouait au fou, hurlait la nuit ou chantait. Comme on préférait le laisser faire, il stagnait. Il avait été placé d'abord tout enfant dans des institutions sévères pour caractériels récalcitrants, sous prétexte qu'il montrait son derrière à tout le monde dans la rue. Il semblait paranoïaque. Il refusa tout d'abord le traitement, déclarant : « Je viendrai si je veux. » Il n'acceptait pas l'idée d'être accompagné par une personne de l'institution. Dolto n'avait pas voulu faire le jeu de l'OSE, qui craignant qu'il ne fugue en allant à ses séances lui avait demandé d'avoir pitié de lui ; elle avait insisté pour qu'on prît le risque de lui faire confiance et de lui accorder la liberté de ses mouvements. Il obtint donc de venir seul. Il s'est si bien sorti de ses difficultés qu'il a pu faire des études et se donner un métier intéressant. Longtemps après le traitement, il écrivit à Dolto pour lui raconter ce fragment essentiel de son histoire : après la guerre, son père s'était prostitué comme homosexuel, pour faire vivre sa famille. Il s'était marié jeune et, probablement, sans désir réel. Pendant l'Occupation, il n'avait pas porté l'étoile jaune par peur d'être arrêté. Or, tous les membres de sa famille l'avaient portée et étaient morts en camp de concentration. Fou de culpabilité à l'idée qu'il devait son salut à sa lâcheté, cet homme découchait tous les soirs et rentrait ivre le matin à son domicile. Il avait plusieurs enfants, dont un fils aîné, frère du patient de Dolto, un prétendu débile, retardé sur le plan scolaire, qui servait de bonne à la maison. Il ne pouvait pas plus que son père irresponsable servir de moi idéal à son cadet. Le père, en réponse à une question de ce dernier, lui répliqua un jour : « Il faut tout de même bien que je vous fasse manger, hein ? Alors ne t'occupe pas de savoir comment je gagne de l'argent. » La mère touchait d'autre part des allocations familiales et une aide de l'OSE, le père étant déclaré officiellement chômeur.

Le garçon, pendant ses études, travailla pour s'offrir un

voyage en Israël. Il y resta pour faire son service militaire, puis préféra revenir ensuite en France s'occuper de ses frères et sœurs plus jeunes.

Consciente de l'originalité de ce qu'elle apportait, Dolto esquivait les polémiques, ce n'était pas son tempérament. Cela ne l'empêchait pas d'ignorer parfois superbement ceux qui l'avaient précédée. Elle préférait rester allusive. Ses *Séminaires* et entretiens l'indiquent.

Elle vit en Melanie Klein, qu'elle rencontra une fois, une sorte d'institutrice, nullement une psychanalyste. Elle ramenait d'ailleurs sa théorie de l'objet aux proportions suivantes : « le bon objet, c'est l'objet oral, c'est ce qu'on mange ; le mauvais objet, c'est le caca ». Elle ne souscrivait nullement aux explications que M. Klein proposa de l'angoisse du huitième mois chez le nourrisson. Loin d'y voir l'effet d'une dépression de l'enfant qui ne retrouverait pas chez les autres le visage familier et attendu de la mère, Dolto attribue cette angoisse à l'impuissance motrice de l'enfant, à l'écart entre ce qu'il désire et ce qu'il peut [4].

Elle trouvait navrant le succès du pédiatre américain, Brazelton, très médiatisé. Elle pensait qu'Anna Freud n'avait pas accès au désir inconscient des enfants et qu'elle s'en tenait aux apparences de leur comportement [5]. Interrogée un jour, à son séminaire, sur Bruno Bettelheim, elle avait eu ce seul mot : « Il me fait l'effet d'un nazi en tutu rose [6]. »

Elle m'a parlé une fois de Frances Tustin dont elle commençait à lire les travaux sur l'autisme. A l'évidence, l'une et l'autre ne donnent pas à cette notion la même extension. Tustin décrit avec une grande minutie des types de comportement et des catégories d'objets privilégiés de l'autiste : objets durs, métalliques, aux caractères opposés à ceux de l'objet transitionnel, doux, moelleux. Dolto envisage l'autisme dans une extension maximale :

4. Cf. F. Dolto, « L'angoisse du huitième mois », *L'Image inconsciente du corps, op. cit.*, p. 85 sq.

5. « C'est ce que je regrette chez Anna Freud, que j'ai connue : elle ne s'occupait pas du vécu de la libido du sujet, mais seulement du vécu apparent », F. Dolto, *Dialogues québécois, op. cit.*, p. 243.

6. F. Dolto, séminaire inédit.

depuis la psychose infantile, caractérisée par l'impossibilité d'accès au langage, jusqu'à des comportements de repli sur soi qui ne débouchent pas sur une psychose, mais sur une activité intellectuelle ou créatrice. On put l'entendre déclarer devant une assistance qui fut alors parcourue d'un frisson d'émotion qu'elle avait eu « le grand honneur de travailler avec des enfants autistes » et de comprendre combien ils étaient intelligents; doués plus que personne de la fonction symbolique, néanmoins tournant à vide, et d'un pouvoir télépathique dont les adultes ont perdu la capacité [7]. Là où Dolto et Tustin se rencontrent, en s'opposant aux travaux américains antérieurs, c'est lorsqu'elles affirment que l'autisme n'est pas inévitablement imputable à un abandon par une « mauvaise mère » et que son origine peut être accidentelle : panne précoce de la relation mère-enfant, inaperçue ou dépistée tardivement.

Une seule fois, je crois, dans les *Séminaires* publiés, Dolto a parlé de l'enfant symptôme des parents [8]; toutefois c'est pour mieux contester ensuite cette réduction trompeuse qui a prévalu chez d'autres analystes d'enfants : « Certains pensent peut-être qu'ils prennent en analyse un objet dépourvu de liberté. C'est que, faute sans doute d'en éprouver eux-mêmes la certitude, ils sont incapables de donner aux autres le sentiment de liberté [...]. Il existe des psychanalystes qui refusent l'idée que chacun garde une part de liberté, tant cela les angoisse [9]. » De la même manière, peut-être par opposition à Lacan, lequel prétendait n'user jamais de ce mot [10], elle déclarait qu'elle ne se serait pas sentie

7. C'était dans une occasion plaisante, car la Fondation des jeux Lego lui avait décerné un prix pour son œuvre en faveur de l'enfance. Dolto, après des malaises dus à son insuffisance respiratoire, avait déjà à l'époque beaucoup de difficulté à rester longuement debout pour s'exprimer, cependant l'enthousiasme la portait. Ce qui est amusant, c'est qu'il avait été question de l'emblème de la maison Lego, un arbre de vie, mais non pas, je crois, des significations multiples des deux verbes latins *lego*, dont l'un signifie notamment « léguer », et l'autre en particulier « recueillir par les oreilles », « par les yeux », « lire ». Et puis on avait oublié le moi : l'ego.

8. F. Dolto, *Séminaire de psychanalyse d'enfants*, 1, *op. cit.*, p. 32.

9. F. Dolto, *Séminaire de psychanalyse d'enfants*, 2, *op. cit.*, p. 114.

10. Dans une interview accordée lors de son invitation à l'université de Louvain, en 1972, et dont il existe un enregistrement vidéo.

humaine si elle avait dû renoncer à éprouver en elle cette liberté, constitutive du sujet qu'elle était.

Enfin, et c'est un point important car il engage sa conception de la psychanalyse et la possibilité de guérir les enfants psychotiques, Dolto se démarquait avec la plus grande netteté de ces analystes-Diafoirus qui se perdent en conjectures sur l'étiologie d'une psychose, en omettant l'acte analytique qui s'impose, selon elle : enraciner l'enfant dans sa scène primitive et son Œdipe.

L'observation et la construction analytique l'amenaient presque toujours à l'évocation d'une histoire clinique. Ainsi, un jour, elle m'explique que le petit enfant se trouve pris à l'école entre des exigences contradictoires : on lui enseigne à se servir des idées, du savoir des autres, donc à se les approprier [11], à les voler oralement en les assimilant, cependant on lui interdit de toucher à l'avoir d'autrui, ce qui déconcerte sa logique. Là-dessus, elle enchaîne sur le fait que la loi considère qu'il n'y a pas de vol entre membres d'une même famille. Et elle me raconte l'histoire d'un vieux monsieur, d'une famille en vue et fortunée, qui s'amusait à spolier ses propres enfants des biens qu'il leur avait laissés par avance en héritage. De son vivant, il avait légué à chacun des meubles anciens, des objets de valeur. Or, un beau jour, le fils aîné rentre de vacances pour trouver son appartement cambriolé. Il interroge le gardien qui lui déclare : « Mais, c'est votre père, Monsieur, qui est venu, avec des déménageurs. J'ai cru que c'était en accord avec vous. » Il s'était fait accompagner d'un serrurier qui avait ouvert la porte. Cet homme a réédité son coup avec ses autres enfants, les uns après les autres. Ils ont finalement voulu porter plainte. Pour engager une procédure, il leur fallait faire établir par un neurologue que leur père était gâteux. Mais le médecin qui l'a examiné leur a déclaré que ce n'était nullement le cas et qu'il ne pouvait certifier un pareil diagnostic. A la suite de quoi, Dolto eut l'occasion de rencontrer l'un des enfants. Elle disait avoir vu une photo de ce vieillard, au regard plutôt pétillant, égrillard, volant ses

11. « Les idées sont à tout le monde », disait Lacan.

enfants, alors que c'est plutôt l'inverse qui se produit d'ordinaire. « Un petit délinquant familial », concluait-elle, « on devrait faire un film d'une histoire comme celle-là. »

Une autre fois, elle évoqua brièvement l'histoire très singulière d'un adolescent qui suppliait le juge pour les mineurs de le maintenir en prison. La mère avait élevé seule son garçon, en cultivant ses propres fantasmes incestueux. Irresponsable, elle se croyait honnête et ne s'intéressait qu'aux garçons de l'âge de son fils. De sorte qu'elle finit par se mettre en ménage avec l'un d'entre eux. Fou de rage et de jalousie, le fils voulait tuer sa mère et son camarade. Il avait donc commis un acte quelconque de grivèlerie pour se faire condamner et être ainsi protégé en prison. Il disait au juge : « Que voulez-vous que je fasse avec deux mois de prison ? Donnez-moi un an. » Il a d'ailleurs passé son bac pendant son incarcération.

Elle me raconta, en riant elle-même, l'histoire d'une bonne sœur qui montrait ses culottes dans son couvent et qui, pour ce motif, avait été traitée par un psychiatre spécialiste des traitements hypnotiques. Cette nonne, qui souffrait d'une surdité hystérique, profitait de son infirmité pour dire tout haut : « La Mère supérieure est une imbécile » et autres incongruités qui choquaient, mais faisaient pouffer ses consœurs. Elle disait à Dolto : « ça rit en moi ». Le psychiatre qui la traitait, praticien dans la tradition de Charcot, procéda à une petite mise en scène pour tenter de faire disparaître sa surdité. Il l'installa dans une pièce obscure, prétendit lui administrer un sérum qui aurait eu pour vertu de déboucher ses oreilles. D'ailleurs, peu après l'expérience, elle admit avec une pointe d'inquiétude qu'elle avait l'impression de percevoir mieux les paroles. Ce fut de courte durée, car elle eut peur de la liberté qui s'ouvrait à elle et préféra inconsciemment retrouver la complicité perverse mais pas méchante, selon Dolto, de sa surdité.

Dolto associait souvent par des idées subites sur des petits faits de l'actualité, voire des potins de magazine qui la faisaient réfléchir. Ainsi, elle avait lu une de ces chroniques à répétition sur Edouard VIII abdiquant par amour pour épouser une Américaine divorcée, Wallis Warfield Simpson. Ce qui avait retenu son attention, c'est que Mrs. Simpson avait dit au prince de Galles tout à trac qu'elle était profondément déçue de sa conversation policée, embarrassée, académique et sans saveur. Elle l'avait séduit de cette manière, en l'étonnant. Or, selon Dolto, Edouard VIII avait abdiqué à la suite d'une psychanalyse. Personne n'en avait jamais soufflé mot, sauf le psychanalyste René Spitz qui, de retour des Etats-Unis, en avait parlé autour de lui à ses amis et collègues français. D'après Dolto, il avait entrepris une analyse parce qu'il voulait « être vrai » et vivre d'après cette exigence, ce dont avait témoigné son choix. Elle lui trouvait un visage d'artiste, preuve, selon elle, qu'il avait beaucoup souffert. Et elle soulignait quelques-uns de ses propos, qu'elle avait dû lire dans le même hebdomadaire. Son père, le roi George V, lui disait constamment, lorsqu'il était enfant : « Rappelle-toi qui tu es et d'où tu viens. » Le prince de Galles déclarait qu'enfant il ne comprenait pas le sens de cette exhortation. Il se demandait : « Mais qui suis-je ? »

Dolto avait une présence qui obligeait à être présent à soi-même quand on l'écoutait. Il n'était pas possible de ne pas être pris dans ce qu'elle disait : on partageait la surprise qu'elle retrouvait en racontant un cas. Rien de feint dans sa naïveté. Une naïveté de psychanalyste – laquelle ne consiste pas à être la dupe des plaintes, des passions et des misères de l'analysant, de l'enfant en thérapie, mais, en un premier temps, de la littéralité de son discours. Sans cette foi, rien ne serait possible. Sans défiance non plus, à l'égard du jugement moral. Dolto racontait des cas : elle ne savait pas raconter une histoire. Elle ne cherchait pas les effets, la logique du signifiant excédant bien trop les possibilités d'en faire de la littérature, même orale.

Elle avait une vitalité hors du commun. Une jeunesse qui faisait oublier son âge. Du reste, elle disait volontiers que si elle avait un visage aussi jeune et peu ridé, c'était certainement parce qu'elle était en permanence au contact des enfants [12]. Même dans les derniers mois de sa vie, elle avait une telle énergie qu'elle en redonnait à ceux qui, travaillant avec elle, craignaient de la fatiguer. Une très grande gaieté, et beaucoup d'humour. Presque immobilisée les derniers temps, elle répondait au téléphone aux amis qui l'appelaient, avec entrain, sans un tremblement dans la voix : « Rappelez-moi lundi, si je ne suis pas morte. » Et elle raccrochait aussi vivement que d'habitude. Elle est morte le 25 août 1988, des suites d'une longue maladie pulmonaire, dans sa quatre-vingtième année. Elle avait fumé pendant très longtemps, puis avait cessé bien avant la disparition de Boris, lui-même grand fumeur. Elle s'y était décidée après un voyage en Suisse, au cours duquel des amis lui avaient fait goûter des cigarettes d'une saveur extraordinaire, interdites à la vente à l'étranger. Sachant qu'elle ne pourrait plus en avoir, elle avait dans l'avion du retour définitivement renoncé à fumer. Son mari ne s'apercevait pas qu'elle avait arrêté, ce qui confirme le caractère non spécularisable de cet objet *a*, pourtant associé à l'image de l'autre. Et Françoise Dolto disait avoir rêvé encore de temps à autre qu'elle fumait. Rêves de compensation, face à son insuffisance respiratoire.

Le seul sujet sur lequel elle ne supportait aucune plaisanterie était l'enfant. Pas question d'ironiser sur un enfant, ni même seulement d'avoir le langage relâché des parents qui parlent de leurs « gosses ». Elle ne tolérait pas qu'à son séminaire un psychothérapeute ait de telles négligences, significatives d'un mépris, d'une supériorité à l'égard de l'enfant. L'idée même qu'un enfant puisse susciter chez un analyste d'enfants des réactions négatives ne l'effleurait pas. A l'adresse d'une thérapeute qui, disant s'inspirer d'une recommandation de Winnicott, avait fait part à un enfant psychotique de ses sentiments de haine

12. François Peraldi a joué joliment sur ce thème (repris d'ailleurs par Michèle Montrelay), dans un article intitulé « 1760, ou Dolto en terre d'exil », *in Quelques pas sur le chemin de Françoise Dolto, op. cit.*, p. 142-162, notamment par cette métaphore : « sans aucun doute, Françoise Dolto devait écouter la parole inconsciente non seulement avec ses oreilles, mais également avec sa peau [...] tendue comme celle d'un tambour », *ibid.*, p. 161.

envers lui, elle eut ce mot terrible : « Je dois dire que, personnellement, je n'ai pas l'expérience de la haine, madame [13]. » Elle m'avait d'ailleurs demandé de supprimer l'expression « en revanche » dans un de ses textes, parce que cela avait une connotation agressive qu'elle entendait au sens littéral.

Je crois que même lors de ses voyages d'agrément la psychanalyse la rattrapait. Elle m'a raconté par exemple quelques souvenirs d'un périple en Grèce pendant lequel elle avait visité un temple consacré à Artémis [14], déesse qui faisait l'objet d'un culte de la part de jeunes filles pour la guérison des enfants. Elle avait remarqué surtout un bas-relief représentant pour ces sortes de vestales une Sainte Famille avec un Zeus débonnaire et ses enfants, Apollon féminin et passif, tandis qu'Artémis avait une allure virile. Son visage avait une expression passive, son corps, au contraire, était actif, masculin. Et Dolto se demandait quel pouvait être l'effet de ces moi idéaux inversés sur les jeunes de l'Antiquité – les garçons encore impubères et les filles déjà phalliques, anales par leur activité –, car les deux figures n'exprimaient aucune rivalité entre le féminin et le masculin. Elle racontait avec enthousiasme sa visite de ce qu'elle appelait le premier lieu psychiatrique, au nord d'Athènes, un temple consacré à Asclépios : une double colonnade près d'un vallon aéré – une sorte de microclimat – avec une pendule à eau. Les médecins arrivaient d'un côté, les malades de l'autre. On soignait par le rêve et par le théâtre. D'après Dolto, on sacrifiait le bouc [15], les malades devaient dormir et rêver sous une peau de bouc et raconter le matin leurs rêves aux médecins, les Asclépiades, qui les interprétaient. Ce rêve avait la signification d'un message qui leur était donné sur leur maladie, ou bien devenait le scénario de ce qu'ils devaient représenter au théâtre devant les médecins. La clepsydre servait à fixer le moment où devait commencer le jeu théâtral.

13. F. Dolto, *Séminaire de psychanalyse d'enfants, 1, op. cit.*, p. 80.
14. Ce devait être le temple de Vravron.
15. Elle ne fit pas de rapprochement avec le mot tragédie qui désignait en grec le « chant du bouc » associé à un sacrifice.

Françoise Dolto, dans ses derniers moments, évoquait sous des formes différentes une seule et même préoccupation : quel serait l'avenir de la psychanalyse ? Comment en vérifier les effets autrement que sur les générations à venir. Elle le faisait remarquer dans *Inconscient et Destins* : « Ce n'est que dans deux générations qu'on verra les effets d'une psychanalyse grâce à ceux qui se souviendront d'avoir fait une analyse. C'est une humilité devant notre travail [16]. » Elle évoquait une recherche orientée dans le même sens qu'elle avait entreprise en groupe, sur la transmission de l'inconscient dans les tribus d'Israël, notant que chaque fils avait hérité d'une part bien déterminée de pulsions et que le trajet dans le destin de chacun en était nettement repérable. Elle songeait donc à décrire l'inconscient de toute une constellation, et familiale et religieuse. Mais aussi bien, usant d'un terme qui fait écho à celui employé par Freud lui-même dans *L'Homme Moïse et le monothéisme*, elle se déclarait surprise de constater, à la fin de sa vie, que certains analystes n'avaient pas pour eux-mêmes le souci d'un progrès dans la spiritualité.

16. F. Dolto, *Inconscient et Destins, op. cit.*, p. 14.

Postface

POUR NE PAS CONCLURE

En 1961, alors que le nom même de Lacan était encore inconnu, Serge Moscovici publiait *La Psychanalyse, son image et son public*. Il ne se trouverait sans doute plus de sociologue pour risquer une telle entreprise de nos jours. La psychanalyse, et ce qui passe pour telle, se dissout dans la grande consommation, elle a ses rubriques dans les journaux féminins, à côté des horoscopes et des recettes amaigrissantes. Elle s'est tellement disséminée que le pari d'en esquisser une « représentation sociale » serait plus qu'une gageure. Les magazines de week-end s'en chargent. Tous les ans, au mois de septembre, les news remettent sans vergogne sur le tapis ces fausses questions : que reste-t-il de Freud ? de Lacan ? de Dolto ? Ils restent ; et pas seulement les trois têtes d'affiches, au domaine réservé, dans les mégalibrairies de la grande distribution. Gageons que le centenaire de la naissance de Françoise Dolto, coïncidant avec le vingtième anniversaire de sa mort, fera bien la devanture des kiosques une semaine ou deux. *L'Interprétation du rêve*, avènement de la psychanalyse, n'a pas réalisé ce score pour ses cent ans. Dans l'ouvrage de Serge Moscovici, on pouvait déjà lire un chapitre intitulé « Freud à tout faire ». À réduire la focale sur un seul sujet, par exemple « le cas Dolto, son image et son public », on manquerait toujours l'essentiel, son génie de clinicienne, mais, à coup sûr, il y aurait une « Dolto à tout faire ».

Il m'est arrivé de donner des cours dans une salle Dolto, voisinant avec celles d'Hérodote, de Thucydide et de Bill Gates, et j'enseigne encore dans une université où l'on entre par la rue Françoise-Dolto – sentiment fugitif d'étrange familiarité –, parallèle à une rue Goscinny. La postérité au post-moderne. « Ça fait drôle » de se dire qu'une personne qui vous a tant donné par sa parole, son expérience clinique, sa puissance de conviction, son étonnement devant l'inconscient, est devenue le nom d'une rue. Que peut-on écrire sur le nom d'une rue ? des graffitis, des tags ? Jean-Michel Basquiat aurait peut-être griffonné à l'acrylique un enfant à tête de mort, électrisé, hirsute et vociférant comme un diable, derrière une mamie-Jeanne d'Arc laissant échapper une bonne parole dans une bulle de BD, avec des noms de chanteurs noirs. Je n'ai pas le talent de faire parler les morts, mais le dessin aurait pu intriguer Dolto, lui parler de son image à elle dans notre société. Et elle aurait probablement ajouté un commentaire tout à fait imprévu sur la souffrance de Basquiat et la vitalité de ses fantômes.

La gloire posthume de Dolto, crédulement idolâtrée par les uns, haineusement méprisée par les autres, s'est poursuivie dans la médiatisation de son personnage à laquelle elle s'était elle-même prêtée à la fin de sa vie. Des éditions savantes de fonds de tiroir assorties de gloses et commentaires, lui donnent un air de respectabilité, alors qu'elle a toujours dérangé. Elle dérange encore. Tant mieux. Elle demeure un Autre difficile à apprivoiser. Il y a toujours quelque chose de bon à prendre chez Dolto, concéderaient beaucoup d'analystes qui, pourtant, continuent de la snober.

Les lacaniens de tous bords sont légions ; on rencontre des kleiniens ; il paraît qu'il existe encore des freudiens. De doltoïens, point[1]. Une théorie s'enseigne, une pratique est inimitable, à plus forte raison quand elle est inséparable de l'idiosyncrasie de son auteur, qui s'est fabriqué un parler à soi. Comment s'y retrouver dans cet idiome singulier qui force la langue à son gré pour faire entendre quelque chose de la dynamique du désir inconscient chez l'« allant devenant de son sexe », éventuellement menacé par le « carambolage des images du corps » qui entamerait sa « mêmeté d'être » ? Mais c'est un faux-semblant, la langue de Dolto parle clair, comparée à tant de jargons analytiques, certains légitimement fondés sur des perspectives nouvelles, d'autres seulement pédants et verbeux.

Autant que je sache, les formations universitaires de psychologues cliniciens qui programment, par semestres, Freud, Ferenczi, Lacan, Klein, Winnicott, ignorent superbement Dolto. J'ai moi-même enseigné pendant une bonne dizaine d'années des

1. Je crois en avoir exposé les motifs principaux dans l'introduction.

éléments de psychanalyse dans une université ; les références à sa clinique venaient d'elles-mêmes.

En revanche, résumée en formules générales, la théorie de l'image inconsciente du corps ne ferait rien saisir et resterait lettre morte. C'est seulement dans la trame du cas clinique qu'elle prend sens. Très féconde pour l'intelligence du devenir de l'enfant et l'approche des psychoses, elle ne vise pas à modifier la connaissance de l'inconscient, mais lui ajoute celle de l'archaïque, des processus antérieurs à l'image de soi et à l'acquisition du langage. Elle est un instrument opératoire pour décrypter la logique du fantasme quand il fait arrêt sur image dans le symptôme ou le passage à l'acte : ainsi dans le cas de ce garçon de treize ans qui s'était ouvert l'estomac avec un couteau (il s'était marqué d'un insigne, une vulve), pour être « comme sa sœur », afin de devenir « comme son père » [1]. C'est le jumelage avec l'image idéalisée de la sœur qui donne la raison d'un tel imbroglio identificatoire.

Freud pensait que la psychanalyse est un « travail de culture ». En retour, la psychanalyse a travaillé la culture, au point même de s'y diluer. Il est certain que Françoise Dolto a touché à la culture de notre temps ; parfois au risque de voir falsifier l'esprit des causes qu'elle voulait défendre : celles des enfants, des adolescents. On ne saurait tenir un auteur pour responsable des dérives et contresens qui cherchent une caution dans son œuvre. Du

1. *Cf.* Dolto, *L'Image inconsciente du corps*, Paris, Seuil, 1984, p. 114-118, et le présent ouvrage, p. 313-316.

recours au « psy » le parent se fait un bouclier pour abdiquer sa position : « Ah ! mais justement, je pensais que, comme son père est très absent, mon fils pourrait faire son œdipe avec vous. »

L'enseignante, apostrophée par un garnement qui lui lance « J't'emmerde, pétasse », parce qu'elle n'a pas voulu « négocier », a appris, aujourd'hui, à se taire : elle doit se mettre *à l'écoute* de sa souffrance. Assurément, il souffre. Mais la valse-hésitation des discours, du social au psy et vice-versa – sur l'échec scolaire, la violence à l'école, etc. – pourrait bien n'être qu'un déplacement du symptôme.

Durkheim savait qu'une société a les symptômes qu'elle mérite. Dolto aussi, quand elle écrivait, en 1949, un article prophétique, « Quand le bachelier moyen devient criminel[1] », à propos d'un tel fait divers. Elle incriminait la responsabilité collective pratiquant le « meurtre quotidien de milliers d'énergies qui lentement avortent », celle d'une « jeunesse châtrée », sans vocation, dont la vie traîne passivement dans les établissements scolaires.

Si l'école est l'institution où se manifeste la « difficulté de vivre » des jeunes, chacun sait qu'elle n'a pas les moyens d'y apporter véritablement de réponses, encore que, pour beaucoup d'élèves, elle soit le seul lieu vivable où ils peuvent échanger. Seul un Michel Foucault aurait pu démonter l'agencement idéologique des pouvoirs et des dis-

1. F. Dolto, *Les Étapes majeures de l'enfance*, textes réunis et annotés par Claude Halmos et présentés par Catherine Dolto, Gallimard, coll. « Folio essais », 2007 (*cf.* p. 379-380).

cours politiques, juridiques, administratifs, pédagogiques, psychologiques, qui s'entrechoquent dans la confusion entre instruction et éducation.

Au rebours, un psychanalyste doit convenir qu'une névrose d'échec n'a pas exclusivement pour origine la cruauté du surmoi qui interdit au sujet de dépasser son père, mais souvent l'angoisse de trahir son milieu d'origine. Il y a du social dans l'inconscient.

Sans doute Dolto avait-elle raison d'affirmer que, si aujourd'hui « les parents n'ont plus d'autorité, ils ont encore des devoirs ». Proposition intenable si l'on n'ajoute pas qu'un de leurs devoirs est de conserver un minimum d'autorité, comme le prouvent ses efforts, dans ses entretiens avec des parents, pour les remettre eux-mêmes sur leurs pieds :

> – Et vous laissez votre enfant prendre votre place dans le lit à côté de sa mère ? Et vous allez permettre ça jusqu'à ce qu'il ait vingt-cinq ans ? Dans ces conditions, je ne peux pas poursuivre le traitement de votre enfant.

Freud a déchiré le voile de refoulement et de projections dont on recouvrait l'enfant. Son enfant à lui est un pervers polymorphe. Celui de Melanie Klein est psychotique, il doit passer par les positions schizoparanoïde et dépressive, en proie, dans sa bulle, à l'ambivalence entre le bon et le mauvais objet internes. Celui de Ferenczi est marqué par la confusion des langues avec l'adulte. Avec Winnicott, il entre dans un espace transitionnel, une aire potentielle avec la mère. L'enfant doltoïen est devenu un sujet, signifiant son désir dans son rapport à l'Autre, par ses mimiques, ses gestes, ses symptômes, en attendant de pouvoir « s'automaterner » et « s'autopaterner ». Dolto l'a fait advenir sur la scène sociale, lui a ménagé une autre place dans le monde de l'éducation, jusque dans le domaine du droit.

Mais, comme on sait depuis Hanna Arendt, la société de masse ne veut pas la culture. Il lui faut des recettes éducatives. Le psy alibi fait office de (bonne) conscience collective pour tous ceux qui, préférant renoncer à la leur, remettent leur enfant – sur avis de l'institutrice, parce qu'il ne « s'intègre » pas – au préposé psychothérapeute chargé de déculpabiliser toute la famille. Dolto, qui militait contre cette démission, n'a pourtant pas toujours résisté à l'appel des sirènes radiophoniques qui amplifient le malentendu.

Puisque nous importe seulement l'œuvre et non la personne, on peut revenir sur quelques-unes des avancées incontestables qu'a permises sa pratique, comme aussi sur quelques points de butée où elle se serait arrêtée. Les uns donnent à penser, d'autres à réfléchir.

Il est surprenant que les psychanalystes puissent encore négliger sa théorie de l'image inconsciente du corps[1]. Pourtant elle s'impose même à la simple observation de manière prégnante. Un bref exemple :

1. J'ai indiqué dans ce livre certains des motifs et des critiques qui lui ont valu cette mise à l'écart, ce silence de la part des analystes.

Une petite fille va fêter son premier anniversaire. (Développement tout à fait normal.) Sa mère lui a préparé un gâteau avec une bougie et lui dit qu'elle peut en manger. L'enfant pique du nez directement sur le gâteau comme un oiseau qui cherche à becquer. La mère : « Non, pas comme ça, Sophie ; avec tes mains, tu sais bien ! » Derechef, l'enfant prend soigneusement des pincées du gâteau avec ses mains, les bras bien tendus au-dessus, et les émiette patiemment comme des grains de sable. Elle n'esquisse pas le moindre geste pour les porter à sa bouche. À l'évidence, sa relation au monde est entièrement dominée par l'érotisme oral. Ses mains ne sont encore que des « palpes manducants », dirait Dolto. Ce ne sont que des bouches, sans coordination motrice avec sa bouche. Elle n'est ni schizophrène ni en proie au morcellement de ses pulsions partielles. Elle est tout ce qu'il y a de plus normal, au stade oral. Elle ne peut pas encore articuler ses mouvements ni les fonctions possibles de ses membres, maîtrise qui n'apparaît qu'au stade anal.

Dans un de ses dialectes, Dolto dit de l'image du corps qu'elle est une « tension d'intension ». Vecteur du désir, mais d'un désir gouverné par un certain type d'investissement (oral, anal, phallique) affectant l'être entier, y compris son corps, dans ses actions, ses gestes, sa posture, son habitus. Elle n'est pas le reflet d'un être ou d'un corps, mais représentation d'une relation du sujet à un autre, humain, objet partiel (sein, excrément, pénis, etc.), voire à un animal, un végétal, un minéral, une chose. Elle peut se lire autant comme cause que comme effet, ou les deux, aléa d'une identification parfois pervertie, gauchie. Elle est, pour l'analyste, plan de déchiffrement possible des représentations fantasmatiques organisant le désir du sujet, son être au monde. La parole de l'autre peut fournir une passerelle symbolique à un sujet, lui permettre de surmonter son inhibition totale, d'articuler provisoirement la « tension d'intension » et l'action ou le geste empêché (je renvoie aux paroles libératrices de Dolto : « prends-le avec ta bouche de main », « tes jambes sont à toi »).

Une tablée de vacances où les convives prennent le temps de converser sous les parasols avant un déjeuner qui tarde à venir. Un jeune homme, qualifié d'autiste, insouciant évidemment de ce qui se dit autour de lui, regarde fixement un énorme plat de cubes de melon qui attend depuis une demi-heure d'être avalé. Ses yeux, exorbités comme ceux du loup dans les dessins animés de Tex Avery, traînent littéralement sur la nappe. Il est dévoré par ce qu'il dévore des yeux. Quelqu'un lui dit par compassion : « Oh, je crois que tu peux te servir. » Avec le même coup de fourchette que celui de Harpo Marx quand il ingurgite gloutonnement des frites, il fait disparaître la moitié du volumineux compotier. Il fallait une parole pour reprendre corps, revenir à la vie, pour que le geste puisse articuler les pulsions. Pas de corps qui ne soit habité par la parole.

L'épreuve du miroir

Après coup, il apparaît que le rôle du stade du miroir dans la théorie de Lacan et dans celle de Dolto donne lieu à une véritable divergence, impliquant des conséquences théoriques et cliniques opposées [1]. Quelques remarques seulement :

Selon Lacan, la découverte par le nourrisson – entre 6 et 18 mois – de sa propre image dans un miroir s'accompagne ordinairement de manifestations ludiques et joyeuses scellant une véritable *identification* [2]. Cette forme anticipe son unité. À la naissance, l'enfant humain est prématuré : son système nerveux n'est pas encore entièrement développé, il ne maîtrise pas la coordination de ses mouvements.

L'image spéculaire est à la fois structurante et aliénante puisque l'enfant va s'identifier à ce leurre que constitue son reflet et qui fournit le prototype du moi. Lacan note pourtant à ce propos que « le stade du miroir est un *drame* [3] ». À s'en tenir à ces formulations, les conceptions de Dolto et de Lacan

1. Les éléments essentiels en sont exposés notamment au chapitre « Le traitement des psychoses » (p. 309-311).

2. « L'assomption jubilatoire de son image spéculaire » devient, pour l'enfant, « la matrice symbolique où le *je* se précipite dans sa forme primordiale » (Lacan, « Le stade du miroir comme formateur de la fonction du Je telle qu'elle nous est révélée dans l'expérience psychanalytique », in *Écrits*, Paris, Seuil, 1966, p. 94).

3. Conduisant à « l'armure enfin assumée d'une identité aliénante, qui va marquer de sa structure rigide tout son développement mental », *ibid.*, p. 97.

sont voisines. Au *drame*, pour l'un, correspond une *blessure irrémédiable*, un *dommage narcissique*[1], pour l'autre. La bifurcation est ailleurs : selon Lacan, ce qui précède le stade du miroir n'est rien d'autre que l'expérience d'un corps morcelé, de « membres disjoints » tels qu'ils apparaissent dans les rêves des adultes, les tableaux de Jérôme Bosch ou les *membra disjecta* d'Osiris, fantasme qui scande la fin de cure de nombre de ses patients, affirme-t-il. Le stade du miroir serait *avènement radical* du sujet, mettant fin au chaos pulsionnel.

C'est ce que toute l'expérience de Françoise Dolto vient contredire par la structuration antérieure de l'image du corps. Elle ne se place pas du point de vue d'un observateur, mais à l'intérieur du vécu de l'enfant lui-même[2] : sa première rencontre avec l'image scopique n'est pas le moment d'une reconnaissance. Il jubile de voir un autre bébé. Et s'il assume, par la suite, que c'est l'image de lui, la blessure reste irrémédiable puisqu'il doit accepter que ce qui le représente aux yeux des autres n'est pas ce qu'il a ressenti et vécu comme identité et continuité depuis sa naissance, mais une image de lui qu'il ne se connaissait pas. Ce qu'il croyait être soi se révèle autre pour lui et pour les autres. Il ne peut se connaître lui-même comme totalité. Faut-il

1. « C'est l'expérience du miroir seulement qui donne à l'enfant le choc de saisir que son image du corps ne suffisait pas à répondre pour les autres de son être connu d'eux » (F. Dolto, *L'Image inconsciente du corps*, Paris, Seuil, 1984, p. 151).

2. *Ibid.*

rappeler la litanie de tous les adultes qui se plaignent de ne pas être aimés pour ce qu'ils sont ?

Dans toute cure, on repère des effets du stade du miroir. Mais, avec *L'Image inconsciente du corps* et « Au jeu du désir les dés sont pipés », Françoise Dolto explore tous les processus de structuration de l'enfant humain dans sa relation à l'Autre et qui concourent au sentiment de sa permanence, antérieurement à ce précipité que constitue l'assomption de l'image spéculaire.

Ceux des psychanalystes lacaniens qui se sont aventurés à n'aborder l'autisme que sur le seul écran du stade du miroir ont fait chou blanc. Rien ne sert d'attendre que, magiquement, l'enfant, qui n'a jamais vu dans son reflet qu'un transparent ou un autre qu'il faudrait attraper derrière un miroir, consente à y reconnaître l'image de lui-même, comme si tout ce qu'il avait éprouvé ou subi auparavant n'avait pas eu d'effet sur son isolement. Comme si aucune parole de l'analyste ne pouvait, fût-ce transitoirement, l'articuler à lui-même et au monde extérieur. Est-il d'ailleurs entreprise plus hasardeuse que d'aller chercher des structures de la psychose en invoquant l'autorité de la théorie lacanienne, laquelle a assez montré, en revisitant de fond en comble le cas Schreber, que la psychose est déstructuration ?

Le stade du miroir est incontestablement un révélateur. Mais s'y cristallisent des expériences traumatiques bien antérieures, comme Dolto n'a cessé de le prouver.

Une jeune femme ne peut tolérer de voir son visage que dans un miroir qu'elle incline de biais pour le déformer, elle ne supporte pas la vue de ce qu'elle croit être un mauvais pli à sa bouche, ne parle d'elle que comme d'un pantin désarticulé : « quand je sens ma tête, je n'ai pas de corps, quand c'est mon corps, je n'ai plus de tête ; je voudrais m'arracher les cheveux » (ils sont ras comme poil de chien), retrouve le souvenir d'une photographie d'elle, nourrisson, dans les bras de sa mère, dépressive, un pli d'amertume au coin des lèvres. Le masque de la mélancolie maternelle est tombé sur le visage de la fille – comme « l'ombre de l'objet », aurait dit Freud –, dès les premiers mois de sa vie. Quelle était son image inconsciente du corps dans les bras d'une mère qui n'a jamais caressé que son chien, n'a jamais embrassé sa fille qu'on enfermait dehors quand elle criait trop la nuit ? Le miroir ne lui renvoie que le reflet d'un visage qui n'est pas le sien, d'un corps de marionnette laissé en plan, jamais érotisé par une caresse ni une parole. L'image spéculaire ne peut répondre de la tête lugubre d'un autre, coiffant un corps de chiffon, qui ne trouve son « ressenti » que dans les miaulements d'un chat prêt à bondir, l'aboiement d'un chien fou qui mord à droite et à gauche. À quels rythmes internes se fier quand on est brutalement rejetée comme chose malséante ? À quelle expression sur le visage d'une mère, ailleurs pour toujours ? Ce que le sujet voit alors dans le miroir, c'est le masque funèbre inhabitable d'un autre sur un corps qui cherche un code pour ses pulsions dans des mouvements d'animaux.

La schize passe entre l'image et ce qu'elle dénie du ressenti.

Dolto conçoit le stade du miroir comme une *rupture* avec le vécu antérieur de l'enfant, non comme un *commencement*. Avant cette découverte, « il se sentait un visage mimétique de celui avec qui son désir était accordé ; quant à son corps, il le sentait aussi mimétique de celui à qui il désirait s'identifier. Les miroirs sont les pièges du désir de l'enfant, et peut-être de toute notre vie de civilisés[1]... » Elle en explore les effets : « leurre de la présence d'autrui » ; autoséduction ; maquillage du désir ; grimaces et mensonge des mimiques, pour manipuler l'autre. L'expérimentation d'un truquage[2]. Castration symboligène, car il sépare l'enfant de son « illusion d'être co-corporel avec la mère », le stade du miroir n'en reste pas moins pour Dolto *épreuve* et *piège*.

Lacan a introduit l'Autre en psychanalyse. Dolto est allée le dépister jusque dans le plus archaïque. Contrairement à Melanie Klein qui invente une genèse exclusivement fantasmatique, intrapsychique, Dolto montre que dès « le début de la vie [...] l'être humain, parce que doué de fonction symbolique, intériorise le code de sa relation à l'autre, s'aime lui-même comme il est aimé d'un autre[3] ».

Lacan aurait trouvé la clé de la psychose : la forclusion du Nom-du-Père. Jusqu'à preuve du

1. F. Dolto, *Au jeu du désir*, Paris, Seuil, 1981, p. 303.
2. *Ibid.*, p. 303-304.
3. *Ibid.*, p. 279.

contraire, elle n'ouvre aucune serrure. Dolto croit au Père éternel, mais, empirique dans sa pratique, découvre que certains psychotiques se sont identifiés à des animaux, à des objets. Elle en a guéri de ces métonymies inhumaines. Encore faut-il reconnaître que les psychoses infantiles offrent d'autres prises que celles des adultes.

Puisqu'il est question du Père, on peut s'étonner, après coup, que Françoise Dolto ait voulu sanctuariser sa place. Elle souhaitait l'existence de lieux spécifiques, conçus pour le jour de visite prévu pour le père. La mère y conduirait l'enfant, le laissant, si nécessaire, à la garde d'une personne responsable, afin qu'il sache bien qu'il attend son père, que celui-ci vienne ou non. Sans doute la place vide serait-elle circonscrite, mais quelle parole « humanisante » en attendre ? De quelle loi le père est-il le garant quand il refuse (*cf. Le Cas Dominique*) la poursuite du traitement de son enfant ? La psychanalyse est une pratique qui vise à libérer un sujet, autant que faire se peut, de sa souffrance psychique, nullement à édicter des normes éducatives, et pas davantage à cautionner telle idéologie régnante de la famille [1]. Dolto n'y a pas toujours échappé. Bien que sa pratique le démente, son discours adhère au mythe du Père psychanalytique. Or ce père symbolique lacanien – le père mort qui n'est qu'un nom – prend parfois, chez Dolto, le costume du père idéal, imaginaire : comment est le père que tu aurais voulu avoir ? Non plus qu'on ne se sort de

1. Sur ce point, voir l'ouvrage de Michel Tort, *Fin du dogme paternel*, Flammarion, coll. « Champs », 2007.

l'eau soi-même en se tirant par les cheveux, non plus on ne saurait se donner ainsi à soi-même la castration symbolique.

Relisant quelques pages de Dolto, je tombe par hasard sur des paragraphes lumineux et des bizarreries inaperçues.

> « Vous savez certainement que beaucoup d'enfants très musiciens sont incapables de dessiner. [Qui s'en était avisé avant elle ?] Ils veulent représenter le plan de leur maison et ça ressemble à la tour Eiffel. Quand les pulsions auditives sont prévalentes, il n'y a pas de représentation dans l'espace par des lignes géométriques mais par des rythmes. Ces enfants musiciens produisent une expression graphique de rythmes : leur dessin n'est pas le transfert d'une représentation visuelle [1]. »

En revanche, il n'est pas rare qu'elle reformule dans une perspective inédite un concept analytique dont la définition passe classiquement pour intangible. Ainsi de l'angoisse de castration provoquée par la découverte de la différence des sexes et de l'absence de pénis chez la fille. La version qu'elle en propose dans un article a tout pour surprendre : « L'angoisse de castration est endogène : elle survient chez tous les enfants, indépendamment de tout ce qui peut leur être dit [...]. C'est l'angoisse de l'extinction ou de la perte du désir lorsqu'il n'y a plus de zones érogènes à découvrir. L'enfant a fait

1. F. Dolto, *Inconscient et Destins*, Paris, Seuil, 1988, p. 48.

l'investigation complète de ses possibilités érotiques physiques[1]. » Une fois encore, elle s'installe dans une logique qui serait celle de l'enfant. En note, elle se demande « si la magie tentatrice de la drogue ne serait pas [...] sourcée dans le mirage d'un érotisme infini [...] afin d'échapper à la castration, condition des humains ? » C'est assurément une des formes de ce que Lacan appellera le *plus-de-jouir*, un des logos de notre époque.

« Tu parles d'or », disait Lacan à Dolto. Et, puisqu'il renversait, à juste titre, le proverbe *verba volent, scripta manent* en « les paroles restent, les écrits volent », pourquoi ne pas en accepter l'augure ? Que les images de Dolto s'effaceront, mais que sa parole restera, grâce à ce qui de ses écrits en porte la trace.

J.-F. de SAUVERZAC
Juin 2008

1. *Au jeu du désir, op. cit.*, p. 227.

Index des noms de personnes

TABLE

SCIENCES HUMAINES

ABRAHAM Nicolas, TOROK Maria
• L'Écorce et le noyau. *n° 353*
• Le Verbier de l'homme aux loups. Précédé de « Fors » par Jacques Derrida. n° 425

ADORNO Theodor
• Notes sur la littérature. *n° 430.*

ALAIN
• Idées. Introduction à la philosophie de Platon, Descartes, Hegel, Comte. *n° 126*

AMSELLE Jean-Loup
• Vers un multiculturalisme français. L'empire de la coutume. *n° 476*

ANATRELLA Tony
• L'Église et l'amour. *n° 458*
• Non à la société dépressive. *n° 321*
• Le Sexe oublié. n° 278

ARNAULD Antoine, NICOLE Pierre
• La Logique ou l'Art de penser. *n° 40*

ARNHEIM Rudolf
• La Pensée visuelle. *n° 374*

AUBERT Nicole
• Le Culte de l'urgence. *n° 573*

AUGÉ Marc
• Anthropologie des mondes contemporains. *n° 373*

AXLINE Virginia (Dr)
• Dibs. *n° 16*

BADINTER Élisabeth
• L'Amour en plus. Histoire de l'amour maternel (XVIIe-XXe siècle). *n° 100*

BAVEREZ Nicolas
• Raymond Aron. *n° 332*
• Les Trente Piteuses. *n° 412*

BECK Ulrich
• La Société du risque. Sur la voie d'une autre modernité. *n° 546*

BENJAMIN Walter
• Le Concept de critique esthétique dans le romantisme allemand. *n° 494*
• Origine du drame baroque allemand. *n° 455*

BENSLAMA Fethi
• La Psychanalyse à l'épreuve de l'islam. *n° 569*

BERNARD Claude
• Introduction à l'étude de la médecine expérimentale. *n° 137*

BIARDEAU Madeleine
• L'Hindouisme. Anthropologie d'une civilisation. *n° 325*

BODEI Remo
• La Philosophie au XXe siècle. *n° 416*

BORCH-JACOBSEN Mikkel
• Lacan. Le maître absolu. *n° 314*

BRILLAT-SAVARIN
• Physiologie du goût. *n° 109*

CHAGNOLLAUD Dominique, QUERMONNE Jean-Louis
• La Ve République.
T. I. Le régime politique. *n° 457*
T. II. Le pouvoir exécutif et l'administration. *n° 473*
T. III. Le pouvoir législatif et le système des partis. *n° 474*
T. IV. L'État de droit et la justice. *n° 475*

CHOMSKY Noam
• Langue, linguistique, politique. Dialogues avec Mitsou Ronat. *n° 261*
• Réflexions sur le langage. *n° 46*

CHUVIN Pierre
• La Mythologie grecque. *n° 392*

COHEN Daniel
• Nos Temps modernes. *n° 498*
• Richesse du monde, pauvretés des nations. *n° 415*

COHEN Jean
• Structure du langage poétique. *n° 30*

COLLECTIF
• Le Français dans tous ses états. *n° 502*

DANIÉLOU Alain
• Mythes et dieux de l'Inde. *n° 309*

DARAKI Maria
• Dionysos et la déesse Terre. *n° 311*

DAVY Marie-Madeleine
• Initiation à la symbolique romane (XIIe siècle). *n° 19*

DE WAAL Frans
• De la réconciliation chez les primates. *n° 467*

DELEUZE Gilles, PARNET Claire
• Dialogues. *n° 343*

DELUMEAU Jean (collectif présenté par)
• Le Savant et la foi. *n° 248*

Achevé d'imprimer en août 2008
sur les presses de l'imprimerie Maury-Imprimeur
45330 Malesherbes

N° d'édition : L.01EHQN000228N001.
Dépôt légal : Août 2008.
N° d'impression : 08/08/139999.

Imprimé en France